U0144654

中華民國課程與教學學會2015年度專書

面對新世代的課程實踐

中華民國課程與教學學會　策劃

張芬芬　方志華　主編

林巧瑋	方志華	邱偉婷	林彩岫	劉光夏
鄧宗聖	黃彥文	李　崴	王宜宣	胡毓雯
楊宏琪	張德銳	黃繼仁	胡淑華	董秀蘭
林雍智	黃旭鈞	賴阿福	林小玉	謝曉慧
林信志	吳璧純	李俊儀	王郁雯	合著

（本書各篇文章均經匿名雙審通過）

五南圖書出版公司 印行

理事長序

　　中華民國課程與教學學會（下稱本學會）創會進入二十週年，創會的目的在提升課程與教學的理論和實務，期望整合國內學者力量，在社會開放後對課程與教學領域進行更深入而有意義的研究，並能以本學會的期刊和專書做為平臺發表研究成果，促進課程與教學的實施，裨益於學生學習成果的展現。歷經二十年的耕耘，國內學者專家和實務人員積極參與，本學會的發展已著有成績，至為可喜。

　　課程與教學不能空談理論，必須結合實務，展現於教師的教學及學生的學習之上，而後者又為最終目標之所在。只是多年來的教育現象顯示，課程與教學的理論和實務仍有割裂的情形，且實踐過程中學生學習的環節常被忽略，以致教育目標難以全然實現，至為可惜。面向新世代，要解決這個問題，有必要把學者專家和實務人員結合起來，整合教育學理和創新思維，共同走過探究的過程，以學生學習為核心檢視探究成果，才能促進課程與教學的實踐及再實踐。

　　有鑑於此，本學會年度專書以「面對新世代的課程實踐」為題，邀請張芬芬、方志華兩位知名學者擔任主編，廣邀國內學者專家和實務人員撰稿。閱讀本書內容，可見各文探究範圍及於各級學校教學科目的課程實踐，其中多篇文章並含括課程規劃、教學實施及學習結果的面向，展現課程與教學不再空談理念，而能落實於實務之上，注意到學習

層次的思維。

　　本書代表課程與教學領域的階段性探究成果，也是對未來課程與教學領域發展的期待。本書的出版，首要感謝張芬芬和方志華主編擘劃的用心，也要感謝各文作者和審者的辛勞。本書仍由長期合作夥伴五南圖書出版公司出版，特此至上深深的謝忱。本學會理監事對本書題目的規劃及秘書處同仁全力配合執行，亦致上感謝之意。

中華民國課程與教學學會理事長
靜宜大學教育研究所講座教授

黃政傑

主編序

為新世代籌謀前瞻課程與有效教學

　　教育必須順應時代歸趨，也必須引領時代走向。合而觀之，因勢利導便是籌謀教育政策、規劃教育活動時，應掌握的基本原則。時序走進二十一世紀，我們的社會因著科技與網路的急速發展，而出現許許多多前所未見的新現象。雖說科技來自於人性，然而新科技也引發了新的人性，觀諸當代社會中的人們，均受到來自科技的強烈衝擊，無論價值觀念與行為模式均有所變化，其中年輕世代的變化更勝於成年人。

　　學校教育面對的正是這群年輕世代，他們身受強烈撞擊，甚至投身這場改變；然若究其本質，年輕人之所以年輕，便在於他們具有高可塑性。新世代因著這可塑性，容易受到社會的影響，也同樣因著這可塑性，可以讓學校教育發揮功能。學校對於新世代負有啟迪滋養、灌溉栽培之責；準此，學校的課程與教學必須針對這批新世代的特質，去悉心規劃與戮力實踐。換言之，教育研究者與實踐者有責任因應新世代學習者的特質，以前瞻的課程與有效的教學，引導學習者在價值序階上向上爬升，以期裨益新世代的個體幸福與群體福祉。

　　秉於以上理念與認知，「中華民國課程與教學學會」2015年度專書，遂以「面對新世代的課程實踐」為主題公開徵稿。經過匿名雙審，修稿與討論後，通過獲刊的文章共計十七篇，每篇均具新世代所

需之時宜性。全部分為四篇章:「新世代創新篇」、「新世代生命篇」、「新世代改革篇」、「新世代實踐篇」。

「新世代創新篇」共有五文,強調「以創新教創新」,無論是幼兒園的戲劇課(林巧瑋、方志華)、小學生的語文課(邱偉婷、林彩岫)、設計系學生的攝影課(劉光夏)、傳播系學生的創作課(鄧宗聖)、乃至跨科技與人文的校本課程(黃彥文),均可用來涵育我們新世代的美學素養與創意思維。

「新世代生命篇」共有三文,期待能充實新世代的生命底蘊,包括教導小學生合宜的兒童哲學(李崗、王宜宜)、深化大學生與研究生的價值觀(楊宏琪)、強化護理師的生命關懷(胡毓雯)。

「新世代改革篇」共有四文,強調以時代新思潮推動教育改革,進而培養新世代扎實的學習力。包括推動大學教學革新(張德銳)、進行中學國文的課程慎思(黃繼仁)、陶養國中生的公民審議素養(胡淑華、董秀蘭)、省思教師的學習共同體(林雍智)。

「新世代實踐篇」共有五文,係為新世代的教育探究實踐之道,包括將「教學圈」應用於「學習領導」中(黃旭鈞)、精進小學運算思維之教與學(賴阿福)、改善學校音樂課程(林小玉)、提升大學服務學習課程成效(謝曉慧、林信志、吳璧純、李俊儀)、釐清教師專業認同(王郁雯)等。

我們期待以本書這四篇章,為新世代籌謀前瞻的課程與有效的教學,十七篇文章篇篇融入了對時代精神的掌握與對教育現況的細膩觀察,是作者們的心血結晶。本書之得以付梓,必須感謝本學會理事長黃政傑講座教授的專業指導,投稿者的高度信賴、審稿者的無私奉獻,還有五南圖書出版公司楊榮川發行人、王翠華總編、陳念祖副

總編，多年來對本學會出版品的堅定支持。而本書執行編輯劉藍芳博
士、及五南責任編輯李敏華小姐的全心投入，更要在此敬申謝忱。

中華民國課程與教學學會秘書長

臺北市立大學學習與媒材設計系教授兼主任

張芬芬

中華民國課程與教學學會出版組組長

臺北市立大學學習與媒材設計系教授

方志華

謹誌

目　次

PART 1

新世代創新篇

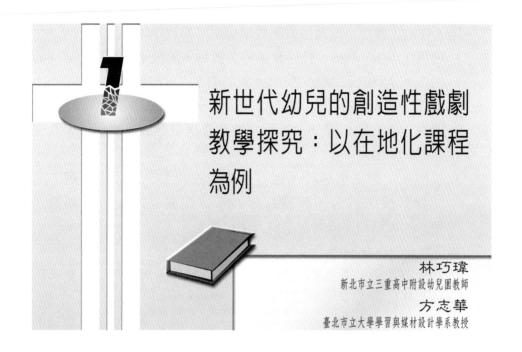

新世代幼兒的創造性戲劇教學探究：以在地化課程為例

林巧瑋
新北市立三重高中附設幼兒園教師

方志華
臺北市立大學學習與媒材設計學系教授

摘　要

　　教育部2012年頒布《幼兒園教保活動課程暫行大綱》中明確指出，幼兒教育包括身體動作與健康、認知、語文、社會、情緒、美感等六大領域的課程目標。在面對幼兒設計課程時，教師需做統整的教學計畫，依據幼兒的直接生活經驗、個別發展，以遊戲、扮演等活動，教導、擴展幼兒已知與未知的知識世界及解決問題的能力。創造性戲劇教學的學習目標，正與此新世代的幼兒教育目標相呼應。

　　本研究採取行動研究，以創造性戲劇教學融入幼兒園在地化課程，實施對象為幼兒園中、大混齡班29名幼兒。研究過程中透過觀察、訪談、教學省思等方式進行資料蒐集與分析，經過4個月的教學活動，得到以下幾項研究成果：

一、創造性戲劇教學之課程可分成「戲劇創作的醞釀期」、「戲劇故事的創作期」、「戲劇的創意演出期」三階段進行。

二、融入在地化課程之創造性戲劇教學可運用的教學策略如下：

　　1. 運用Google Maps、社區實地參訪體驗，讓孩子認識自己居住的地方，達到戲劇活動的醞釀及戲劇劇本內容的鋪陳效果。

　　2. 運用「說故事」、「角色扮演」、「教師入戲」、「故事接龍」，能有效引導幼兒進行在地化課程戲劇故事的創作，及完成戲劇演出劇本。

　　3. 依照孩子想法引導孩子進行「舞臺設計」、「設立標題」、「聲音模仿」、「肢體動作」、「即興表演」、「團體角色」，可順利達成舞臺準備及演出活動。

三、本研究幼兒在課程中的學習表現

　　1. 幼兒對「農」產生極大興趣，開始主動探索與三重區茉寮有關的各種事物。

　　2. 幼兒提升了口語表達能力的信心、識字的能力及對深奧難懂的成語產生高度的興趣。

　　3. 幼兒在整個學習過程中，學會相互支援、分工合作及解決問題的方法。

關鍵詞：創造性戲劇教學、在地化課程、幼兒戲劇課程

壹 前言

　　學前教育是一切教育的基礎，幼兒園的課程不同於其他教育層級，自民國101年起我國正式實施幼托整合政策，教育部（2012）頒布《幼兒園教保活動課程暫行大綱》（簡稱《幼教課綱》），課綱中明確指出，幼兒園的課程內容需符合幼兒身心發展，且需具生活性、經驗性、個別性、統整性、遊戲性、探究性、計畫性及自然發展性等特徵（鄭博真，2013）。在面對新世代幼兒設計課程時，教師需做統整性的教學計畫，依據幼兒的直接生活經驗、個別性發展，以遊戲、扮演等活動，教導、探究幼兒已知與未知的知識及解決問題的能力。

　　創造性戲劇教學的學習目標，正與《幼教課綱》六大領域的課程目

標相呼應，包括：身體動作與健康、認知、語文、社會、情緒、美感等。創造性戲劇的課程本質即有統整的意涵，幼兒可藉由戲劇活動認識自己，萌發自我學習，且能以戲劇活動為媒介，探討相關關心的議題，並從中增進專注力、感官感受力、想像力、肢體動作能力、語言表達、情感和思考、問題解決等能力。故幼兒園課程活動能藉由創造性戲劇教學達到幼兒教育的學習目標。

　　黃意舒（1999）認為幼兒教育的課程內容需以幼兒生活息息相關的人事物為優先考量。幼兒園在地化課程即是以幼兒生活經驗出發，發展出符合幼兒身心發展的在地特色、文化的課程，自1990年代國小將鄉土教育納入正式課程後，學前教育也跟著推動母語教學及相關的鄉土在地特色課程，在地化課程在幼兒園階段日受重視。幼托整合後，《幼教課綱》更進一步指出，幼兒不但要學習與人相處，更要關懷生活環境，培養對周遭人、事、物的熱情與動力。幼兒園教學須與家庭和社區密切配合，從中讓幼兒建構對自己文化的認同，以及主動關懷自己所處的環境（教育部，2012）。

　　以往在地化課程多以體驗學習為主，然而戴爾（E. Dale）的經驗塔理論（Cone of Experience）具體的經驗中，提出「參與戲劇的經驗」，人們可透過視覺與聽覺多感官的刺激加深學習的成效（林楚欣、孫扶志編著，2008）。本研究即想改變多數人教導在地課程的單一模式，想運用創造性戲劇教學的豐富性來教導幼兒學習在地化課程，希望能擦出不一樣的學習火花。

貳　文獻探討

一　創造性戲劇教學之探討

　　無論是幼兒的扮家家酒、角色扮演遊戲，或是教師課堂上即興式的扮演活動、學童的話劇表演，戲劇活動常以多樣貌的方式呈現在你我的生活中。"Drama"戲劇，源出於希臘文drainein「去做」之義，即為透過想像模擬出一段情境，將自己融入情境中，從中學習到認知或

技能，也就是「實作」的過程。將戲劇做為一種教學法是源起於盧梭（J. J. Rousseau）的「由實作中學習」、「戲劇的實作中學習」兩個教育理念（張曉華，2010）。英國教師H. F. Johnson將課程主題進行戲劇化的教學，也是第一位在教室進行兒童戲劇活動教學的老師，之後兒童戲劇教學漸成為歐、美、澳等國非常受歡迎且普遍的教學法（張曉華，2010）。

(一) 創造性戲劇教學的意涵

創造性戲劇（Creative Drama）一詞，由美國西北大學戲劇教育學家W. Ward受杜威（J. Dewey）教育理念影響而提出《創作性戲劇技術》（*Creative Dramatics*）一書中的名稱所發展而來的，其中她以透過戲劇遊戲、想像、肢體動作、默劇、即興表演等方式，讓戲劇成為屬於孩子能在教室內進行的教學活動（陳仁富，2002；張曉華，2010）。創造性戲劇教學包含故事戲劇化、戲劇性遊戲、兒童創作性戲劇扮演與兒童劇場等，是一般學校最常使用的初步兒童戲劇教學方式（葉玉珠、葉玉環，2006；張曉華，2003；張曉華，2010）。

(二) 創造性戲劇的基本精神

創造性戲劇是透過即興表演，依據學生的舊經驗，且發揮想像力參與虛擬的扮演活動，進而學習到新的領域和知識。依據楊璧菁（1997）、陳仁富（2007），本研究歸納出幾個創造性戲劇的基本精神內涵：

1. **將經驗故事化**：以故事教學做引導並以孩子的舊經驗及興趣出發，讓孩子藉由遊戲和戲劇互動的扮演活動中，發揮想像及創作能力，擴展新的生活經驗。
2. **重視想像歷程**：戲劇並非只是傳達戲劇的技術而是想像力的建構，重視戲劇過程中孩子的發展和學習。
3. **運用學習架構**：是實作和實用的，藉由「人、地、時、事、物」的架構學習，將教學主題融入戲劇情境中。
4. **團體即興創作**：創作的方式採用團體即興創作為主，小組必須

藉由社會互動的方式進行溝通、協調、創作、詮釋舊經驗，以增加現實生活中肢體動作及語言表達的一種過程。

5. **多樣元素表達**：參與者表達的概念以戲劇形式呈現，運用多元的元素包括肢體、音樂、美術、對話、角色、情節等，參與者從過程中學習到如何運用這些元素，表達自我的概念及想法。

(三) 創造性戲劇教學的學習目標

創造性戲劇自1920年開始運用於教育上（張曉華，2003），經過許多教育學者的推廣與應用後，各種課程因應而生，美國一些州政府更將創造性戲劇教學納入一般公立幼稚園大班至國小的教材中（魏惠貞，2008；林玫君，2013）。

臺灣自2000年3月31日教育部公布了「國民中小學九年一貫課程暫行綱要」，將「藝術與人文」領域中的「表演藝術」納入正式課程，而在表演藝術的創作部分，即以創造性戲劇教學的學習為主（陳晞如，2012）。

創造性戲劇教學的學習目標，國內外已有許多學者從不同角度提出，綜合胡寶林（1986）、岡田正章（1989）、鄭黛瓊、朱曙明、黃美滿、廖順約等（1998）、張曉華（2003）、曹瑟宜（2005）、張曉華（2010）、Joe Winston、Miles Tandy（陳韻文、張鐙尹譯，2012）、林玫君（2013）等人的觀點，創造性戲劇教學活動可由肢體伸展開始，幼兒可藉由肢體的動作表達內心的想法，培養大肌肉發展及肢體協調性，並養成幼兒自由與自發性的自我行動能力。在扮演活動中，幼兒藉由遊戲互動、大量的閱讀、不斷的反覆討論、參與實作，培養與人合作、群性、互助等關係，並激發幼兒的創造思考、創意想像、溝通及語言表達、解決問題等能力。在戲劇的演出過程中，幼兒可以自我想像故事情節與鋪陳，去思考、發揮創造力，將自我的想法融入角色、情節中，建立自我的概念與價值觀，並於享受、欣賞劇劇帶給人們的感動與快樂為其最重要的學習目標。

(四) 創造性戲劇教學的教學活動

創造性戲劇教學以幼兒為本位，從「生活經驗」出發，強調「快樂學習」，其主要的教學活動包羅萬象，依據胡寶林（1986）、岡田正章（1989）、Barbara Salisbury（林玫君譯，2003）、張曉華（2003）等學者的概念，創造性戲劇教學的一般教學流程如下：

1. **暖身活動**：指內、外在的放鬆，並包含運用頭腦思考、想像、放鬆、消除緊張情緒的暖身活動。

2. **肢體、韻律動作**：身體跟著簡單的節拍、音樂進行律動或舞蹈，包含視覺、觸覺、視覺等，藉活動活絡身體各部位，增加個人或團體的自信及運用身體的能力。

3. **模仿活動**：包含戲劇遊戲、默劇、動作、聲音、事物等，運用視覺、聽覺、觸覺去觀察、感受並進行模仿，於模仿中增進對周遭人事物的認知及瞭解，是一種個人或團體合作完成的綜合性活動。

4. **即興創作**：包含角色扮演、創造性戲劇活動，是一種即興、非正式表演性的活動，運用語言、感官、聲音、肢體、表情，將個人的想法、創意加入活動中，增加其想像力及創造力。

5. **說故事**：增進語言及自我表達能力，可由已知的童話故事、寓言故事、繪本進行故事接龍或故事改編，亦可發揮創意自行創作，運用聲音、肢體、表情、語調讓人能深入故事、體會故事內容。

6. **戲劇演出**：包含戲劇扮演、劇情戲、手操傀儡戲、紙影戲、手影戲等，將主題故事依其戲劇架構進行演出。

(五) 創造性戲劇教學的教學策略與方法

根據N. Morgan & J. Saxton（鄭黛瓊譯，1999）、張曉華（2003）、陳仁富（2007）、Joe Winston（陳韻文譯，2008）、林玫君（2013）等學者的見解，以課程內容、學生能力、教師偏好等向度，可將創造性戲劇的教學策略及方法，分成四大類：

1. 建立協助戲劇活動的教學情境有：巡迴戲劇（Circular Drama）、靜像或靜止影像（Tableau or Still Image）、集體畫或集體圖像（Collective Drawing）、團體角色或集體角色（Collective Character）、定義空間或建構空間（Defining Space）。

2. 描述戲劇情節活動的教學方法為：專家的外衣（Mantle of the Expert）、坐針氈或焦點人物（Hot-seating）、會議或討論（Meeting）電話交談（Telephone Coversations）、教師入戲（Teacher in Role）、牆上的角色（Role-on-the-wall）。

3. 從戲劇的角度出發從事韻文活動的教學方法為：心底話（Alter-ego）、幕後新聞（Behind the scene）、設立標題（Caption-making）、論壇劇場（Forum-Theatre）。

4. 針對演出活動後的反思活動的教學方法有：如果我是你……（If I was you…）、觀點與角度（Spectrum of Difference）、軌跡（Thought-Tracking）、牆上有耳（Walls Have Ears）。

(六) 戲劇教學在幼兒園的課程型態

　　幼兒園每個教學課程中，皆兼含多項學習領域及課程目標，無論是目標選擇、內容架構、學習評量都需十分精確且具連貫性，幼兒園的戲劇教學即依照此模式建構而成。

　　林玫君（2013）將幼兒園可能發展的戲劇教學以過程取向、目標取向分成「幼兒自發性遊戲」、「偶發性遊戲」、「如英國教育戲劇（D-I-E）」、「如美氏創造性戲劇教學」等四個型態，本研究以如美氏創造性戲劇教學的第四類型為主，教學題材由教師安排課程、幼兒藉由活動過程，學習課程所給予的目的，雖重視學習過程，亦著重目標，其主要的課程模式循序漸進、條理分明，透過暖身、引起動機、說故事、討論練習等發展階段，再進入正式的戲劇演出。

(七) 幼兒園創造性戲劇教學的相關研究

　　在幼兒園的教學過程中，戲劇教學是很好帶動氣氛及活動的方式，

國內一些幼教學者，結合戲劇教學運用繪本故事、引導者角色扮演等活動，進行行動研究或個案研究等方式做實徵性的研究，從中觀察師生間互動、教室情境布置、幼兒常規養成、課程安排流程、影響戲劇教學等。

　　林佩蓉（1990）以行動研究方式，以幼稚園教師為研究對象，研究指出教師於戲劇教學中有角色的挑戰、充實個人技巧及享受戲劇經驗三個轉變階段；林玫君（1999）以幼兒為研究對象進行行動研究，觀察教師及幼兒在戲劇教學過程中的自我挑戰以及教師協同教學及教學準備上的成長；王念華（2001）、劉倚君（2011）以一位幼稚園教師為研究對象進行質性研究，研究指出教師引導技巧及課程、策略設計、教師間針對活動不斷討論、溝通協調、修正戲劇安排皆為戲劇成功與否的重要關鍵；張小萍（2006）、陳虹伶（2008）以自己班上的幼兒為研究對象進行行動研究，前者運用肢體動作、即興創作、角色扮演等活動探討戲劇教學中師生的互動、班級經營常規、及面臨問題的解決之道；後者以「陶倫斯圖形創造思考測驗」進行前測，再進行創造性戲劇教學，觀察幼兒在流暢力、變通力、獨創力、精進力的成長。

二　在地化課程發展之探究

　　過去教科書本國文化課程內容多以大中國為主，忽略臺灣本土的人文、史地、環境特色。自解嚴本土意識抬頭之後，民國82年國民小學課程標準正式將「鄉土教學活動」單獨設科，除配合各科教學外，也重視兒童生長的在地環境及地方特色，並適性安排方言及在地文化有關的課程活動（教育部，1993）。

　　90學年度起實施「九年一貫課程暫行綱要」中，更明確指出學童應具備「人本情懷、統整能力、民主素養、鄉土及國際意識，並能終身學習之健全國民」為基本理念，並於「鄉土與國際意識方面」中明確指出其內涵「包括鄉土情、愛國心、世界觀等（涵蓋文化與生態）」（教育部，2000），在地的鄉土文化課程及認同本土文化教育，已成為課程的主流，希藉由在地化課程讓學生在學習活動中建立「人親、土親、文

化親」的深刻體認。

(一) 在地化課程的意涵

在地化課程隨著切入的角度不同就有不同的意涵。吳明清（1997）以本土化教育觀點切入，指特定群體其生活脈絡中，擁有相同生活歸屬的地理、歷史、文化、社經、民情，當發生問題時，反映在教育中，運用教育活動共同解決問題。李如蘋（2003）、武文瑛（2004）、賴兩陽（2004）、吳清山、林天祐（2007）等觀點，「在地化」課程是全球化的反思，以國家概念為主，強調不同的歷史背景及文化價值，並主張有血統及居住在同一區域的人對其成長的地方有歸屬感，亦強調在地特色及鄉土認同，並深入瞭解所在地的鄉土民情及地方歷史，藉由學校教育及社區進行學習，積極投入在地活動，對於自己生長的環境產生認識並能起關懷之情，並積極與外界交流，促進地方進步發展，將在地特色延續流傳下去。

(二) 在地化課程的理論架構

在地化課程應符合兒童認知發展的學習漸進法則，從兒童的生活經驗出發，並符合其身心發展，為使學習者達到最佳的學習效果，依林楚欣、孫扶志編著（2008）、林瑞榮（2000）在地化教學相關之理論概括如下：

1. **實用主義**（Prgmatism）：以杜威（J. Dewey）的教育觀點出發，「教育即生活」、「教育即成長」、「教育即經驗」，並強調課程是要建立在兒童的經驗及興趣上，教育是要兒童知道自己生長的生活環境（張清濱，2009）。在地化課程即以兒童的生活出發，向外發展，學習到自己生長環境中的人事物、文化等。

2. **生態系統理論**（Ecological Systems Theory）：布朗非布列納（U. Bronfenbrenner）將發展情境由內圈至外圈分成四個系統，認為每個人在發展時，皆受此四系統中人、事、物的直接影響（王雪貞、林翠湄、連廷嘉、黃俊豪譯，2006）。此亦指孩子

在學習發展時深受自身在地環境影響，就在地化課程的觀點，要瞭解在地環境對幼兒的影響之前，需先知道在地環境所帶給幼兒哪些訊息，並從訊息中學習從中獲得知識及經驗，進而印證在地人事物對幼兒的影響。。

3. 建構主義（constructionism）：強調知識的產生需經過社會驗證及論證，重視知識的相對性、學習者的主動探索、以及社會互動。教學應用觀點強調：(1)知識是被創造的，而非被複製的。(2)教學引導學生建構知識，非單一性的傳輸知識。(3)建構教學在促進學習者思考的能力。(4)建構學習以做中學、談中懂等多元互動，非聆聽、練習單一學習（林瑞榮，2000）。

(三) 在地化課程的設計原則

而在地化課程的編選應符合兒童認知發展的學習漸進法則，應從兒童的生活經驗出發，從「教育即生活」、「做中學」等教育原理，遵守「由近到遠，從具體到抽象」的課程發展原則（張建成，1997；陳麗華，2005），以兒童生活環境的人、事、物為起點，再向外擴散其生活範圍，增加生活的體驗，從中引發兒童學習的興趣及注意，學習到在地的語言、文史、特色、文化習俗、環境生態等，進而提升兒童認同、愛鄉、愛家的情懷，此為發展在地化課程的最終目的。

張建成（1997）將在地化課程設計的原則做說明：

1. 鄉土是教育的目的也是教育的手段：鄉土文化的教材，學校應就地取材，使學生從熟悉的事物開始學習，引發學習興趣及動機，運用鄉土教材引導學校正規課程的學習，提升學習成效，是鄉土教育的手段。

2. 鄉土教育強調社區優先，再向外擴大延伸：鄉土教育應以學生的生活、社區開始，引導學生瞭解社區的鄰里道路、交通網絡、建築樣式、慶典風俗等。

3. 鄉土教育以生活為中心，避免知識灌輸：教育應該培養學生適應、參與、貢獻在地生活為主要的事物，避免淪為僅以知識灌輸為主的學科教育。

4. **鄉土教育追求學校本位課程，重視教師專業自主**：鄉土教育是一種十分草根性、在地性，且非常樸實的教育，需從學校所在的在地做起。

綜合以上觀點，本研究在地化課程設計即以幼兒生長的環境、學校、社區出發，由具體熟悉的事物擴大至風俗習慣及文化慶典，秉持著在地化課程「由近到遠，從具體到抽象」的設計原則，使幼兒藉由在地化課程增進幼兒瞭解及掌握在地的特色、掌握生活中的歷史、文化和社會發展，進而凝聚幼兒對這塊土地文化及情感的認同。

(四) 幼兒在地化課程的重要性與課程設計原則

民國75年教育部公布的《幼稚園課程標準》，明確指出幼稚教育應以健康教育、生活教育及倫理教育為主，並與家庭教育密切配合；在常識領域中更將認識家庭、社區的實際生活等教學內容，納入課程中（教育部，1986）。101年幼托整合後的《幼教課綱》中的認知領域、語文領域、社會領域，更將在地化課程的目標清楚列出，由《幼教課綱》可看出，幼兒園階段的在地化課程，著重幼兒「觀察、體驗、認識、尊重自身環境的人、事、物」、「能用圖像、符號記錄生活」、「探訪社區事物、活動、節慶」、「知道本土語」等，本研究依據學習指標進行課程設計（教育部，2012）。

綜合上述所言，無論是75年的《幼稚園課程標準》，或者《幼教課程大綱》，一再說明由幼兒生活環境及經驗出發的在地化課程，已是幼兒園幼兒學習的重要課程之一。

在地化課程的目標依學習者學習成果不斷修正，並提供適當的學習情境，協助學習者思考、建構、組織，並獲得概念。對應上述理論，本研究幼兒園在地化課程的課程設計原則如下：

1. 幼兒有自發學習的動力，故幼兒的在地化課程，需以幼兒興趣、需求及自身環境出發，選擇適合的學習內容及教學方式。
2. 幼兒園的在地化課程應以動手做，做中學。
3. 幼兒的學習能力會經由成人或同儕的引導向上提升，所以在地化課程中著重教師輔助、同儕互動。

4. 幼兒園的在地化課程需以幼兒生活經驗出發，課程應先瞭解在地的人、事、物，並提供幼兒有意義的學習情境及具動力、有趣的教學活動。

參 研究設計與實施

一 研究方法與對象

本研究採行動研究的方法，以「創造性戲劇」教學融入幼兒園在地化課程，研究對象為研究者所任教幼兒園中、大混齡的水果班幼兒共29位。水果班的家長平日雖忙於工作，但家長對於園所及班級活動多為支持且樂於參與班級教學活動，是班級重要的教學夥伴，因家長熱烈的參與，也帶動幼兒積極的學習表現。此研究研究者即為課程設計者與教學者，協同教師同時為本研究的觀察記錄者。

二 課程設計的內容與流程

本研究的創造性戲劇教學以林玫君（2013）戲劇課程第四型態為主，以教師安排課程、目標為取向，透過暖身、引起動機、說故事、討論練習等發展階段，再進入正式的戲劇演出。研究者檢視與研究場域有關的人事物，構思戲劇演出的內容架構，於是選擇最貼近孩子生活的「菜寮」出發，從舊地名「菜寮」聯想到三重區早期務農生活，「農」便會聯想到三重區的民間信仰中心「先嗇宮」祭祀的「神農大帝」。「神農大帝」為神話故事，其內容淺顯易懂，易吸引孩子目光，引起共鳴，且適合戲劇演出。於是本研究創造性戲劇教學融入三重區在地化課程的選材，以「菜寮」舊地名的由來、三重區菜寮早期歷史發展、「先嗇宮」神農大帝的故事為主。

三 資料蒐集與分析

資料蒐集的對象以R代表研究者、T1代表協同教師、S代表學生共29名、P代表家長共29名，相關資料蒐集後，進行處理、分析、檢核，

並檢討課程內容及方法，作教學修正，以符合實際教學所需，其資料內容說明如表1-1。

表1-1　本研究的資料代號與說明

資料內容	意義說明
課堂錄音	課錄103.03.01：中華民國103年3月1日課堂錄音記錄
團討記錄	團103.03.01：中華民國103年3月1日團討記錄
觀察記錄	觀-T1-103.03.01：中華民國103年3月1日協同教師觀察記錄
訪談記錄	訪-S1-103.03.01：中華民國103年3月1日研究者針對1幼兒進行訪談記錄
家長回饋問卷	家回-P1-103.03.01：中華民國103年3月1日1號幼兒家長回饋問卷
幼兒回饋問卷	幼回-S1-103.03.01：中華民國103年3月1日1號幼兒回饋問卷
教學省思	省-R-103.03.01：中華民國103年3月1日的研究者教學省思

肆 研究結果與討論

一　創造性戲劇教學實施流程

本行動研究歷經一學期四個月，分為三階段共五期進行。

第一階段為「戲劇創作的醞釀期」，研究者運用查閱Google Maps、實地參訪等活動，讓孩子認識自己生長的地方，以醞釀之後想像與表達劇本的創作元素。

第二階段為「戲劇故事的創作期」，研究者運用「繪本故事」、「故事接龍」、「影片欣賞」、「即興創作」等活動，以及「教師入戲」、「專家外衣」等教學策略，讓學生認識自己所處苓寮區域的早期生活、地名由來、風俗信仰及民間故事，並進而在老師導引下自編故事，合作完成故事劇本大綱，成為戲劇演出的藍本。

第三階段為「戲劇的創意演出期」再細分成三期，每一期都有幼兒的創意活動在其中：

1. 「劇本完成期」，研究者依據幼兒在地故事創作的劇本藍本，

修改完成演出劇本，並依孩子意願及能力，分配戲劇演出的角色及場次。

2. 「舞臺準備期」，根據幼兒的構想一起完成演出布景及道具，且照孩子的創意，增刪或修改部分臺詞及肢體動作。在排戲過程中，將孩子的想法融入最終的劇本裡，孩子經過多次團體、分組、個人等練習，並搭配錄音及配樂進行排練與預演，最後準備演出。

3. 「戲劇演出期」：每一位孩子都能參與演出，獲得家長高度的評價及孩子自我的肯定。

上述創造性戲劇教學融入幼兒園在地化課程運作的流程，包含實施分期、在地化課程之融入、戲劇教學內容、及教學策略和方法等，可參見圖1-1。

(一) 戲劇創作的醞釀期—我們這一家

在課程開始之初，運用Google Maps、繪製社區大地圖，從中認識自己生長地方，引發孩子對自己生長的地方的興趣。並帶孩子走出教室，實際到社區走走，認識周遭環境、參觀廟宇。經過社區參訪後，孩子對社區中的人事物觀察更細微，開始主動探索及關心有關菜寮在地事物。

(二) 戲劇故事的創作期—在地小故事

此階段主要是透過創造性戲劇教學中的「說故事」、「戲劇遊戲」、「即興表演」、「肢體創作」、「聲音、動作模仿」、「故事接龍」等活動，教學目標是讓幼兒知道三重菜寮地名的由來、風土民情、生活習性及三重在地神話故事等，引導孩子自編屬於三重菜寮的在地故事，完成故事劇本大綱。

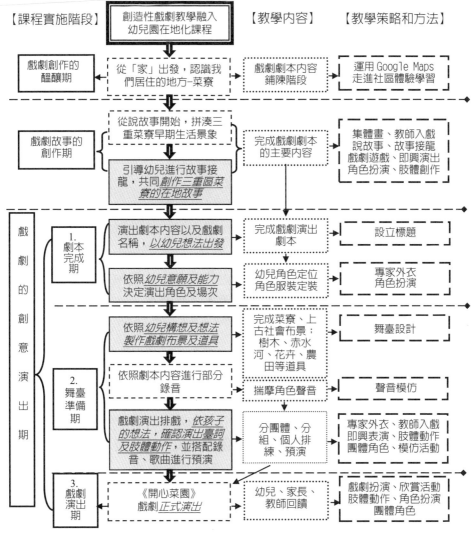

【課程實施階段】　創造性戲劇教學融入　【教學內容】　　【教學策略和方法】
　　　　　　　　　幼兒園在地化課程

戲劇創作的　　從「家」出發，認識我　　戲劇劇本內容　　運用 Google Maps
醞釀期　　　　們居住的地方-菜寮　　鋪陳階段　　　　走進社區體驗學習

戲劇故事的　　從說故事開始，拼湊三　　完成戲劇劇本　　集體畫、教師入戲
創作期　　　　重菜寮早期生活景象　　的主要內容　　　說故事、故事接龍
　　　　　　　　　　　　　　　　　　　　　　　　　戲劇遊戲、即興演出
　　　　　　　引導幼兒進行故事接　　　　　　　　　角色扮演、肢體創作
　　　　　　　龍，共同*創作三重區菜*
　　　　　　　寮的在地故事

戲　　1.　　演出劇本內容以及戲劇　　完成戲劇演出　　設立標題
劇　　劇本　名稱，以*幼兒想法出發*　　劇本
的　　完成
創　　期　　依照*幼兒意願及能力*　　幼兒角色定位　　專家外衣
意　　　　　決定演出角色及場次　　角色服裝定裝　　角色扮演
演
出　　　　　依照*幼兒構想及想法*　　完成菜寮、上　　舞臺設計
期　　　　　*製作戲劇布景及道具*　　古社會布景；
　　　　　　　　　　　　　　　　　　樹木、赤水
　　　2.　　依照劇本內容進行部分　　河、花卉、農　　聲音模仿
　　　舞臺　錄音　　　　　　　　　　田等道具
　　　準備
　　　期　　　　　　　　　　　　　　揣摩角色聲音
　　　　　　戲劇演出排戲，*依孩子*
　　　　　　的想法，確認演出臺詞　　分團體、分　　專家外衣、教師入戲
　　　　　　及肢體動作，並搭配錄　　組、個人排　　即興演出、肢體動作
　　　　　　音、歌曲進行預演　　　練、預演　　　團體角色、模仿活動

　　　3.　　《開心菜園》　　　　　　幼兒、家長、　　戲劇扮演、欣賞活動
　　　戲劇　戲劇*正式演出*　　　　　教師回饋　　　肢體動作、角色扮演
　　　演出　　　　　　　　　　　　　　　　　　　　　團體角色
　　　期

圖1-1　創造性戲劇教學融入幼兒園在地化課程運作的流程圖

1. 運用「說故事」、「集體畫」、「教師入戲」拼湊早期三重生活圖象，連結幼兒的生活經驗

　　學齡前的孩子對於老師的一切都充滿著好奇心，研究者運用自己家鄉地名的故事做引導，引起孩子們對自己所居住地名的好奇心。再則利用《城鎮》、《20個銅板》、《鐵路腳下的孩子》等描寫早期生活的繪本，和全班共同創作三重早期景象的集體畫，讓幼兒想像當時情景並

連結自己的生活經驗，說出三重區茉寮主要信仰中心。

當單純用繪本已無法讓幼兒瞭解時，「教師入戲」是個好方法，研究者運用自身的肢體動作即興演出，讓孩子從研究者的動作、表情、說話中，觀察研究者想表達的意思。藉由教師肢體演出，容易吸引孩子的目光，並能從中能讓孩子習得新的知識：

（研究者捲起褲管、披上毛巾、手拿長棒，邊擦汗邊走，孩子們專心的看研究者的一舉一動。）

S10：老師是農夫啦！

S21：她在種菜。

S14：種田很辛苦、很熱。

（研究者手指著白板上的矮房子，故意打了一個哈欠，放下手中長棒，用手走進白板上的矮房子，準備睡覺。）

S11：要去休息。

S13：農夫要到矮房子休息。

S8：老師，「寮」是矮房子的意思嗎？ （課錄103.04.09）

2. 運用「戲劇遊戲」加深幼兒對在地故事的印象

遊戲是孩子的本能，因此研究者每每在說故事之後，會依照孩子的意願將繪本中的情節分組進行簡單的「角色扮演」、「肢體創作」或「即興演出」等戲劇遊戲活動，孩子們在親自參與戲劇遊戲活動或欣賞他人表演時，都能加深對故事或場景的印象。

3. 運用「故事接龍」、「角色扮演」串起一個個在地的故事，引導幼兒完成自編三重區茉寮在地故事劇本大綱

運用故事接龍的方式引導幼兒自編屬於三重茉寮地區的在地故事，此對學齡前的幼兒來說實屬困難，研究者在醞釀幼兒自編故事前期時，運用許多臺灣在地故事、中國傳統故事、早期社會風情等繪本作引導，並讓幼兒欣賞三重茉寮地區早期的照片，讓幼兒知道茉寮發展的歷史及早期景象。

為使故事更為生動，研究者與協同教師進行「角色扮演」，在老師

們的一搭一唱對話及肢體表達下，孩子們的接龍多了「問話」、「對話」及動作，讓荬寮故事生動起來。

(三) 戲劇的創意演出期—戲説荬寮故事

創意演出期的教學實施歷程再細分成三個部分。第一是完成三重荬寮在地故事劇本《開心菜園》的教學階段；第二是舞臺準備的教學實施；第三是排戲、正式演出的教學實施，以下針對這三個部分說明。

1. 完成三重荬寮的在地故事劇本《開心菜園》

《開心菜園》戲劇演出劇本，研究者經由依孩子想法刪減文句、戲劇名稱命名及依意願與能力分配角色等，完成劇本，流程如圖1-2。

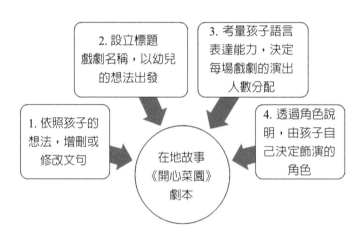

圖1-2　創造性戲劇劇本之完成圖

2. 舞臺準備

舞臺準備包含舞臺布景、道具、服裝的製作、劇本錄音外，為了讓幼兒的演出活動能更加順利，肢體創作、節奏遊戲、韻律動作、角色扮演等創造性戲劇活動也是不可缺少。

(1) 依照孩子們的設計及想法，共同選擇、製作舞臺背景及道具

演出劇本確定後，依照劇本分幕內容製作舞臺布景，研究者讓每位幼兒都設計一份早期三重荬寮的景象，再由全班作品中投票表決選出7幅最喜歡的作品，再由作品作者自我推銷、說明設計的概念及想法，進

行第二次的票選，勝出的作品成為此次《開心菜園》荣寮早期農村的布景圖。圖1-3為七幅布景票選作品。

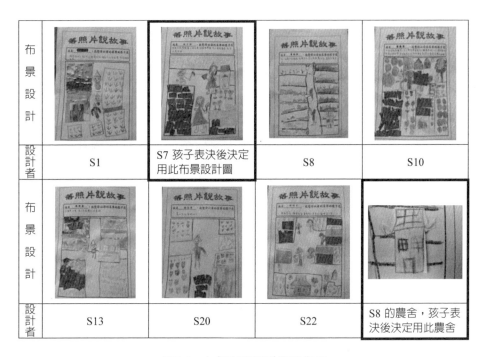

布景設計			
設計者	S1	S7 孩子表決後決定用此布景設計圖	S8	S10

(實際為圖表，依影像呈現)

布景設計
設計者：S13　S20　S22　S8 的農舍，孩子表決後決定用此農舍

圖1-3　七幅布景設計票選作品

S7的作品獲得11位小朋友的喜愛，喜歡這份作品的原因，小朋友說：

S3：「我覺得這個畫，做得很完整、很完美、很美麗。」

S8：「這個畫很完整，有花也有菜，和菜寮很像。」

（課錄103.05.07）

經投票表決後，孩子們決定用S7的作品為這次舞臺的主要背景，但對於「農舍」，孩子們喜歡S8和S22的樣式，經過再次的表決，孩子們決定農舍更改為S8的樣式。

(2) 親子共同發揮創意製作演出戲服、增進親師與親子的關係

戲劇演出活動中幼兒所穿著的戲劇服裝，皆由家長和小朋友一起準

備完成。親子間因準備演出服裝及製作個人道具，增加家人相處的時間及有共同討論的話題，且經過與家人共同完成自己的戲服，孩子對自己的角色更為喜愛。一位家長指出：

> P24：首先謝謝學校讓參與話劇公演，也因為要製作公演所需之服裝與道具讓全家人聚在一起討論、構思、分工及實際動手，藉此也讓孩子們學習到如何依據個人專長以最有效率的任務分配，在製作的過程中能幫助孩子對於分工合作有更深刻的體認。媽媽擅長手工、爸爸專責用材料、S24負責裝點服裝、弟弟負責傳遞工具，所以只花兩個小時便已完成任務，雖然成品因家中無美工專才而略顯簡陋，但因為是小朋友和我們第一次一起製作如此大型的美工作品，小朋友們仍雀躍不已，真的很開心學校有此活動的安排，謝謝！
>
> （訪-R- P24-103.06.12）

(3) 排戲前錄音工作不能少，孩子擔任小小錄音員

《開心菜園》部分的故事內容及引言，事先請孩子們錄製好，排戲及演出活動時，因有錄音使得活動進行的更為順利。孩子們藉由錄音的過程學習到揣摩角色的聲音及說話的聲調，也幫助了幼兒在演出時控制自己的聲音及語氣（觀-T1-103.05.26）。

(4) 戲劇活動課程帶動幼兒演出的興趣

為使戲劇活動進行更為順利，自2月12日起至5月28日共進行19次的創造性戲劇活動課程，其內容包含肢體創作、節奏遊戲、韻律動作、模仿動作、聲音故事、扮演遊戲等。

在肢體創作、節奏遊戲課程之後，孩子們的肢體動作不再僵硬、能發揮想像自我創作，在活動中研究者能感受到孩子們喜悅、樂於參與活動的氣氛。

(5) 排戲、正式演出的教學實施

演出場次的安排，依據的是孩子平時在節奏遊戲、肢體創作、戲劇活動、團討等活動時，說話的聲量、口齒清晰度、口語表達能力、以

及膽量、活潑等情況。第一場的孩子能給予後兩場孩子學習、仿效的機會，最終場安排需要多觀摩的孩子，他們可藉由前兩場的暖身，對臺詞、歌曲、舞臺走位更為熟悉，讓他們能在真正演出時，較為穩定且不膽怯（省-R-103.05.13）。排戲的流程如圖1-4。

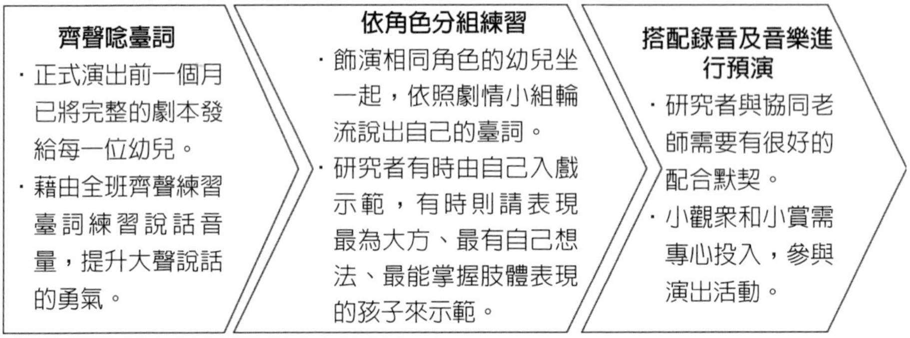

齊聲唸臺詞
· 正式演出前一個月已將完整的劇本發給每一位幼兒。
· 藉由全班齊聲練習臺詞練習說話音量，提升大聲說話的勇氣。

依角色分組練習
· 飾演相同角色的幼兒坐一起，依照劇情小組輪流說出自己的臺詞。
· 研究者有時由自己入戲示範，有時則請表現最為大方、最有自己想法、最能掌握肢體表現的孩子來示範。

搭配錄音及音樂進行預演
· 研究者與協同老師需要有很好的配合默契。
· 小觀眾和小賞需專心投入，參與演出活動。

圖1-4　排戲流程圖

3. 《開心菜園》好戲開鑼

研究者於演出中需隨時留意演出孩子的情緒、走位及臺詞，在孩子需要時適時給予鼓勵及提醒，讓演出孩子有安定感，並擔任換幕控場的人，當小演員、換幕、音效有需求時，可立即傳遞訊息應變，讓演出能夠順利進行。

> S14在演出前排練時常忘了接詞，研究者在正式開演前問他是
> 不是很緊張，S14點點頭，R請他不要太擔心，並且告訴他他
> 可以做到，要對自己有信心，如果真的忘記臺詞老師會提詞，
> 在演出中S14因有研究者的鼓勵，演出十分順利。
>
> （觀-T1-103.06.25）

二 幼兒在課程歷程中的學習表現

(一) 幼兒在「戲劇創作的醞釀期」教學活動的表現── 幼兒對「農」產生極大興趣，開始主動探索與三重區菜寮有關的各種事物

在進行菜寮介紹課程後，一日S12在撕水果班日曆時，發現日曆上農曆部分寫著「農大」兩字，他拿著撕下的日曆問研究者「農大的農是農夫的農嗎？」、「是和菜寮一樣種菜有農夫的意思嗎？」之前從未有孩子注意到「農大」的意思。但自從開始進行此研究後，孩子於課堂中，慢慢將之前所學或現在正在進行的其他課程與在地化課程相聯結，而且對「農」有關的事物都特別有感覺。（省-R-103.03.14）

(二) 幼兒在「戲劇故事的創作期」教學活動的學習表現

1. 幼兒在敘說故事、故事接龍的過程中，提升了口語表達能力的信心

在經過戲劇教學中敘說故事、故事接龍等多次練習後，不願開口發言的孩子漸漸對熟悉的故事或有興趣的話題有自信的參與討論。

> S6的語言理解度不佳，但在〈神農嚐百草〉故事接龍也自信、主動的舉手發言。S1：「赭鞭把草打一下，草就變顏色。」S6：「變紅色」S2：「就是有毒的。」S16因故事重複多次，對於內容熟悉，所以有信心能接續故事，於是在〈神農嚐百草〉24句中發言4次、〈神農氏〉故事接龍32句中共發言2句。
> （觀-T1-103.04.30）

2. 孩子在閱讀在地神話故事中，對深奧難懂的成語產生高度的興趣

在進行《神農氏》說故事時，因故事文句中不時出現成語，研究者將成語解釋後，S3立刻表示：

「我知道『削鐵如泥』的意思，阿嬤有教過我，我還知道『杯弓蛇影』」。S19也表示：「我媽媽有說過4個字是成語，我知道『盲人摸象』」。（課錄-103.04.21）孩子們不但能將自己知道的成語說出，並能敘說成語故事。（省-R-103.04.21）

孩子對於不瞭解的成語有了想要知道的意願，研究詢問孩子是否有意願學習成語，經投票表決24位幼兒同意，從此刻起，每日一成語已變成班上孩子期待的課程之一。（省-T1-103.04.21）

(三) 幼兒在「戲劇的創意演出期」教學活動的學習表現

1. 幼兒在整個戲劇教學活動過程中，學會解決問題的方法

在整個戲劇活動準備演出期間，孩子們遇到些許的問題，初期孩子們一遇到問題就會大叫：「老師……」，尋求老師的協助，研究者為了讓孩子能在此研究中學習解決問題的能力，於是在戲劇活動期間將孩子們分組，並於每一組由孩子推派選出兩名擔任小組長、副小組長。

當小組員遇到問題時會先請小組討論出問題解決的方法，研究者僅在一旁聆聽並適時給予提醒，找出解決的方法後再請孩子們執行。（省-R-103.05.14）孩子在整個過程中，就在遇到問題、解決問題中成長，在戲劇演出結束後，孩子不再是一遇問題就只會大聲尋求幫助，而是學會動腦想辦法解決問題。

2. 水果班幼兒學會相互支援、分工合作，共同努力完成戲劇演出

一齣戲演出能夠成功，不是單靠一個人的力量就可達成，是需要參與演出的全體人員共同合作、相互支援，當孩子們順利演出後，參與演出的孩子、進班觀賞的家長及入班進行交流的教師都給予自己及孩子熱烈的掌聲和高度的肯定。

P18更指出現今社會少子化且獨生子女多，與他人合作的機會少，藉此演出機會讓他們知道相互合作是很重要的。

（家回-P18-103.06.26）

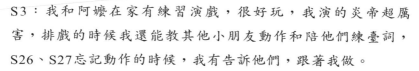

S3：我和阿嬤在家有練習演戲，很好玩，我演的炎帝超厲害，排戲的時候我還能教其他小朋友動作和陪他們練臺詞，S26、S27忘記動作的時候，我有告訴他們，跟著我做。

（訪-R-S19-103.06.27）

3. 幼兒克服心理障礙，成功扮演《開心菜園》的角色，讓自己更勇敢、更有自信

能不畏懼站在舞臺上表演，無論是大人或幼兒都需要很大的勇氣，在演出結束後，家長都覺得孩子膽子變大許多、更有自信了。孩子們也對自己的演出都給予高度的肯定，認為自己完成了一件艱巨且不可能的任務。

S2本是個性害羞，需要研究者等待學習的孩子，演出的第一天，原定S28演出阿吉的角色，因S28感冒請假，在演出前急需找一名小演員代演，研究者第一時間問S2的意願，S2立刻表示願意參加演出，解決小演員缺席的問題。

（省-R-103.06.25）

P2：我不敢相信S2會主動願意幫忙演出，老師真的只問他一次，他就答應了嗎？我真的好高興，S2真的變勇敢了。

（訪-R-P2-103.06.25）

4. 幼兒透過背誦劇本，引發對文字的興趣及提升識字的能力

於排戲背誦劇本期間，研究者發現，許多孩子開始主動問起：「這是什麼字啊？」「這個字是什麼意思？」「這是『寮』天的聊嗎？」還會主動拿起繪本一指一字的唸讀，碰到不會的字亦會主動尋求協助，班上識字風氣極盛。（觀-R-103.05.14）

伍 省思與建議

在創造性戲劇教學融入在地化課程的過程中，孩子們從羞怯到勇於展現自我，從對三重菜寮地區一無所知到開始瞭解自己生長的地方，孩子的成長令研究者感到高興，自己亦在此教學過程中收獲不少。研究者對此行動研究的省思與建議綜合如下：

一 創造性戲劇課程需要完整的課程規劃

在本研究中雖然幼兒園孩子只是完成一場約20分鐘的戲劇演出，然而整學期課程中創意和民主元素的吸收，讓幼兒自然地在人際互動、自信表達、肢體動作、說故事、觀察模仿、合作互助等，都有長足進步，這需要完整的課程規劃及引導。教師需具備課程設計及引導戲劇演出的相關素養外，在本研究中融入在地化課程則也需對在地文化有相當的認識。

二 可運用在地文史資源將在地文化融入幼兒創造性戲劇教學

本研究以三重區菜寮的地名由來出發，結合當地發展史及民間信仰的神話故事，發展出屬於三重區菜寮的在地戲劇演出活動。故各地可運用在地民俗文化發展出屬於當地的在地故事，師生能共同創作在地劇本，進行有在地特色的戲劇演出活動。

三 協同老師之間需建立互助合作的夥伴關係

教導幼兒創造性戲劇課程非單憑一己之力就可達成，整個教學過程中，協同教師扮演極為重要的角色，無論是課程的引導、布景道具的製作、戲劇演出活動都需協同教師的協助。此外，在進行教學時，協同教師會從不同的觀點看待課程，針對課程內容給予建議。

四 教師需於平日課堂即漸進融入創造性戲劇教學的基礎活動

創造性戲劇教學是非正式、符合學齡前幼兒身心發展的即興表演課

程，透過角色扮演、肢體創作、故事教學、戲劇演出等活動，引導幼兒學習新的知識。幼兒園教師於平日教學活動中，無論是何種課程皆能將主題內容融入創造性戲劇教學中，可由教師入戲或依照孩子特質進行戲劇遊戲，讓孩子藉由創造性戲劇教學活動感受主題所要呈現的知識內容。運用此方法不但能提升孩子的專注力，亦能增進孩子的思考力及創造力，達到更好的教學及學習成效。

五　教師可在社群或研習提升創造性戲劇教學的專業素養

創造性戲劇教學需引導孩子進行肢體、語言、戲劇等創作，教師在課程中扮演引導者、協助者、參與者及觀察者，為使創造性戲劇教學能夠順利進行，教師的專業素養影響很大。於創造性戲劇教學課程進行前，教師可組專業社群相互討論、互相觀摩學習，並參與戲劇教學、肢體伸展、思考創造力等相關研習或工作坊，提升教師在創造性戲劇教學上的專業素養。

參 考 文 獻

王念華（2001）。幼稚園教室戲劇發展歷程研究。私立文化大學兒童福利研究碩士論文，未出版，臺北。

王雪貞、林翠湄、連廷嘉、黃俊豪譯（2006）。發展心理學上冊。（Davidr Shaffer著）。臺北：學富文化。

吳明清（1997）。發展本土化教育特色的概念架構。北縣教育雙月刊，17，58-62。

吳清山、林天祐（2007）。教育名詞。教育資料與研究雙月刊，78，249-250。

李如蘋（2003）。從衝突理論分析「全球化」與「在地化」。通識論叢，1，192-212。

岡田正章監修（1989）。幼稚園戲劇活動教學設計。臺北：五陵。

林佩蓉（1990）。幼兒教師參與幼稚園「兒童劇場」之成長歷程研究。載於幼兒教育輔導工作會論文集，315-350。臺東：臺灣區省立師範學院78學年度臺東師院所。

林玫君（1999）。幼稚園戲劇教學之行動研究實例。載於國立臺東師院**1999**行動研究國際學術研討會論文集。臺東：國立臺東師範學院。

林玫君（2013）。創造性戲劇理論與實務教室中的行動研究。臺北：心理。

林玫君編譯（2003）。創造性兒童戲劇入門。（Barbara Salisbury原著）。臺北：心理。

林楚欣、孫扶志編著（2008）。媽祖廟：種子幼稚園鄉土文化課程。臺北：心理。

林瑞榮（2000）。國民小學鄉土教育的理論與實踐。臺北：師大書苑。

武文瑛（2004）。全球化與在地化概念辯證、分析與省思。教育學苑，6，43-58。

胡寶林（1986）。兒童戲劇與行為表現力。臺北：遠流。

張小萍（2006）。幼稚園戲劇教學之行動研究──以中班幼兒為例。國立屏東教育大學教育行政研究所碩士論文，未出版，屏東。

張建成（1997）。政治與教育之間：論臺灣地區的鄉土教育。鄉土史教育學術研討會論文集，87-107。

張清濱（2009）。教學原理與實務。臺北：五南。

張曉華（2003）。創作性戲劇教學原理與實作。臺北市：財團法人成長文教基金會。

張曉華（2010）。教育戲劇理論與發展。臺北：心理。

教育部（1986）。幼稚園課程標準。臺北：正中。

教育部（1993）。國民小學課程標準。臺北：教育部。

教育部（2000）。國民中小學九年一貫課程暫行綱要。臺北：教育部。

教育部（2012）。幼兒園教保活動課程暫行大綱。臺北：教育部。

曹瑟宜（2005）。幼兒戲劇。臺北：啓英文化。

陳仁富（2002）。創造性戲劇的課程設計與實踐。國民中小學戲劇教育國際學術研討會論文集，229-259。國立臺灣藝術教育資料館，臺北。

陳仁富（2007）。教育戲劇課程設計初探。教育研究月刊，161，76-88。

陳虹伶（2008）。創造性戲劇教學對提升幼兒創造力之影響──以一個幼稚園的教學行動研究為例。臺北市立教育大學幼兒教育學系教師在職進修幼教教學碩士學分班碩士論文，未出版，臺北。

陳晞如（2012）。話說從頭：翻開臺灣兒童戲劇教育史（1945-1986）。美育雙月刊，186，86-96。臺北：國立臺灣藝術教育館。

陳韻文、張鐙尹譯（2012）。開始玩戲劇**4-11**歲。（Joe Winston、Miles Tandy著）。臺北：心理出版社。

陳韻文譯（2008）。**5-11**歲的戲劇、語文與道教育。（Joe Winston著）。臺北：心理。

陳麗華（2005）。中小學社會課程本土化之跨國比較分析。臺北市立師範學院學報，

36（1），1-30。

黃意舒（1999）。幼兒教育課程發展——教師的省思與深思。臺北：五南。

楊璧菁（1997）。創造性戲劇對國小三年級學生表達能力之影響。國立藝術學院戲劇研究所理論組碩士論文，未出版，臺北。

葉玉珠、葉玉環（2006）。以創作性戲劇教學啟發幼兒創造力之行動研究。師大學報（創造力特刊），51，1-27。

劉倚君（2011）。幼兒戲劇教學策略之個案研究。國立新竹教育大學幼兒教育學系碩士班碩士論文，未出版，新竹。

鄭博真（2013）。幼兒園統整課程與教學理念與實務。臺北：華騰文化。

鄭黛瓊、朱曙明、黃美滿、廖順約等著（1998）。藝術教育教師手冊——幼兒戲劇篇。臺北：國立臺灣藝術教育館。

鄭黛瓊譯（1999）。戲劇教學——啟動多彩的心。（N. Morgan & J. Saxton著）。臺北：心理。

賴兩陽（2004）。全球化、在地化與社區工作。社區發展，107，120-132。

魏惠貞（2008）。各國幼兒教育。臺北：心理。

小學四年級兒童歌謠創作教學之行動研究

邱偉婷
臺中市私立慎齋小學教師

林彩岫
國立臺中教育大學教育學系教授兼系主任

摘　要

　　孩子天性以喜好哼哼唱唱、自由創作表達出多元且豐沛情感為樂，為使深富美感的詩性童年更顯洋溢，本研究旨在結合創造思考技巧與兒童歌謠本質來發展兒童歌謠創作教學實踐。兒童歌謠創作教學策略的行動探究，主要為學生在三年級時習得閱讀與創作童詩的相關能力後，以如何啟發並提升兒童歌謠欣賞、探索內在情感與修辭等技巧為導向，進而為自己的小詩寫歌創作為教學實施核心。

　　本研究對象是研究者所執教的臺中市某小學四年級的一個班級，研究設計則主要參考張榮清先生（1992）在「兒童歌謠與創作教學研究」中的教學順序：欣賞→分析→講解作法→創作→批改→共同欣賞、批評→再提示創作方法→再創作，教學的過程中，雖會依課堂所需略微修改增添些許步驟，但流程大致是相同的。

　　透過教師所提供的兒童歌謠創作教學策略，使學生能以多元的情境式體驗活動，來深度欣賞、分析、評鑑兒童歌謠，研究過程中不僅引發學生己身內在的浪漫詩性與想像力，研究者更依照個別化教學原則引

導學生進行兒童歌謠創作，使其善用創造力與兒童歌謠元素，以文字繪詩，「境情」揮灑於詩作、圖畫、戲劇、歌曲中；另一方面，觀察學童在教室中的學習反應與作品表現作為反思之依據，並在校內進修時，不斷進行教學反思與修正，實踐教師反思結果於課程設計與教學歷程中，以期透過兒童歌謠創作教學策略，提升學生童謠創作能力。

關鍵詞：兒童歌謠創作、教學策略、行動研究

壹　前言

> 動動腦，來尋寶，赤子之心少不了；
> 寫成詩，繪成詞，樂活知識情雀躍；
> 譜成曲，串成劇，說學逗唱好熱鬧；
> 歌童謠，演童謠，創作天才星閃耀。

音樂與詩歌，是人類心魂（Soul-Spirit）與世界的聯結。人智學（Anthroposophy）大師Steiner就主張我們可以讓教育成長中的孩子在音樂與詩歌中得到愉悅，同時也對它們產生渴望（林琦珊譯，2013）。就音樂方面而言，多樣化的音樂氛圍滋養了孩子們的理與情，詩歌則是讓孩子閃爍著獨特且耀眼光芒的豐碩生命力。因此，我們有必要透過音樂與詩歌，喚醒孩子在宇宙中關於自己的感知。

兒童歌謠既是詩也是歌，如果說童詩是朵可愛的小花，那麼童謠便是風輕吹過樹葉所發出的小調，「唏沙！唏沙！」隨著風輕舞婆娑搖曳，偶有落葉翩翩轉圈落下；如果說童詩是幅美麗的風景彩繪，那麼童謠便是畫中流動潺潺溪水，柔撞著石子們所演奏出的打擊樂曲，「淅瀝！淅瀝！」伴著流水清唱涓涓蜿蜒，偶有眾生點點漾起水花。

研究者曾經透過童詩閱讀教學策略提升了學生童詩創作能力，即使如此，還是感到只有詩沒有歌是一大遺憾，加上所任職的私校乃以藝術與人文為發展核心，學生在創作童詩時的揣摩與韻律過程中，燃起了內心的節奏感，主動提起「那我們來唱首歌吧！」的異想，起了節拍的孩

子們激起的音樂水花又是如何的呢？我和孩子們一樣期待這一段的童謠之旅，於是，唱吧！跳吧！戲吧！大膽地為我們的小詩寫首歌吧！

　　針對以上研究背景與動機，本研究之目的如下：

一、探討教師運用兒童歌謠創作策略教學的實施歷程。

二、運用兒童歌謠創作策略教學，使學生具童謠歌詞創作之能力。

貳 文獻探討

一 兒童歌謠

　　兒童歌謠，簡單的說，就是兒童唸唱的歌謠。歌謠又可分別從「歌」和「謠」兩個字來加以解讀，有學者認為歌與謠有所不同必須加以區分，有的學者認為歌即謠無須區別，以下分別呈現這兩個不同看法的論點。

(一)「歌」和「謠」

　　童謠並非兒歌，就字義而言，毛詩傳中寫著「曲和樂曰歌，徒歌曰謠。」或韓詩章句云「有章曲曰歌，無章句曰謠。」馮輝岳（1982）認為，一般而言，先有童謠，後有兒歌。

　　依表演方式的不同，也可將兒童歌謠分成童謠與兒歌兩個部分；童謠用於唸誦，兒歌用於歌唱。童謠指兒童唸謠，是吟誦形式，只有語言旋律，沒有固定的曲調；兒歌則是兒童唱謠，有歌詞也有固定的曲調。同一首適合兒童欣賞的歌詞，先按照語言節奏唸誦，就是童謠；而後譜上音樂旋律歌唱，就是兒歌。兒童歌謠則具有語詞平白易懂（淺易性）、聲韻自然活潑（律動性）、句式簡潔生動（文學性）、情意俏皮有趣（趣味性）、想像奇特幽默（想像性）、可結合音樂節奏（音樂性）六項特質（宋筱蕙，1989；陳正治，2007；馮輝岳，1982）。

　　從內涵來看，兒歌和童謠亦有所不同。周作人在〈兒歌之研究〉將兒歌分為母歌和兒戲，他解釋道：

> 母歌者，兒未能言，母與兒戲，歌以侑之，與後之兒自戲自娛
> 異。兒戲者，兒童自戲自歌之詞。
> 然兒童聞母歌而識之，則亦自歌之。

其意是母親哼唱的兒歌，是指孩子還沒學會說話，母親和孩子一同玩耍嬉戲時所唱的歌，這種歌謠是用來協助孩子理解語言和學會說話的，和後來孩子自己嬉戲，用來娛樂自己時所哼唱的兒歌不同。孩子自己哼唱的這些兒歌，是由孩子嬉戲時自己唱起的歌謠，這是因為他在小時候聽了母親的歌唱聲才識得了這些詞句，所以也漸漸學會自己開口哼唱。

而後，周作人更將母歌歸納成四類，分別為撫兒使睡之歌、弄兒之歌、體物之歌、人事之歌；兒戲則歸納成三種，分別為遊戲、謎語、敘事歌。

宋筱蕙（1989）根據周作人的見解，輔以褚東郊、朱介凡的看法，綜合兒歌的種類大概有「搖籃曲」、「育子歌」、「遊戲歌」、「娛情歌」、「幻想歌」、「連珠歌」、「知識歌」、「口技歌」等八種。由此可知，兒歌並非完全指小孩所唱的歌，還包括成人（一般是照顧者）唱給小孩聽的歌。

至於童謠，泛指兒童的歌謠，許漢卿（1982）列舉童謠特徵有：具政治及社會性、不以唱頌為主的耳語式傳播、是吉凶禍福成敗順逆的預測、表老百姓的無畏於威勢的議論諷刺與判斷、讓人猜測臆度游離隱晦的詞意、後人就歷史已有事物的附會、沒有一定的結構形式、時過境遷就不再謠傳等。

再者，童謠與兒歌最主要的不同點，是童謠很少涉及兒童生活。宋筱蕙認為（1989）童謠是成人們為了助長議論的聲勢，擴大批判的效果，以達到諷諫的目的，教會兒童念唱這一類民謠，並且鼓勵兒童到處傳唱，當目的達到時，這一類民謠也就銷聲匿跡了。

(二) 童謠即兒歌

馮輝岳（1982）在《童謠探討與賞析》一書中指出，由於我們常說

「吟唱童謠」，不過是拖長聲音隨口唱一唱罷了，前人流傳下來的無數童謠，幾乎全是「徒歌」，此徒歌之歌與兒歌之歌，倘同一意義，那麼童謠與兒歌便沒有分別。

其次，我們現在所謂的「兒歌」，是廣義的兒歌，實際上已包涵童謠和狹義的兒歌，前者指前人傳承下來的兒歌，是民俗家和兒童文學作家心目中的兒歌；後者則是音樂老師和作曲家心目中的兒歌，是現代的人創作的歌謠。近年來，更有作曲家將傳統的童謠譜上曲子，也就是將徒歌和樂，如此，兒歌和童謠便混淆不清，無從分辨了。

林文寶（1995）和陳正治（2007）也分別蒐集了民初自今，如朱自清在《中國歌謠》的研究，楊蔭深在《童謠探討與賞析》書中的主張，與林武憲在《兒歌和童謠和創作》文稿中的說明等數十位與兒歌或童謠相關著名研究學者的看法，來支持「童謠即兒歌，兒歌即童謠」的論點。

綜合上述，因兒歌與童謠到現在難以區分，故本研究採用馮輝岳、林文寶和陳正治等學者對童謠即兒歌、兒歌即童謠的定義，不對童謠與兒歌做進一步的區分。

(三) 兒童歌謠與童詩

兒童歌謠和童詩不同，但若要指導學生創作兒童歌謠，一般都會從指導兒童創作童詩開始，等逐漸熟悉童詩形式與情感詮釋，能自然發揮後，才便於引導至節奏性較強的兒童歌謠創作。因此，本部分主要採用施炳華的說法，對詩、童詩以及兒童歌謠（童謠）做一簡單的區分。

詩是有節奏、韻律，可以吟誦的抒情藝術。依據施炳華（2007）的區分法：

> 在形式上，詩要有節奏、韻律；在內容上，詩要求抒情、有意境。……只有抒情的特性，而無形式的節奏、韻律，不能算是純粹、完美的詩；而只有形式的節奏、韻律，卻無抒情與意境的內容特性，也不能算是詩。

換言之，詩要抒情與意境兼俱。至於童詩，施炳華（2007）則認為其結構較成人詩自由，不受句數、字數的限制，語詞不一定要押韻，比較重視語言的音樂性，以及作者內在心靈感受所激起的節奏。

關於童謠，則是一組連串語言的唸誦，只有形式上的節奏、韻律，不一定有詩的抒情或意境素質。適合兒童唸誦的童謠，只要聽、唸之間能感受韻律、節奏感與趣味性即可。童謠以口語唸誦為主要傳誦媒介，因絕大多數是韻文體裁，而注重唸誦時的律動。內容偏重知識與思想的傳達，其作用在於，歌詞側重押韻與趣味性，注重聲韻與律動，而不在乎是否合情合理（施炳華，2007）。

由上可知，童詩強調抒情與意境，童謠強調實用、娛樂與教育性等，但共同注重的是語言的節奏感與律動感，先學寫詩，可使歌謠的內容與表現形式更加的深入與完善。

二 兒童歌謠創作

關於兒童歌謠的創作，學者有的提出創作流程、有的針對寫作要領發表他們的看法。陳正治（2007）在《兒歌理論與賞析》中寫到創作兒歌的流程，他稱之為方法，分別為「選擇題材，深入研究」、「確定主旨，決定範圍」、「發揮想像，尋找材料」、「決定形式，活用技巧」以及「試寫、試唸、試改」。

宋筱蕙（1989）提出了創作新的兒童歌謠要注意的七個要領，經整理後本研究掌握了五個重點，分述如下：

(一) 題材宜合兒童的經驗與程度：可以擷取平日所見所聞中，具有趣味性、想像力、啟發性、人情味、幽默感等，能夠吸引兒童的關心與喜愛的事件，深入淺出的寫出來即可。切記不要陳義太高，否則就會作繭自縛，失去了應有的情趣。

(二) 用詞遣句宜淺顯易懂：用字遣詞要力求口語化，不需要堆砌詞藻，因詞害意。另外，更要注意語氣避免輕浮、低俗、鄙陋。

(三) 莫為押韻而勉強填塞字詞：音調要和諧流利，能朗朗上口，音樂性要強，但也不必要為了押韻而勉強填塞字詞，以致破壞了節奏的美

感。我們可以每句押韻，也可以隔句押韻，或自由換韻，順暢就好。

(四) 描寫要平實貼切、句式要自由多變：不矯揉做作，不故作文雅，使兒童能領略到自然、親切的意境。另外，語句要簡短，盡量避免使用太長的句子。

(五) 重視正面的陶冶：不故意誇張渲染，扭曲混淆或荒唐怪誕，影響兒童對事物的認知和態度。以情趣代替教訓，教訓口吻不可太明顯，以免兒童心生嫌惡。

張清榮（1992）在〈兒童歌謠與創作教學研究〉一文中，則提出兒童歌謠創作的教學步驟：欣賞→分析→講解作法→創作→批改→共同欣賞、批評→再提示創作方法→再創作。張清榮接著提出教學的七點方式，以下將其文字進一步歸類，與上述的步驟相對應後，整理如下列八個步驟：

(一) 欣賞

1. 選錄生動、有趣、不同類型歌謠供兒童欣賞。

2. 感性的欣賞詞句的優美、音韻的鏗鏘、敘述的生動有趣、形式的完整……等。

(二) 分析：理性的分析作品的結構，瞭解歌謠的寫作技巧與作品的表現手法。

(三) 講解作法

1. 提示歌謠特質與創作技巧。

2. 命題與兒童生活日常命題，兒童較感興趣，也方便蒐集材料。

3. 指導押韻。

4. 規劃各種問題，討論啓發兒童聯想能力。

(四) 創作：提筆寫作。

(五) 批改：修改潤飾。

(六) 共同欣賞、批評：欣賞批評，檢討較差作品，表揚優秀作品。

(七) 再次提示創作技巧：

1. 排列文句，使作品不致錯亂無章。

2. 增刪文句，使作品意思完整、結構嚴謹、形式統一。

(八) 再創作

由上可知，一般著作多著墨在成人創作童謠，針對兒童自身的兒童歌謠創作教學僅張榮清提出教學流程。另外，多數文獻以創作童謠「詩詞」的部分為主要論述，譜曲方面則為鮮少涉獵。

三　國內兒童歌謠創作教學的相關研究探討

近十年國內關於學生創作兒童歌謠之學位論文，有少數研究是藉由兒童接觸兒童歌謠增進修辭擴充與情境感知（邱薰葵，2011；潘葉棻，2006），亦或是增進學習態度（徐思穎，2010）。大多以指導童詩創作啟發式教學（林幼眞，2008；郭矩妃，2005；粘佩雯，2006；張燕珍，2009；黃媛媚，2008；鄭雅靜，2013）或探討童詩修辭教學（吳純玲，2004；張齡之，2010）為主題，顯示國內目前教師比較著重在以童詩策略引導教學的研究方向。

兒童歌謠創作方面，可分成成人與孩童的部分，就成人部分而言，有的是作者本人對自己作品研究（杜紹威，2006；施福珍，2001），有的是研究者針對知名兒歌原創者本人或其歌謠進行深究（林曉珮，2012；翁世雄，2009；許意紫，2012；陳惠芬，2008；陳彥妤，2011；陳淑晴，2013；劉凱琳，2014；鐘有進，2010）。關於兒童創造歌謠教學方面，以教導創作閩南語童謠研究之篇數為多（吳自立，2008；陳如億；2010），以國語進行創作教學方面，則僅有一篇由黃可甄（2008）所寫的國小三年級「多元智慧的兒歌創作教學研究」論文。至於，在創作歌曲上，有某些研究者大膽嘗試讓六年級學生進行音樂創作，如王淑玲（2013）《國小六年級學童音樂性向與音樂創作學習成就之相關研究》。

整體來說，國內對於國小兒童歌謠教學策略的研究似乎有所不足，其原因可能為歌謠不僅單純的涉及文學性，也牽涉兒童本身的音樂創作能力。再者，由於師生雙方創作和音樂能力須具充分的先備知識與經驗，因此讓孩子親自創作童謠，似乎對師生都是艱鉅的挑戰。

研究方法與步驟

一 研究方法

　　行動研究（action research）是依據真實世界中生活經驗的分析、掌握其具有的意義，而運用研究的歷程加以探索（成虹飛，2001）。蔡清田（2000）則指出行動研究不只重視實務問題的解決及行動能力的培養，同時更重視批判反省思考能力的培養，且行動研究具有井然有序的程序架構，其歷程更是一個繼續且不斷反省的循環。至於行動研究的課程設計與教學實施，最主要是希望能實踐「教師即研究者」（teacher as researcher）（歐用生，1994）的精神，以促進教師在課程實施前中後階段，透過不斷的反思、再計畫、再執行，達到一種持續且多次循環的專業成長歷程。

　　由上可知，教師的「行動」即是生活的實踐，其目的是在於對問題的本質理解後，解決教育現場所發生的真實問題；而「研究」則是針對教師對自己的專業知識，透過一連串的計畫嘗試，進行多次的教學深化，以達對教師己身或學生之學習目標有所具體成效上的轉變。

　　本研究希望透過實際行動提升學生在兒童歌謠創作上的表現，並探討本行動歷程在小學四年級實施時可能遭遇的困境與因應之道，因研究動機和目的皆由教學現場遭遇問題所引燃，以實務問題為導向，強調問題解決與學習策略的立即性、應用性，且主要研究者身兼實務工作者與研究參與者兩種角色，故採行動研究法探究之。

二 研究場域

　　本研究進行的場域是一所位於臺中市都會區的私立小學，學生人數約300人，班級數為12班，每年級2班，每班皆為常態編班。該校重視藝術人文與品格教育課程，是所追求精緻化教學和適性發展的小型學校，就彈性課程部分，為培養學生語文的閱讀策略應用及寫作運思能力，每週有兩節語文社群課程，分別為閱讀與寫作課，且校內每週有提供數堂藝術（音樂、美術、戲劇等）社群課程供孩子們必選修。該校每

週固定會請大學相關科系教授主持研習，進行教學指導，教師同儕之間因此有很多討論與合作之機會。學校家長經濟能力多屬中上，多因重視孩子的全人教育而選擇此校就讀。

三 主要研究者與研究對象

本研究的主要研究者即是教學者，畢業於某教育大學教育學系，目前就讀於另一教育大學教育學系課程與教學碩士在職專班，由於曾學過直笛、木琴、鋼琴，且多次入選為學校樂隊、劇團和合唱團成員，具有視譜和作曲的基本能力，因此，對音樂及詩文有著熱情與濃厚的興趣，多樂於欣賞各式音樂會與舞蹈、戲劇演出，平日遨遊其中，和孩子一樣，也喜歡哼哼唱唱，偶爾也會用簡譜記下旋律作曲，感受律動之美。主要研究者在此一小學已任教九年，以中、低年級為主要教學年段，研究者結合了其他兩位同學年的導師之力，時常一起研發教材、檢討課程實施成效。除此之外，也常向語文科系畢業教師及駐校的音樂專科老師請教，在不斷精進中，期盼孩子能在如此的教育氛圍下，除了具有語文創作能力外，也具備有批判思考、獨立判斷等精神以及帶得走的能力。

研究對象則是主要研究者於101學年度第一學期所任教四年級的一個班級，該班有24個學生，男生13人，女生11人。在指導完該班三年級童詩，發現孩子對於創作依然興致高昂，主要研究者便開始構思延續此份熱情的行動方案。四年級的孩子大多以哼唱為主，對於專業的曲調創作還懵懵懂懂，唱了之後自己覺得高興和流暢通順即可，我們的作品即是以此種方式創作出來的。

四 研究步驟

(一) 準備階段（101年6月至101年9月）

主要研究者利用暑假期間找到與童謠創作相關的文獻，也蒐集了市面上有利在課堂啟發孩子們創作的童謠教材，並加以對歌詞的情意、語句修辭進行分析，試著揣摩孩子在詮釋童謠時的感受、反應與學習創作

的困難點，接著再依據此年紀與班級氛圍設計出童謠創作教學的活動內容。

(二) 行動研究階段（101年9月至101年11月）

1. 課程設計

本研究主要是在語文社群時間進行，並融入電腦課進行教學。因此，教學實施時間為四年級上學期語文社群時間，實施期程為101年9月至11月，14週，每週2節，每節40分鐘，再加上電腦課6節，共計34節，教學大綱如表2-1。

表2-1　教學大綱

週次	節數	主題教學／活動	學習活動／習作	
			欣賞教學	創作教學
一	2	聆聽欣賞	聆聽市面上一般耳熟能詳的童謠，並發表心得。	無
二	2	唱讀欣賞	在唱讀時能約略發現歌詞上的修辭、律動和一般童詩的不同。	無
三	2	詮釋分析	詮釋作詞者在童謠歌詞中所要傳達的意境與揣摩背後的創作過程。	無
四～五	4	大量閱讀童謠歌詞＋概念構圖	歸納並習得童謠歌詞為符合韻律感的修辭等特徵，進行討論並修正三年級童詩評定量表成童謠評定量表。	利用「概念構圖」策略，讓學生構思所要寫的童謠創作歌詞內容。
六～七	4	善用字典＋聯想畫應用	在欣賞自己的畫作時，可以找到詞彙的靈感，將之化成文字。	1.為了掌握詞中韻律的要素，而須確切掌握字典這項工具書的應用。 2.遇到較少創作靈感的瓶頸時，利用聯想畫策略來掌握創作方向，增加創作發

（續上表）

週次	節數	主題教學／活動	學習活動／習作	
			欣賞教學	創作教學
				想的樂趣與試著想像出童謠意境，以利「畫詞」合一。
八	2	歌曲創作	欣賞自己和他人的歌曲，為自己的創作與修正找靈感。	將歌曲利用簡譜或錄音的方式記錄下自己的創作，才不會遺忘。
五～十二	8	檢核修正	分為三次循環，於每次創作童謠作品後，依下列步驟實施： 1.自行朗讀給自己聽，是否有呈現自身所要表達的意境，勾選評定量表自評部分。 2.兩兩朗讀給意見，勾選評定量表互評部分 3.朗讀給小組欣賞，小組間須互給評語。 4.教師會請較符合童謠特徵的作品學生朗讀給全班聽，並進行團討，學習其長處。	每次做完同儕間的童謠創作作品的欣賞教學後，對己身作品進行修正或變更，增加作品的豐富度，以期創作出較符合童謠特徵的成品，三次循環分別為： 1.散文式歌詞修正 2.加強韻律感修辭修正 3.重複曲歌詞擴充修正
十三～十四	4	表演呈現	可藉由同儕間的作品觀摩習得童謠創作內容的優點，並在欣賞中獲得趣味。	無（但研究後發現有些孩子留下同學創作原有曲調，改編同學的詞，變成自己的創作。）
十二～十四	6	電腦繪本製作教學	欣賞同儕間的作品，不僅獲得趣味，亦可得知作品呈現的多樣性。	將童謠創作結合電腦簡報技能。

　　總之，本研究乃是關於兒童自行創作歌謠教學活動設計之實踐，表2-1之內容，課程設計重點如下：

　　(1) 聽唱兒歌唸謠，像詞曲創作家般的「玩音樂」（包含聆聽欣

賞、唱讀欣賞、詮釋分析、兒童歌謠創作，101年9月至101年11月，24節）。

（2）打造「我的主打歌」表演舞臺，變身唱作俱佳型歌手。（101年11月，4節）

（3）利用電腦簡報能力，自製童謠繪本，做個電子書製作者。（101年11月，6節）

期間佐以童謠評定量表進行自評、他評、師評的評鑑修正，再讓學生表演出自己創作的那首獨一無二的兒童歌謠作為此教學活動之總結。

(三) 資料分析階段（101年9月至101年12月）

蒐集資料包含教師的省思札記、課堂活動的教學資料及學童童謠創作詩詞作品、童謠評定量表等；另一方面，也會搭配影音資料的收錄，含童謠教學資料及學童表演作品的觀察紀錄，綜合以上蒐集到的資料整合後進行分析。

(四) 撰寫報告階段（102年1月—）

最後，根據資料分析的結果，綜合研究發現，撰寫成報告。
依據上述之步驟，繪製研究流程如圖2-1。

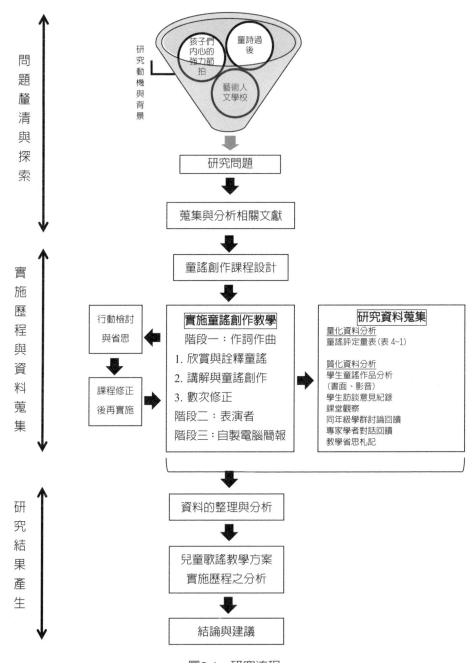

問題釐清與探索

實施歷程與資料蒐集

研究結果產生

研究動機與背景

孩子們內心的彈力節拍　童詩過後　藝術人文學校

研究問題

蒐集與分析相關文獻

童謠創作課程設計

行動檢討與省思

課程修正後再實施

實施童謠創作教學
階段一：作詞作曲
1. 欣賞與詮釋童謠
2. 講解與童謠創作
3. 數次修正
階段二：表演者
階段三：自製電腦簡報

研究資料蒐集
量化資料分析
童謠評定量表(表 4-1)

質化資料分析
學生童謠作品分析
(書面、影音)
學生訪談意見紀錄
課堂觀察
同年級學群討論回饋
專家學者對話回饋
教學省思札記

資料的整理與分析

兒童歌謠教學方案實施歷程之分析

結論與建議

圖2-1　研究流程

肆 研究結果與討論

一 兒童歌謠創作教學實施流程

兒童歌謠創作課程運作的流程，包含教學階段、教學要點、童謠創作教學內容，以及教學策略和方法等（如圖2-2），分述如下：

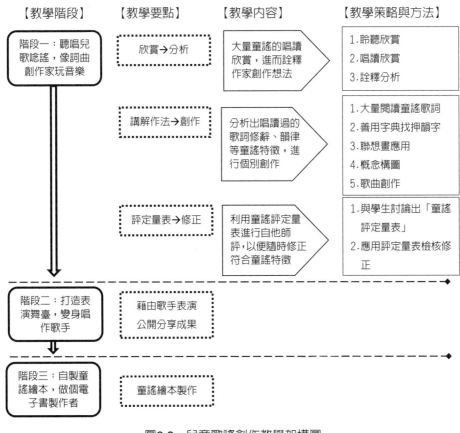

【教學階段】	【教學要點】	【教學內容】	【教學策略與方法】
階段一：聽唱兒歌唸謠，像詞曲創作家玩音樂	欣賞➔分析	大量童謠的唱讀欣賞，進而詮釋作家創作想法	1.聆聽欣賞 2.唱讀欣賞 3.詮釋分析
	講解作法➔創作	分析出唱讀過的歌詞修辭、韻律等童謠特徵，進行個別創作	1.大量閱讀童謠歌詞 2.善用字典找押韻字 3.聯想畫應用 4.概念構圖 5.歌曲創作
	評定量表➔修正	利用童謠評定量表進行自他師評，以便隨時修正符合童謠特徵	1.與學生討論出「童謠評定量表」 2.應用評定量表檢核修正
階段二：打造表演舞臺，變身唱作歌手	藉由歌手表演公開分享成果		
階段三：自製童謠繪本，做個電子書製作者	童謠繪本製作		

圖2-2　兒童歌謠創作教學架構圖

(一) 聽唱兒歌唸謠，像詞曲創作家般的「玩音樂」（階段一：24節）

本部分參考張清榮兒童歌謠創作教學流程：「欣賞➔分析➔講解作

法→創作→批改→共同欣賞、批評→再提示創作方法→再創作」，採用前四個流程並將之分為「欣賞→分析」、「講解作法→創作」兩個階段。最後，本研究並未完全採用張清榮的後五個步驟「批改→共同欣賞、批評→再提示創作方法→再創作」，而是設計有評定量表以做為修改的依據。因此，本部分的教學流程以「欣賞→分析」、「講解作法→創作」以及「評定量表→修正」三個階段來呈現，分述如下：

1. 欣賞→分析（24節中的6節）

研究者嘗試以孩童熟悉的兒歌帶入，進而結合孩子的音樂才能，又分為聆聽欣賞與唱讀欣賞兩個部分。

(1) 聆聽欣賞：教師選擇一些耳熟的兒歌如：蝴蝶、小毛驢、三輪車、家……等童謠，除了可以引起孩子的學習動機，也可以讓孩子感受到歌曲的節奏性和韻律性。

(2) 唱讀欣賞：老師透過讓孩子唱兒歌，讓他們體會到童謠本身的特性，就是節奏性以及規律性。

研究者讓學生透過聽唱與唸唱，習得使用排比、疊字、押韻來寫作童詩的觀念。可先慢讀唸誦再進一步唱童謠，接著提示學生可透過句子的重複以增加節奏性，押韻可增加韻律性等，茲舉例如下：

① 句子重複以增加節奏性

　　茉莉花：好一朵美麗的茉莉花，好一朵美麗的茉莉花

　　　　　　茉莉花呀　茉莉花

　　家：我家門前有小河，後面有山坡

　　泥娃娃：她有那眉毛　也有那眼睛

　　　　　　她有那鼻子　也有那嘴巴

② 韻律性（押「一」韻）

　　蝴蝶：生得真美麗

　　　　　身穿花花衣

　　　　　花也愛你

(3) 詮釋分析

研究者引導孩子透過分析歌詞元素繪出意境，並找到關鍵詞寫出聯想圈、自己的發現，或用肢體展現，藉以來詮釋作詞者所要在童謠歌詞

中傳達的意境與揣摩背後的創作過程，讓這份詮釋分析的輸入經驗便於成爲日後孩子在自己作詞的輸出兒童歌詞創作的運用策略。圖2-3爲班上一位學生，以兒歌「家」爲例，在研究者激發其想像詩人意境後所畫之聯想畫與意境聯想圈。

家的聯想畫 將「家」這首兒歌利用聯想力揣摩歌詞意思，畫下想像後的情境，其中有山上的點點紅花、鵝在河中高歌等有趣畫面。 	想像詩人的意境聯想圈 作者可能想到他的家非常幸福、溫暖，作者可能最喜歡白鵝和紅花因此寫下此歌謠。 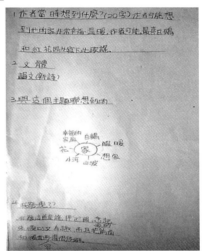

圖2-3　聯想畫與意境聯想圈

2. 講解作法→兒童歌謠歌詞創作（24節中的8節）

在作詞上，在教師引導方面，除了大量讓學生聽取童謠，使學生熟悉其韻律與押韻的節奏感外，也利用以下方法進行引導。

(1) 大量閱讀童謠歌詞

學生在創作歌詞前，可讓學生先嘗試歸納出童謠歌詞要件，讓學生有能力一邊創作一邊確認是否有符合歌謠的元素。另外，爲了與歌曲配合，透過教師引導和學生大量閱讀童謠方式下，讓學生注意到字數的排列組合是有其規律性，並試著創作出類似規律的詞。

(2) 善用字典

為了使押韻能力提升，也會讓孩子先確認主題和押韻的韻尾後，讓孩子翻閱字典，先把相關押韻的字寫下，再進行「詞」或「句」創作，如圖2-4所示。

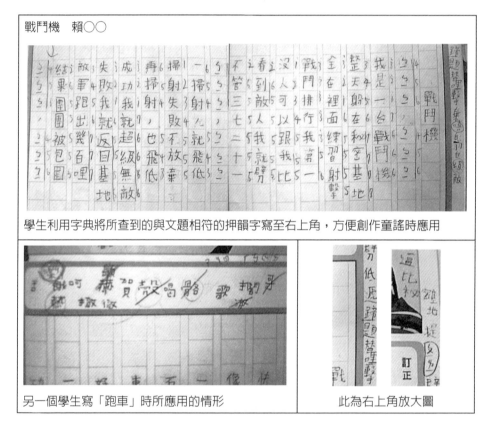

圖2-4　利用韻尾查字典使歌詞裡產生押韻字

(3) 邊畫邊想或邊寫邊畫「聯想畫」，以刺激詞的創作，如圖2-5所示。

全幅圖	二格漫畫

戰鬥機　賴○○	想像力　周○○

圖2-5　應用聯想畫產出文字作品

(4) 概念構圖：老師先訂定範圍，再請學生思考欲創作之主題，可以是動物或大自然的景物或四季的變化，再針對主題的特性、關聯來做延伸思考，如圖2-6所示。

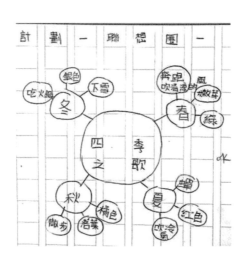

圖2-6　利用聯想圈使主題做延伸思考

(5) 歌曲創作（24節中的2節）

在作曲上，教師引導方面，有些孩子會利用隨口哼唱創作出一首歌，有些則需利用鋼琴或笛子等身邊可接觸到的可供作曲的樂器隨手彈

奏或隨口吹奏，讓孩子在家或在校進行操作，激發起靈感，再利用簡譜記下所創作的旋律，避免遺忘，接著再反覆練習，如圖2-7框線處所示。

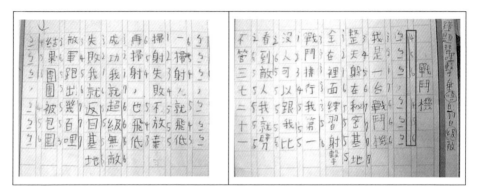

圖2-7　利用簡譜速記曲調

在創作曲調的過程中，部分的孩子難免會遇到音樂知識及能力不足的背景影響，此時的教師會鼓勵孩子利用在校所學到的直笛能力，或是帶至琴房利用鋼琴逐漸彈奏出較順暢的旋律，或是請孩子帶錄音筆來，將其哼唱的歌曲記錄下來，反覆聽唱直到順口，在教師適時的引導下，師生一起創作出符合歌詞意涵的曲調。

3. 檢核→修正（24節中的8節）

童謠寫作告一段落後，參考採張新仁（1992）認知導向寫作模式的童謠創作過程－回饋、監控，設計評定量表來自評、他評、師評，並據以修正之。

(1) 與孩子討論如何賞析評論一篇好的童謠，進而擬定「童謠的評定量表」（詳見表2-2）。藉由過程中，教師引導孩子擬定童謠評定量表能使孩子更具體知道如何賞析一篇童謠；再者，指導孩子利用童謠評定量表賞析一些著名作家的童謠作品，強化童謠目標的認知，熟練童謠寫作目標的評定量表以內化到孩子自己的後設認知。

表2-2 童謠的評定量表

評量項目	完全做到（2分）	部分做到（1分）	未做到（0分）
1.內容切合詩題			
2.分行分段得宜			
3.語句流暢性			
4.觀察敏覺			
5.情感豐富動人			
6.簡潔精粹（無贅字）			
7.意象運用（繪畫性）			
8.創意聯想（想像）			
9.正面意義性（啟發性）			
10.音樂韻律感（節奏）			
11.修辭適切與否			
12.新奇趣味			
*自評—鉛筆　*他評—黑筆　*師評—藍筆　請於欣賞作品後在格子內打勾評分			

　　(2) 孩子們將轉譯後的童謠利用童謠評定量表進行自我評析、同學相互評析、老師評析的檢核，檢查寫出的內容是否符合原先設定好的童謠目標，透過自評、他評、師評，更明確知道自己文章的優缺點及需要修改的地方。

　　(3) 學生對不滿意的地方進行數次「修改」，修正後所創作童謠歌詞在全班發表分享，研究者發現學生在修正前創作多為散文式的歌詞，但經過此部分的檢核過程修正後，能產出較具韻律、押韻、類疊、排比等符合童謠特徵的作品，且某部分的孩子會更進一步的創作出不同歌詞、相同旋律的童謠反覆哼唱，如表2-3。

表2-3 作品檢核前後修正對照表

檢核	檢核前作品（偏散文式）	檢核後修正作品（韻律式重複）
題目 作者	冬之歌 蘇○○	玉米 蘇○○
內容	冬天 是四季中最冷的季節 大風一吹 我就冷到發抖 冬天是個常下雪的季節 外面一片冰天雪地 就像一個白色的世界 冬天是個讓人拿出厚外套的季節 戴上手套 圍上圍巾 穿上毛衣 大家都坐在熱熱的火爐邊 聖誕節好多禮物讓我拿 新年迎接新的一年 冬天是個充滿歡樂的季節	玉米，玉米　　飽滿一粒粒 送到我的肚子　裡變成無敵營養劑 （重複曲） 烤玉米，烤玉米　焦黑一粒粒 變成香濃巧克力　吃了青春又美麗。 （重複曲） 爆玉米，爆玉米　爆香一粒粒 電影歡樂在一起　一起熱鬧笑嘻嘻。 （重複曲） 煮玉米，煮玉米　珍珠一粒粒 生在夜市超人氣　出門叫賣好生意。 （重複曲） 玉米，玉米　　好玉米 天天都要吃玉米　只要有它就開心 健康快樂我最行。

(二) 打造「我的主打歌」表演舞臺，變身唱作俱佳型歌手（階段
　二：4節）

　　創作完作品後，為了讓每個學生都能有一個舞臺可以發表出自己的
童謠，研究者便利用了期中多元評量週時做公開演出並錄影，透過多元
的表演方式，希望藉機可提升學生的自信心，獲得創作的成就感，也可
在彼此分享作品的過程中進行多方面欣賞，喜於品嘗此份趣味，學生之
表演情形如圖2-8。

| 王○○自編曲唱「水果拼盤」，
另有道具製作和同學搭配演出 | 王○○搭配「小星星」唱「香菇兔」，
另有自製繪本 |

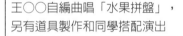

圖2-8　學生進行歌謠表演

(三) 利用電腦簡報能力，自製童謠繪本，做個電子書製作者（階段三：電腦課時間6節）

　　配合電腦課指導學生簡報技巧，並於課中自製可自動播放的童謠電子書，公開彼此分享，如圖2-9所示。

圖2-9　自製童謠簡報

二　討論

　　針對以上教學流程，本部分將有別於張清榮之教學策略特別提出討論，計有透過查字典找韻腳、聯想畫、表演活動以及融入電腦課進行電

子書的製作等，分述如下。

(一) 透過查字典找韻腳

在第一階段「講解作法→兒童歌謠歌詞創作」的教學策略方面，研究者透過讓孩子大量閱讀童謠歌詞，將這些歌詞要件歸納統整，如押韻、字數排列、疊字、疊詞、擬人等，使孩子更能掌握歌詞要素。

研究者指導孩子配合主題利用字典查詢韻尾押韻的字詞後，部分孩子開始會積極查閱字典來讓自己的童謠歌詞更具有琅琅上口的押韻元素，如題目是「戰鬥機」，押「一」韻，進行聯想，依序找出相關的押韻字，如「嗶」、基「地」、射「擊」、第「一」……。

(二) 聯想畫

教師須依孩子不同程度的寫作能力，運用不同的童詩教學的寫作策略做出適當的引導。程度好的孩子因已內化童詩閱讀策略，所以可自行擬訂計畫和組織後直接進行轉譯；程度一般的孩子，通常於擬訂計畫和組織後進行轉譯的過程中遇到瓶頸時，老師會進一步建議其以圖畫的方式先呈現畫面，之後再進行寫作；程度較差的孩子，老師建議其運用想像將心中詩的主題先以圖畫的方式呈現故事性內容的畫面，畫面出來後以口說（羅秋昭，1996；何三本，2001）、或一般散文寫作的方式、或表演結合道具或音樂的方式呈現完，之後再進行轉譯。教師引導後證實程度較差的孩子經由圖畫、表演的方式呈現畫面和散文敘寫後修正，比較容易運用想像進行創作。以下分別呈現研究者於教學實踐中，有採用的透過繪畫以及音樂表演來提升學生童詩創作成效的過程與成果。

研究者為激發孩子的想像，而讓學生「畫聯想畫」以及「想像詩人的意境聯想圈」。上文已舉出學生以兒歌——「家」為例，學生構思的過程。有些孩子則更進一步利用全幅畫、二格、四格、多格漫畫式先行構思意境，再創作出相關歌詞，參看圖2-10。

全幅圖	多格漫畫式

蝸牛　　林○○	小豬　　周○○
蝸牛蝸牛慢慢爬　　到了晚上很害怕	小豬晚上不睡覺，
每天找爸爸　　　　挑戰世界登鐵塔	白天起來打電腦，
鐵塔上面叫爸爸　　農場爬籬笆	小豬晚上睡不著，
突然下雨嘩啦啦　　全身淋雨溼答答	出門散步心情好，
躲在農場不回家　　大聲呼喊爸爸呀	散步遇到貓頭鷹，
雨停一下下　　　　太陽公公笑哈哈	打聲招呼問聲好，
看到爸爸葉子下　　趕快過去把手拉	貓頭鷹說有禮貌，
團團圓圓成一家　　團團圓圓成一家	上街去買一頂帽。

圖2-10　漫畫式構思

　　以上的教學過程，包括使用傳統童謠的聆聽及唸誦再次複習，透過仿寫讓孩子熟悉節奏性與韻律感，接著藉由練習讓孩子創作出屬於自己的童謠，以達到雷橋雲（1988）、王幸華（1999）的研究指出童謠的特徵：「主題明確、形象具體、想像豐富、篇幅較短、情趣濃厚。」然而，研究者認為童謠創作可再分為兩部分：歌詞的創作與旋律的創作，雷雲橋與王性華似乎較重歌詞的創作而未提及旋律創作的部分。研究者透過讓孩子做聯想畫與意境聯想圈，可讓孩子創作時注意到不同的語調與情緒，亦可使他人聆聽時的感受更加的強烈。

(三) 動態評量

　　打造「我的主打歌」表演舞臺，變身唱作俱佳型歌手（階段二：四節），是本研究評量學生學習童謠創作的方式之一。配合期中多元評量將以上自己創作的童謠（詞）搭配音樂（自創曲、配樂、數來寶）的方

式表演出，像創作型歌手般一邊演唱一邊利用音樂或肢體動作表演此首屬於自己獨一無二的主打歌，而其中學生的表演方式分為：

1. 有些孩子會配合既有的童謠旋律，如「小星星」、「兩隻老虎」等唱出自己創作的詞。
2. 有些孩子會運用豐富的表情、語氣、肢體來演唱，加以吸引觀眾目光。
3. 有些孩子會利用如鋼琴、直笛、吉他等樂器來演出，讓歌曲更加符合所要表達的情境。
4. 有些孩子會善用道具製作和特殊的服裝設計來豐富其表演。
5. 有些孩子會以歌中劇的方式演出，不僅利用戲劇強化了歌曲張力，也將創作的二首歌謠自然地融合在一起。

研究者發現到班上出現了一股後續效應，這些由孩子們自行創作的童謠變成琅琅上口的流行童謠，造成全班的一股轟動。由於這些曲子是由學生自行創作，當全班開心的大聲齊唱時，其獲得的成就感可增加該孩子的自信心，亦可提升全班的認同感。

(四) 電子書製作

利用電腦簡報能力，自製童謠繪本，做個電子書製作者（階段三）實際上乃是本研究的一個延伸活動。由於電腦課時剛好上到簡報的自動播放功能指導，再加上研究者想讓學生將自己的詩作進行資訊化多樣展示與保存嘗試，因而產生出「電子書製作」的延伸活動。

在此製作簡報活動進行後，研究者有以下的發現：

1. 對學生而言，可與資訊結合製作出電子書是一項新鮮的體驗，其中有人也將之當成伴唱背景用。
2. 如果有更多時間應該由學生自行繪圖比較好，若上網抓圖恐有智慧財產權問題。
3. 若能再搭配由學生錄製的背景音樂與歌聲，效果應該會更好，也更具有紀念意義。

以上如果教學時間允許的話，不妨加入嘗試，不僅可再次激發學生多層次的創作力，進一步也可讓學生學習到多媒體的新鮮嘗試，亦提升

了善用科技的能力。

三　教學反思

　　研究者在每一次教學結束後進行自我省思，以觀察學童在教室中的學習反應與作品表現作為反思的內容。除此之外，與同年級的學年群夥伴討論活動設計與修正方向，並在校內進修時向語文相關的專家學者請教、進行對話，以利定時檢核教學目標落實與否，透過不斷的教學反思與修正，實踐教師反思結果於課程設計與教學歷程中，以期達到由研究者所欲實踐的透過兒童歌謠創作教學策略以提升學生童謠歌詞創作能力。以下是研究者在進行本研究之各階段教學流程後之省思結果：

(一) 在「欣賞➜分析」階段，教師必須利用多種方式讓學生產生情境來揣摩童謠氛圍

　　現在的學生大部分由於長時間接觸資訊媒體緣故，對於卡通歌曲甚為熟知，但對童謠哼唱卻倍感陌生，因此，學生欣賞童謠時應利用多種不同的方式，如圖片、動畫、朗讀、肢體活動、作畫、空想等方式揣摩出童謠所要傳達的詞意與作者所想要在歌中傳達的意旨，讓學生能浸濡於童謠意境中，以達有感教學。藉此能反推作者之意，得知作者選用字詞之因與節奏、韻律，待自己創作時，才可參考至自己的創作思慮之中。

(二) 在「講解作法➜兒童歌謠歌詞創作」階段，創作兒童歌謠前得先累積學生足夠的童謠先備知識與經驗方可創作

　　學生本身能應用的詞彙與修辭（如疊字、押韻、相對詞性等）能力有限，教師必須在學生創作童謠歌詞前使之能吸取創作所需的足夠字彙，在接觸多種童謠歌詞後，最好能透過學生自行的觀察進行歸納、比較分析出童謠歌詞所需具備的特徵，藉著教師實施講解作法的課堂中，引導全班將欣賞童謠時發現的童謠特徵提出，加以共同探討並記錄，以利之後在創作時檢核自己的童謠創作是否有符合全班歸納出的童謠特徵。

(三)「檢核修正」階段，學生學習速度有快慢，學習方式也因學生反應而有所不同

有些學生創作時需要依靠媒介，如作畫、演戲、空想等創作方式，便於揣摩出自己所要傳達的意境後再下筆寫詞；有些學生則恰好相反，先寫詞後想像，或是修改時邊想邊寫，但整體來說進行數次的修改總是少不了，童謠評定量表（之前由學生共同歸納的童謠特徵）也方便學生間、自己和教師在創作時隨時檢核，這階段所花的時間雖然長些，因為創作總需要靈感的神來一筆，在此師生得花多點時間和耐心等待好作品的產生，但在自我、同儕激勵及老師的鼓勵下，學生的創作歷程顯現的盡是愉悅之情，特別是表演時及全班大聲唱起自己所做童謠時最甚；另外，創作期間可請創作比較快和歌詞優美的學生大聲朗讀出作品，一方面可增加該學生之信心，再者，亦可以使其他同儕學習其創作方法（如修辭、意境模擬的技巧等），透過以上教學策略引導，學生則可呈現出更為豐富且多元面向的歌詞創作，如上述作品之呈現。

伍 結論與建議

本研究透過觀察教學實施情況與學生學習氛圍感知及反饋、蒐集分析數種資料，包含書面資料（省思札記、教學資料及學童作品等）與影音資料（教學資料及學童作品），探討研究者運用兒童歌謠創作策略教學，讓學生能經由兒童歌謠的欣賞、寫作技巧的練習歷程，以達童謠歌詞創作之能力，綜合研究的各項發現，歸納出本研究的結論，並提出具體建議，供教師未來童謠創作教學時參考。

一 結論

依據本研究之目的，綜合教學歷程的結果、討論以及反思，獲得以下結論。

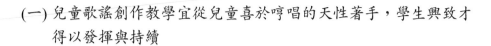
(一) 兒童歌謠創作教學宜從兒童喜於哼唱的天性著手，學生興致才得以發揮與持續

　　兒童在童年的時光總喜歡以哼哼唱唱來表達喜悅情感，時而歡愉，時而淘氣，時而獨唱，時而對唱，在如此天性的誘發下，孩子們對於音樂性，如旋律、韻律、節拍感受較為強烈，利用創作童詩之後來讓孩子嘗試自創童謠，延續他們天生對節奏與幻想的興致，想像力才得以從中發揮，創作趣味也因此油然而生。

(二) 創作前必須瞭解並充實學生兒童歌謠的先備經驗與知識

　　教師必須在「欣賞→分析」階段給予孩子大量的詞曲賞析，一邊聽唱童謠，一邊欣賞歌詞、詮釋童謠意境，進一步分析出相關修辭，透過教師多元的策略引導下，深度揣摩作者寫歌之用意，在自己當創作者時，方可利用所學所感的知識、技能、情意進行接下來編寫歌詞的任務，減少發生創作時毫無靈感或內容空洞的情況。

(三) 創作時須依據學生不同的性向以及學習情況給予適性引導

　　在孩子學習能力不同的情況下，教師可依據每位孩子先前所具備的能力進行理解分析，有的孩子愛畫畫，有的孩子愛演戲，也有的孩子喜歡大聲唸或隨意哼唱來表達，教師可在引導孩子創作兒童歌謠的歷程中，適時的將孩子本身具備的優勢能力與想像創作結合，在孩子遇到創作瓶頸時，利用繪圖、戲劇、朗讀、哼唱等方式順利過度，透過圖畫、肢體、聲調等意境聯想激發出相關的詞彙與詩句，進而產出首首動人且多樣的童謠歌詞。

(四) 透過「童謠評定量表」可以觀察與提升孩子的學習成效

　　孩子們所共同討論出的「童謠評定量表」，表上所寫的審核項目皆為童謠特徵，可做為孩子在創作童謠時的主要依據，透過自、他、師評的反覆實施，使得孩子在每一次修正中可依童謠特徵依序對照出與自己作品的符合程度；另外，在評鑑他人作品時，也可在優於自己的作品中

具體習得改善之處，再者，同儕留下的反饋訊息，也可讓創作者自行省思與修正；教師則可透過此表觀察到孩子有無掌握童謠特徵，對於童謠歌詞創作的學習成效是否達到，以便對於未達之特徵目標進行集體或個別的適性引導。

(五) 進行兒童歌謠創作教學之教師，須具備相當之音樂素養

孩子們在進行兒童歌謠創作時，雖說某部分孩子確實因為學校教育、校外補習或家庭背景導致學生本身具有相關的基礎音樂能力，但多數學生還是會礙於沒有受過專業的詞曲訓練，而在進行曲調創作時遇到瓶頸，如旋律的流暢性、節奏的適切性、詞曲配合的一致性等問題，當學生遇此問題時，教師本身在音樂上的專業能力，如精熟幾項樂器的操作，且具備能視譜和作曲等基本能力在協助孩子創作時就顯得分外重要；另一方面，教師平日對於藝術類（音樂、美術、戲劇）欣賞的愛好也要有一定的興趣傾向，以利培養自身的音樂素養。因此，對於掌握歌詞和樂曲之間的韻律、節奏、和諧與一致性較高程度的引導者，不僅可和學生一起享受創作的樂趣，亦有助於學生在詞曲創作能力的提升。

二 建議

依據研究結論，提出下列三項建議供教師實施童謠教學及未來研究之參考：

(一) 孩子必須具備創作童詩的能力後，方可創作兒童歌謠

兒童歌謠創作需要有足夠的童詩創作先備知識與能力，如押韻、排比、類疊、摹寫等修辭，和意境想像的揣摩能力、朗讀能力後，方可順利聯結至兒童歌謠創作，由於兩者所需具備的能力重疊度甚高，而童詩創作又是童謠創作之本，故必須以童詩語文能力為基礎先進行循環式的深化學習，有利於之後接觸兒童歌謠創作時產生的類比作用，例如童詩和童謠兩者間異同的辨析、理解。

(二) 在兒童歌謠創作完後，宜提供學生展演的機會

　　孩子當詞曲創作者和歌手的這個身分，會激起孩子對於求知、創作的高昂興致，由於正在角色扮演，為了展現自己的專業與使命感，在一連串接下來的創作歷程中，會比在一般創作時顯露出更為積極的態度，想要把詞曲創作成獨一無二只屬於自己作品的企圖心；另外，於公開的場合來場正式的表演（秀），不僅有機會可以讓學生在展現自己創作時提升成就感，亦可讓其他同儕一起沉醉於愉悅的歌聲中，藉機欣賞和學習到每首作品的亮點，以收鷹架之效。

(三) 教師須具備有基礎的音樂創作能力與素養，方可引導孩子創作

　　童謠歌詞和曲調彼此的關係密不可分，為了掌握兩者的一致性與協調感，教師須是一位頗具音樂涵養的學習者，無論是欣賞或是創作皆是個音樂愛好之人，對於音符的起降轉承得有一定的掌握度，耳朵必須是靈敏的，感受必須要優美的；不僅如此，教師更需具備有基本的視譜、作曲能力與某項樂器的專長，方可在孩子於歌曲創作遇到困難時加以引導協助，使其兒童歌謠創作成品更兼具音樂的和諧、趣味性。

參 考 文 獻

王淑玲（2013）。國小六年級學童音樂性向與音樂創作學習成就之相關研究（未出版
　　之碩士論文）。臺北市立教育大學音樂學系教學碩士學位班，臺北。

成虹飛（2001）。行動研究中閱讀／看的問題：一篇重寫的稿子。載於中華民國課程
　　與教學學會（主編），行動研究與課程教學革新（頁173-198）。臺北：揚智。

宋筱蕙（1989）。兒童詩歌的原理與教學。臺北：五南。

何三本（2001）。九年一貫語文教育理論與實務。臺北：五南。

杜紹威（2006）。創造童趣‧童趣創作－杜紹威創作論述（未出版之碩士論文）。大
　　葉大學造形藝術學系碩士在職專班，彰化。

吳純玲（2004）。國小童詩教材與童詩創作之修辭研究（未出版之碩士論文）。國立

新竹教育大學進修部語文教學碩士班，新竹。

吳自立（2008）。閩南語創作兒童詩歌教學之設計與應用（未出版之碩士論文）。國立臺灣師範大學臺灣文化及語言文學研究所，臺北。

林文寶（1995）。兒童詩歌論集。臺北：富春文化。

林琦珊（譯）（2013）。R. Steiner著。實用教學指引——華德福學校1-8年級課程的圖像。臺北：洪葉文化。

林幼真（2008）。國小二年級創造性童詩教學之行動研究（未出版之碩士論文）。國立中山大學教育研究所，高雄。

林曉珮（2012）。湯華英客家創作歌曲之研究（未出版之碩士論文）。國立新竹教育大學音樂學系碩士班，新竹。

邱薰葵（2011）。高雄市國小閩南語教材中歌謠之修辭表現研究（未出版之碩士論文）。高雄師範大學臺灣文化及語言研究所，高雄。

施福珍（2001）。臺灣囡仔歌創作研究（未出版之碩士論文）。東吳大學音樂學系碩士班，臺北。

施炳華（2007）。臺語兒童文學的提昇。海翁臺語文學，**40**，**4**。臺南：開朗雜誌事業有限公司。

翁世雄（2009）。謝武彰兒歌創作生命史（未出版之碩士論文）。國立新竹教育大學人資處語文教學碩士班。新竹。

徐思穎（2010）。童謠教學對國小低年級學童勤奮進取表現的影響（未出版之碩士論文）。國立臺灣藝術大學藝術與人文教學研究所，新北。

許漢卿（編）（1982）。童謠童詩的欣賞與吟誦。臺灣省政府教育廳。

許意紫（2012）。雲林縣崙背鄉詔安客家童謠研究——以廖俊龍創作童謠為例（未出版之碩士論文）。國立新竹教育大學音樂學系碩士班，新竹。

郭矩妃（2005）。創造性兒童詩的教學實踐：我和我班級的故事（未出版之碩士論文）。國立新竹教育大學進修部語文教學碩士班，新竹。

粘佩雯（2006）。創造性童詩寫作教學融入國小五年級國語教學之研究（未出版之碩士論文）。國立臺中教育大學語文教育學系碩士班，臺中。

陳正治（2007）。兒歌理論與賞析。臺北：五南。

陳惠芬（2008）。陳武雄臺語創作歌謠之初探（未出版之碩士論文）。國立中山大學音樂學系研究所，高雄。

陳如億（2010）。國小學童臺語童謠創作教學及其用字研究（未出版之碩士論文）。國立臺南大學國語文學系碩士班，臺南。

陳彥好（2011）。林子淵客家創作歌謠研究（未出版之碩士論文）。國立臺灣師範大

學民族音樂研究所，臺北。

陳淑晴（2013）。客籍音樂創作園丁之敘事研究~以湯華英為例（未出版之碩士論文）。國立中央大學客家研究碩士在職專班，桃園。

張新仁（1992）。寫作教學研究。高雄：復文。

張清榮（1992）。兒童歌謠欣賞與創作教學之研究。載於國立高雄師範大學舉辦之「第一屆國語文教學研討會」研討會論文集，高雄。

張燕珍（2009）。運用多元智慧融入童詩寫作教學之研究（未出版之碩士論文）。國立臺北教育大學課程與教學研究所，新北。

張齡之（2010）。類比法在國小五年級童詩寫作創思教學研究（未出版之碩士論文）。國立臺北教育大學語文與創作學系碩士班。新北。

馮輝岳（1982）。童謠探討與賞析。臺北：國家出版社。

黃媛媚（2008）。兒童詩寫作教學研究──以國小四年級為例（未出版之碩士論文）。高雄師範大學國文學系，高雄。

黃可甄（2008）。多元智慧的兒歌創作教學研究（未出版之碩士論文）。國立新竹教育大學人資處語文教學碩士班，新竹。

歐用生（1994）。提升教師行動研究的能力。研習資訊，**11**(2)，1-6。

蔡清田（2000）。教育行動研究。臺北：五南。

潘葉菜（2006）。運用兒歌融入一年級國語科實施修辭教學之研究──以臺北縣永定國小一年級為例（未出版之碩士論文）。國立新竹教育大學人資處語文教學碩士班，新竹。

鄭雅靜（2013）。意象導入詩畫創作之童詩教學研究（未出版之博士論文）。國立臺中教育大學語文教育學系博士班，臺中。

劉凱琳（2014）。施福珍四十首臺灣囝仔歌之創作意境與樂曲結構分析（未出版之碩士論文）。大葉大學設計暨藝術學院碩士在職專班，彰化。

鐘有進（2010）。創作兒歌在國小臺語教學之研究（未出版之碩士論文）。國立臺灣師範大學臺灣文化及語言文學研究所在職進修碩士班，臺北。

MOOC融入新世代藝術教學之實踐研究：以「數位影像創作課程」為例

劉光夏

臺北市立大學學習與媒材設計學系助理教授

摘　要

　　大規模開放式線上課程（Massive Open Online Courses）的興起，不但開啓線上學習熱潮，更成爲當今高等教育發展的主流趨勢之一。爲使藝術類課程能在這波數位浪潮中展開新的學習樣貌，研究者運用MOOC教學模式做爲大一學生課程設計的主要架構，融入藝術創作爲主體的課程「數位影像創作」，於103學年上學期實施，並透過問卷調查、作品檢核及學習週誌等方法蒐集資料，以深入瞭解該MOOC課程對學生學習數位影像創作的影響。實踐成果顯示，本次MOOC課程設計與實施對學生的數位影像創作學習產生許多成效，無論是在學習信心、減少對技術關注、重視作品品質、美感成長、主動學習等，都有正面影響。最後，期望透過本研究，得以測試MOOC在藝術教學的實際運用，本文並提出MOOC融入新世代教學的具體建議，供未來教學實務和相關研究的參考。

關鍵詞：MOOC、數位影像創作、藝術教學、課程設計

壹 前言

　　隨著數位科技日新月異，新世代的學習特質不斷轉變，過去傳統以記憶、累積知識的課堂教學，已不足應付二十一世紀數位原民（digital natives）多樣性及多變性的需求，有必要提出新的教學方法與學習模式，以反應新世代學子的所需（林智遠，2005）。於此，數位學習應運而生，其中以2012年開始盛行的「大規模開放式課程」（Massive Open Online Course，簡稱MOOC）最受關注。MOOC在美國發起，它是一種新型的數位學習模式，強調翻轉式學習、重視師生及同儕有更多的互動學習，同時也將學習的自主權及學習節奏交還給學生（黃能富，2015）。目前由史丹佛大學成立的開放式課程平臺Coursera最受注目，截至2016年1月課程數就已達1,500門以上（Coursea, 2016）。美國知名Top Ten Online Colleges（2014）表示：「3年前，MOOC還只是個想法，但現在全世界有超過500萬自世界各地的學生參加線上課程，每3萬3千個學生中就有一人註冊。」MOOC儼然成為全球數位學習的新趨勢。

　　MOOC的發展不僅對教育產生變革，同時也為藝術的教與學帶來新的可能性。一份最近的研究報告指出，有越來越多學生利用線上工具來從事以興趣導向（interest-drive）為主的藝術學習，他們透過網路群組和同儕們一起相互研究、學習關於彼此的喜好與創作（Peppler, 2013）。該報告也指出，常利用數位工具創作的學生，會先利用課餘時間透過網路世界強化自身的技能，到課堂中可直接運用課前所學技能於作品創作上。這種課前利用網路教學影片自行學習，課中進行討論、修改及跟老師互動為主的方式，也是一種實踐MOOC理論基礎的翻轉課堂。另外，美國知名現代美術館（MOMA）也看見了MOOC的藝術教育潛能，於2013年加入全球具指標性的Coursera平臺，並且有超過8000人參加選課。MOMA的目的是希望透過MOOC來提升中小學藝術教師的專業發展，藉此幫助教師們有效利用美術館資源、教材及教學方法，也讓他們也有同儕交流的網路學習機會（Howes, 2013）。而我國教

育界的龍頭國立臺灣師範大學於2014年7月MOOC課程正式啓航，其中由美術系趙惠玲教授教授「臺灣當代藝術與視覺文化鑑賞」課程，更是國內MOOC藝術課程的先驅。隨後，臺灣前瞻的高等藝術院校國立臺北藝術大學也在12月推出三門優質的MOOC藝術示範課程。顯見，善用網路科技工具輔助教學，已然型塑現今臺灣高等藝術教育變革不可擋之趨勢。

　　現今磨課師（MOOC）在全球教育蔚爲風潮，加上政府推動，線上課程的實施已是必然趨勢，現場教師必須及早做好因應的準備。由於MOOC授課方式有別於傳統教學，因此許多大學教師正在努力探索這種新型的教學法。然而，回顧國內MOOC的課程研究，與藝術教學相關者鮮有被討論，故本議題值得進一步探究。研究者過去擁有八年的數位影像創作教學經驗，有感於MOOC數位學習對於藝術教學之重要性，於過去5年致力於數位教材設計與製作的精進學習。教育部自從103年啓動「磨課師計畫」後，本校臺北市立大學也在103年9月首度校內試行。研究者有幸參與首批開設MOOC開放性課程的行列中，並以「數位影像創作課程」作爲試金石，透過MOOC強調翻轉式學習的特色、自我速度學習（self-paced）、透過分段課程、線上評量、即時線上回饋及線上討論等多元的學習模式，來提升學生的數位影像創作能力，進一步培養藝術人文的素養。故本文之主要目的是在探討與分享研究者實踐「MOOC數位影像創作」課程之歷程，並透過問卷調查、學習週誌與教學紀錄的分析，來探討MOOC融入課程對學生學習此課程之影響。期盼透過本研究，能對臺灣在MOOC藝術教學的發展與實務推動，有所助益。

貳 文獻探討

一 MOOC的源起與特色

　　「MOOC」一詞最早是在2008年由兩位加拿大學者Bryan Alexander與Dave Cormier所提出的概念，用來稱呼George Siemens與

Stephen Downes在加拿大曼尼托巴大學（University of Manitoba）所執行的開放式線上課程（Daniel, 2012）。該課程「關聯主義與聯結知識」（connectivism and connective knowledge）除了原有的25名付費學生之外，同時也有來自網路上2,300名的學生選修。雖然該課程已反應出MOOC大規模（massive）人數修課、對任何人開放（open），及透過線上化（online）的特性，但當時並未引起社會大眾的廣泛關注。直至2011年，由史丹佛大學教授Sebastian Thrun所開授的「人工智慧導論」，透過網站的互動機制並結合實體授課模式，吸引全世界16萬名學生註冊，才引發熱烈回響。這堂課的成功孕育了後續Udacity、Coursera、edX三大代表性網路教學平臺的出現，並掀起全球數位學習的浪潮，對於大學的課程發展及教學方式產生重大的影響（Ahrache, Badir, Tabaa, & Medouri, 2013; Biemiller, 2014）。美國紐約時報更將2012年訂為MOOC元年（Pappano, 2012），MOOC瞬時成為各國的焦點議題，而英國（FutureLearn）、法國（OpenEDX）、西班牙（UniMOOCs）、澳洲（Open2Study）及日本（JMOOC）等國家也看見它未來的教育潛能與價值，相繼投入MOOC發展計畫。史丹佛大學社會學教授Mitchell Stevens就說：「觀察高等教育25年以來，未曾見過像MOOC發展如此急速」（Waldrop, 2013）。而我國教育部也於2014年正式執行「磨課師分項計畫」，目標是希望透過產官學合作機制來提升國內線上課程品質，樹立教師教學典範，並逐步建立華人學習的領導品牌（教育部，2014）。截至目前為止，教育部已辦理多場相關磨課師的專題研討會，共超過200所大專校院參與，反應熱烈。103年已補助50門課程，預計至106年累計補助285門課（何榮桂，2014）。另外，臺灣也成立數個MOOC平臺，包括：資策會開發的「Proera」、交通大學「EWant」、空中大學「Taiwan LIFE」、清華大學「Sharecourse」及文化基金會與誠致教育基金會合作推動「均一教育平臺」。除此，清華大學更是國內第一所認可MOOC課程學分，這對臺灣高等教育具有重要指標意義，代表MOOC在國內大學的發展將進入一個新臺階（教育部高教司，2015）。

MOOC的主要目的是讓眾多的學習者透過網路取得學習資源，與

傳統網路課程（Open Course Ware，以下簡稱OCW）相較，OCW強調單向傳遞知識、影片內容為實際課堂側錄、且無師生互動的學習方式，而MOOC則是重視雙向教學、獨立短片、線上測驗及同儕互評等（Martinez, 2014）。從表3-1分析比較目前國際三大知名平臺的授課模式，可進一步瞭解MOOC的課程特色為：1.課程週期約5-12週，內容完整，需含課程大綱和課程總結；2.課程影片以分段式為主；3.評量方式採用線上測驗、同儕互評與課後作業；4.互動模式可透過討論區或是媒體工具（Facebook、Twitter）來達成交流，形成學習共同體。簡而言之，MOOC的主要特色為Web-based、自我速度、分段課程（5-10 mins）、即時回饋；強調多元評量方式，如期中期末考、同儕互評、互動測驗，以及虛擬線上實驗等（楊鎮華，2013；徐新逸，2014）。

表3-1　Coursea、Udacity與edX的授課特色比較

項目	Coursea	Udacity	edX
課程週期	有固定開課時間、長期或短期課程、約5-9週不等	無固定開課時間、短期課程約7週完成	有固定開課時間、課程長度約在10-12週
課程說明	課程大綱、學習目標、作業與考試、顯示學習進度	課程大綱、課堂練習、課後作業及期末考試	提供課程內容、學習目標、作業與考試
課程影片	老師講解為主、影片長度以5-10分鐘為主、概念分段	影片畫面是白板、非老師講解為主、影片長度不超過5分鐘	老師講解為主、影片長度以5分鐘至1小時
評量方式	線上互動測驗、自動閱卷、同儕互評、課後作業、免費認證	線上測驗、課後作業、期末考試、收費認證	線上測驗、課後作業、免費認證
互動模式	討論區、線上視訊會議、舉辦見面會、Facebook、Twitter	討論區、舉辦聚會、Facebook、Twitter	討論區、無特定聚會、Facebook、Twitter

資料來源：整理自Coursea（2016）、Udacity（2016）與edX（2016）。

從上述可知，MOOC作為一種新的學習型態與傳統相較，產生下列幾點特性（吳清山，2014；徐新逸，2014；Glance, Forsey & Riley, 2013;

Haber, 2014; Karsenti, 2013; Khan, 2013; Sams & Bergmann, 2013）：

1. **自主性學習**：MOOC學習者可自主安排與決定學習活動，選擇有需要內容，透過觀看線上課程，自主參與線上討論，進而完成課程的過程，充分展現出主動學習的精神與態度。而教師的功能轉變為學習的引導者，並重視師生協同創見知識。

2. **分段式學習**：MOOC的課程內容是由多個小單元（10分鐘左右）組合而成，老師在授課前重新設計教學內容，將知識分段，以概念單元化的方式呈現，讓學習者在最短時間內獲得核心概念。再者，短時間的單元影片，不但能吸引學習者的注意力，也能避免過度疲勞。

3. **精熟化學習**：MOOC平臺提供的單元影片，讓學習者可以自行操控學習速度、反覆觀看課程內容，若是答錯影片中的小測驗，可再次重新觀看影片、反覆練習解題，直到學生真正精熟內容。就理論而言，「反覆觀看」就是一種補救教學，學習者藉此以達到內容精熟學習。

4. **互動式學習**：MOOC是透過網路進行學習，因此過程中重視線上的互動與交流，通常教師會藉由討論區的提問來提升學習者的參與度，不僅可以獲得即時回饋，也可保持師生或生生雙向溝通。同時，互動式的測驗可讓學生立即得知學習結果，也可做為即時自我檢視與改善之參考。

5. **社群式學習**：MOOC提供一個理想的環境，讓學習者可以組成學習團隊、社群，透過網路論壇進行學習討論和經驗分享。

二 MOOC的教學模式與策略

MOOC學雖有其優點與價值，但它的低完課率、師生無互動的問題，卻讓許多教師對採用MOOC完全線上取代傳統面對面的教學作法感到高度疑慮（Sidorko, 2013；劉怡甫，2013），因而有學者提出小規模限制性線上課程（Small Private Online Courses，以下簡稱SPOC）來彌補MOOC的不足（Fox, 2013）。SPOC強調的是小規模（small）

的校內實體課程，服務對象只限（private）校內註冊學生，為「校內版MOOC」。若說MOOC使教師有機會服務全球，那麼SPOC讓更多教師回歸校園，照顧校內學生，提升教學課堂成效（教育部，2014）。有學者（Goral, 2013）甚至認為SPOC比MOOC更適合學校教育，因為它替代MOOC欠缺的實體教學部分，可有效加強教師指導、提升課程的完課率（康葉欽，2014）。SPOC教學大多採取課堂面對面及線上學習的方式進行，課程週期較長（18週），除了採用MOOC的線上多元評量之外，它更結合實體課堂測驗與教師面對面的互動機會。簡言之，SPOC就是秉承MOOC教學設計與特色，並融入實際課堂教學的一種混合式學習（劉怡甫，2014）。

　　所謂混合式學習（blended learning）意為：結合多種的教學形式、結合多種教學方法及結合線上與傳統面對面教學的方式（Bonk & Graham, 2005），是一種強調傳統面對面教學與結合網路教學的策略（Bersin, 2004; Oliver & Trigwell, 2005）。Peachter、Maier與Marcher（2010）提到數位學習雖是現今教育的趨勢，但仍舊無法完全取代傳統教學，只有結合線上與傳統實體課程的教學，才會讓學習效果更加達顯（方之光、黃碧雲，2012；高瑜璟，2006；Means et al.2010）。一項根據美國新媒體聯盟《2015年地平線報告──高等教育版》（Horizon Report）的最新預測指出，未來1-2年內混合式學習將會持續增加使用，並成為高等教育發展的主流趨勢（NMC, 2015）。而U.S. Department of Education（2010）的研究調查也顯示，結合線上與實體課堂的混合式學習，「顯著優於」完全線上學習或傳統課堂模式。史美瑤（2014）認為混成學習有四個優勢：1.學生的學習成效較高；2.增加學生與學生之間以及與老師的互動；3.促使教師改變教學方法和教學設計；4.保留學生學習的過程與成果。由於此模式給予師生較佳的課程學習環境，因此受到許多學者認同（Bersin, 2004; Bonk & Graham, 2005; MacDonald & McAteer，2003; Osguthorpe & Graham, 2003; Oliver & Trigwell, 2005）。混成式學習雖然廣受教學者歡迎，但前提必須是選擇適當運用時機，才能發揮功效提升學生的學習效率（何源成、陳聰浪，2008）。學者建議導入混成式學習策略時若先考量到學生的知能、內容的發

展、預期達到的目標、實施所需時間、實施應用需求、思考實施會發生的問題及學生學習障礙等（Bersin, 2004; Douglis, 2010），是促成有效混成式學習的關鍵。Woodall & Hovis（2010）則提出八個重要策略步驟，讓實施混成式學習的課程設計者參考，以檢視其運用的時機：

圖3-1 混合式學習的八個學習階段
資料來源：Woodall & Hovis（2010, p. 2）

1. **預備我**（prepare me）：起始階段，是幫學生預備好必要的技能及瞭解課程的整體架構，以確保後續的學習成功，同時幫助他們改善自我的學習能力。

2. **告訴我**（tell me）：展示階段（常與下兩階段交錯進行），告訴學生課程的學習目標與相關內容的主要觀念，及該課程的預期成果和學習效益。

3. **展示我**（show me）：示範階段，強調技能使用的程序、原則、概念與過程，使學生對如何應用技能有清楚理解。

4. **允許我**（let me）：練習階段，讓學生在安全環境下操練新技能，以建立長期記憶並強化先前的示範。

5. **查看我**（check me）：評估階段，使用具體的評分標準，評估學生的學習成效。

6. **支援我**（support me）：協助階段，是指正式學習後進入非正式學習第一步，學生能在非正式學習環境中尋找到正式學習中所

提及的相關資源。

7. **指導我**（coach me）：輔導階段，透過有經驗的管理者、同儕、專家、輔導師從旁協助，讓學生能彼此交流分享。

8. **聯繫我**（connect me）：合作階段，讓學生透過社群與其他人共同解決問題，擴展學生的學習成果。

綜合上述討論，MOOC線上學習的最大優勢雖可不限時間、地點，將知識透過網路傳遞至學習者面前，但卻無法達到傳統課堂面對面的真實互動感受，所以透過結合線上與傳統面對面教學的獨特傳遞形式，更顯重要。在本研究中，基於此課程僅在校內試行，並無開放校外學生註冊，因此研究者將採用延續MOOC特色的SPOC（結合線上及實體課堂）作為課程設計之依據，並透過混合式學習作為本研究的主要教學策略，且將視教學需要、學習屬性，係以線上非同步數位學習、搭配實體教室面授課程的學習方式，來進行教學活動。如此一來，本研究將可發揮結合實體教室與MOOC網路環境學習的相輔相成之優勢，而實際進行混合式學習教學策略時，會考量Bersin（2004）和Douglis（2010）的建議事項，並以Woodall & Hovis（2010）提出八項策略步驟做為檢視標準。

三 數位影像創作教材之內涵

隨著數位科技日益精進，使用電腦工具從事影像創作已是新世代藝術設計學習者不可獲缺的能力，更是有大量影像需求之藝術與設計相關科系學生所應具備的基本素養（李堅萍，2009）。目前大專院校影像處理軟體的選擇大致以Adobe公司所出產的Photoshop（以下稱「軟體工具或創作工具」）為主，也是數位原民在從事數位影像創作時一致認為最重要的軟體工具（林敏智、林昭宇，2011）。所謂「數位影像創作」，是藉由電腦高效能的數位化運作，將創作者個人之意念，以符合美的原則，透過科技設備所呈現出之一種藝術形式（許和捷，2009）。簡言之，就是結合電腦影像處理技能與藝術創作的表現手法。因此，創作者需先熟悉軟體工具的基本功能，才能進一步運用於數位影像創

作中。現今影像處理技術隨科技更新速度早已日趨簡化與方便，但余珮綺（2004）發現國內軟體工具的教學，大都從單一基本指令的操作開始，以致學生對影像處理的能力一知半解、無法融會貫通，更遑論創作出稍具成熟的藝術作品。施威銘（2012）認為這是因數位創作工具的功能眾多，加上學生學習過於片段、缺乏整合應用能力，才會無法順產出作品。游閔州（2007）表示這是臺灣教育的通病，學習者很會「背」，對於靈活度高的軟體工具，若沒有藉由觀念瞭解與實際操作，容易出現只會操作工具而不知如何應用的窘境。Eismann（2004）提到，數位影像科技不會主動創作，即使掌握住工具特性也不表示藝術創作將會發生。因此，在新世代影像創作教學中，課程設計除了讓學生適切的瞭解正確觀念及工具用途，更需要涵蓋創意思考能力的培養（林昭宇、吳可文、林敏智，2012）。

林峰羽（2011）表示，在數位影像創作教學中，會先安排熟悉軟體的視窗介面及常用技巧；接著，介紹圖層、範圍選取、遮色片、檔案管理與偏好設定等理論基礎與觀念為主。最後，再進行進階的功能操作學習，強調理論與社計實務並重。蕭立文（2012）建議先說明影像創作的必備基礎知識；然後，檔案分類管理、Photoshop基本操作；接著，介紹選取工具、圖層樣式、調整光線、色彩、曝光等功能合成藝術作品。最後，再實例介紹創作工具被應用在各個領域上的作品設計。劉光夏和李翊駿（2013）認為初學者應首重基礎能力養成（含空間、構圖、色彩、平面設計等美學觀念），再來，才是工具和技巧的訓練；最後，進入實務應用及藝術創作階段。雖然如此，Liu（2010）發現現今的數位影像創作課堂大都以軟體操作教學為主，忽略藝術創作的本質，且部分數位原民更以軟體工具操控的純熟度，作為藝術成品優劣之判斷（葉謹睿，2008）。劉光夏和李翊駿（2013）表示課堂教學若是以技術取向，學生則易感無趣、失去學習動力。相對，作品若是以技術純熟度做為衡量標準，內容則會缺乏藝術創造性。事實上，游閔州（2007）提到，影像創作工具只需瞭解它的三項主要架構「選取範圍、圖層、色頻與遮色片」功能間的相互運用概念，即可做出驚艷影像。他強調教學不應侷限在以操作指令教學來主導作品，而是以作品本身的需

求去主導指令。

綜合上述文獻，數位影像創作的教學層面有三。其一是需先安排基礎觀念認識，如影像構成要素、色彩模式、影像格式等，接著，熟悉軟體的基本技巧、檔案管理、偏好設定等。其二是瞭解功能「選取範圍、圖層、色頻、遮色片、調整光線、色彩、曝光」等如何「應用」於創作層面，並參考實際案例吸取經驗。最後，依據所學之知識與創作技能結合進行創意思考，嘗試發展出屬於個人風格之藝術作品。基於上述的理解，研究者認爲數位影像創作的教學該是按部就班，由基礎功能應用、範例模擬到進階功能整合的過程，強調理論與實務並重，並引導學生透過最少的指令，做出有質感、豐富多層次的影像作品。本研究將據此作爲發展MOOC數位影像創課程內涵之依據。

研究設計

一　研究場域與參與者

本研究場域爲臺北市立大學2014年第一學期「MOOC數位影像創作」課程。由於本研究採校內版MOOC方式進行，並無開放校外學生註冊，參與對象主要以本校學習與媒材設計學系大一學生，共45人，且皆無修習MOOC課程與使用數位工具（photoshop）進行影像創作之經驗。研究者擔任主要授課教師，具有八年的數位影像創作教授經驗，認同數位學習有助於藝術教與學，並在此信念之下規劃MOOC融入藝術課程的方法與策略。除此，透過研究者2014年所主持「提升磨課師（MOOC）數位影像創作課程之學生設計美感能力專業社群」的成員協助與分享，以瞭解MOOC理念下的實際運用於該科目的教學設計與策略。

二　實踐科目選擇

「數位影像創作」是藝術設計相關科系的基礎課程，也是未來職場必備的重要技能，對學生而言爲重要核心科目。由於此課程需包涵電

腦技能的訓練與藝術創作引導，但軟體操作的學習是屬於心理動作技能領域，教學者需要整體講解及動作示範後，並藉由讓學習者多次模仿練習及嘗試錯誤，方能達到自動化與學習遷移的效果，較一般認知領域的學習更需要時間（李世忠、趙倩筠，2007）。只是目前大學一般數位影像創作課程，每週實體面對面授課時間約2-3小時，往往不足以涵蓋photoshop完整內容作提供詳盡教學（方之光、黃碧雲，2012），也無法創作有質感的藝術作品，導致學習效果不佳。據此，如何在有效的課程時間內提供詳盡教學，是所有影像創作教師所面臨的挑戰，也是研究者的難題。基於改進教學的動機，研究者嘗試運用MOOC線上多元的學習特色，來解決實體課程時間不足問題，企圖透過數位學習延長學生課後創作工具練習時間，以加強學習遷移效果，提升學生影像創作能力，進而培養藝術人文的素養。

三　課程目標、內容與評量方式

(一) 課程目標與內容

　　藉由MOOC的教學模式，「數位影像創作」的總體目標為：1.在認知方面，認識數位影像創作的重要知識，以提升未來數位藝術創作能力。2.在情意方面，培養學生數位美感及鑑賞能力，進而對新世代的創作內涵、表達形式及影像美感有所體悟。3.在技能方面，培養學生線上學習的習慣，並熟悉數位影像創作技能，進而產出個人風格之藝術作品。根據前述文獻分析，將課程內容分為三層面：1.基礎工具說明（環境介紹、檔案管理、偏好設定等）與建立影像美感觀念（認識藝術設計基礎的相關知識）；2.介紹重要數位創作工具（選取範圍、圖層、色頻、遮色片）及其應用；3.實例賞析與個人作品表現（進階工具運用與藝術創作）。而研究者依據教育部（2014）公布之「磨課師（MOOC）課程發展參考要項」將課程內容轉化成MOOC線上教材，據此，本研究課程內容簡述如下：1.有教學講義、自製教學影片之外，也有線上練習題；2.每段影片皆採取主題式教學，影片約10-15分鐘左右，且附有PPT內容整理；3.每段影片觀看中或後，都配合線上即時練習題來檢視

學習成果，且會提供正確答案做為參考；4.本課程也提供線上課程討論區，讓同學討論相關課程議題，老師、助教或是同學都可以一起參與討論，同時也會安排線上助教時間（預計每周3小時），以線上同步方式進行討論，協助同學解決問題；5.課程評量含，測驗、作業、討論區互動、期中及期末發表。除此，本研究之教材是透過專業數位教材軟體Camtasia 8錄製，以「簡報＋影片＋錄製聲音」的呈現方式，完成後放置學校數位平臺播放。為求過程嚴謹，在課程發展與設計階段曾以專家檢核之意見進行教材各方面修正，而各階段也據學生學習狀況適時調整。本課程上課十八週，共十二單元，包括七次線上課程、八次實體面授學習（含期中、期末發表、作品布展）、與一次國訂假日，課程安排如表3-2。

表3-2　MOOC課程架構與教學策略

週次	單元層級	單元內容	授課模式
1	基礎觀念認識與軟體基本操作	課程內容概述、MOOC的特點與平臺操作介紹、期中與期末作業說明	實體課程
2		單元一：認識影像處理名詞、色彩元素與設計基本原理、數位影像美感作品賞析	線上課程
3		單元二：Photoshop的工作環境、認識檔案管理與偏好設定、影像影像編修工具	實體課程
4	數位工具應用、美感觀念建立、實際案例賞析	單元三：認識基礎工具（圖層、圖層模式）	線上課程
5		單元四：認識基礎工具（選取工具）、學生作品賞析	實體課程
6		單元五：認識基礎工具（圖層遮色片）、學生作品賞析	實體課程
7		單元六：認識基礎工具（筆型工具與遮色片）	線上課程
8		單元七：專業遮色片工具、學生作品賞析	實體課程
9		期中實際上機測試	線上課程
10		單元八：數位工具綜合應用篇I（污點修復筆刷工具、修復筆刷工具、修補工具、仿製印章工具等綜合應用）、檢討期中作品	實體課程

（續上表）

週次	單元層級	單元內容	授課模式
11		單元九：數位工具綜合應用篇II（色彩應用）	線上課程
12		單元十：數位工具綜合應用篇III（液化應用）、學生作品檢討、實際案例賞析	實體課程
13		單元十：進階工具綜合運用（色版工具應用）	線上課程
14		單元十一：實例設計介紹（進階工具綜合應用）／期末作品發想討論與創作	實體課程
15		單元十二：實例設計介紹（進階工具綜合應用）／期末作品創作與修正	線上課程
16		國定假日	
17	個人作品表現	期末作品正式發表會	實體課程
18		補交教學、作品上架至藝廊展示	實體課程

(二) 評量方式

本課程採用多元學習評量，包含平時成績、期中考試及期末發表。「平時成績」含八次作業、七次線上即時測驗、線上討論與課程參與度。八次作業為每週的數位影像設計練習作業、線上即時測驗係同學至MOOC平臺觀看線上影片，每個段落會出現1-3題測驗內容，教師則依平臺記錄之成績給予評量。另外也依據同學的的平臺使用記錄，含上網登入的使用時間、教材瀏覽時間、討論發言次數給予評量。教師也會依據學生的學習態度給與增減成績。「期中考試」含同學到實體教室參加線上測驗（內容為數位影像創作基本知識）與上機實作（老師出藝術創作題，學生利用所學工具完成作品）。「期末發表」是期末個人創作作品發表與作品布展，特別是期末個人作品涵蓋同儕互評成績。本課程教師評量配分如下：平時成績40%、期中考30%、期末作品30%。

四　教學策略與實施

研究者採校園版MOOC教學模式及混成式學習策略進行實踐教學。鑒於參與本課程的師生皆無參與MOOC教與學的經驗，經諮詢專

家及社群教師建議後，本研究規劃七週MOOC線上課程搭配實體課程試行，並依據Woodal & Hovis（2010）提出八項步驟作為做為檢視標準。以下為執行流程說明：

(一) 課前準備週（prepare me）

課程開始前一週將由助教寄出選課成功通知信，並告課程起訖時間及實體教室地點。教師於暑假期間已完成數位教材製作，單元內容除了根據文獻分析結果作為架構，也加入藝術生活化的概念，藉由美感創作經驗與真實生活影像世界連結，尋求理解並藉由數位表現建構學生藝術想像以及形成批判。

(二) 第一週前導期（tell me）

老師在第一堂實體課說明課程目標、授課方式、要學習的影像創作技能與期中考式與期末計畫發表。然後，MOOC平臺操作簡易教學、線上繳交作業方式、討論版使用規則與e-mail意見交流。目的協助同學瞭解MOOC混成式學習的進行方式並熟悉線上學習環境。

(三) 第二至八週嘗試期（prepare me、show me、let me、check me、support me、coach me、connect me）

1. **階段一「鼓勵學生登入平臺」**（prepare me）：由於學生電腦初始能力不同，故助教透過信件發送通知第二週為MOOC課程，並附平臺操作影片，讓學生順利登入學習。第三週實體課程，教師透過合作學習策略，讓學生透過同儕的互助，對平臺操作問題與困難獲得解決。

2. **階段二「讓學生熟悉平臺、強化討論區功能」**（show me、let me、support me、check me）：此階段為線上與實體課程交錯（第四至八週），助教每週會至少2次提醒MOOC課程時間，提醒學生持續進行線上課程。由於MOOC課程的成功關鍵在於教師與學生有良好的互動關係，本課程透過「線上討論區」的使用，由教師及助教在討論區設計每週議題主導討論，或提出與

影像創作內容相關之議題，引導學生瞭解本課程之核心架構，並鼓勵學員發表意見或是遭遇的困難。老師每天晚上都會及時回應同學，而助教每週也有固定線上諮詢時間3小時，每日也會固定至討論區2次，以瞭解學生學習狀況及議題討論情形。因此，在實體課程沒無法發言的學生，也會利用線上討論區得到教師或是同儕的協助。最後，透過線上及實體課程作業繳交，來判斷學生是否達到檢查我的階段。MOOC混成式學習融入影像創作教學，初期老師與助教極需要費時耗力去引導，等學生適應過後，歷程更為流暢。

(四) 第九至十八週實務期（show me、let me、check me、support me、coach me、connect me）

經過半學期（前導期與嘗試期）的學習與引導，學生已經熟悉線上互動討論方式，老師與助教可以開始針對線上討論主題有更深入的探討，而影像創作工具不再只是操作與介紹，而是配合每週作業更近一步的深入應用，進而創作出屬於個人藝術風格之作品（show me、let me、support me）。實體課程中，也鼓勵同學發表作品與同儕進行相互觀摩，以延展數位美感觀念建立（support me、check me）。學習過程中，學生隨時透過MOOC線上學習機制達到支持我、指導我、與聯繫我階段。

五　研究工具與分析

本研究透過問卷調查、學習週誌、教學紀錄與省思表等工具資料蒐集。問卷調查，在課程結束後實施，為進一步深入瞭解學生對於MOOC課程的使用意見及感受，內容設計參考自教育部所頒布之「數位學習教材及課程認證指標及評定規準」，並依據本課程需求調整問卷內容後，共27題，進行Cronbach 信度係數考驗，測得總量表為.962，顯示內部一致性良好，並建立專家效度後實施。關於學生的學習問題與課程建議，採開放意見填答不于計分。學習週誌，本研究將在課程開始就邀請學生填寫學習週誌，研究者於課堂中詳細說明其目的與用途，內

容將被用來研究學生MOOC的影像創作的學習歷程。本研究於獲得45份日誌資料之後，運用主題分析法來分析文本資料，經不斷的閱讀日誌之後，將資料整理、歸納，企圖找出重複出現且具有共通性的主題。最後，為落實研究之信實度，本研究採取三角校正方式，將所蒐集之週誌資料經歸納整理後，將資料讓受訪者參考、確認，檢核資料蒐集過程中所可能產生的誤差。此外，本研究根據週誌日期與學生代號S作為編號依據，如141019S04，表示2014年10月19日S04學生的週誌資料。

肆 研究結果與分析

一 MOOC融入數位影像創作課程之教學評鑑分析

本課程在期末邀請45位同學對MOOC數位影像創作課程進行教學實施評鑑，藉以瞭解學生對於此課程的感受與意見。採用李克特五點量表，非常同意=5，非常不同意=1，45份問卷，扣除2份無效問卷，其結果如表3所示。由表看出所有指標的皆落在「同意與非常同意」之間，顯示學生對於此課程的滿意程度良好，平均分數在4.6。其中，滿意度最低為「MOOC線上教材每次份量適當（3.95）」，最高為「教師有適當使用線上教學平臺（4.74）」及「教師使用平臺的訊息與學習內容息息相關（4.74）」，其他依序為「教師教學準備充分、態度認真（4.72）」、「老師錄製的MOOC線上課程是學習數位影像創作的好幫手（4.70）」、「本次MOOC數位影像創作課程對我而言有收穫（4.70）」、「本次MOOC數位影像創作課程對我而言很有價值（4.67）」、「我希望教師能繼續使用MOOC線上課程做為我學習的工具（4.65）」、「教師在教學時展現熱誠（4.65）」等。由分析結果歸納，整體而言，學生對「MOOC數位影像創作」課程的滿意度高，呈現學習的正面效果；而課程未來需要修正方向是，線上教材的份量需視學生學習狀況作適度調整。

表3-3 「MOOC數位影像創作課程」滿意度分析結果　　　　　　　　(N = 43)

題號	内容	平均數	標準差
1	MOOC線上教材内容與架構完善	4.60	0.53
2	MOOC線上教材内容豐富	4.60	0.53
3	MOOC線上教材内容難易適中	4.28	0.58
4	MOOC線上教材每次份量適當	3.95	0.68
5	MOOC線上教材進度安排適宜	4.28	0.66
6	教師在教學過程中有引起學習動機的活動	4.37	0.65
7	教師MOOC教材内容提供實例以協助學生理解	4.19	0.72
8	教師MOOC線上教材的課程内容講解非常清楚	4.47	0.58
9	教師在「MOOC數位影像創作課程」的教學過程中，有充分回答學生問題	4.47	0.66
10	教師會隨時注意學生的反應和學生互動	4.44	0.66
11	教師在教學時展現熱誠	4.65	0.52
12	教師能友善對待同學	4.56	0.58
13	教師教學準備充分、態度認真	4.72	0.45
14	教師有適當使用線上教學平臺	4.74	0.44
15	教師使用平臺的訊息與學習内容息息相關	4.74	0.44
16	教師錄製的MOOC線上課程能吸引同學學習	4.44	0.58
17	老師錄製的MOOC線上課程對學習數位影像創作的瞭解幫助很大	4.63	0.57
18	老師錄製的MOOC線上課程是學習數位影像創作的好幫手	4.70	0.51
19	利用MOOC線上課程學習數位影像創作可以提高學習的動力	4.37	0.61
20	我希望教師能繼續使用MOOC線上課程做為我學習的工具	4.65	0.52
21	課程評量方式適當	4.35	0.61
22	教師能公平的評量每位學生	4.30	0.63
23	課程的作業與考試能符合課程内容	4.49	0.50
24	本次「MOOC數位影像創作課程」可以激發我的興趣	4.42	0.62
25	本次「MOOC數位影像創作課程」對我而言有收穫	4.70	0.51
26	本次「MOOC數位影像創作課程」對我而言很有價值	4.67	0.52
27	整體而言，我認為這門課程教學效果非常好	4.63	0.48
	整體平均	4.46	0.40

二　MOOC融入課程之學習省思

　　爲進一步瞭解學生對MOOC教學模式的意見與回饋，研究者透過對學習週誌進行分析後，整理、歸納出幾點重要意涵，反映出全體或部分學生共同對MOOC融入藝術教學實踐的看法如下：

(一) MOOC不受時空限制、線上互動機制，有助於適性學習、提升學生信心

　　在45份週誌中，有38份顯示學生認爲透過MOOC的學習方式，能不受時空限制進行學習，且透過高畫質的、詳細的教學影音內容講解，可持續反覆再看，強化學習，例如：

　　線上課程的好處就是影片可以隨時暫停，方便寫筆記，教學內容也講解地很仔細（141019S02）。
　　在家裡也能學習到ＰＳ的功能，我覺得非常高興（141019S04）。

　　我覺得線上學習的方式比較好，就是可以重看很多次讓我慢慢熟悉操作，在面授時老師教一下就過去，雖然也可以問老師問題，但因個人而耽誤大家的時間會很不好意思（141127S26）。

　　有31份顯示學生覺得透過MOOC的方式可同步操作練習，且結合討論區提問與課中線上測驗，透過反覆學習與精熟學習，可提升學習成效，例如：

　　線上課程可以反覆觀看，且在討論區發問，一邊觀看線上課程，一邊跟著老師操作一遍，並且透過老師設計的每個小問題來檢測自己是否真的學會了，所以個人非常喜歡線上課程（141019S22）。

> 觀看線上課程的同時也可以自己實際操作，好玩有趣而且又可以學到新的技巧（141105S23）。

> 線上課程有許多重點是老師口頭的提醒，一邊看老師示範，自己也在一旁練習，可加深印象（141201S36）。

在45份週誌中，有27份顯示學生覺得透過MOOC的方式協助學生深化學習內容、提升學習信心及有助於個別適性學習，例如：

> 線上課程不僅釐清了我對圖層概念一些不清楚的部分，也讓我第一次嘗到順利修圖的樂趣和成就感（141019S04）。

> 在線上授課還蠻輕鬆的，尤其對我這種學習者比較需要時間瞭解與體驗的教學方式來說較適合。線上課程會把課堂錄製下來，我能詳細的記下要點，若有不明白之處還能重複錄影，或者暫停。這給了我一小片刻思考與接收（141105S08）。

> 觀看線上課程，遇到不會的還可以繼續重看課程，理解加深記憶（141009S47）。

整體來說，學生對MOOC融入課程有正面的態度，且透過線上多元的學習方式，他們對於掌控自己的學習進度到精熟學習內容更有信心，也間接提升學習成效，此結果呼應學者們提及MOOC的自主性學習、分段式學習、精熟化學習、互動式學習，及社群式學習等特性（吳清山，2014；徐新逸，2014；Glance, Forsey, & Riley, 2013; Haber, 2014; Karsenti, 2013; Khan, 2013; Sams & Bergmann, 2013）。

(二) MOOC協助學生從「技術學習」轉向「作品品質」關注

工具的使用純熟度是在影像創作中呈現內容意涵的必要條件。以下從不同週別看出MOOC線上課程對學生在創作工具的影響。首先，在

期中前（第1-9週），有學生都是經由多次重複觀看線上課程，來增加
自己對於工具的學習效率（36/45）。加上，跟隨影片中老師的步驟教
學練習，可以幫助熟悉工具，但最終還是需要靠自己多花時間、多練
習、不斷嘗試，才能進步（27/45）。例如：

> 我覺得線上課程可以重複看自己不懂的地方，每個過程都可以
> 是自己理解後再繼續進行，可以有效率的學習。加上，老師每
> 個步驟教的很清楚，還會實際操作一遍，對我幫助很大，但是
> 自己還是要多多練習（141009S01）（第四週）。

> 線上課程一開始用聽的，完全搞不懂筆型工具怎麼用，不過還
> 好老師影片有步驟教學，跟著老師一起練習，很快就能上手，
> 並且把要注意的地方記在腦海裡。但此次教的工具對於新手來
> 說，需要花很大的精力在上面，真的耗力又耗時，即使難免會
> 感到些許的挫折，不過我覺得要精進Photoshop的能力，最重
> 要的就是這種基礎練習，唯有一直不斷的嘗試再嘗試，才能夠
> 進步（141127S02）（第七週）。

在期末之前（第10-18週），學生對於創作工具的使用趨於熟悉
（25/45），透過觀看影片學習的次數減少（19/45），且學習態度也相
對提升（26/45），例如：

> 線上課程老師講解的非常清楚，就算第一次看老師示範不太瞭
> 解，看完第二次的實際操作，便能夠上手。影片中，老師也有
> 特別提醒哪些小細節應該要特別注意，不懂的地方重複多看幾
> 次，問題就能一一解決！這次課程，運用到很多工具，有些是
> 之前學過的套索、筆型、遮色片等，有了之前的基礎，現在一
> 起使用它們就不再感到陌生了（141127S36）（第十一週）。

> 每次使用Photoshop都讓我覺得它非常聰明，許多功能都能

簡單操作，而經過將近半學期的接觸，我也不再對PS感到陌生，有時候反而能夠教導家人或是其他同學如何使用工具功能，讓我十分有成就感（141211S34）（第十三週）。

經過這學期學習，我漸漸明白在PS創作過程中，甚麼叫慢工出細活，以前急著把作業交出去的心態，常常會害自己陷入不斷重作的噩夢，欲速則不達，反而會花更多時間去重補重修。現在我會認真的將作品做到完美，再上傳到作業區，多花點心思的成果，真的有差（141225S15）（第十五週）。

從上述可知，學生初期確實需要藉助線上課程及教師影片步驟不斷重看來精熟工具熟悉度，同時他們也明白需要「靠自己花時間」去努力學習。期中過後，學生漸熟悉工具使用，對於影片觀看依賴漸少，在態度上傾向追求作品的完善程度。從教師觀點而言，學生對於「創作技術」的關注逐漸轉向對「作品品質」要求是「MOOC數位影像創作」課程的重要指標。此結果與Liu（2010）及葉謹睿（2008）不符，顯示學生透過MOOC線上課程傾向關注藝術成品之優劣。

(三) MOOC提升學生美感成長

過去「數位影像創作」大都是依照傳統實體面對面學方式，在有限時間內，課堂重點往往偏向技術的學習，缺少培養學生對於作品美感的練習。如今透過MOOC線上課程，學生能夠延長學習時間，自行熟悉創作工具，也較能進一步深入作品美感元素要求（光影、色彩、和諧等）（32/45），例如：

看完線上影片後我發現，有時陰影也是讓作品自然的重要因素，因此我認為還需要在這個地方多多琢磨，且對於光影的變化，要有更多的認識，藉此來創作出美感度高的作品（141211S14）。

我這次的作品在風格上與以往不同，以剪影的方式表達前進，每個剪影以不同顏色、大小按漸層方式組合，表達剪影的律動、前進。剪影的顏色我故意選擇暖色系，代表著前進的辛累造成體溫的上升，而畫面右方故意安排冷色系做對比，但又有一個冷色色塊嵌進了暖色的剪影，又把剪影和model作前後的區隔，這不只能讓冷暖色做調和，亦能更凸顯model的前進。在畫面上故意不把背景填滿，我覺得這樣的安排讓整體畫面更和諧，所以當我把我要放的色塊都放好後，最終的作品就完成（141211S13）。

上述可知，學生在進行影像創作時，不再像過去傳統課程重視工具功能學習，而是能夠進一步考量作品的美感營造與品質要求。

伍 結論與建議

整體而言，本次MOOC課程設計與實施對學生的數位影像創作學習產生許多成效，無論是在學習信心、減少技術關注、重視作品品質、美感成長、主動學習等，都有正面影響。而透過檢視本研究對象在實驗過程中所呈現的學習行為與反應，亦成為研究者做為課程省思以及後續教學改善之參考：1.增加線上課程時數，漸少實體課程學生無法重複觀看之不便或是讓部分學生不敢發問的同學可以在線上論壇得到解答。2.線上課程教材的份量與難度，需依照學習者的能力做適度增減，以增強學生學習信心。3.美感引導的課程內容需要在實體課程完成，讓學生可以透過面對面互評，以提升對優劣藝術作品品質的識別度。4.教師與助教需要能夠即時回覆學生討論區的為題，以免學生缺少參與學習之動機。目前本課程是以校內版MOOC的方式進行教學，未來教師若要朝向完全MOOC發展，必須對學生的背景知識、科技能力、創作能力及自學能力有全盤的瞭解，且教材內容也需針對學生的特質來規劃、設計。最重要的是，此課程需大量運用影像從事創作，因此對於智財權議題，建議需編入課程單元中。

參考文獻

方之光、黃碧雲（2012）。影像處理混成教學課程應用Web 2.0之行動研究。教學科技與媒體，**102**，41-46。

史美瑤（2014）。混成學習的挑戰與設計。評鑑雙月刊，**50**，34-36。

何榮桂（2014）。大規模網路開放課程（MOOCs）的崛起與發展。臺灣教育，**686**，2-8。

李世忠、趙倩筠（2007）。步驟性教材製作軟體於E-learning應用軟體學習之探討。教育資料與圖書館學，**45**(2)，233-248。

李堅萍（2009）。數位影像處理與美育——正向發展學生美覺態度。美育，**169**，48-53

余珮綺（2004）。超現實風格應用在數位影像中的研究（未出版之碩士論文）。國立臺灣師範大學，臺北市。

何源成、陳聰浪（2008）。混成式教學在企業訓練的運用。網路社會學通訊，75。2015年6月20日，取自http://www.nhu.edu.tw/~society/e-j/75/75-08.htm

林昭宇、吳可文、林敏智（2012）。數位原住民虛擬世界的現實價值：視覺藝術的教學革新。美育雙月刊，**188**，89-96。

林智遠（2005）。數位博物館內容之學習效益可行性評估（未出版之碩士論文）。國立屏東科技大學資訊管理系，屏東市。

林敏智、林昭宇（2011）。探討數位原生與數位移民之數位藝術創作經驗。藝術研究期刊，**7**，59-90。

林峰羽（2011）。曼陀羅思考法應用於影像處理實習課程之初探。中華印刷科技年報，2011，618-630。

吳清山（2014）。翻轉課堂。教育研究月刊，**238**，135-136。

施威銘（2012）。正確學會Photoshop CS6的16堂課。臺北市：旗標。

徐新逸（2014）。翻轉教室與磨課師對教育訓練之啟示。研習論壇月刊社，**167**(1)，36-46。

高瑜璟（2006）。數位學習——學習的新趨勢。網路社會學通訊期刊，**57**。2015年8月18日，取自http://www.nhu.edu.tw/~society/e-j/57/57-22.htm

許和捷（2009）。當代數位影像創作思維體系結構研究。視覺藝術論壇，**4**，45-70。

教育部（2014）。磨課師分項計畫辦公室。2015年8月15日，取自http://taiwanmooc.org/

教育部高教司（2015）。清華大學第一所認可MOOCs學分的大學。高教創新，**2**，28-29。

黃能富（2015）。磨課師（MOOCs）與師博課（SPOCs）協同授課之翻轉教學法。教育脈動電子期刊，**1**，1-10，取自http://pulse.naer.edu.tw/content.aspx?type=B&sid=80

康葉欽（2014）。在線教育的後MOOC時代──SPOC解析。清華大學教育研究，**35**(1)，85-92。

游閔州（2007）。**Photoshop** 影像密碼──想像與現實。臺北市：上奇資訊。

楊鎮華（2013）。磨課師推動計畫── MOOC PROJECT，2015年8月15日，取自http://amaaa.nsysu.edu.tw/ezfiles/258/1258/img/1547/149103737.pdf

葉謹睿（2008）。數位「美」學？：電腦時代的藝術創作及文化潮流剖析。臺北市：藝術家。

鄭景平（2012年7月24日）。教育趨勢──翻轉課堂是教學模式的創新。財團法人溫世仁文教基金會總裁學院電子報。2015年7月15日，取自http://www.ceolearning.org.tw/writings/paper.php?id=29038

劉光夏、李翊駿（2013）。提升非設計背景大學生之電腦繪圖能力：五位經驗教師的分享與探究。國教新知，**60**(3)，36-44。

劉怡甫（2013）。與全球十萬人作同學談MOOC現況及其發展。評鑑雙月刊，42，41-44。

劉怡甫（2014）。從anti-MOOC風潮談MOOCs轉型與SPOCs擅場。評鑑雙月刊，**48**，36-41。

蕭立文（2012）。達標！**Photoshop CS6**。臺北市：上奇資訊。

Ahrache, S. I. E., Badir, H., Tabaa, Y., & Medouri, A. (2013). Massive open online courses: A new awn for higher education? *International Journal on Computer Science & Engineering*, 5(5), 323-327.

Biemiller, L. (2014). Colleges race to keep up with technology change. *The chronicle of Higher Education*. Retrieved from http://chronicle.com/article/Almanac-2014-Students/148151/

Bersin, J. (2004). *The blended learning book: Best practices, proven methodologies, and lessons learned*. San Francisco, CA: Pfeiffer.

Bonk, C. J. & Graham, C. R. (2005). *The handbook of blended Learning: Global perspectives, local designs*. San Francisco, CA: Pfeiffer.

Coursea (2016). Coursea：一流大學免費在線課程平臺. Retrieved from https://www.

coursera.org/

Daniel, J (2012). Making sense of MOOCs: Musings in a maze of myth, paradox and possibility. *Journal of Interactive Media in Education, 2012*(3), 18.

Douglis, F. (2010). Blended learning: Choosing the right blend. In B. Hoffman (Ed.), *Encyclopedia of Educational Technology*. Retrieved from http://www.etc.edu.cn/eet/Articles/blendlearning/index.htm

edX. (2016). Free online courses from the world's best universities. Retrieved from https://www.edx.org/

Eismann, K. (2004). *Photoshop masking & compositing*. New York: Macmillan Computer lab.

Fox, A. (2013). From MOOCs to SPOCs. *Communications of the ACM, 56*(2), 38-40.

Glance, D. G., Forsey, M., & Riley, M. (2013). The pedagogical foundations of massive open online courses. *First Monday, 18*. http://firstmonday.org/ojs/index.php/fm/article/view/4350/3673

Goral, T. (2013). Make way for SPOCs: Small, private online courses may provide what MOOCs can't. *University Business, 16*(7), 45.

Haber, J. (2014). *MOOCs*. Massachusetts: MIT.

Howes, D. (2013). To MOOC or Not to MOOC? MoMA saysYES. Retrieved from http://www.moma.org/learn/moma_learning/blog/to-mooc-or-not-to-mooc-moma-says-yes

Karsenti, T. (2013). What the research say. *International Journal of Technologies in Higher Education, 10*(2), 23-27.

Khan, S. (2013). *The one world schoolhouse: Education reimagined*. New York: Grand Central Publishing.

Liu, K.H. (2010). Toward a less technically-oriented computer art teaching strategy. In Z. Abas et al. (Eds.), *Proceedings of Global Learn Asia Pacific 2010* (pp. 886-891). Malaysia: AACE.

MacDonald, J. & McAteer, E. (2003). New approaches to supporting students: Strategies for blended learning in distance and campus based environments. *Journal of Educational Media, 28*, 129-147.

Martinez, S. (2014). *OCW(OpenCourseWare) and MOOC (Open Course Where?)*. In Proceedings of OpenCourseWare Consortium Global 2014: Open Education for a Multicultural World.

Means, B., Toyama, Y., Murphy, R., Bakia, M., & Jones, K. (2010). *Evaluation of evidence-based practices in online learning: A meta-analysis and review of online learning studies*. Washington, DC: US Department of Education.

NMC (2015). *NMC horizon report: 2015 Higher education edition.* Retrieved from http://cdn.nmc.org/media/2015-nmc-horizon-report-HE-EN.pdf

Oliver, M. & Trigwell, K. (2005). Can 'blended learning' be redeemed? *E-Learning, 2*(1), 17-26.

Osguthorpe, R. T. & Graham, C. R. (2003). Blended learning systems: Definitions and directions. *Quarterly Review of Distance Education, 4*(3), 227-234.

Paechter, M., Maier, B. and Marcher, D. (2010). Students' expectations of and experiences in e-learning: Their relation to learning achievements and course satisfaction. *Computers and Education, 54*(1), 222-229.

Pappano, L. (2012). *The Year of the MOOC,* Retrieved from http://www.nytimes.com/2012/11/04/education/edlife/massive-open-online-courses-are-multiplying-ata-apid-pace.html.

Sidorko, P. E. (2013).*MOOC and SPOCs: Where is the library?* Paper presented at the Access Dunia Online Conference - Malaysia Chapter 2013. Retrieved from http://hdl.handle.net/10722/198282

Sam, A., & Bergmann, J. (2013). Flip your students' learning. *Educational Leadership, 70*(6), 16-20.

Top Ten Online Colleges (2014). *The rising power of MOOCs: Now, everyone can learn at Harvard,* Retrieved from http://www.top10onlinecolleges.org/mooc/

Udacity (2016). https://www.udacity.com/

U.S. Department of Education (2010). *Evaluation of evidence-based practices in online learning: A meta-analysis and review of online learning studies*(ED-04- CO-0040). Retrieved from https://www2.ed.gov/rschstat/eval/tech/evidence-based-practices/finalreport.pdf

Waldrop, M. (2013) Massive open online courses are transforming higher education and providing fodder for scientific research. *Nature, 495,* 160-163.

Woodall, D. & Hovis, S. (2010). White paper eight phases of workplace learning: A framework for designing blended programs. Retrieved from http://www.informationweek.com/whitepaper/Business_and_Careers/wp400055?articleID=400055

創作學習的教育實踐

鄧宗聖
國立屏東大學科普傳播學系副教授

摘　要

　　本研究以如何發展創作導向學習的教育實踐為出發點，以培養「精神性全人」為「創作學習」的核心目標，探討創作學習歷程與能力養成間的關係，採取複合個案的研究方法，以高等教育場育碩士創作研究為場域，語言遊戲的分析取徑，歸納藝術教師敘說導引創作學習歷程中相似的型態與特徵：

1. 個人部分，著重學習者創作自信的建立，其代表獨特內在自我的肯定，亦藉由自由探索以展現民主式學習實踐，養成自主行動的能力。

2. 過程部分，學習歷程表現長時間等待、偶然性等特徵，靈感的啓發則多來自生活中的具體觀察，以及透過研究行動探索深刻的自我，養成異質溝通互動的能力。

3. 作品部分，學習情境把握了社群參與、議題創造等設計理念，

鼓勵創作論述的寫作表現，期藉此發展反思能力[1]。

關鍵字：創作學習、精神性全人

壹 緒論

一 背景與問題意識

低成本的網絡科技興起，Duncum（2011）指出大眾不再只是消費傳媒內容，每個人也能以前所未見的生產者身分，參與文化生產的交流。由於年輕族群使用新科技的熱誠與能力如魚得水，自然成為數位文化中活躍的產（製）消（費）者。Wilson（2003）和其他學者將正規教育視為第一空間，此外還有未受規範、自製學習的第二空間，而現在急需想像的是第三教育性空間的存在可能。教育界目前回應此一現象，倡議將較為低階的記憶、理解與應用知識交給數位媒體，而分析、評鑑與創作性的知識則回到學校（如Moocs, massive open online course）。

John Hartley 觀察青少年熟悉多媒體讀寫本領的能力，正規教育正受到非正式文化滲透，儘管學生已習慣老師在教室中控制某種「數位學習」（簡報、電影等），但教室外的學習空間已挑戰著學校在「馴化」上的社會功能（鄭百雅譯，2012）。就使用面來看，數位時代（1990年後）出生的學生，早在生活中學習使用數位產品，數位科技已經是他們的生活方式與語言，在技巧上可能優於教師（Prensky, 2001）。

智力研究發展自1860年至今已經歷四個世代，從「行為論、認知論、一元論到多元論」等四種流派，而學習多為舊經驗的應用，又創造能力則強調「經驗的新應用與問題解決」，進而將創造能力學習視為重

1　本文為科技部專題研究「從創作到創作論述：創作學習經驗與能力探究」，計畫編號為Most-103-2410-H-343-019之部分研究成果改寫而成。本人承蒙科技部計畫經費支持補助，特此向科技部致謝。

要課題（Li, 1996）。眞正變革關鍵，應是如何把「記憶、理解與應用的學習者」角色轉換成「分析、評鑑與創作學習者」，鼓勵創造性學習文化，而不在於將數位科技本身變成學習環境。就此來看，人文領域受到科技所衝擊的是「改變了人們掌握知識的方式」，資源本身從學校的封閉轉爲「開放」，以破除知識壟斷，取而代之的是「議題」的建構能力（黃寬重，2012），而議題是教育者與學習者在過程中一起通過溝通而「覺察」到的（Ribble & Bailey, 2010）。換言之，數位環境並不代表教育思維眞正的轉變，而需要從學生作爲創造性的學習主體的立場去討論。

　　歐美國家已經開始著手發展藝術本位的創造力教育，首要重點是研究以學習爲中心的教學方法和學習影響，發展鼓勵學習者積極正向的學習活動，像是英國溫徹斯特大學創建「眞實世界學習中心」（Centre for Real-World Learning），倡議發展培養積極學習習慣的教學與環境。研究成員組成「學習組織」的機構（The Learning Organization），主張建構學習力量（building learning power）的學習研究，包括學習習慣、導引方式、環境設計等可能影響學習因素（Claxton, Chambers, Powell, & Lucas, 2011）。按照上述現實，創作性的學習如何建構，可以成爲未來系列的思考議題。

二　目的與問題

　　Claxton（2006）從科學角度來看，思考與學習能力既是大腦神經元的活動亦是文化環境所培養的習慣，當討論「學習」也是在思考學習者所屬社群的文化判斷，即回到如何被稱之爲「好事」的文化脈絡來思考社群對學習行爲的影響。此脈絡下，學習環境意涵應不只是物理意義上的空間營造（Dudek, 2000; Pearlman, 2010），更是延伸心理、社會與教育學上的課題（Fraser & Fisher, 1982; Roth, 2000）及學校外的地方。

　　就此，本文主要目的在探究藝術領域創作活動的學習文化特質，對具創造性學習文化的轉化與想像應有所啓發。儘管，創造性的面向還包括科學、數學、語文等各種領域，藝術提供創作學習的途徑並非唯一展

現創造力的方式，但取徑創作活動可以被視為提供人們認識獨特自我可能性、創造性地表達自己，並開始看重別人創造力的過程。創作學習的能力探索，則是繼藝術本位的探究為出發點，進行創造性學習文化探究的新途徑。

貳 創作學習的教育學觀點

一 創作學習的核心目標：發展精神性全人

當代環境下社會型態劇變與文化多元分歧，對教育情境提供生命意義與價值探索的精神層面關照日益趨增，在教育界則把此關照心靈的精神性（spirituality）與全人教育在不同層面（學校教育、高等教育、全人教育等）與領域（心理學、健康關照、醫學教育等）進行探討，而藝術教育學者則將精神性視為開啟內在層面、開展創造性的重要而有效的途徑（劉豐榮，2010、2011）。藝術教育學者劉豐榮（2010）進一步定義精神性全人取向的創作（spirituality-oriented holistic artistic production），強調非物質議題的關注，關聯於「自己最深的層面」（the deepest part of self），藝術創作並非技術層面所構成，而是吾人每天進展生活中文化的研究與實踐，若欲解釋與描述某一創作品（例如動畫電影inside out，所有角色與情節都是心理學與社會學知識類別的擬人化所構成，涉及科學知識與文學手法等學科），則可能涉獵更多需探討的學科，創作學習的內容涉及我與文化、自然環境間的關係。

在此基礎下，鄧宗聖（2012、2014）倡議藝術本位的素養教育，創作做為探索與發展智識的學習活動，課程可視為一組「創作導向的活動」，創作不僅可培養「自主、溝通與社會參與」的公民核心能力，創作學習則在精神性全人的價值下，融入自我、藝術、文化與自然的探索。藝術中精神性全人取向的觀點，並不侷限於藝術科系使用，創作是一種整合性的高階認知行為，創作學習亦可為終身學習的一種方式，呼應OECD（2015）定義核心能力的觀點，面對變遷只要能「互動地使用工具（語言、符號、文本、知識、資訊、科技等）、異質性社群互動

（人際關係、團隊合作與處理解決衝突的能力）、自主行動（生涯規劃、個人計畫、主張與辯護自己的權利、利益、限制與需求）」等成功回應個人或社會要求的能力，就是一種時代素養。然則，創作中學習將知識與技能轉化關鍵除了學生本身主觀的能力、經驗、性格、意願外，就心理學的角度來看，創作的外顯行為乃知（學生求知需求的心理狀態）、情（不知而困惑的心理狀態下豁然開朗的愉快感）、意（結合知、情的滿足與自我肯定，進而自動自發繼續追求知識）的條件相互配合（張春興，1993）才能實現。就藝術教育的角度來看，知、情、意、行乃真、善、美、聖的另一種詮釋。

創作，鼓勵學習者自主學習的權力、勇氣與行動，以超越被動性。就創作意義上，不同人會藉創作衍生出許多種不同的詮釋與行為，越是在壓抑與被動的環境下，其可能需要超越力量也越大，人如白紙但非紙，本身也有自我淨化與療癒的能量。就此，創作學習有可能協助學習主體從被動轉化為主動。當我們問「為何創作」，這個問題牽引創作學習的種種思考，豐富創作行動意義的詮釋；當我們問「如何創作」的橫向思考，則學習使不相干的聯結具有個人的獨特性，創作學習一方面除了記錄與展示之外，最重要的還是它可以讓學習者也能為訊息產製者，扮演如守門人角色，考慮在不同媒體形式中如何與人溝通。猶如洪一梅（2009）將媒體材料視為等待發掘一種「搶救行動」，將所關心的事物「被看見」，將已被創作（已被發掘）或等待創作（等待發掘）的觀看轉化為行動，展示則是展現如何從不同層次或角度思考價值與意義的批判能力。創作本身富含學習者及其環境交融的文化符碼，如何運用這些作品於不同學門間創新運用，則考驗經世致用的人文精神與能力。

二 創作學習與核心能力：跨媒材、互動溝通、想像與創造

前述精神性基礎下，創作的學習情境圍繞生命經驗、身心靈與自然文化的相互聯繫，而學習的內容則須將自身獨一無二的精神轉化為可以閱讀、溝通與對話的符號。故創作學習活動中兼具培養前述工具操

作、異質社群互動與自主行動能力，主要來自思考人的因素：從預設溝通對象的思維模式、背景、環境、脈絡、所處立場等，考慮創作能如何引發其態度與反應，在差異中探究彼此能相互理解的溝通性語言或符號。

Smith（2011）描述人的精神性與物質世界聯繫的方法，不存在預先定義的程序，學生可自由依循多元途徑進行，但教師須帶出一項學生熟悉的重要社會主題（生態、和平、核能等諸多全球關注的議題），每一主題對年輕學子而言，可簡化如餐桌食物的來源（生態）、揮手微笑的意義（和平），沒有電的一天（核能），從自身經驗著手開啟討論，並著手研究相關主題，從深入討論與探索媒體中讓自身精神與周遭世界連接，讓藝術創作和其他主題做多重聯結。簡言之，經過解碼、批判性地再編碼（創作）的過程。同時，學生也在培養他們的思考與藝術創造能力（鄧宗聖，2015），任何個人飾物、精緻藝術、流行文化、新媒體、廣告、儀式、服裝、都市景觀、室內設計和傳統工藝品，均有途徑進入藝術教育論述，且能用以創造性看法與賦予事物意義。若解讀來自多元文化和相異觀點的異質社群，便會獲得形成論述與創作產出的後設論證。

以下就創作品善用工具、異質互動、自主創造三個層次來探討核心能力的養成。

1. **創作中學習善用工具**：Lupton（1998）以設計教育的觀點，強調表達的視覺形式不斷在改變，也重新轉化承載觀念的溝通形式。這意味著，創作中學習創意的使用工具，必然需要超越媒體型態差異，著重於對訊息符號的反應與吸收，學習者能在多元媒材類別中選擇一種最適當的方式來提供資訊與表達信念。

2. **創作中學習異質互動**：作品表達仍需透過表達媒材承載符號意義，用McLuhan的觀點來看，媒體間處於自由組合的狀態，古老或新式的媒體都反映「人的延伸」，意即：任何新媒體都有舊媒體成分。就訊息設計的意義上，各種經驗都是「材料」。舉例來說，網路介面作為一種創作時，創作需反映其設定使用社群（藝術家）、其工作任務的資訊蒐集與使用情境、蒐集行

為及社會關係網絡，如此才能設計出符合其社群的介面，完成不同任務（林珊如，1999；鄧宗聖，2010）。上述因創作衍伸的社會參與，讓創作學習行動不僅限於教室活動，也包括將社區或整個文化生活圈當作教育的田野，實際歷程則形成工具操作、在異質社群互動的學習經驗與能力。

3. **創作中學習自主獨立**：作品的內容展示學習者身處社會文化的身心結構，因個人認同與身心素質而有其特殊創作旨趣，因此創作學習則是在媒介中思考（選擇創作媒材）、在語言中思考（社群認同）與在脈絡中思考（結構身心靈的身心狀態）的行動（Sullivan, 2005）。進一步說，創作學習發揮想像力的地方不是在工具使用上，而是在概念上做最根本的顛覆，透過以什麼「取代」、以何種「替換」等詞彙，用於激發自己的想像力與實現力，創作結構學習者的同理心、事事想到人與瞭解人的人文能力，在自我理解與做出選擇中培養自主能力。

4. **創作中學習想像與創造**：據上述，創作學習將意義（思考想法）轉化為物質（作品）的過程，同時也在鍛鍊善用媒材、異質互動與自主創造的能力。不過，創造性的表達並不侷限在特定媒材，媒材與創作者之間存在著辯證關係，那是一個未知、充滿可能性的想像與創造能力，於整個學習過程。如Lievrouw與Livingstone（2002）則描述新媒體的發展歷程，各種「概念」是在聚合（convergence）、混種（hybridization）與不穩定（unstable）中有機地發展。作品是創作者想像的實體，承載文化與個人意念交織的社會產物，不僅更新並挑戰以文字為主的符號學、文學領域，同時結合當前社會學、敘事學、身體知覺、詮釋學等之跨領域的研究議題。

整體來看，創作學習與核心能力的關係密切，從善用工具、異質互動、自主選擇與想像創造的歷程中創造，其中又以想像與創造力最具有挑戰性，但一般結合創作的教育情境，都能夠讓學習者經驗並培養上述三種能力。

三 創作學習的教育情境：解謎、遊戲感的社群

　　創作學習需要發揮想像力，想像力則像是一個說故事計畫，等待創作學習者與異質性個體或社群互動發展，如此有助於創作的溝通性與社會參與性。Davies（et al., 2013）等學者以教育文獻為基礎，整理過去關於創造性學習實踐的研究範疇，討論的議題包括物理環境（the physical environment）、可用性材料與資源（availability of resources/materials）、戶外環境的使用（use of the outdoor environment）、教育學環境（the pedagogical environment）、玩的角色（The role of play）、時間使用（use of time）、師生關係（relationships between teachers and learners）、超越學校外的環境使用（use of other environments beyond the school）等。上述一組論題反映目前當代教育學者對發揮創造力學習環境的認知範圍，儘管並未窮盡所有可能，就思考創造性環境而言，如何考慮隨手可得的材料、思考創作導向的學習關係以及時間與環境使用，將「玩」當作重要的實踐態度，整體搭配有助於個人創造力的激發。

　　然則，超越學校外的使用環境，亦稱之為「文化論題」，其學習範疇超出創作者與作品之間的關係，來到更寬廣的社會文化來思考教育環境（劉豐榮，2001；鄧宗聖，2014）。換言之，學習者已存在於歷史性成因的文化空間內，以身心感受與遭遇過去在心理、社會、文化、政治與經濟權力運作而存在或即將消逝的環境。這些都可能是創作學習者可以採取創作行動進行社會參與溝通的環節。

　　葉謹睿與龔愛玲（2013）從美國平面設計教育面對數位時代的思維轉變，提出一些教育行動，說明創作行動作為不同學科通用的一些教育觀念：

1. 以「解決謎團」為教育模式，不僅是問題解決更要包容各種模糊性，鼓勵在開放的架構下去提問與挑戰既定預設。
2. 把數位環境當作媒材而非工具，每個教育者就像藝術家，對媒材高度認識與理解後，就能自由揮灑使用。
3. 不同領域專才採取共同合作學習模式則能符合數位本身交融的

特徵，而不同學科加入讓師生能在科技中思考創意聯結。

4. 提供如藝術家工作室的空間，則將建立討論與相互學習的環境
　　與文化。

鄧宗聖（2013）以語言造型與創意設計為例，漢字可能在語言學中
就是關於文法、語用的討論。但當我們思考如何利用漢字進行視覺創作
時？原本漢字本身的意義及創作者想要關心的問題、溝通的意向性，
就點燃一種謎團，而鼓舞創造則會讓所有漢字變成一種媒材，鼓勵學生
將漢字意義與想要反映的社會現象進行創作，而作品本身具有溝通意圖
時，本身就具有社會參與性。

然則，Ducam（2011）亦從當代流行文化盛行的面向，思考對教師
而言是最具挑戰性問題來自體制與個性之間的平衡點：「要願意在要求
理性與秩序準則的學校體制，以及追求享樂主義、較不理性、反抗權威
和僭越式青少年文化之間找到平衡點。」他進一步以在學青少年自製的
YouTube影片為例說明，許多充滿歧視、無意義的內容以類似歡樂、嘉
年華或樂趣的方式來讚揚某些未經判斷與深思熟慮的想法，有時只單就
想表達對權威的不屑，但教師必須避免破壞這種僅以樂趣為基礎、提供
許多作品養分的僭越式文化，但也必須協助學生在具有嚴肅教育功能的
制式環境中學習。總體來看，遊戲感不代表全然追求樂趣而無意義，而
解謎本身也可以是參與文化產製的過程。

上述平面設計的範例，還侷限於傳統的工作室空間，但卻提供創作
學習的一種敘事方式（原型），說明創作導向學習重視異質互動的特
質。從教育社會學的角度來看，創作就像「遊戲」，一種隱性教學的
設計，不太會有明顯與固定的教學步驟，因此學習本身不會趨向具體
或單一的評量標準、過度強化秩序，而忽略創造性（鄧宗聖、李律鋒，
2012）。而異質性個體能讓師生關係變得像共同創造的夥伴，如實驗性
個案研究顯示，社工學科與創意學科學生相互為師，透過創作來整合不
同學科相互搭配，想像並實踐新的師生合作關係來改造媒體製作的實踐
樣態（鄧宗聖、陳秀靜，2012）。師生關係強調師不在教，學乃「從師
遊」師生一起參加驚奇之旅，培養自由自在的心境、師法自然、豐富
氣度與文化使命（王士樵，2005）。從民主角度來看，創作猶如說故事

般，有其降低弱勢參與門檻、認同表達、信任建立等溝通基礎（范雲，2010），上述單就師生關係說明創作學習中豐富了互動的關係，但「老師」的概念也不一定來自體制，或許來自從事創作學習過程中的相似性團體（包含關心類似議題的創作者或其他社會角色、團體）。

　　對藝術教育而言，創作中學習社會參與，主要目的是鼓舞創作者增加觀看世界的多元觀點，並藉其如何看到與詮釋生活世界來作對話與改變（Eisner, 2008）。傳統上，教師傳遞的知識內容都是經過專業權威認可，知識是其代表的機制認可的範圍。相反的，創作產製到分享的歷程，展現的是參與式學習文化，主要特徵就是將產製過程的知識分散在所有參與者身上，因此可以自行調整。解謎與遊戲感絕非個人之事，而是說學習者的創造力激盪是來自互動中分散的參與者，這些聯結成為創作學習的後臺空間，而創作作品本身所展現的，亦是背後隱藏自主行動下點對點連接的相似性社群。社會學習在本質上已經伴隨數位文化的參與式社會網絡而有所改變。創作學習中的解謎與遊戲也可以在這種參與建構的數位文化中產生加乘效果。

四　小結

　　創作導向學習的理念強調學生發展精神性全人，此概念運用在教育領域時，必須考慮到引導學生從自我探索為始，向內深層聯繫身心靈的狀態，而外在數位環境提供的工具組合則成為表現的媒材。從我到世界、由內到外的創作歷程，其能力是心理與社會學意義下的自主、溝通、互動的能力，及傳播與文化學意義下的工具操作、符號、認同、價值判斷的能力。數位環境提供易於創造的創作環境，這裡所言之創作學習導向，意味此乃藝術本位的跨學科學習。

　　雖言如此，創作乃高階的認知能力，擁有「易於創作」的數位工具與環境不代表已經進入易於「益於探索」的精神性全人學習情境，據此我們根據文獻內容提出以下的研究架構，參見圖4-1，以藝術創作學習的教學實踐，探討創作學習的型態與特徵。

圖4-1　創作學習的研究架構圖

參　研究策略與方法

一　語言遊戲的研究取徑

　　藝術創作之探究有別於科學探究，科學、詮釋與批判的典範與旨趣，使得知識建構的方式與意義有所差異（Habermas, 1971）。在Wittgenstein（1967）的哲學研究中，他論述科學生產的智識建立在從經驗中找到規則與規律，其特徵是歸納與演繹經驗邏輯的訓練活動，如閱讀、資料蒐集與分析。儘管人文社會學科與自然科學討論的對象不同，但共享科學邏輯時，就用是否從閱讀理論到觀察分析能論述一套整體概念與經驗資料的方法，藉此來辨別科學與前科學。

　　假使把創作學習經驗置於社會的科學範疇下，對此一領域的同儕審查者而言，似乎有其默視之知，期待研究能從許多創作學習者的生活中發現「規律性圖像」（patterns of regularity），意味著創作學習研究旨趣是去綜合許多個人的集體行為，規律是一種「集合」的表徵，那麼學習研究任務可能是去解釋為什麼規律會產生。不過，若取徑於此觀點亦有盲點，特別創作離開不開個體學習的殊異，學習歷程在集合性規律圖像中會化約與遮蔽這種差異。科學探究掌握規則前，需掌握「變數」

語言概念，這種邏輯訓練我們用理論汲取一組變數回答命題，如探究「貧窮孩子比富有孩子偷竊比例高」，一開始要練習對命題中的字詞概念加以定義，定義過程形成可觀察的變數特徵並能加以測量，在經驗世界中受到驗證。「命題」語言是對現象經驗觀察規律的期待，但創作中探究的智識似乎與此不同。

創作學習什麼呢？它是一種規則嗎？以Wittgenstein（1967）以語言遊戲的觀點來看，理解人們「如何得到與使用規則」這個概念與意義比找出「規則是什麼」更重要。

他以十進位的加法的學習為例，學生正學習使用數字符號的一套規則，在十進位中共有十個數字，0、1、2、3、4、5、6、7、8、9。於是，1加1等於2，2加2等於4，以此類推後，0代表起始點，於是漸漸習慣這套運算模式。若我們活在只使用1與2兩個數字的國度，那學習10進位表達的人要怎麼跟另一群人表達4呢？或許得學習另一群人使用的那套表達方式才能傳達。上述數學遊戲，說明記憶的學習活動，無非是要學習者熟悉相關規則，培養一種使用習慣而已，只要熟悉規則，那麼就能夠以屬於這種規則下的方法來表達它，此時就會稱算數為數學能力的基礎之一，也是Wittgenstein所言理解「如何得到使用規則」的意涵，亦稱作其為「如何獲得某種能力」的社會共識。

在此意義下，這裡假設：不同學習社群並非尋求同一種規則、法則進行創作學習，而創作學習能力的獲得可從其創作學習的生活形式中理解。換言之，創作能力來自於其創作生活中「領受的生活形式」。取徑語言遊戲的認識論，讓我們探問創作學習經驗與能力時，能後設地反思社會科學方法對追求「通則化」（generalization）、全體論（holism）的認識論束縛，在方法論上也就不全然須遵循理論歸納、演繹推論「一種或多種」創作學習模式。相反的，創作學習探究是對「現象可能性」（possibilities）的探索，方法論上則考慮以「創作學習」概念為核心，考慮實踐論述中提供的想像與可能性，就好像語言學意義上的語法與語境，而非找到標準解釋。

二 專家訪談法

本研究爲探索性研究，以質性的專家訪談法實施。採取半結構式導引法邀請參與研究者敘說導引創作學習之經驗，研究者視實際訪談情況適當調整問題順序，甚至增加或刪減問題，以確認討論與訪談的流暢並捕捉任何意外的發現與洞見。

本研究邀請視覺、媒體創作等藝術類教師參與研究：1.任教於高等教育視覺媒體藝術領域10年以上教師；2.有指導20篇以上碩士創作論述經驗。惟礙於研究執行上之具體困難，本研究個案以同意參與研究之老師爲主，在社會人口學背景上並不相同，也不能推論至所有創作學習情境。但以基礎探索的研究而言，敘說資料的豐富性與啓發性比代表性更爲重要。是故，以下研究呈現將著重在對敘說資料的歸納與詮釋，不適以個人背景資料爲依據去做群體分析。

三 參與者說明

全部參與者8位，2位屬媒體藝術類、2位屬動畫藝術類群、4位屬視覺藝術類群，皆爲高等教育領域的教師。

表4-1　本研究的參與者

參與者編號	性別	創作領域	指導創作學習篇數	資料來源
T1	F	視覺藝術	35	深度訪談1
T2	M	動畫藝術	96	深度訪談2
T3	M	視覺藝術	34	深度訪談3
T4	M	媒體藝術	145	深度訪談4
T5	M	動畫藝術	61	深度訪談5
T6	M	視覺藝術	30	深度訪談6
T7	F	視覺藝術	22	深度訪談7
T8	F	視覺藝術	35	深度訪談7

備註：「指導篇數」由臺灣博碩士論文知識加值系統統計至2015年9月。

四 資料蒐集流程

本研究實施時，皆就受訪者同意之討論空間進行或校內研究室。每位參與者在正式進行訪談討論前，研究者會事先說明研究計畫目的外，還會提供經過國立成功大學成大倫理審查委員會通過審查之「討論大綱」、「訪談與影音資料使用同意書」作為倫理審查說明之參考文件，告知不會揭露其個人資訊、可隨時退出研究不會有任何影響，所錄音與文字資料也會刪除。如前所述，深度訪談採半結構導引法，除必要的關係建立與維持的社交性互動外，研究分兩部分進行：第一階段請參與者自述在創作學習的導引上有何教育觀點作為背景資料；第二階段則以導引創作學習為題，以培養創作藝術碩士（master of fine arts）階段作為主要的事件，主要有以下幾個問題：1.創作學習歷程中，影響學習的關鍵事件或轉折點。2.如何看待創作學習者與指導教師角色之間的關係與指導行為模式。3.認為創作學習者的重要能力為何？該如何培養？4.如何看待創作學習者進行創作作品與創作經驗書寫、論述。5.會如何指導、幫助或建議從事創作學習者。6.其他認為創作學習的重要環節或環境。

肆 創作學習的發展建構

一 個人／創作自信與自主行動

創作的學習歷程，往往需學習相信自己具「創造力」，此一信念可稱之為「創作自信」。自信發展歷程大致上分為「模仿」與「探索」（T7）：第一類學生希望去模仿、表現，或者是創造的面向上，都在老師能夠很清楚指引的這個範圍裡面，另一種是「沒那麼聽話」，過去傳統的學習氛圍裡面我們沒有注意到的，老師是去啟發、給予思想上引導外，學生其實在藝術表現上是要自己去探索，所以他不會一直做的跟老師的很像。

學習創作的主要精神在於「探尋自己是誰」（T8）。但學習者容

易受到干擾，沒有自信往往表現在「做一點這個、做一點那個」的無所適從，但這一點點的起頭意味著「可能性」，每一個起點代表一種點子念頭也包含許多可能無法進行的困難，因此如何讓每一個小作品的困難逐漸克服，彼此間聯繫成一個系列，這對創作自信的培養有其重要性（T1）。

> 「……我從來不相信一個很優秀的藝術家他的腦筋觀念或者各方面是空白的，不可能！因為他不是技術他不是只有展現，他一定有一個想法，那就從這個想法開始我們就可以聯結到一些理論，那我們可以跟他講講就說，譬如說一個想法，那我就跟他談一談說：你這個想法當中，有一些可能有一些作品某一些跟你的有點關聯，有點類似或主題相似，外形相似或者是使用的這個手法相似還是說創作的觀念有一點類似。」（T1）

另一方面，有時需要直接邀請學習者對他人作品進行觀察，多看作品對「常用模式」進行觀察，「但不一定是去模仿或是抄襲他們，而是帶來某種反思」，思考如何表達的自我風格（T4、T5）。自信進一步是培養表達風格而非模仿，模仿有點像是把一個東西從一個地方轉移到另一個地方，但為何要如此？如何如此？卻什麼都沒有說。風格則會鼓勵學習者將作品中觀察、分析與評估要使用的符號，學習如何從一個地方移植（全部或部分）到另一個地方時，進行溝通賦予意義的論述，作品有其個性，有再現創作者組織意義與情緒表達、生命的方向。創作本身是一種長時間、不斷試煉自己的過程，沒有一個作品絕對完美，但評估其學習的關鍵在於「真誠」以待，然後才是「原創」（T3）。

就環境面來看，創造自信的培養可能對部分媒體與動畫作品而言，是一種協作與民主培養的學習環境。換言之，作品發展取決於如何提供給學習者自由選擇於心靈對待事物的態度，這種態度可能來自於邀請自由思考、探索和發展的民主式實踐。最簡單與直接方式，就是從個人表達能力開始培訓，勇於創新地去表達個人的感覺、思維和想像。而稱之為教師者，導引與協助發展者也：

「……我們真正的創作模式是mentor制，mentor的意思就是
說，現在學生他自己發展的東西，老師是可以協助他發展這方
面，因為歐美來講也是，比如說有四、五個不同的mentor，有
一些是專門拍這一類型電影，有一些是這類型動畫，那學生也
是一樣，他就可以根據他要做的東西屬於哪個方向來選擇這個
mentor。」（T2）

總體來看，創作學習的目標概括為：幫助學習者有自信地去表現自
己關心外部或內部含義或外觀的東西，使用或借用某種形式，來表達
他的經驗產物、感覺和想像，來表達自己審美觀念和情感在使用的特定
媒材，因此他使用的各種元素包括：線、色調、空間、色彩、題材、工
藝、聲音等。無論是戲劇、文學、音樂、雕塑、繪畫等，學習組織決定
的主題，表達並賦予意義，都是情感和智力交流的象徵性手段。

二 過程／聚焦未知的研究行動

學習創作首先要做好的就是觀察，而創意、技術、美感結合起來才
可以構成激勵人的作品（T5）。創作與一般學科一樣都必須從參照他
者經驗（文獻）去發現問題，而質或量研究方法能幫助探索，但不同
於一般學科「類似非物質的、理論性的產品」，藝術的語言多來自材
料，參照前人作品的理論與觀點，學習創造符號、線條、色調、圖案等
目的是「把自己的創作能力跟差異再把它定位出來」（T6）。主要關
鍵在於把具體觀察與感受到的對象做轉化，研究的探索歷程則將創作學
習引領入深刻的學習，比方說：

「學生關懷樂生療養院的議題，如果是真心去關心那些，而且
他看很多書，瞭解批判主義、社會結構、社會貧窮跟富有的關
係……為了關懷更生壓力，他就住在裡面，好像對那個會有點
恐懼，對！那你在裡面住個半年，跟外面喊喊殺殺那個作品可
能感覺不一樣。」（T3）

「有些很資深的老師他認為，我不需要研究方法啊！我的功力、我的人生經驗、我的情感，表現出來是最好的。我們沒辦法去否定這個東西，但其實坦白的去跟他做訪談的話，也許他是有用到研究法，只是他自己不知道……講大家最熟悉的梵谷，他真的沒有用過研究法嗎？大家一定會覺得沒有！他要用什麼研究法呢！可能他只是沒有講出來而已！有可能去法國南部旅行看看……。達文西他有沒有說我創作要什麼研究法，可是現在後來一看都有！畢卡索也是一樣，那個亞威儂姑娘不是說一天、兩天、一、兩個月畫出來，那是做不完的，獲得靈感也是一樣……。」（T3）

　　為了讓學習者的探索工作能夠進行，教育者需要有耐心給予一種藝術時間，摒棄要能趕緊獲得答案的急躁，而去發展「偶然性」感受與體驗的旅程（T1）。就像目標是畫一個石頭，技術上可以很快就完成，但學習者需關注的是在「停留」下來，想著其他表達可能的偶然性，不斷嘗試下第二張、第三張可能又不一樣的結果，顯現出多變時，學習者就會發覺不一定要固定這樣觀看或用不同角度去看，自身感受的表達、看待它的方式可以是獨特、與眾不同。所以，為了讓個人表達必須是藝術的思想、情感和視覺的產品，自由思考讓創作者學習探索改變這些具體的東西成為個人符號。

「……每一個創作本來就是一個冒險，就是說你想他去探險，所以你才會去走這個創作，那麼走到中間你會發現，原來有個桃花源剛路過，每次都是這樣走過去一個岔路，這個岔路就是不小心發現，那這是偶然桃花源你就要掌握住那個桃花源的所在……。」（T1）

　　在創意部分，創作課的模式鼓勵自由探索、偶然性，可能多以提問來進行。相處的場域也可能是非正式的，比方說在師生相遇於車站，但兩到三個鐘頭裡，學生問得比上課還要多，這樣就可以有很多方面來

啓發，雖非正式上課，學生也會有一定的進度，但走到瓶頸、走不出來時，導引與提點可以幫助轉變方向（T2）。相反的，有些創作課要求學生「複刻」某些作品的形式與技法，認爲如此能開發個人創造力，但這仍是在模仿的基礎下學習，創作學習者個人探索的勇氣並沒有眞正的得到開發和保護。

在美感部分，對於完成作品時間的寬容度，有助於以享受的心情面對探索的旅程，克服未知的恐懼與害怕，一位女性視覺藝術老師以自己爲例，描述她在國外留學，一個西方、白人與男性爲主的藝術觀點中發展創作時的瓶頸：

> 「……我自己覺得我是東方女性，還沒有機會深刻的認識美國的現代繪畫。所以在這個學習的歷程當中，我覺得我的老師給我一個很大的寬容度，他們讓我覺得藝術創作比較像是看見國家公園的美麗……。老師其實是長期生活在國家公園裡面，可是他們依然很謙虛，就是說不定這一個新來的這一個人，他會從他不同的觀點裡面誘發他們再回頭去思考他們生處的這個美麗的國家公園……，然後他們同時也希望帶我看見他們看見的美麗。所以有點像是跟著老師的步伐走，但是在這裡面老師也很願意聽……。透過一段時間的相處以後，我覺得我也能夠跟著老師的路，老師也能夠帶我走一段就是我們想要看的，就是那個去享受那一段歷程的那樣子的一個經驗。」（T1）

三 作品／創作論述經驗與反思

創作，從來不是一個人的孤獨行爲，而是在團體與社群中發展。因此創作學習一方面能如前述增進對個人特質的理解，另一方面則是在作品中創造議題後，還需要透過論述與溝通，學習將創新的想法與人溝通：

(一) 個人特質理解

往往需要透過團體過程中發掘，參與團體就更能凸顯個人特質，像是在動畫領域有人適合做動畫師、有人做導演、有人畫不好但點子很多（T2）。看似極為個人傾向的創作，其團體成員對於形塑其獨創性卻是有一定作用。

(二) 議題溝通方面

就目前當代藝術的各種類型作品來看，如果要去突破一個新的創作形式，目前機會相對較少，就純藝術發展史來看，屬於每一個藝術時代、風格表現的技巧，不管從過去的到當代藝術，其實已很難有新的爆點去做創新。因此，就創作學習者而言，「找到一個新的議題表現」可作為獨創性發展的初步（T6）。也就是說，現在某個議題比較少人去表現，那他可以用他原本會的技巧，或把類似議題做變化，那就可以創造出新的表現議題。

上述個人特質與議題的發掘，須借助書寫論述來幫助觀賞者欣賞、理解與探索歷程的專業分享。學習者可將創作區分為「論述」與「研究」兩部分：

> 「……創作論述跟你的創作作品彼此的聯結，是可以聯結的起來的，這是所謂的創作論述……所謂的創作研究的話，是指我在創作過程中，針對哪一塊，比如說模型、貼圖，或者是動作，或者是攝影機的運作，我針對其中的一塊去做研究，而且我把這個研究的結果做在某個創作作品裡，這是所謂的創作研究……創作研究是我已經完成的創作，他是我創作中一塊是經過我的研究，我特殊去把他研究，把這個研究套在我的創作作品上，所以假設第三者來看我的創作作品的話，我會覺得你哪一塊做得特別好，我就在你的創作作品裡面特別去討論他，那創作論述的話，老實講他沒有什麼對話……。」（T5）

　　論述，是連結主觀的經驗，研究則可以做為探索方法的驗證與反思；後者的內容比前者可能在相關社群的討論上具有對話性。但這些非說創作論述的層次較低，而是在於內在對話與群體對話的差異。儘管如此，創作論述，它不會僅是停留在說「喜歡、想做」的層次，而是用語言思考創作的理由、目的、背景、動機。透過對於論述與研究的書寫，可以讓人讀到在此一相關的脈絡當中，都曾經發生的事情，所以學習者可以有一種就是找到在過去脈絡中「還沒有做過」的，也可說在歷史上都有過，需要更謙虛去尋找那一個「還沒有看見」的部分（T7）。就此觀之，鼓勵學習者發表創作論述，那是對於觀察經驗的歸納，同時也指向探索的路徑。

　　創作論述是思索與探索行動間的相互扣連，在視覺藝術的個案中，學習者想要創作關於「死亡」的主題，那麼教師就會鼓勵學習者在創作自身作品時，其同時能書寫創作論述，論述內容就會是對關於死亡主題做一個歸納集合，思考跟梵谷、孟克，甚至培根或畢卡索討論的死亡議題有什麼不一樣，到底為什麼要做這樣的創作？而探索的研究行動則是如扣緊問題與探索，一種實際的觀察與經驗，從二手觀察中無法體驗的東西，如達文西畫鳥類，他可能需要鳥來做觀察或把牠放走，經過無數次而想觀察那一瞬間；或者他要畫人體，他可能解剖過二、三十具大體，讓他創作比較深入（T3）。無論創作或是研究，兩者就像是螺旋式的思考把很多觀察捲入，形成一個思想的風帶。

　　創作與創作論述之間的關係，不只有經驗歸納，更有其辯證與反思面向的特徵。把這些歸納與演繹出來的紀錄，可以從裡面重新統整與組織各種學習事件的心路歷程，然後從中檢視裡面先前期待與現實的落差，而中間各種學習事件帶來的變化，像是有沒有做文獻探討般的作品討論等（T4）。當學習者完成作品時，我們需要有一段時間去沉澱與書寫，在過程中做一些比對，然後回頭來反思過程裡面整個執行過程中碰到的問題與變化，曾經嘗試過的解決方案。

　　儘管創作論述可能對學習者有益，但是這並非一條容易的道路，有時對學習者來說用作品表現甚至比論述更好。因此創作學習者可能「整天想到去做出一個作品來，但從事書寫或文字論述的信心不足，不

寫並非代表抗拒或不能寫，而是告訴你一種對文字的焦慮」（T1），
此時一定要幫忙提點具體的方向，像是隨時錄音保持對想法的紀錄。我
們須幫助學習者相信：論述與溝通對自己有幫助、後續可以獲得相關啓
發，當在同一社群未來要做同樣類型或相似作品的時候，即便只有一點
點貢獻，也會在此過程中成爲幫助其他學習者進步的里程碑。

伍 結論、建議與限制

　　創作導向的教育觀點，不僅是不同學科對個人創造力培養的取徑
之一，亦是兼顧精神性全人教育的實踐，以下透過多重個案研究的陳
述，歸納結論並提出建議。

一 結論

　　從高等教育階段藝術教師的個案陳述中，歸納其建構創作學習活動
時，係透過「創作自信」的導引歷程激勵自主能力發展，並藉由創作
者內在「未知探索」的導引歷程引發異質互動的能力建構，而「作品
論述」則引發反思能力，針對對應研究架構將其實踐特徵歸納分述如
下：

(一) 個人／「創作自信」（自主行動）

　　創作自信具體反應在「自由的思考」與「獨創性的感受」上，因此
創作學習首重思考如何將手邊各種材料用來作爲人的表情與精神世界寫
實或寫意。尤其是學習者生命的各種偶然性，成就其創作的獨創性，亦
可解釋爲學習者生命經驗與遭遇形塑的個性，在給定的目標下，有個
性地去選擇或創造一些元素，把這些元素組織成一個新的和獨特的形
式。

(二) 過程／「未知探索」（異質互動）

　　學科間掌握的知識與探索都可以是提供創作學習的發展議題，由
於創作強調精神性，因此藝術教師將研究行動視爲創作學習的重要歷

程，研究聚焦於未知時，探索過程的具體經驗，就可結合其感知與感受作為創造性轉化。

(三) 作品／「論述溝通」（反思行動）

由於不同作品本身的美感意識都屬於個人特質與文化形塑的直觀。藝術教師考慮到結構於學習者精神性發展的視覺文化環境，在學習歷程中可能會引用或參照某些符號認同而不自知。但考慮到創作中使用的各種符號都是創作材料，因此對創作「論述」並與公眾溝通，一方面可以讓學習者反思在「獨特的創作」中選擇「價值、認同與世界觀」的社群團體，一方面則可知悉自身所占位置與欲辯證的議題。

二 建議

創作學習的教學實踐，旨在引導學生著重身心靈的整合，創造不同學習者對自我生命探索、自然與文化體驗的精神性展現。學習情境著重從學習者自身經驗出發，重視創作學習過程中透過反思聯繫自主行動、異質互動與符號溝通等經驗，以確保學習者習得的能力。教學過程中學習者多在互動與合作的學習情境中掌握自身的狀態，即使教師本身非藝術學科老師，本身不一定會操作創作的工具，但在創作過程中亦可導引人文與社會能力，有益於創作本身探索與研究的行動。

以藝術創作導引的學習有一特徵，那就是教師會用長時間的陪伴與等待，這是充滿情感性的學習歷程，伴隨而來的是驚奇與美好的情緒經驗（周淑卿，2010）從媒體教育的角度來看，藝術創作的益處就個體心理及社會經濟等層面可提供個人或弱勢團體幫助與賦權，媒體環境則成為藝術創作與媒體教育相互對話與激發潛能的文化環境，建構有助於素養發展的學習型社群（Buckingham, 2003）。藝術教師建立實驗性情境讓學習者經歷假設、觀察、測試、驗證等探究歷程，學習把所觀察的資料透過描述、分析並產生關聯與評價的思考技巧，在多樣性與開放性的解謎過程中產生循環式探究與豐沛、綿延不絕的內在動機（胡郁珮、魏美惠，2010），如Winnicott（朱恩伶譯，2009，頁173-177）心理分析學者聲稱，創造力發生的地方是遊戲與文化體驗的「潛在空間」而非遺傳

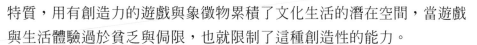

特質，用有創造力的遊戲與象徵物累積了文化生活的潛在空間，當遊戲與生活體驗過於貧乏與侷限，也就限制了這種創造性的能力。

從藝術本位研究的觀點來說，創作會帶動研究行動，發展探究性的智識與能力（Sullivan, 2005），創作導向學習有助於學習情境的課程轉化，教育實踐可由學科自身涉及與關心的問題開始，以身心靈開展的精神性為前提，思考數位環境下工具的使用，我們這裡對非藝術學科的創作學習情境提供以下建議：

(一) 發展獨特個性的創作鑑賞

課堂內時間有限，應用社群網路Facebook、Twitter等即時動態與通訊平臺提供藝術教育發展空間（林昭宇、吳可文、林敏智，2012）。我們可以讓網路空間連接每位學習者的生活空間，鼓勵學習者在社群網路上發表創造性的日常觀察，像是每天仔細觀察周遭讓他／她有感受或感動的小事物，也可以是參觀博物館、文化館、藝術館、設計展的紀錄或在數位媒體瀏覽與其他社群分享中的創意物件或產品。總之，我們假設能讓這些學習者感覺有「阿哈」（有驚喜感受）的東西，其內在深處肯定會有一些生活經驗上的連結（如關心外在打扮的服飾、喜歡享受特別的空間感受、正在學習攝影等），以使他選擇關心這些事物。這些都可以分享，遊戲方式很簡單，以「回合」為單位，創作一個封閉性的網路社團，由學習社群中一個人先發起，規則是每天指定「點名」一位社群的夥伴進行創意接龍，同樣要分享一件讓他／她感覺「阿哈」的東西，並且要用文字說明為什麼這會讓他／她感覺是有創意？其觀察的獨創性在哪裡？為什麼？每天都要有一位成員來玩，直到所有成員都分享過為止。通常都玩大約三到四個回合，一方面讓創作學習社群的成員相互熟悉，一方面透過彼此分享來交換對於創意的想法與生活事物的審美觀察，在練習陳述說明獨創的理由時，也在向內在自我探索，發掘自身具有獨創性的個性。

(二) 遊戲導引互動性工具使用

獨創性可透過「觸類旁通」來引導。來到教室，由於學習者可能多

來自不同背景，因此教學者的任務就是幫助學習者用不同智慧，如文字、數字、圖畫、身體動作、聲音、社交互動及個人感覺與經驗彼此相互聯繫。為了讓自我獨創性的探索能夠成功，在能夠面對面交流的創作學習空間裡面，可以營造體驗多元智慧的體驗活動與環境，學習在個人的學習時間內選擇並運用最適合他／她們的方法。舉例來說，應用即興的肢體表演與遊戲技巧，可以幫助創作學習中理解表達的符號訊息與不同媒材的溝通意涵。

(三) 精神性發展歷程的自我評量與重要他人回饋

創作學習的質量取決於如何表達自己思想和情感個性與完備性的能力，放在創作學習的脈絡上，重點則是對社會文化產物進行再設計：學習重新通過篩選、簡化和組織意義，可以在客觀、抽象或半抽象的形式來表達內心的情緒、思想、意義。如表現肢體動作是象徵性的標誌，在詩歌或故事中的字詞是符號、在音樂中的音調是符號、在雕塑形式中的符號，生活中所見的一個眼色、一個微笑、一個建築都是表達情感或思想的符號。因此評量上，建議以學習者透過創作論述進行自評，而關係此議題的重要他人則參與聆聽自評與回饋，重視精神性的發展歷程。

採用創作學習導向的教師，就像是建築師一樣，與學習者合力發掘磚頭、木材等材料，鼓勵思考搭建的方法與手段，發展砂漿、釘子等結合所有材料凝聚力在一起的創造性元素，透過導引與陪伴的過程完成學習者用生命完成的建築結構。儘管，創作者學習美感表現須使用優良材料和技術來增強表現力，但這並不是只要一個標準的應用程序，而是說技術使用著重在感覺的變化。許多強調技術訓練，讓創作學習者模仿千篇一律或目前一般人樂見的效果，但就藝術層面來說是陳腐或平庸的老生常談。因此這裡倡議創作學習的關鍵，真正要開發的是一個人對生命經驗的敏感度，在生命經驗中發掘材料表現技術的質量。舉例來說，在攝影技術的教學中光圈可控制光的亮度，但真正掌握光要進來多少，還需要由創作學習者來決定影像呈現的感覺；又像是畫家在油畫中想表達一種特殊的顏色，水或不同顏色混搭的比例的中間會產生許多有趣的變化與可能性。綜合以上，創作學習的歷程中決定自己的方向，能有助於

學習者開發身心靈的敏感感覺、關係判斷和效果影響。

三　限制

本研究限制說明如下：

(一) 本文旨在探討創作學習的教育實踐特徵，多重個案研究的限制在於推論界線有限，個案本身是在「敘說」經驗，乃形成性經驗而非總結式經驗，談的是自身與創作學習者相互遭遇的經驗，有時談到一個、有時談一群，訪談個案本身內在就有數十個以上的遭遇經驗相互交織。此外，個案與個案間屬於不同脈絡屬性（創作社群的文化），語言陳述雖為經驗的再述，但字詞確定的用法與意義範圍，例如視覺藝術談到的風格表現的技巧與媒體藝術談到的風格表現技巧就不會一樣，此部分就不會拿出來做比較與分析，這需要相關的背景知識，但本研究並非著重學習者技術性學習的差異，而是著重創作實踐的教學情境歸納，因此個案間可能用相同詞句，但較難透過深度訪談的上下文作直接判斷（訪談時不會突然打斷再確認意思），而是根據研究目的著重描述並歸納陳述句中「相似性」的範疇，[2]像是不同藝術教師都會使用典範或標竿作品的導引方法來幫助學生去探討自我風格要如何表現、技巧如何發展等。

---

[2] L.Wittgenstein「家族類似性」的觀念，將語言比喻為球類、牌類、棋類、賽車、田徑運動……等等的遊戲。在這些遊戲中只能看到相似點（similarities）與關連性（relationship），而找不到「全體的共同點」（common to all）。就是說，有些遊戲角逐勝負，但有些遊戲（如兒童拿球往牆上擲，然後接住，再往牆上擲）則不計輸贏；有些遊戲憑靠體力（如跑步），但有些遊戲則賴思維（如下棋）；有些遊戲要求高度的技巧（如橋牌），有些遊戲則靠運氣（如牌戲）；有些遊戲有對手（如球賽），有些遊戲則無對手（如單人表演）。所有遊戲雖有「相似點」與「關連性」，例如有勝負、有對手、靠體力、要技巧……等，但找不出遊戲「全體的共同點」。簡單說，「遊戲」這一類別內的各個次級遊戲，在某幾點上相似，但在其他點上可能不相似，從而構成一個重疊交錯的相似群。這種重疊交錯的相似群，「家族類似性」就是表示，家族成員間各種特徵，例如體形、面貌、脾氣等，也以相似方式而交錯重疊。

(二) 本研究針對教學實踐相似性作描述與分析，但藝術教師之間深受不同社群文化影響，在創作學習情境的特殊之處無法在此篇研究呈現。未來在研究發展上，可以朝向單一學習個案，針對其領域特殊性的部分進行學習情境研究，而相同領域之間亦可作異同比較，討論同一社群不同的學習情境脈絡與實踐策略，以延伸本研究的深度。

(三) 此次選擇高等教育碩士階段的創作學習導師作為個案訪談內容，若在未來研究方向上，則可考慮自身參與單一個案的創作學習歷程，進行人類學的田野調查，訪談並考察創作學習環境的整體變化。另外，不同學科採用創作導向的教學，創作學習者的性別差異等亦可為未來個案研究考察的重點。

參考文獻

王士樵（2005）。一盧解碼：李德畫室之教育探索。收錄於王士樵，另類視界觀：新世紀的視覺經驗（頁158-167）。臺北：國立臺灣藝術教育館。

周淑卿（2010）。學習歷程中美感經驗的性質：藝術與科學課堂的探究。課程與教學，**14**(1)，19-40。

胡郁珮、魏美惠（2010）。調色盤裡的狂想曲：以創造思考教學導向的兒童視覺藝術教育之探究。課程與教學，**14**(1)，63-90。

朱恩伶譯（2009）。遊戲與現實（Donald, W. Winnicott著，1971年），臺北：心靈工作坊。

林昭宇、吳可文、林敏智（2012）。數位原住民虛擬世界的現實價值——視覺藝術的教學革新。美育，**188**，89-96。

林珊如（1999）。建構支援臺灣研究的數位圖書館：使用者研究的啟示。圖書資訊學刊，**14**，33-48。

洪一梅（2009）。人文學術研究的數位新時代：史語所的思維與作為。古今論衡，**20**，133-154。

范雲（2010）。說故事與民主討論：一個公民社會內部族群對話論壇的分析。臺灣民主季刊，**7**(1)，65-105。

張春興（1993）。教育心理學研究的新取向——目的教育化·對象全人化·方法本土

化。教育心理學報，**26**，1-21。

黃寬重（2012）。數位時代人文研究的衝擊與蛻變。漢學研究通訊，**31**(1)，1-6。

葉謹睿、龔愛玲（2013）。在數位時代的雜音中──美國大學平面設計教育的觀察與建議。教育研究月刊，**235**，156-170。

劉豐榮（2001）。當代藝術教育論題之評析。視覺藝術，**4**，59-96。

劉豐榮（2010）。精神性取向全人藝術創作教學之理由與內容層面：後現代以後之學院藝術教育。視覺藝術論壇，**5**，2-27。

劉豐榮（2011）。藝術中精神性智能與全人發展之觀點及學院藝術教學概念架構。藝術研究期刊，**7**，1-26。

鄧宗聖（2010）。從電腦繪畫社群論網路媒體使用在藝術教育上的意義。國際藝術教育學刊，**8**(1)，149-167。

鄧宗聖（2012）。論藝術本位的文化創意教育。教育資料與研究，**105**，65-90。

鄧宗聖（2013）。創作的發想：藝術本位觀點的教學實踐。收錄於劉立敏主編，跨界的視野（頁63-76）。屏東：國立屏東教育大學。

鄧宗聖（2014）。藝術本位對素養教育實踐之啟示。藝術研究期刊，**10**，159-186。

鄧宗聖（2015）。主體轉化：藝術本位與媒體素養的教育探索。臺北：致知。

鄧宗聖、李律鋒（2012）。遊戲入課：通識教育中以學生為主體的媒體素養教學法。課程與教學，**15**(3)，109-133。

鄧宗聖、陳秀靜（2012）。「跨界創文」教室──共創課程的小革命與未來想像。文化創意集刊，**1**，19-38。

鄭百雅（譯）（2012）。全民書寫運動：改寫媒體、教育、企業的運作規則（J. Hartley原著，2009出版）。臺北：漫遊者文化。

Buckingham, D. (2003). *Media education: Literacy, learning and contemporary culture*. London, UK: Polity Press.

Claxton, G. (2006). *Expanding the capacity to learn: A new end for education?* British Educational Research Association Annual Conference.

Claxton, G., Chambers, M., Powell, G., & Lucas, B. (2011). *The Learning powered school: Pioneering 21st century education*. Bristol: TLO Limited.

Davies,D., Jindal-Shape, D., Collier, C., Digby, R., Hay, P., & Howe, A. (2013). Creative learning environments in education: A systematic literature review. *Thinking Skill and Creaativity*, 8, 80-91.

Dudek, M. (2000). *Architecture of schools: The new learning environments*. London, UK: Architectural Press.

Duncum, P. (2011). Youth on YouTube: Prosumers in a peer-to-peer participatory culture. *The International Journal of Arts Education, 9*(2), 24-39.

Eisner, E. W. (2008). Persistent tensions in arts-based research. In M. Cahnmann-Taylor & R. Siegesmund (Eds.), *Arts-based research in education:Foundations for practice* (pp. 16-27). New York: Routledge.

Fraser, B. J., & Fisher, D. L. (1982). Predicting students' outcomes from their perceptions of classroom psychosocial environments. *American Educational Research Journal, 19*, 498-518.

Habermas, J. (1971). *Knowledge and human Interest.* Boston, MA: Beacon Press.

Li, R. (1996). *A theory of conceptual intelligence: Thinking, learning, creativity, and giftedness.* Westport, CT: Praeger.

Lievrouw, L. A., & Livingstone, S. M. (2002). *Handbook of new media: Social shaping and consequences of ICTs.* London, UK: Sage.

Lupton, G. (1998). The Designer as producer. In S. Heller (Ed.), *The Education of a Graphic Designer* (pp. 159-162). New York, N.Y.: Allworth Press.

Organisation for Economic Co-operation and Development (2015). Definition and Selection of Competencies (DeSeCo). Retrieved on 2015.9.1 from http://www.oecd.org/education/skills-beyond-school/definitionandselectionofcompetenciesdeseco.htm

Pearlman, B. (2010). Designing new learning environments to support 21st century skills. In James, A., & Bellanca, R. (Eds.), *21st Century Skills: Rethinking How Students Learn.* Bloomington, IU: Solutiontree.

Prensky, M. (2001). Digital natives, digital immigrants. *Onthe Horizon, 9*(5). 1-6.

Ribble, M & Bailey, G. (2010). *Digital citizenship in school.* Washington, DC.: ISTE.

Roth, M. (2000). Learning environments research, lifeworld analysis, and solidarity in practice. *Learning Environments Research, 2*, 225-247.

Sullivan, G. (2005). *Art practice as research: Inquiry in the visual arts.* London, UK: SAGE.

Smith, D. (2011). Material culture and issues-based art education. *The International Journal of Arts Education, 9*(2), 92-100.

Wilson, B. (2003). Three sites for visual culture pedagogy: Honoring student's interests and imagery. *The International Journal of Arts Education, 1*(2), 107-126.

Wittgenstein, L. (1967). *Philosophical investigations* (G. E.M. Anscombe, Trans.). (3rd ed.) Oxford, UK: Basil Blackwell. (Original work published 1958)

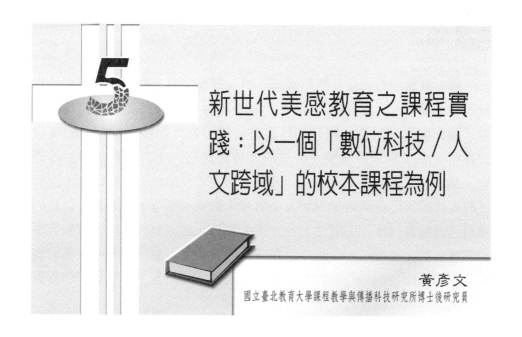

新世代美感教育之課程實踐：以一個「數位科技／人文跨域」的校本課程為例

黃彥文

國立臺北教育大學課程教學與傳播科技研究所博士後研究員

摘　要

　　過去臺灣教育往往只強調國語、英語、數學以及自然等學科，卻忽視了生命情意的學習。為了回應第八次全國教育會議中就「藝術與美感教育」議題的結論與建議，臺灣教育部將2014年定為美感教育年，並提出了《美感教育中長程計畫》。無疑的，新一波的教育革新已經開始重視到人文情意的價值。此外，近來教育科技的應用也普遍獲得學界的關注，其被認為具有：增進學校效能、使教與學和真實生活更加聯結、引起學習動機、培養學生具備符合未來生活的技能……等功能。邁入數位科技新紀元，遠距教學和行動學習亦成為學校教育的新寵。傳統的人文論述和科技論述似乎總是處於非此即彼的二元對立。然而，近來人們開始重視到，在人文和科技之間的混種之可能。本研究即以一所同時關注數位科技與人文美感的學校為個案研究之對象，進一步探究「數位科技／人文跨域」的校本課程如何實踐及其意義對未來美感教育的啟發。

關鍵字：美感教育、數位科技、人文、校本課程

壹　前言

　　過去臺灣的教育往往只強調國、英、數等主科，以及自然科學的知識，常忽略了情意的學習。為了回應臺灣教育部第八次全國教育會議中「藝術與美感教育」議題的結論與建議，教育部將2014年定為美感教育年，並以訴求「臺灣‧好美—美感從幼起、美力終身學習」的理念，提出了《美感教育中長程計畫》（教育部，2013）。無疑的，新一波的教育革新已經開始重視到人文情意的價值。同時，近來教育科技的應用也普遍獲得學界的關注，其被認為具有：增進學校效能、使教與學和真實生活更加聯結、引起學習動機、培養學生具備符合未來生活的技能……等功能（Cuban, 2003）。邁入數位科技新紀元，遠距教學和行動學習更成為學校教育的新寵。

　　然而，誠如過去法蘭克福學派對於科技的戒心，傳統人文論述和科技論述似乎總是水火不容，例如Michael Apple（1986）、Michael Young（1991, 1998）、Larry Cuban（2003, 2004）就曾批判教育科技的濫用可能侵害了人性的意義，陷於技術理性宰制，甚至是成為霸權的幫兇。不過，從後現代的哲學思潮觀點來慎思，其實在人文和科技論述與其實踐之間，並非只能是「非此即彼」的選擇題，還可能具有一種像Homi Bhabha（1994）所言「混種」（hybridity）或「第三空間」（the third space）之新可能，而不只是限定於既有的、再現的、符應的統一形式。的確，臺灣近年來許多教師社群所嘗試結合數位科技與在地人文知識開發的學校本位課程豐碩成果，即可提供我們美感教育跳脫二元對立的新視野。

　　研究者認為，新世代美感教育的課程實踐，不盡然只能依附於傳統的人文情感面向，而排除了科技使用的採納，或許一種「數位科技／人文跨域」的課程實踐新思維，能夠為我們開創美感教育實踐的全新課程風貌。因此，本研究的目的旨在以一所發展「數位科技／人文跨域」校本課程的學校為案例，進而探究「數位科技／人文跨域」的校本課程實踐，其所體現出來與美育相關的特質；並反思「數位科技／人文跨域」的校本課程實踐對美感教育發展之啟發意義為何。

貳 文獻探討

一 美育的意涵，及當代臺灣美感教育之發展

美育源自德國的國民教育傳統，其強調感性與理性之間協調的遊戲精神運動，主要用來培養公民素養、陶冶國民情意與品格，促進個體人格之統整（Schiller, 1995/1910）。所謂美育（Aesthetic education）就是使受教者易於獲得美感經驗（aesthetic experience），而能時常沐浴於美的感受中的一種教育活動（陳木金，1996）。民國初年，蔡元培（1995）亦曾針對宗教不同產生彼此攻訐問題，建議以「美育代宗教」的生活美化與精神提升的途徑。他這麼說，純粹之美感足以破人我之見，去利害得失之計較，其明以陶養性靈，使之日進於高尚（蔡元培，1989a：p.83）。

從字面來看，「美感教育」是由「美感」和「教育」兩個字組成的複合詞。然而，當前有許多中文使用者容易將「美感」（aesthetic）與「美」（Beauty）混用，也常因過度通用而造成實際推行時的不知如何著手之困擾；或是將帶有愉悅與完滿之心理感受的「美感經驗」誤等同於「美」本身。

回顧西方「Aesthetic」這個詞，其實具有「感性的」（來自於感覺與知覺的）和「美感的」（一種價值判斷）的兩種意思，後者又存在著「美感」和「審美」的雙重蘊義。值得注意的是，另一個與「Aesthetic」有關的用詞是「美」。基本上，「美」和「美感」這兩者雖有關連，但並不相同。前者是一種引發愉悅心理狀態下的感性認知活動，後者則是一種價值判斷的宣稱或意義的賦予。誠如美學之父Baumgarten（1714-1762）所言，理性事物應憑高級認識能力作為邏輯學的對象去認識，而感性事物則屬於知覺的科學、或感性學（Aestheticae = die asthetik）（引自李醒塵，1996：p.248）；「Aesthetic」最初在美學作為一門科學上的用法，是和認識論上「經由感官經驗的認知」有關——「感性的」，而非和價值論上的「美」有絕對關係。

Immanuel Kant（1790/2007）在《判斷力批判》中，則提出一種在感性直觀能力與知性綜合能力之間遊戲的「品味」（tasty）概念——「審美判斷」（aesthetic judgement）——亦即透過「美感」的體驗（aesthetic experience）方式，從而連接到對於事物是否是「美」的價值判斷活動；此時，情感愉悅與否，成為唯一判斷事物是否為美的依據，而不是取決於有目的性的、預先設定概念標準的、或是功利價值的考量。Kant也從而定義，美就是無概念、無目的、無利害而那些令人覺得愉悅的事物。只是Kant也認為，人類具有一種普遍的判斷美之感受的共通性——「共感性」基礎，讓每個人都能夠體會到他人的審美感受為何。蔡元培（1989b）即指出，Kant美學之超脫與普遍性，是打破人道主義之專己性阻力之良藥（p. 76）。

依據Kant的看法，我們永遠無法定義「美是什麼東西？」或是「一件事物是否為美，應該符合哪些條件？」而是僅能依據愉悅與否的自我反思來判斷「美不美？」以及進一步詮釋「美在何處？」然而，因為人與人都有「共感性」作為基礎，所以我們能夠感同身受到別人所體驗的美感對象，甚至激發了我們美感的共鳴生成；這讓「美」擁有了一種普遍傳達性，也意謂著「美感」及「美」是可以被教育的——「美感教育」確有實施之可能。

就臺灣美感教育的發展而言，陳木金（1996）曾發現，過去美育一詞在臺灣學界的使用，主要包含三個方向：一是美術教育，是狹義的泛指學校中諸如國畫、油畫、素描、雕塑……等美術課程；二是藝術教育，只要涵蓋視覺、聽覺、肢體動作藝術的表現；三是美感教育，其除了美術教育及藝術教育課程外，其他課程及生活中一切涉及美感欣賞、研究、製作、表現……等經驗活動均屬之；陳木金（1995）由此認為，就美育一詞的界定應以美感教育為宜，其應致力培育學生具有「對美的欣賞力」、「對美的感受力」，然後能夠產生「美的創造力」之表現。陳瓊花亦曾建議美育可透過三方面來強化，包含：擴大審美相關知識、持續累積美感經驗，以及讓學生能在生活中實踐或實作（引自林從一、宋秀娟，2012）。

民國67年《國民教育法》在一番激辯中，我國始將「美育」納入

「五育」中和「德、智、體、群」並列。教育部也於1980年所頒布《國民教育法》中的「加強國民中小學美育教學實施要點」中強調美育的功能在促進德、智、體、群四育均衡發展，並提高其境界，豐富其內涵（陳木金，1999）。其後，臺灣教育部將2014年定為美感教育年，並以訴求「臺灣‧好美—美感從幼起、美力終身學習」的理念，提出了《美感教育中長程計畫》（教育部，2013）。在《美感教育中長程計畫》中描繪的願景包含了：1.「美力國民」：提升國民美感素養；2.「美化家園」：美化家庭社區品質；3.「美善社會」；營造社會樂善好美的願景。理念則是：1.強化感知的開發綜效；2.增加多元生活的體驗；3.認知美感特色的重要；4.推動傳統文化的認同；5.建構具美感的人事物。並希望達成以下目標：1.美感播種：強化課程與教學、優化教職人員美感知能。2.美感立基：建構美感學習之支持系統及活化相關資源。3.美感普及：創造美感環境及在地化之美感認同與獨特性（教育部，2013）。基本上，由上述理念中，我們發現並未對於「美是什麼？」或是「美感為何？」有明確的本質性規定[1]，而是採用形式性及目的性的陳述去描繪一種藍圖。儘管如此，由此我們確實可以看出美感教育已再次受到教育界及社會各界的關心與注意，政府當局也透過擬定具體行動方案來展現推動美感教育落實的決心。

　　基本上，近來這場課程的美學革命，其致力於培育學生美感知能與美學素養，並期望透過美育課程的實踐來陶冶學生審美能力及提供學生自由創造能力，成為當前值得關切的重要課題。

---

[1] 審查委員建議研究者應先針對「美」作名詞釋義，以作為檢驗研究資料信實度的依據，但如同前述Kant對「美」的無法被事先定義看法，《美感教育中長程計畫》中也保留美學詮釋的空間，而不給定義的作法。研究者亦認為，不以理性思維的方式來構想感性思維的課程實踐，如此才能真正的符合美感教育訴諸自由的精神。惟我們仍可保有像Josef Johann Wittgenstein所言的「語言遊戲」——強調重視情境脈絡下語言使用的家族相似性之理解來確保「美育的可教性」。基於此，在研究方法部分的效度考量，亦採用Eisner用來進行教育評論與鑑賞時所使用的「共識效度」——亦即針對「數位科技／人文跨域課程」實踐情形本身的資料呈現來評估。

二　數位科技在教育上的運用：邁向行動學習的時代

資訊科技的進步，掀起一股學習方式的革新，也為傳統教學模式帶來新風貌。教育部（2008）即公布了《教育部中小學資訊教育白皮書》，以「資訊新視野，數位共悠遊」為訴求，描繪出如下願景：1.學生能運用資訊科技增進學習與生活能力。2.教師能善用資訊科技提升教學品質。3.教室能提供師生均等的數位機會。其以1.善用資訊科技。2.激發創意思考。3.共享數位資源。4.保障數位機會為理念。並希望達成以下目標：培養學生應用資訊科技解決問題的能力、養成學生使用資訊科技的正確觀念、態度與行為、保障並促進師生的數位機會均等、培訓具備資訊科技應用能力的教師、發展多元的數位教學資源、提升教室和校園的軟硬體設備與網路服務、發展並推廣各校在教學上應用資訊科技的特色與典範、建立健全的資訊科技教育行政機制。

近年來，教育部更於2013年、2014年、2015年……陸續擬定《資訊教育推動細部計畫——國中小行動學習推動計畫實施方案》，招募有意願的國中小學校進行有關運用教育雲端資源及數位行動載具在課程教學實施應用之試辦。其鼓勵學校透過教師專業社群發展數位科技在教學應用之特色，以培養學生善用數位科技提升其學科知識和二十一世紀的5C關鍵能力，包含批判思考（Critical Thinking）、創意思考（Creativity）、複雜問題解決（Complex Problem Solving）、溝通表達、合作學習（Collaboration）……等等（教育部，2014）。

的確，由於網際網路使用的普及，為網路學習提供良好的發展環境，越來越多的學習者紛紛採用數位學習的模式來進行互動與學習（陳志銘，2009）。Clark與Mayer（2003）曾指出，所謂的數位學習是透過網際網路所傳遞的教學模式，其具有超越時間、空間、互動性高、降低長期學習成本、發展多元化與適性化教材、培養主動思考與認知的學習能力、並可獲得立即性回饋的特性……等優點（陳年興、楊錦潭，2006；吳聲毅，2009；陳志銘，2009）。

SRIC（Stanford Research Institute Consulting）曾就1985年到2005年對數位學習技術演進歷程的分析所區分出四個發展階段：1.單機軟體

階段。2.學習端與伺服器端的網路。3.網際／內部網路。以及4.無線接連階段（引自陳志銘，2009）。近年來，行動裝置科技的提升，更擺脫了一定要用電腦連上網路的限制，透過PDA、電子書包、穿戴式電腦等無線網路都可以進行無所不在的學習（Ubiquitous Learning）（吳聲毅，2009），「數位行動學習」也開始成爲了教育科技研究領域的新興話題[2]。

數位行動學習是一種學習模式，是行動計算技術（mobile-learning）與數位學習的結合，此種學習模式所建置的學習環境可以突破場域的限制，能讓學習者在任何時間、地點存取學習材料，並於任何空間皆能使用資訊科技與網路進行學習。O'Neil與Lamm（2000）將行動學習視爲一種參與者在團隊社群中透過採取行動來解決某計畫案或問題，並在行動中「學習如何學習」。

Vinu、Sherimon、和Reshmy（2011）指出，透過行動學習能讓學習者根據自己的學習興趣、能力、與步調，利用手持式設備隨時隨地以一人一機（one-to-one）的方式學習。Dye則認爲，行動學習是一種藉由行動設備的幫助，有效的在任何時間與地點呈現學習的內容，提供教師與學習者雙向交流的平臺（引自許耀升、羅希哲，2013）。許耀升和羅希哲（2013）綜合國內外學者看法，就「行動學習」歸納出三個要素：「無線網路與行動裝置」、「行動學習者」、「行動學習理論」，他們認爲，基本上這三者缺一不可，唯有同時兼具，才能夠使行動學習的效果發揮的淋漓盡致。而Chang、Sheu與Chan（2013）也依據行動學習的定義，區分出「行動學習裝置」、「通訊基本設備」及「學習活動模式」來舉例說明：行動載具強調易攜性及便利性，如PDA、EeePc、Notebook、Tablet等；通訊基本設備即無限網路，用來和其他學習者或學習系統建立溝通，如GPRS、3.5G及相關網路技術等；學習活動模式

2　基本上，M-learning嚴格來說，並非就是U-learning，原因在於後者開發出一種情境感知技術（Context-awareness technology）而重視學習情境的開發。但就前者的使用如果融入學習者無所不在都是學習情境時，此兩者是一致性的。故本文中不嚴加區分這兩者。

則是行動學習的重點，可分爲個人室內、個人戶外、群組室內，和群組戶外學習等四種模式。換言之，如果說傳統的「網路學習」的主要設備是桌上型電腦的話，那麼「行動學習」的主要設備就是PDA、平板電腦或智慧型手機等能夠發揮「無所不在」（ubiquitous）、便於攜帶的行動工具、混合式的學習、自發性與個人化、互動與合作，和即時性訊息……等等功能，這讓學習者能夠自由的、自主的在對的空間下進行學習，並隨時與同儕或他者進行對話討論。

顯然的，「數位科技」提供人類以多元媒介擴展自身有限的視野與能力所及，在教育上運用得當的話，可以活化課程的生成、豐富學習的活動，提供學生獲得美感之機會。

三 跳脫「人文」與「科技」的對立：「科技／人文跨域」的學校本位課程實踐

隨著數位科技的發展及網際網路的普及，其提供更多的便利性，讓人們可以突破人力所不足的限制而無所不在的進行終身學習，亦爲偏遠地區學校教育帶來新的衝擊與影響。研究者認爲，「科技」並不一定像傳統批判理論所質疑的「必然宰制人性」帶來物化與異化的結果。這是因爲，從前述「數位科技」的發展已開始考慮到人因學及人際互動的考量可知，如果「教育科技」運用的妙，是有可能跨越與「人文精神」的傳統對立，共同爲促進課程教學革新而努力的。只是，誠如方德隆（1993）指出，理論探討若能輔以實徵研究，則必然有助於理論基礎之建立及實務經驗之累積。研究者也深感贊同，並認爲「學校本位課程的探究」即是一個有效的可能途徑。

「學校本位課程」乃國民中小學課程改革所倡導的重要觀念之一（歐用生，2000；黃嘉雄，2008），係指各校在授權範圍內，衡量學校條件及可用資源（李隆盛，2003）；關注於學校層級的教育決定（Marsh，1993）與「由下而上」的發展模式。基本上，學校本位課程強調以學校爲中心，以教育人員爲行動主體，輔以尋求外來專家顧問之協助，強調學校的責任與權力（郭昭佑、陳美如，2003），教師實踐知識的生成（林

佩璇，2002），滿足學校師生的教育需要（蔡清田，2002）。Malcolm Skilbeck（1984）即指出，學校本位課程發展乃透過學生是參與成員的教育情境下發展的學習方案，其展現出教師和學生一起分享決定、內在與有機制度、涉及多樣關係的脈絡、具有確定價值、型態、程序，與角色等特徵。Colin Marsh（1993）也認為，學校本位課程發展讓學校可以發揮自主性，回應環境及自由、機會、責任與資源的需求來合身打造適合的課程方案，讓教師獲得自我實現的動機及成就感，並讓學校充滿歸屬感。

誠如Eisner（1994）就曾點明，美感經驗之所以與傳統強調理性的、概念性的、由上而下的學習不同，就正在於其強調一種由下而上的經驗累積，這也就是Aristotle所提倡從經驗出發而不是觀念開始的實踐智慧（Eisner, 2008）。研究者認為「學校本位課程」所具備多元性、在地實踐性，及共同參與性等特徵，是足以提供講求多樣性、自由度及共感性的「美感教育」健全的發展情境的。因此，透過「科技／人文跨域」的學校本位課程實踐之探究，亦應會有助於我們勾勒與想像「跨越邊界」的新世紀美育課程願景，描繪出具體可行的課程實踐行動藍圖。

 研究設計：個案研究

為了瞭解數位科技如何與在地人文課程間跨域實踐之情形與意義，以供美感教育發展之參考，本研究採用個案研究方式深入田野現場進行。

一 個案選擇

本研究基於研究目的以下列規準，進行個案選擇：1.研究場域具備發展在地課程的環境條件。2.研究對象具備開發「數位科技／人文跨域課程」的經驗。3.研究者能獲得研究對象的同意及支持程度。4.其他場域距離、時間、經費等考量。

二　蒐集資料的方式

本研究資料蒐集，主要採用訪談、文件蒐集、影像工具等方式進行。

三　研究品質與倫理

在效度部分，主要採用Elliot Eisner的「共識效度」包含「結構的確證性」以及「參照的適切性」進行檢驗。所謂「結構的確證性」是指蒐集數據或資料，以建立關聯，最終形成一個整體，所有構成部分，都能要支持這個整體（Eisner, 1998），意即研究詮釋的內在一致性，有幾分證據說幾分話，而不至於有與事實背離或前後矛盾的現象。而所謂「參照的適切性」係指以研究者所見的討論為線索，讓他人能夠根據行文所指涉的對象、事件和情境來想像、再現、判斷，及回饋交流（Eisner, 1994）。研究倫理部分，則參考APA規範，並以知會同意書徵求研究報導者的同意為原則。

四　研究場域之簡介

歷經前導研究及相關評估，本研究以新北市的一所Lucky學校為個案。Lucky學校地理位置在山丘地區，周遭有許多小溪流環繞，依山傍水的先天環境條件，是相當適合推動生態環境教育課程的空間；此外，也臨近臺灣早期開發的文化古鎮中心。顯然的，該校具備充足的自然與人文的學習環境資源。近年來，該校在推動「數位科技／人文跨域課程」也成效非凡，屢獲外界一致的好評與肯定。

Lucky國小是一個小型學校，共有13個班級，平均每個年級兩班，每班約20-30位學生，全校學生共295人，為小型學校全校教師和學生之間的關係相處融洽。該校所面臨的問題是，學生家庭多處於弱勢家庭，加上該校所在位置遠離市區，學生面臨著偏鄉地區常見的文化不利因素之威脅。然而，該校老師除充滿熱情的積極提升教師專業知能外，也透過教師社群的運作而發展一系列的在地主題課程。

基於學校願景「健康、卓越、和諧、永續」，該校老師試圖結合

「環境教育」與「人文教育」來發展課程，他們的課程目標包含：1.活化校園閒置空間，恢復符合環境特性之場域，建構完整的生態綠廊道棲地。2.師生共同合作記錄，完成生態教學之教材教具，創造永續的生態教學資料庫。3.激發教師熱情潛力，設計多樣的山林生態課程，師生共同學習培養多元能力。研究者發現，Lucky學校的課程實踐情形，可從兩方面說明：

首先，透過學校環境的改變，讓學校的自然綠地增加了：有別於從外面移植動植物的速成方式，Lucky教師團隊在CHOICE顧問老師邱先生[3]的生態保育理念薰陶下，已經知道了自然界還存在著原生種與外來種的競合關係，也清楚的明白真正的生態是要考量各物種的平衡多元發展，而不是讓強勢生物到最後壓迫了弱勢植物的生存空間，而當有機的生態系統建立的時候，水鳥、昆蟲等動物也將會從外地遷入而為校園生態增加幾分色彩。

其次，Lucky學校教師專業社群以「溼地課程」的建構為核心，除了結合生態觀察、生活應用、環境行動、藝文創作的課程理念之外，也能夠配合教育當局許多機會與政策而融為一體，例如環境教育、減碳活動、資訊融入教學……等等。這幾年下來，學校的改變不管在軟體或硬體上都獲得了顯著優質的提升。這些豐富的課程發展經驗，也讓Lucky學校的教師社群在面對新科技時，願意採取開放的態度來學習其在教育上能發揮的正向影響力。

此外，近年來隨著數位科技的發展，該校教師專業團隊亦試圖將「數位科技」納入原有的「人文環境主題課程」，主要包含了：數位相機、數位科技觀察儀器、平板電腦、行動網路……等之運用，其發揮了扭轉學生所面臨文化不利的潛在威脅之功能，並作為發展學校特色的成長助力。研究者認為，Lucky學校發展的「數位科技／人文跨域課程」的確符合本研究目的之訴求。

3　邱先生為宜蘭地區從事生態保育工作多年的社會人士，亦與多所各級學校合作，帶領社團活動，致力推動生態實地踏查與學習及保育等任務。

肆 研究發現與討論

Lucky學校發展的「數位科技／人文跨域課程」在教學現場的落實，呈現出來的課程實踐風貌，主要包含幾個與當前美感教育理念相關之特質：「多元豐富性」、「學習主體性」、「交流互動性」。

一 「多元豐富性」之美感教育相關特質

(一) 開展學生對於家鄉地理文化的探索與理解之新契機

就Lucky學校來說，因為處於山區的偏遠學校，校園周遭有許多都會型學校所沒有的自然生態環境。再加上，校園內原有一塊積水地經老師和行政單位的討論後形成了一個學習資源豐富的自然生態池。因此，Lucky早先也發展出一系列與自然有關的人文美感課程。而在「數位行動科技」的納入後，大致上課程的題材內容還是以原有的自然人文課程為基礎，而進一步思索如何透過「數位行動科技」帶來更多的便利性。教務主任t主任即指出：

> 學校本身有特別生態豐富的文史。基本上，學校本位課程的發
> 展以生態為主，文史為輔。學校本身有特別生態豐富的文史。
> 基本上，學校本位課程的發展以生態為主，文史為輔……。
> 數位工具能過做到以前做不到的細膩的東西……（訪t，
> 2014/09/16）。

值得注意的是，「數位行動科技」加入原先既有的特色課程也並非是完全沒有帶來改變的衝擊，老師們仍必須因應科技與在地特色之間的配合性而適當的作出課程的調整。Lucky學校針對雲世代也開始調整社區調查的課程，除了舊的既有生態攝影課程之外，也開始擴展性的納入了平板電腦與特教課程來結合。而既有的攝影課程，更因為「數位行動科技」而企圖發展「社區的踏查」——即讓學生可以走入學校周圍的社區環境，調查社區中重要文史的所在地點。基本上，這種調查生活周

遭既有的文史地點的課程，可以讓孩子們透過「數位行動學習科技」來創作屬於自己的家園影像地圖。而學校老師們也很有興趣的配合著五年級社區單元、規劃實作性的社會領域統整課程。綜上觀之，Lucky學校的課程實踐，確實能符應了當前美感教育「增加多元生活的體驗」及「推動傳統文化的認同」的理念，並能體現出「美感普及：創造美感環境及在地化之美感認同與獨特性」的目標。

(二) 運用科技作為「身體的延伸」讓體驗學習變得更廣、更遠、更敏銳。

　　過去的學者十分擔憂「科技的使用」取代了「用身體」去體驗自然世界的機會。然而，誠如John Weaver和Tara Britt（2007）認為，科技的使用並不是破壞，而是支持作為我們身體的延伸。他們認為，透過觀看影片時，身體隨著劇情的高潮疊起，而產生心跳加快、毛骨悚然的經驗，指出透過影片身體和自己身體間的互動，深化了意識、也延伸了我們的世界。此時的觀看電影，並不只是再看和聽而已，而是全身身體味覺、嗅覺、觸覺等多重感官的同時運作，進一步邁入一種「迴響焦點」（echo focus）中。在Lucky學校的「數位科技／人文跨域課程」中，「數位行動學習」亦可能讓科技作為一種身體的延伸，而非是制約了身體的感官感受與生命的驚奇美感。t主任這麼說：

> 「數位行動學習科技」作為一種工具並不是取代了接觸生態的機會，反而提供老師與孩子有更深入接觸自然，進而更有興趣的從事學習的契機。事實上，沒工具的話，我們很難和大自然產生聯結，我們仍須透過一些媒介和管道作為鑰匙來貼近大自然……（訪t，2014/09/16）。

　　以「植物觀察的單元活動」為例，「『數位行動學習科技』可以幫助孩子去觀察植物葉子的不同細節。例如用外接式的電子微距鏡去放大葉子，他會開始發現葉子其實有不同綠色存在、也有複雜的紋路和脈絡……（訪t，2014/09/16）。」的確，「數位行動科技」運用於生活

周遭的體驗，能提供學生透過科技作為身體的延伸，進而開始觀察體驗以前光靠身體所不能發現的東西，更多看不見的美感元素也開始被學生察覺。

除此之外，這種「數位行動科技」的運用，賦予學生成就感、提升他們自我認同與自信心：

> 當透過數位行動科技將作品直接放上雲端、FB時，放在學校BLOG、FB，孩子也會從和大家分享中得到正增強，當他拍了不錯的作品放在FB，他很高興被人家看到，也可能被轉載並獲得回饋的留言。基本上，孩子也覺得很快樂，很自信。有人大頭貼就用孩子作品……（訪t，2014/09/16）。

儘管科技是一個兩面刃，存在著對人性意義的威脅，但只要教師與學生有正確的資訊科技素養，即可化阻力為助力，讓課程教學的實踐，能夠雜揉著科技與美感的共舞，以運用科技作為「身體的延伸」讓體驗學習變得更廣、更遠、更敏銳，並讓美感教育的「強化感知的開發綜效」部分可以更多元的落實。

二 「學習主體性」之美感教育相關特質

(一) 引發興趣與動機，重返學習者為中心的翻轉學習

臺灣現今的「數位行動學習科技」和早前的「教育科技」已有很大的不同，例如：傳統的教育科技常常課程材料的選擇權主要仍是由老師主導的，老師去上網找資料、老師去拍攝自然人文影片、老師安排了既有的活動內容，然後教育科技的使用充其量也只是將老師的想法與作品呈現給孩子看而已；但是「數位行動科技」的引入，卻開始扭轉這種情形，讓學生可以藉由平板電腦的攝影功能，透過分組完成任務的方式去探索自然周遭他們感到興趣的題材。

就以前而言，是我放給你看。但現在是孩子他有興趣就自己操

作、作記錄。歷經從資訊融入到行動學習的時代……現在分組
活動時，一人一組利用平板微距鏡去發現。學什麼是自己決
定，內容成果不是老師能掌握的……以前是老師作示範，而現
在是他們自己看自己想看的……（訪t，2014/09/16）。

　　舉例來說，在孩子的學習過程中，教師會給予學生不同衣料，讓學
生分組利用電子微距鏡進行觀察，有些孩子觀察到肉眼看不到的樣態而
感到驚奇，而充滿興趣的運用平板傳輸與同儕分享他們所看到的不同景
像。這些學習活動不是教師預訂的，也不同於傳統直接告訴學生衣服纖
維的結構為何的方式。

　　除此之外，Lucky學校發展的「數位科技／人文跨域課程」也讓孩
子擁有機會去決定學習的素材和東西，而非只是教師餵食的儲存式教
育。t主任表示：

　　儘管老師和學生之間的關係中，老師的任務還是在教孩子。但
　　是，現在孩子聽到老師初步指引的方向與原理原則，就可以學
　　他們感到興趣的東西，也可能發現老師所沒看到的東西（訪
　　t，2014/09/16）。

　　Palloff與Pratt（2003）曾指出，數位學習教與學的最大轉變，在於
營造一個以學習者為中心、聚焦於學習者，而教師退位為輔助者角色的
嶄新學習方式。顯然的，在此校學生的學習過程中，題目和內容是可以
自由決定的，孩子在從做中學的發現中，可以增廣見聞，讓學習內容不
再是死的，而是處處充滿了驚奇與想像的美感。

　　值得注意的是，科技並非無所不能，其不足之處仍有賴教師的事先
規劃與逐步引導，以切合教育的目的與課程基本能力而加以落實。科
技的選擇與實施應用過程中，教師必須身負守門員的主導性角色。惟在
「數位行動學習科技」在學校本位課程的推廣與實際應用中，往往引發
學生出乎教師意料之外的新發現，此時教師也應適時的加以修正與轉變
原先的計畫，而讓彼此能夠從驚奇中再創新的教學卓越之可能。

(二) 提供學生表現自我的創作活動，由此增強學生滿足感與自信心。

誠如Ornstein和Hunkins引人深思的見解：

> 當電腦顯現刺激的世界與真實的虛擬世界時，教育人員必須小
> 心，免得否定了促進敬畏與驚奇的經驗……如果我們未提供機
> 會讓學生從事他們自己的創意參與、體驗真正的田野經驗，為
> 他們的問題尋求解答時，那我們可能會誤用科技。我們可能會
> 制約學生藉此科技尋求娛樂，而非追求教育的互動……（引自
> 白亦方，2008: p.80）。

研究者也發現，Lucky學校「數位科技／人文跨域課程」的在地實踐，正提供了學生從做中學的契機，讓學生能透過表現自我的創作活動之參與，建立成就感與自信心。t主任言及：

> 當透過數位行動科技將作品直接放上雲端、FB時，放在學校
> BLOG、FB，孩子也會從和大家分享中得到正增強，當他拍了
> 不錯的作品放在FB，他很高興被人家看到，也可能被轉載並
> 獲得回饋的留言。基本上，孩子也覺得很快樂，很自信。有人
> 大頭貼就用孩子作品……（訪t，2014/09/16）。

顯然的，「數位行動科技」和「人文美感」之間並不是二元論述，透過數位科技的使用，除了讓學生可以自行就感到興趣與美感的事物以數位相機進行拍攝創作外，更可透過資訊網路與別人分享，從回饋中獲得成就感與自信心，也充分展現出美感經驗可分享與彼此增能之可能。

三 「交流互動性」之美感教育相關特質

(一) 促成人與人之間美感經驗的分享與共鳴

針對學者常質疑「數位科技」的使用可能帶來「資訊影像泛濫」和「沉迷於遊戲」等問題，的確是科技使用上的盲點，但是：

> 教師也可以讓學生學習如何從大量資料中挑選出有意義的素材來加以利用，這也是另一個學習的機會。至於「遊戲」部分，只要先建立起孩子們有正確的認知「數位行動科技」是用來幫助學習，而不是用來玩耍的。久而久之習慣一旦養成，他們也並不會變成濫用科技的情形（訪t，2014/09/16）。

儘管大量的資訊影像創作雖然可能流於刺激貧乏，但相對而言，Lucky學校的學生卻可以從自己拍攝的大量作品中挑出自己覺得滿意的、有價值的出來，與他人進行分享、欣賞與討論，並由彼此情感共鳴來引發高度的學習熱情，相較而言，仍是利大於弊的。以Lucky學校的賞鳥課程為例：

> 當傳統讓孩子排隊輪流用高倍望遠鏡來觀察遠方的鳥類時，其實他們是看不到什麼的。而且美好的事物，看過就忘了。但是當運用「數位行動科技」他們就可以立即把鳥類拍下來，上傳雲端資料庫與同儕分享，也可以透過網際網路來比對鳥類的相關知識，或是請教網路上的專家高手，這種高互動式的學習與回饋機能，是傳統做不到的事情……（訪t，2014/09/16）。

在Lucky學校「數位科技／人文跨域」的課程實踐之中，科技並不是只有將人物化而剝奪了人性，或是僅帶來人與人之間的異化結果，適宜的運用確實能夠讓個人美感經驗可以公開與他人分享，並引發他人情感共鳴。這些不管是對於「美感播種：強化課程與教學、優化教職人

員美感知能」或「美感立基：建構美感學習之支持系統及活化相關資源」而言，都有正向的意義。

(二) 即時互動與分享的對話與交流

在lucky學校「數位科技／人文跨域課程」的實踐中，「數位行動科技」並非只是傳統數位化的影音效果或儲存式資料庫的建立，更重要的是強調運用雲端科技的共享功能，能夠讓每個學生能夠透過立即性的對話與交流來進行學習。t主任表示：

> 就「數位行動科技」所展現立即性的部分來說，像是帶孩子出去外面進行生態觀察與攝影的時候，當他們看到蜻蜓的時候，就可以馬上透過行動拍下來，並上網找尋相關訊息以知道物種，也可以透過搜尋更瞭解蜻蜓的習性，再作更深入觀察和研究。例如，以前看蜻蜓時，看完牠就飛走了。孩子可能看得不是很清楚，無法立即知道是什麼生物，而透過「數位行動科技」可以後續立即作深入觀察，更貼近的馬上可以驗證是不是他驗證的東西……如此一來，學生就可以將觀察的觸角伸到更多校園中的脈絡去。他們將拍下傳到平板觀察細節放大、將聲音錄下來，就可以直接比對細節……這是以前沒辦法做到的，即使有圖鑑也是沒有用的……（訪t，2014/09/16）。

確實，透過傳統的望遠鏡觀察的方式，同步比照圖鑑是有困難的，但是利用「數位行動科技」卻可以放大定格在某些生物的特徵，甚至可以用相機發射WIFI投射到其他幾十個孩子平板中，讓大家能夠立刻動手查尋夥伴所發現感到興趣生物的特徵。這種數位和網路的立即方便性，能夠使得學生的學習更加有系統、更加靈活，在立刻學習的機制下，學生也不容易錯過學習過程中遇見的許多有趣小細節。

整體而言，有關數位科技在課程領域的發展，無疑的為教育界帶來衝擊與爭議，也都一直存在著紛歧的看法（白亦方，2008）。然而，水可載舟，亦可覆之。科技固然有其技術理性宰制的潛在危機，然而使用

科技的畢竟然是人類。若能妥善將科技作為與發展在地課程的理想相互整合的話，仍可以為教育帶來一種人性化的新鮮活力，此即可成為一種和人文價值結合後的美感教育之落實體現途徑了。

伍 研究結論

根據兩個研究目的，本研究結論如下：

一 「數位科技／人文跨域」的校本課程實踐所體現出的美育特色

(一) 豐富在地文化課程，擴展美感教育的多元體驗與感受的學習空間。

(二) 引發興趣與動機，讓學習主動權回歸學生，強化學習主體性與自信心。

(三) 促進人與人之間美感經驗的交流與分享，締造人際互動之美感共鳴。

基本上，對照《美感教育中長程計畫》中「感知的」、「生活體驗的」、「美感特色的」、「傳統文化認同的」、及「美感人事物的」的理念，及其建議可由「優美的自然環境」、「食衣住行育樂的色彩、設計、建築、景觀、藝術等的表現」、以及「社會上具美善的人、事、物範例」來取材；顯然的，這種將「數位行動學習科技」融合「人文與環境議題」之課程實踐，其所反應出「多元豐富性」、「學習主體性」、「交流互動性」等特色，確實切合當前美感教育發展的重點面向。

二 「數位科技／人文跨域」的校本課程實踐，對美感教育發展之啟發

(一) 活用「科技」作為「身體的延伸」，讓感知體驗更廣、更遠、更敏銳。

(二) 利用「科技」提供「創作表現機會」，讓學生從做中學，滿足

成就感。

(三) 運用「科技」滿足「立即分享的需求」，讓學習能夠體現即時互動性。

基本上，透過「數位科技／人文跨域」的校本課程實踐情形之發現，我們可以理解到「科技」在融入有關「人文」議題的課程教學中，能夠發揮「作為身體的延伸」、「提供創作表現機會」、「滿足立即分享的需求」等正向功能，激發更多美感經驗的感受與創作之可能。換言之，「科技」和「人文」確實並非是互不相融的，而是具有共舞的相輔相成之可能。

整體而言，展望新世紀美感教育的推動，不能只侷限於傳統的人文美感面向，而落入「納入／排除」的二元迷思；如何有效的結合數位科技的優勢，也是值得努力的方向。透過「科技／人文跨域」的學校本位課程實踐之案例，我們也能更深的體認到，美感教育的實踐除了過往「人文」取向的知識與情意價值的學習內容之外，「科技」融入的輔助與應用亦具有加乘的作用，同時也提供一種理想在實際中體現的可能方向，這對臺灣美感教育在未來生活世界中的永續發展，是極具重要參考價值的。

參考文獻

方德隆（2008）。學校本位課程發展的理論基礎。課程與教學季刊，4（2），1-24。

白亦方（2008）。臺灣資訊課程的歷史分析。載於白亦方著，課程史研究的理論與實踐（頁69-87）。臺北市：高等教育。

吳聲毅（2009）。數位學習：觀念與實作（第二版）。臺北市：學貫。

李隆盛（2003）。職業學校課程綱要規劃與學校本位課程發展模式。教育研究月刊115，70-80。

李醒塵（1996）。西方美學史教程。臺北市：淑馨。

林佩璇（2002）。學校本位課程評鑑的知識基礎——教師實踐知識。教育研究集刊，48（3），183-210。

林從一、宋秀娟（2012）。從知識到能力的高教轉向——以美學素養爲例。載於林秀娟主編，大專院校美學素養教學參考手冊（頁11-20）。彰化縣：大葉大學。

林逢祺（2010）。教育規準論。臺北市：師大書苑。

教育部（2008）。教育部中小學資訊教育白皮書2008－2011。取自：http://ws.moe.edu.tw/001/Upload/userfiles/%E6%95%99%E8%82%B2%E9%83%A8%E4%B8%AD%E5%B0%8F%E5%AD%B8%E8%B3%87%E8%A8%8A%E6%95%99%E8%82%B2%E7%99%BD%E7%9A%AE%E6%9B%B82008-2011.PDF

教育部（2013）。美感教育中長程計畫。取自：http://www.edu.tw/userfiles/url/20130827103728/1020827%E7%B0%BD%E9%99%B3%E6%A0%B8%E5%AE%9A%E7%89%88-%E7%BE%8E%E6%84%9F%E6%95%99%E8%82%B2%E7%AC%AC%E4%B8%80%E6%9C%9F%E4%BA%94%-E5%B9%B4%E8%A8%88%E7%95%AB.pdf

教育部（2014）。105年資訊教育推動細部計畫——國中小行動學習推動計畫實施方案。取自：https://www.tc.edu.tw/news/download/id/77660

許耀升、羅希哲（2013）。E化親師的建構與內涵發展——以智慧型手機在教學上應用爲例。載於吳清基、黃嘉莉主編，雲端世代的師資培育（頁191-222）。臺北市：中華民國師範教育學會。

郭昭佑、陳美如（2001）。學校本位課程發展評鑑指標建構初探。師大學報：教育類，46（2），193-212。

陳木金（1996）。我國國民小學美育表現指標之實證研究。國立政治大學教育學報，72（1），83-119。

陳木金（1999）。美感教育的理念與詮釋之研究。載於國立臺灣藝術學院教育學程中心主辦「全人教育與美感教育詮釋與對話研討會」學術研討會論文集（頁36-51）。臺北市：國立臺灣藝術學院。

陳年興、楊錦潭（2006）。數位學習理論與實務。新北市：博碩文化。

陳志銘（2009）。創新數位學習模式與教學應用。臺北市：文華。

黃嘉雄（2008）。校本課程之回應式評鑑設計與實施案例。課程與教學季刊，12（1），49-72。

廖遠光、張澄清（2004）。培養職前教師科技學科教學知識（TPACK）之評析。載於吳清基、黃嘉莉主編，雲端世代的師資培育（頁31-68）。臺北市：中華民國師範教育學會。

歐用生（2000）。課程改革。臺北市：師大書苑。

蔡元培（1989a）。以美育代替宗教說。載於聞笛、水如編，蔡元培美學文選（頁79-

85）。臺北市：淑馨。

蔡元培（1989b）。美學觀念。載於聞笛、水如編，蔡元培美學文選（頁76-79）。臺
北市：淑馨。

蔡元培（1995）。美術的價值。載於高平叔主編，蔡元培文集（頁161-164）。臺北
市：錦繡。

蔡清田（2002）。透過行動研究，實施九年一貫課程，進行學校本位課程發展。教育
研究月刊，93，51-67。

Apple, M. W. (1992). Is the new technology prat of the solution or part of the problem in education? In J. Beynon and H. Mackay (Eds.), *Technological literacy and the curriculum* (pp.105-124). New York: The Falmer Press.

Bhabha, H. K. (1994). *The location of culture*. New York, NY: Routledge.

Chang, C. Y., Sheu, J. P., & Chan, T. W. (2003). Concept and design of Ad Hoc and mobile classroom. *Journal of computer assisted Learning*, 19, 336-346.

Clark, R. C. & MAYER, R. E. (2003). *E-learning and the science of instruction: Proven guidelines for consumers and designers of multimedia learning*. San Francisco: Josser-Boss.

Cuban, L. (2003). *Oversold and underused: Computers in the classroom*. Cambridge, Mass: Harvard University Press.

Cuban, L. (2004). *The blackboard and the bottom line: Why schools can't be businesses*. Cambridge, Mass: Harvard University Press.

Eisner, E. W. (1994). *The educational imagination: On the design and evaluation of school programs (3rd ed.)*. New York: Macmillan College Publishing Company.

Eisner, E. W. (1998). *The enlightened eye: Qualitative inquiry and the enhancement of educational practice*. New Jersey: Simon & Schuster/ A Viacom Company.

Eisner, E.W. (2008). Art and Knowledge. In J. G. Knowles & A. L. Cole (Eds.), *Handbook of the ARTS in Qualitative Research* (pp.3-12). California: Sage.

Kant, I. (2007). Kritik der urteilskraft (2nd ed.). In James Creed Meredith (Trans. & Eds.), *Critique of judgement*. New York: Oxford. (Original work published 1790)

Marsh, C. (1997). *Planning, management and ideology: Key concepts for understanding curriculum (2nd ed.)*. London: The Falmer.

Marcuse, H. (1991). *One-dimensional man: Studies in the ideology of advanced industrial society (2nd ed.)*. London: Routledge.

Palloff, R. M. & Pratt, K., (2003). *The role and responsibility of the learner in the online classroom*. Retried from: http://www.uwex.edu/disted/conference/resource_library/ proceedings/03_24.pdf

Schiller, F. (1910). *Letters upon the aesthetic education of man*. (Original work published 1795). New York, NY: Dover.

Skilbeck, M. (1984). *School-based curriculum development*. London: Sage.

Weaver, J. & Britt, T (2007). Experiencing life through the body of film: The convergence of phenomenology and cultural curriculum studies. In S. Spring, D. Freedman, (Eds.), *Curriculum and the cultural body*. (pp.21-38). New York, NY: Peter Lang.

Young, M. (1991). Technology as an educational issue: Why it is so difficult and why it is so important. In H. Mackay, M. Young, & J. Beynon (Eds.), *Understanding technology in education* (pp.234-243). London: The Falmer Press.

Young, M. (1998). *The curriculum of the future: From the "new sociology of education" to a critical theory of learning*. London: The Falmer Press.

PART **2**

新世代生命篇

李普曼兒童哲學課程之內涵分析

李　崗
國立東華大學教育與潛能開發學系副教授
王宜宣
國立東華大學教育與潛能開發學系教育碩士

摘　要

　　自從臺灣近二十年推動教育改革以來，無論九年一貫或十二年國教的課程體系，從未將「哲學」設爲一個獨立的學習領域，也甚少設計適合兒童和青少年學習的教材內涵。究其原因，應與我國師資培育系統認定的學科專業系所有關，哲學家只能披上「生命教育」的外衣，在高中階段名不正言不順地，占據一小塊課程地盤，似乎終究難逃「被邊緣化」的命運！職是之故，本文旨在分析哲學家李普曼（Matthew Lipman, 1922-2010）親自設計一套適合兒童學習的課程架構，藉此凸顯國民教育進行哲學教育的合理性與可行性，同時提供面對十二年國教的中小學教師，一套可以參考的補充教材。首先，將其課程結構圖示爲九個層次。其次，按照K-12的年齡分析其各種教材所對應的課程分級。進而，將教材特色歸納爲四個特點。復次，舉例說明教師手冊的內容與編輯架構。最後，筆者依據十二年核心素養的具體內涵，論證思考教育的重要性，同時期許八大學習領域的任課教師，應創造機會與學生共同討論「學習有何意義？」這個更爲根本的問題，此乃兒童哲學對臺灣推動

十二年國教的重大啓示。

關鍵詞：李普曼、兒童哲學、課程、十二年國教

 緒論

　　所謂「哲學教育」，一般而言有廣狹二義：狹義指的是目前大學哲學系學生所受的教育；廣義則指一個知識分子的哲學素養，如邏輯思辨、語言解析、理論建構、形上洞識、道德實踐、審美意境等各方面的陶冶（傅佩榮，1987）。因此，一爲哲學知識，一爲哲學思維。（李曉青、朱建民、溫明麗、蔡傳暉、郭朝順、林正順，2011）前者著重的是哲學知識體系的認識，包括中西哲學史、各派哲學思想、知識論、邏輯、形上學、價值論等領域，目的在傳遞與理解哲學文化，予以重新詮釋與分析的可能。後者則強調每個人對萬事萬物的反省、思考、探究，與實踐。陳德和則主張，凡學校中的教學若涉及思維的訓練、觀念的澄清、經典的詮釋、意義的探究、價值的反思、命題的考辨，和中西印各種思想流派的介述批評等，都屬於哲學教育的範圍（陳德和，2001）。

　　此外，哲學教育的重要性，在於使人面對多元價值時，能進行思辨的鍛鍊，在理性學習哲學的過程中，自己的情緒欲望能愈來愈清淡，而清晰的思考與客觀的分析能力則愈形彰顯，從而給了自己一個智慧的人生（杜保瑞，2001）。孫志文便表示，只要能幫助學生對自己的行爲做哲學的反省，便可使學生更自由、偏見更少、思想更客觀（孫志文，1978）。法國教授蘇里奧（Ann Souriau）指出，哲學的目的在於透過反省，使思想獲得自由（項退結，1986）。所謂「自由」，對哲學家來說，乃是一個人類精神品質的概念（俞懿嫻，2011）。換言之，哲學教育在教人思考，當人們透過主動的探索，而非被動的接受，進而瞭解自己時，他就是一個精神自由的人。由此可見，強調哲學思維的是通識教育，強調哲學知識的是專業教育。

　　筆者以爲臺灣中小學哲學教育的推動，應採取通識教育的立場，培養兒童具備邏輯推理、探究意義、反省思考的能力。這種思辨的教

育，透過討論與對話，提出合理的理由，批判或認同他人觀點，建立個人信念。因此，中小學哲學教育應是一種實踐哲學的教育，包含兩個面向：一為回歸蘇格拉底精神，以對話實踐哲學思考的本義；二為建立合理與正確的觀點，在日常生活中加以應用。然而，考察國內近二十年來的課程改革，卻始終忽略中小學哲學教育的必要性。無論是九年一貫或十二年國教的課程體系，從未將「哲學」設為一個獨立的學習領域，也甚少設計適合兒童和青少年學習的教材內涵。究其原因，當然與我國師資培育系統所成立的學科專業系所有關，哲學家只能披上「生命教育」的外衣，在高中階段名不正言不順地占據一小塊課程地盤，似乎終究難逃「被邊緣化」的命運！

職是之故，本文分析李普曼（Matthew Lipman, 1922-2010）兒童哲學課程[1]之內涵，乃是為了指出一套適合兒童學習的課程架構，藉此凸顯國民教育進行哲學教育的合理性與可行性，同時提供面對十二年國教的中小學教師，一套可以參考的補充教材[2]。

貳 兒童哲學課程結構之分析

所謂兒童哲學課程，乃是由李普曼創立之兒童哲學促進中心（The

---

[1]　所謂兒童哲學（philosophy for children），乃是由美國蒙特克萊爾大學的教授李普曼（Matthew Lipman, 1922~2010）所提出的教育理念。究其緣起，可以回溯至1960年代他在大學教授哲學課時，發覺大學生的推理及思考能力粗糙，開始思考應如何加以改善，於是主張「思考能力應該從小培養起」。基於這樣的省思，李普曼開始撰寫第一本小說《Harry Stottlemeier's Discovery》，並在1969年出版，成為他發展兒童哲學教材的代表作。（錢宥伶，2011：7-8）後來考慮不同年齡層次的讀者特性，又陸續出版《Lisa》、《Suki》、《Mark》、《Pixie》、《Kio and Gus》、《Elfie》、《Nous》等哲學概念小說。此即為筆者撰寫本文之研究緣起。

[2]　本文審查委員之一提問：「研究者為何僅選擇Lipman的主張和方式，而不討論其他學者的主張和實踐策略呢？」筆者表示，之所以特別介紹其主張，乃是因為他是極少數親自「為兒童」創作「教材」的哲學家，其他學者的主張，由於篇幅限制，不在本文研究範圍之內。

Institute for the Advancement of Philosophy for Children, 簡稱IAPC）
所發展，該方案源起於1969年，並從1974年以來穩定擴大，現今正
在世界各地數千間教室中實施（Lipman & Sharp, 1980a）。這套課程以
「哲學」爲核心主軸，每一層次之概念皆扣著此軸線發展，並且運用螺
旋式課程逐漸加廣加深其內涵。

　　「哲學」的意涵是「愛智」，兒童哲學課程所期望引發的效果，便
是讓兒童在參與的過程中，能享受追求智慧的滿足感，並對任何事物都
懷抱著哲學的態度，爲自己尋找一個答案或立場。李普曼設計教材時皆
依循此核心理念，每一本教材都可看見哲學的足跡，例如適合幼兒年齡
的《艾兒飛》：

> 「還有我的生命，我不太在乎將來會怎麼樣，我想知道現在
> 它是什麼，我想要能夠去思考它，而去檢驗它，就像我對我
> 的身體與我的心做的那樣，去對待我的生命。」（楊茂秀譯，
> 2007a：2）

又如適合國小低年級學童的教材《靈靈》：

> 「它使我好奇，想要知道：會思想的動物和不會思想的動物，
> 有什麼差別；思想是怎麼開始的，思想是從哪裡來的。」（楊
> 茂秀譯，1998a：27）

再如適合國中學生的教材《思考舞臺》：

> 「如果是那麼眞實，你現在怎麼知道你是清醒的？你怎麼知道
> 你的中國之行只是一個夢而已？也許，我們現在是在夢中，而
> 你的中國之行才是眞實的呢！」（楊茂秀譯，1999：163）

　　李普曼認爲哲學對兒童很重要，它可以引發兒童對自身、對環境、
對他人或對事件，產生疑問並進行思考。因此李普曼以哲學探究爲核

心，扣著不同層次的課程設計，使得兒童哲學能發揮它的效用，培養孩子為自己思考。

以下便進一步分析其課程架構中的九個層次。

一　層次一：思考

笛卡兒的名言「我思故我在」指出思考的重要性。在兒童哲學裡，思考是一個重要的起點，李普曼認為兒童因為透過思考，進而提出問題，便是認識世界、理解事物的開端。他將思考巧妙地呈現在教材內容中：

> 「我要的到底是清楚的思想，或者是一些思想它們之間有清楚的關連。」～《艾兒飛》（楊茂秀譯，2007a：4）

對於「思考」，李普曼重視兒童提問的動機，當兒童提問時，自然會思考，進行自我對話，希望獲得答案，同時也從他人身上獲得不同見解，進而補充自己忽略的部分。

二　層次二：好奇與疑惑

當兒童產生思考以後，疑惑與好奇使兒童問「為什麼」問得更深入，也使思考更深入。對於疑惑的來源，珀爾斯（Charles Sanders Peirce, 1839-1914）說：

> 「懷疑通常是，或許永遠是，起於驚奇，而這預設了先前的信念；而且，驚奇是伴隨著新奇的環境而來的。」（引自朱建民，1991：29）

李普曼要傳達的是，好奇與疑惑是使兒童無止境探尋的路徑，同時讓我們獲得更多：

「我才不要什麼都知道，要是我什麼都懂，就不能再學新的東西，就沒有什麼會使我驚奇了呀！」～《鯨魚與鬼屋》（楊茂秀譯，1998b：2）

兒童想要學習，想要充實知識，這種想望是李普曼期望兒童哲學可以守護最寶貴的財產，當兒童擁有豐富的好奇心，求知這件事情便是自動自發的行為。

三　層次三：尋找意義

「意義」是一種對個人而言重要的價值感，牽涉到我們為何要做一件事情或說一段話。李普曼將事件與意義描述如同身體與心靈的關係，它們都必須找到自己的歸屬：

「可是，錯誤不斷發生。許多心靈和身體結合在一起，卻不適合。所以它們不斷地爭吵、打架，只好分開，重新去找。」～《靈靈》（楊茂秀譯，1998a：79-80）

「尋找意義」是李普曼相當重視的課程目標。兒童的學習必須與生活經驗有所連結，並且產生意義，才會感到舒適，促使他們願意學習與成長，否則過程中將衍生許多衝突與不安，影響其身心發展。

四　層次四：做決定

李普曼在兒童學習思考之後，置入一個「做決定」的中介歷程。在教材中傳達其重要意義為：

「因為我領悟到，我必須做一個重要的決定。我猜你媽媽會說，這是一個『道德』決定，因為它必須考量，對我們生活而言，什麼是對的方式，然後去做。」～《露詩》（Nous）（Lipman, 1996b: 21）

這裡的做決定牽涉到與生活相關的道德問題，而道德是哲學中一個重要的議題，因此在學習思考、尋找意義後，李普曼期望兒童也能瞭解做決定的重要性及其價值。

五　層次五：哲學探究與邏輯推理

這個層次開始明白揭示「哲學思考」的作用與價值，李普曼主張哲學應該要貼近個人的行為與生活：

> 「如果我們思考電，研究電學，我們會更瞭解它，至於思想我們的思想，似乎更能瞭解我們自己。」～《哲學教室》（楊茂秀譯，2007b：48）

哲學探究是一種追根究柢的精神，李普曼在此開始加入邏輯、推理及批判的元素，目的是要建立兒童本身的反思能力，並且行事判斷皆能合理：

> 「有一天藍吉夫說：『所有女生都是告密鬼。』我記得我們以前討論過不可以把以『所有』為開始的句子倒過來。所以我反駁他：『也許你說的不錯，女生都是告密鬼。可是，不見得所有告密鬼都是女生。至少我知道有一個告密鬼不是女生。』」～《哲學教室》（楊茂秀譯，2007b：181）

「邏輯推理」的目的，在於培養兒童擁有堅強的理由去瞭解或證明事物。李普曼認為當兒童擁有好的推理能力時，便擁有好的判斷力去作決定，使得他們在說話與行事上能更正確。

六　層次六：科學探究

這個階段在探討科學探究的基本前提。學生們討論一些概念如客觀性、預測、驗證、測量、解釋、說明，和因果關係，將更能做好準

備以處理科學課程的內容，且將更有動力從事科學探究（Lipman et al., 1980a）。

七　層次七：倫理探究與寫作

此層次旨在處理個體成長中逐漸遭遇到的問題，由「倫理」、「寫作」二個元素構成。個體的成熟必然涉及學習，以及與環境之間的交互作用。接觸他人，意謂著開始面對複雜的道德規範。寫作是一種思想表述的方式。也就是說，兒童必須視野擴大，程度加深，練習分析與探究事物的道理，做出判斷並進行表達。以「倫理」元素為例：

> 「在集郵社裡，你和人家交換郵票，你把郵票給人家，人家也應該把一些郵票給你。就像別人借錢給你，你應該要還錢。可是，有人對你惡作劇，你是不是就該以牙還牙呢？我不敢肯定這一點。」～《思考舞臺》（楊茂秀譯，1999：23）

「倫理」是一種待人處事的規則，李普曼希望兒童能夠討論事情的可能性與可行性，因為我們無時無刻都在作價值判斷，而倫理探究的目的，就是在引導我們作出「好的」價值判斷。

「寫作」是一種語文能力，李普曼強調要引發年輕人寫詩的興趣，不只是教導作文技巧，其中將涉及更根本的語言、審美，及知識理論（黃酒毓，1995）。例如在《詩琴》中，成人與兒童對於詩的意義有不同的想法，於是便產生進一步的討論：

> 華明麗的祖父說：「陳明宣只是試著說，妳的詩可能有一些不同的意義。」祖父繼續問：「一個字是指什麼？它的意思是由所有可以被使用的不同方法所組成。」陳明宣說：「所以一個字的意思，是指一系列的可能性嗎？」（Lipman, 1978: 82-3）

兒童哲學透過討論的過程，讓兒童去連結字、詞、句子、段落，學

習如何將生活語言轉換爲文字書寫，完成一篇文章。李普曼認爲，語文乃是重要的學習領域，他希望將「寫作」與「思考」連結，能夠引發兒童對寫作的興趣。

八　層次八：社會探究

「社會探究」乃是綜合上述各種元素所構成，包括哲學思考、提問、尋求意義、邏輯推理、倫理等面向，並且討論社會的制度與規範。李普曼重視的是，社會制度、規則和價值的評估，以及民主、自由、正義等概念（劉仲容等人，2003）。他希望兒童進入社會之後，懂得如何運用兒童哲學所傳遞的價值與態度，來幫助自己面對各種不同的社會現象。

九　層次九：倫理學、知識論、形上學、美學、邏輯學

這個層次乃是由哲學領域的五大部門所組成，每個課程都將繼續增強思考與兒童哲學的各種技巧（Lipman et al., 1980a）。它將是更深入、更廣泛的接觸眞、善、美、本質與規則等概念，陪伴兒童一路成長。

上述課程結構可以圖示如下：

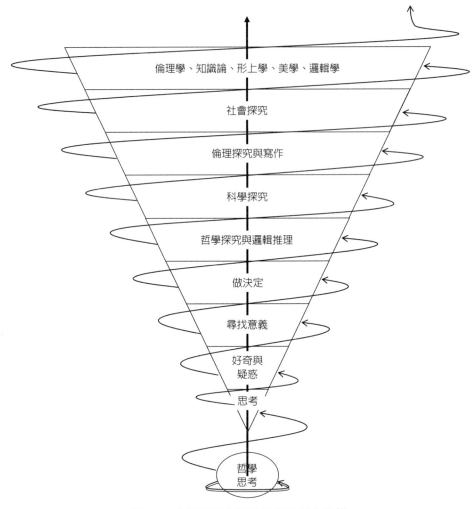

圖6-1　李普曼兒童哲學課程的概念架構
資料來源：筆者自行繪製。

兒童哲學課程分級之分析

　　1980年李普曼出版《教室中的哲學》，將兒童哲學課程（幼兒園到十二年級）劃分為三個階段：一般的哲學基礎、初階的哲學專業、高階的哲學專業，並說明其所應習得的哲學概念和教材名稱。此時，許多書目雖然尚未出版，但是其課程藍圖已清晰可見。1990年，李普

曼到臺灣參加輔仁大學舉辦的「東西兒童哲學國際學術研討會」，將教材分級又做了些微的調整。後來，筆者參考IAPC網站（http://cehs.montclair.edu/academic/iapc/）的介紹，發現原先的分級又做了一些修正，並將目前所有已出版之書目作了妥善的安排。此外，IAPC的教材分級，目前已刪除學前教育的部分，將一年級視為教材適用的開端，全部課程教材總共分為八個階段。因此，幼兒園至五年級的教材資訊，乃是筆者參考IAPC網站的資料加以補充而成。茲將其分級重新整理如表6-1。

表6-1　兒童哲學課程分級之對照表

幼兒園至2年級	3-4年級	4-6年級	5-6年級	6年級	7-10年級	11-12年級
一般的哲學基礎				初階的哲學專業		高階的哲學專業
語言習得	語言習得	道德思考的習得	形式邏輯與非形式邏輯的習得	科學探究	倫理探究語言藝術社會領域	倫理學知識論形上學美學邏輯學
艾兒飛*鯨魚與鬼屋*	靈靈*	露詩	哲學教室*	唐寧	思考舞臺*詩琴馬良駿	

註：*為有中譯本，其他教材則照中譯本教材中出現之人物名稱翻譯。
資料來源：修改自Lipman et al.（1980a: 54），參考黃迺毓（1995）、劉仲容等人（2003）、IAPC網站（n.d.）。

以下詳細說明各階段的教材內容。

一　幼兒園～二年級

本階段課程的重點有二：第一是語言的習得，特別注意隱含在兒童日常會話中的推理形式；第二是強化對感性的認識，思考對話的分享、分類和區別，以及關於感覺的推理（Lipman et al., 1980a）。

《艾兒飛》（*Elfie*）（Lipman, 2005）和《鯨魚與鬼屋》（*Kio and Gus*）（Lipman, 1982a）是這個階段所使用的兩本教材，皆為1980年後

才陸續出版。

(一)《艾兒飛》

艾兒飛是國小一年級的學生，非常害羞，總是羨慕別人可以自在的問問題，但是她不敢在課堂上發言，其實心中比別人有著更多的問題。故事中，校長建議舉辦推理競賽，全班同學討論句子如何運作以及如何區別和連接。同時，艾兒飛和她的同學發現許多區別的基本原則：表象與眞實，一與多，部分與整體，相似與差異，持續與改變。經由教室討論與不斷嘗試，艾兒飛發現思考的價值，並且更有自信。

這本書臺灣有中譯本，由楊茂秀教授翻譯（楊茂秀譯，2007a）。國內已出版之兒童哲學相關書籍，在教材介紹的單元中並未提及此書，但是IAPC的課程介紹將其列爲適合幼稚園至一年級閱讀討論的書目，所以筆者將其列爲兒童哲學課程分級的第一本教材。

(二)《鯨魚與鬼屋》

小男孩靖泓和失明的小女孩干思是好朋友，干思藉由自己比任何人都更敏銳的知覺，細膩地認識、感受這個世界，而靖泓則幫她「看」這個世界，他們一同探究自然、認識環境中的人、事、物，還有動物。故事中他們討論勇敢與害怕、眞與美、說與做等。這是一本理想的自然科學入門（黃迺毓，1995）。

這本書在臺灣由楊茂秀教授翻譯（楊茂秀譯，1998b）。此書的分級有兩種情形，黃迺毓將其界定爲適合幼稚園至二年級（黃迺毓，1995），而IAPC的教材介紹中，將此書視爲適合二至三年級（IAPC, n.d.）。

二 三～四年級：《靈靈》（*Pixie*）（Lipman, 1981）

本階段課程目標在於使兒童爲下個階段的形式推理做準備，特別著重於語意和句法結構以及抽象的哲學概念，例如因果關係、時間、空間、數字、人、階級和團體（Lipman et al., 1980a）。《靈靈》乃是1981年出版，因此李普曼早期並未將其列入課程介紹之中。

故事是靈靈的老師帶他們去參觀動物園，要他們找出自己的「神秘動物」，然後編一個「神秘故事」，過程中孩子試圖尋找個人的意義，從中瞭解各種關係如朋友、家庭，以及隱喻、明喻、類比、秘密等觀念（柯倩華，1988；黃迺毓，1995；劉仲容等人，2003）。

在課程分級表中，李普曼雖然將此階段與前階段之課程重點均標示為「語言習得」，但他仍將幼稚園至四年級分成兩個不同階段，藉由國內學者黃迺毓教授及IAPC資料之比對，可發現《靈靈》是屬於此階段之教材，故將之列入。

三　四～六年級：《露詩》（*Nous*）（Lipman, 1996b）

根據IAPC網站的課程介紹，本階段之教材乃是1996年出版，所以李普曼1980年及黃迺毓1995年之著作皆未曾提及此書，即Nous。所謂「Nous」，具有精神、智慧、直觀等哲學意涵，「若作名詞使用，是指一種智慧；若作動詞使用，代表看見真相」（Lipman, 1996b）。

故事內容主要描述，一隻聰明的長頸鹿，正在面臨一個道德困境。她的名字是露詩，認為自己的道德義務是成為一個有善良品性的人。布賴恩和靈靈與同學一起討論何謂道德教育，藉此試著幫助她釐清想法，讓她能夠做一個好的決定。這是一個很棒的起點，讓年輕人將他們的討論聚焦於倫理事件（IAPC, n.d.）。

因此，此書是兒童首先接觸道德思考的教材，其中談到的要素包括：情感、善與惡、角色、目的、推理、想像力、選擇性、結果、判斷力、理想、價值等。李普曼將其視為閱讀《思考舞臺》之前，必須進行的導論課程（Lipman, 1996b）。目前由楊茂秀進行翻譯中，但是尚未出版。

四　五～六年級：《哲學教室》（*Harry Stottlemeier's Discovery*）（Lipman, 1982b）

李普曼表示，此階段著重的是形式與非形式邏輯的獲得。這部小說提供兒童之間及兒童與成人之間對話的典範。它重視探究和推理的價

值，鼓勵發展思維與想像力的變通模式，並建議兒童如何從他人之處獲得學習（Lipman et al., 1980a）。

故事是以一個愛思考的孩子陳明宣，偶然發現推論的原則做為開場。他常常與同學、老師、父母一起進行思考的討論與觀念的檢視，並透過許多對話來修正自己既定的印象或規則，然後再一次地應用在生活中。這是李普曼設計的第一本教材，他要傳達邏輯、推論、批判思考的概念、技巧與態度等。故事中每個角色都有不同的思考風格；像唐寧數學好，屬於理性思維的代表；詩琴則喜愛以文學方式表達自己的感受與思考，屬於感性思維的代表；其他人也各有特色。

李普曼表示，創作「哲學教室」的指導原則乃是：人類最重要的思考能力、技巧、態度、方式及推論形式，不是非要依賴他人教導不可，而是來自人與他人、世界、環境的互動，從反省中獲得的（引自楊茂秀，1998）。

本書是李普曼最早發行的兒童哲學教材，也是國內最早由楊茂秀教授翻譯的書目（楊茂秀譯，2007b）。

五 六年級：《唐寧》（*Tony*）

雖然此書尚未出版，但筆者仍依照李普曼的規劃將其列入。

六 七～十年級

李普曼表示這個階段的課程，著重在倫理探究、語言藝術，和社會學科領域的初階哲學專業之上（Lipman et al., 1980a），包含三本教材。

(一)《思考舞臺》（*Lisa*）（Lipman, 1983）

《思考舞臺》是《哲學教室》的續集，角色們將哲學教室討論到的邏輯推理規則，應用在倫理或知識的討論。例如，唐寧非要和梅仙悌打一架不可嗎？我們可以愛護動物又愛吃肉嗎？教科書上說的都可信嗎？

李普曼設計本課程側重於倫理和社會議題，例如公平、天性、說謊

和誠實，還有自然規則與標準。其他議題的探究包括兒童的權利、就業和性別歧視，以及動物的權利。《思考舞臺》關注邏輯和道德的相互關係。這個課程幫助學生透過良好的理由證成其信念（Lipman et al., 1980a）。

書中談論的倫理、道德觀，是要引導孩子去思考自我、規條、標準、權力、公平、真理等等，目的不是要灌輸一套道德標準，而是鼓勵他們自己體諒別人，做明理的人（柯倩華，1988）。

《思考舞臺》在臺灣有中譯本，同樣由楊茂秀教授翻譯（楊茂秀譯，1999）。在年級的安排上，IAPC有做些調整，將本書安排為適合七至八年級（IAPC, n.d.）。

(二)《詩琴》（*Suki*）（Lipman, 1978）

故事中的陳明宣老覺得自己不能寫作，因為他的思考風格是利用邏輯推理去瞭解事物，他認為寫作沒甚麼好說的，也沒甚麼特別的事可以寫，而詩琴的思考風格是用文學去表達感受與思考，她試著協助陳明宣體認「從生活經驗中去體會事物的意義」。

這本小說考慮諸如經驗與意義、寫作標準的評估、思考和寫作的關係、自然的定義，以及工藝與藝術之間該如何區別的議題（Lipman et al., 1980a）。

李普曼安排此課程的年級範圍較廣，而黃迺毓教授與IAPC網站所標示適合的年級為九至十年級（黃迺毓，1995；IAPC, n.d.），剛好可作為接續《思考舞臺》之後的教材。

(三)《馬良駿》（*Mark*）（Lipman, 1980c）

這本小說屬於社會哲學。故事是馬良駿被控破壞學校的設備，他辯稱自己是社會的犧牲者，在努力確定誰是有罪的過程中，馬良駿的班級開始探究一些社會問題，如法律的功能、官僚政治生態、傳統、權威、責任、權利、個人的自由，還有正義概念的選擇等問題（Lipman et al., 1980a；黃迺毓，1995；劉仲容等人，2003）。

對於這本教材的年級安排有較多差異，李普曼設定的年級為八至十

年級，在表1中，與《思考舞臺》、《詩琴》歸爲七至八年級階段；黃迺毓的資料顯示適合九至十年級（黃迺毓，1995）；IAPC則將其編排爲適合十一至十二年級（IAPC, n.d.）。

七　十一～十二年級

這個階段代表一個更高階的哲學專業領域。有五本獨立的小說，各有自己的手冊，由倫理學、認識論、形上學、美學、和邏輯學這些概念組成（Lipman et al., 1980a）。目前尚未出版。

以下將其教材分級、適用年齡與具體問題、抽象概念之關係，整理如表6-2。

表6-2　兒童哲學教材適用年級之對照表

教材名稱	適用年級			具體問題（舉例）	抽象概念（舉例）
	李普曼1980	李普曼1990	IAPC2011		
《艾兒飛》*		K~2	1	句子如何運作	一與多部分與整體
《鯨魚與鬼屋》*		3~4	2~3	如何認識世界	勇敢與害怕說與做
《靈靈》*		3~4	3~4	尋找個人意義	因果關係時間空間
《露詩》			4~6	如何做出一個好的決定	善與惡判斷力
《哲學教室》*	5~6	5~6	5~6	如何從他人之處獲得學習	邏輯推論批判思考
《唐寧》	6				
《思考舞臺》*	7~9	7~9	7~8	如何證成一個信念	說謊和誠實邏輯和道德
《詩琴》	7~9	7~9	9~10	如何表達感受	經驗與意義思考與寫作
《馬良駿》	8~10	10~11	11~12	如何確定有罪	責任與權利自由與正義

（續上表）

教材名稱	適用年級			具體問題（舉例）	抽象概念（舉例）
	李普曼 1980	李普曼 1990	IAPC 2011		
倫理學、知識論 形上學 美學、邏輯學	11~12				

註：*為有中譯本。K為幼稚園。空白表示無分級。

資料來源：Lipman et al.（1980a）；Lipman（1990）；IAPC（http://cehs.montclair. edu/academic/iapc/docs/Curriculum_Brochure.pdf）

〉肆〉 兒童哲學教材特色之分析

　　李普曼發展的兒童哲學課程，乃是專為幼稚園到十八歲的兒童與青少年設計，以下分析其教材特色。

(一) 以小說體例為呈現形式

　　李普曼出版了八本教材，皆以小說的形式呈現，這種設計相較於傳統教科書有很大的差異。他在訪談錄中表示：

> 「若教科書的讀者對象設定是孩子，就需要有些設計來引發孩子的閱讀動機。因此用小說的方式，作者能夠把他想要傳達的訊息或意義，透過故事的形式來跟讀者溝通，讓讀者更能認同、喜愛、享受和理解。」（毛毛蟲編輯群譯，2008：5）

　　因此，教材設計乃是以引發兒童的學習動機為目的，並以小說形式作為訊息傳遞的橋樑。這種具有故事性質的文學體裁，需要完整的情節，可以避免課文中內容的零碎化，而是讓所有的內容彼此呼應。作者可以連貫性地傳達，所欲兒童接觸的概念，使其獲得完整的學習經驗，將有助於他們看待事物中「部分與整體」的關係。

(二) 以生活經驗為故事背景

李普曼非常強調「意義」對兒童學習的重要性，因此他發展兒童哲學的課程教材並非天馬行空，過於理想化的題材，而是其內容情境皆與兒童生活經驗相關，並隨著年齡的不同而設計不同的生活問題，諸如生活瑣事、大自然、家庭、同儕、師長、課業、社會議題等。兒童哲學另一位推廣者夏普（Ann Margaret Sharp）在其訪問錄中提到：

「孩子喜歡故事，若故事的重心是孩子們認為有趣或具爭議性
的議題或事件，同時又與他們的日常生活相關，他們就會樂於
思考及探求。」（李瑜英、侯秋玲譯，2009：9）

因此，兒童哲學教材內容與生活經驗連結的緊密程度，則非一般學校制度內的教科書可以做到。對於這樣的編寫風格，李普曼表示：

「兒童常不願意談論他們的問題 —— 他們常有謹慎的觀念以及
我們必須尊重的隱私。但許多這樣的孩子仍希望參加，與他們
自己遇到的問題相關的討論。」（Lipman et al., 1980a: 17）

也就是說，讓兒童成為一則故事或一本小說內容情境的旁觀者，其實就像是拿走令他們對號入座的不舒適感，而使他們願意參與討論，並藉由第三者的體驗提出自己的問題與困難，抒發內心的思考與掙扎。夏普進一步說明：

「它們能突顯生活中常見的情緒和感覺，供大家檢視探討，而
無須以實際的孩子和他們的問題做為討論焦點。並且，它們在
實際生活情境中呈現哲學概念、歷程及條件，對孩子來說，這
些很容易轉化、遷移到日常生活中。」（李瑜英、侯秋玲譯，
2009：12）

這便是兒童哲學課程為何必須取材於生活經驗的理由。

(三) 以思考風格為角色設定

教材中每個角色性格鮮明，思考模式、專長也不盡相同，李普曼說：

> 「書中以交叉方式顯現思考風格的多樣性。首先，每個孩子顯現原有的主要風格。其次，每個孩子偶爾使用了不同的風格。如此，雖然一種類型支配某個孩子，它的性質也會經常被其他孩子顯現出來。結果，產生一個複雜的思考型態網。」（引自劉仲容等人，2003：81）

劉仲容等人（2003）認為，當使用教材的兒童進入故事情境時，會受到相關情節的鼓勵，進而反映出自己的思想特質，發展出自己的思考風格，也尊重他人的思考風格。

在教材中，兒童的角色是主體，成人則扮演引發、鼓勵與陪伴思考的角色。李普曼刻意運用大量的對話，穿插在兒童與兒童、兒童與家長、兒童與老師之間，一方面是為了呈現真實的情境，二方面則是表現出不同觀點造成的摩擦、衝突，以及調和、認同。兒童對小說內容或角色的認同，將會產生某種典範學習的效果，於是思考技巧及核心價值獲得傳遞。夏普表示：

> 「如果我們可以鼓勵孩子們認同這些人物的思考歷程，那他們將會開始練習這些歷程，並逐漸重視它們。」（李瑜瑛、侯秋玲譯，2009: 9）

因此，角色的設定是為了提供學習的典範，鼓勵兒童學習好的思考歷程。

(四) 以哲學領域為教材內容

兒童哲學的教育目的，就是要引發兒童做哲學，學習哲學思考，利用思辨的能力去批判事情。因此，教材內容包含五大領域，即：知識論、形上學、倫理學、邏輯學、美學。李普曼表示：

> 「小說裡的想法或概念，必須從哲學的各個領域提取出來。例如某一本小說裡的每一個章節都一定要有倫理學的想法出現，另一方面，另一本小說可能放比較少的倫理學想法，但我不建議完全省略。」（毛毛蟲編輯群譯，2008：6）

因此，我們在每一本教材中都可以發現，各種哲學概念的綜合呈現，李普曼將其融入人物角色的談話內容，這樣的教材設計，亦是展現從生活中做哲學的方式。

伍 兒童哲學教師手冊之分析

李普曼為每一本教材撰寫了內容豐富的教師手冊，他將教材中所有隱含的或外顯的概念、理則，以及可以討論的問題，都鉅細靡遺地一一列出，提供給教師作為上課的參考。以下分別說明其手冊內容和編輯架構。

一 教師手冊的內容

李普曼在教師手冊中，將教材裡的每個概念做了非常細膩且豐富的觀念延伸，展現出兒童哲學課程所能觸及的廣泛面向，也希望教師在教學過程中，能有足夠的資訊引導兒童運用思考進行學習。以下針對教師手冊的內容進行分析。

(一)《一同思考》（*Getting Our Thoughts Together*）（Lipman & Sharp, 2006）

此書是《艾兒飛》的教師手冊。著重在語言的習得以及人事物的關係，因此針對每一個小細節，例如名字、老師、課本、生日派對……等，都將其設計爲一個討論的焦點。接著，會再發展到抽象一點的觀念，如生活、心智、思想、煩惱，藉由引導與練習，使兒童能更瞭解如何使用語言。

《艾兒飛》描述一位害羞的小女孩，在老師的鼓勵下勇敢地思考，逐漸參與全班討論，將自己的想法與同儕一同分享，因此主題是「一同思考」。

(二)《探索世界》（*Wondering at the World*）（Lipman & Sharp, 1986）

此書是《鯨魚與鬼屋》的教師手冊。教材主題在於表現兒童接觸世界的點點滴滴，因此對於人類的五種感官，還有人與人之間的價值如美、眞，以及對鬼魂的討論等，都有深入的引導與練習。劉仲容等人表示，鼓勵小孩學習推論和探究的技巧，可以幫助他們去思考、感受和觀察這個世界的自然環境（劉仲容等人，2003）。

《鯨魚與鬼屋》描述小男孩靖泓帶盲人女孩用心感受與認識世界，所以主題是「探索世界」。

(三)《尋找意義》（*Looking for Meaning*）（Lipma & Sharp, 1982）

此書是《靈靈》的教師手冊。它加強推理及探究技巧，如分類、類比、普遍化等概念（劉仲容等人，2003）。

《靈靈》在描述兒童們尋找自己的神秘動物，編造屬於自己的故事，是行動連結意義的過程，因此主題是「尋找意義」。

(四)《決定做什麼》（*Deciding What to Do*）（Lipman, 1996a）

此書是《露詩》的教師手冊。它針對教材內容中隱含的道德價值，設計相關題目，引導兒童練習思考，例如討論「誠實：如果一個人在單人遊戲裡欺騙自己，那他不誠實嗎？」這些題目的設計，乃是為了使兒童都能思考細節，進而在面對問題時，能夠做出適當的判斷與決定。

《露詩》在描述一隻會說話的長頸鹿，對於自己和其他長頸鹿的不同，感到困擾，正在思考接下來該怎麼辦，所以主題是「決定做什麼」。

(五)《哲學探究》（*Philosophical Inquiry*）（Lipman, Sharp, & Oscanyan, 1984）

此書是《哲學教室》的教師手冊。它詳細剖析小說教材裡每一章的哲學概念，並且提供教師各種能在課堂實施的教學活動。也就是說，哲學小說的內容，透過討論計畫和活動真正付諸實踐，就像小說所描述的情節一樣，探究團體在教室中得以形成（Lipman et al., 1980a）。

《哲學教室》討論邏輯推理的相關概念，開始正式進入哲學領域，因此主題是「哲學探究」。

(六)《倫理探究》（*Ethical Inquiry*）（Lipma & Sharp, 1985）

此書是《思考舞臺》的教師手冊。它根據每章的倫理概念和探究程序，提供相關的討論題目和練習活動（劉仲容等人，2003）。

《思考舞臺》討論孩子在日常生活中常面臨的道德困境，例如是否該吃素、是否該說善意的謊言、是否該以暴制暴等問題，所以主題是「倫理探究」。

(七)《寫作：如何及為何》（*Writing: How and Why*）（Lipma & Sharp, 1980）

此書是《詩琴》的教師手冊。著重於詩歌的寫作，裡面有許多練習和活動（Lipman et al., 1980a: 53）。包含各種對話的示範，幫助學生表

達以及分辨作品的優劣（劉仲容等人，2003）。

《詩琴》內容主要在描述寫作與思考、意義之間的關係，幫助小說中的人物陳明宣，可以將思考轉化為寫作，因此主題是「寫作：如何及為何」。

(八)《社會探究》（*Social Inquiry*）（Lipma & Sharp, 1980b）

此書是《馬良駿》的教師手冊。透過課堂活動和練習，提出許多付諸實踐的概念（Lipman et al., 1980a）。

《馬良駿》是描述小說中的人物馬良駿被指控犯錯，於是全班開始討論社會議題，諸如法律、正義、公平等，因此主題是「社會探究」。

綜上所述，教師手冊的名稱與教材內容的主題有很大的關聯性，讀者從以下表6-3可以得到清楚的對照。

表6-3　兒童哲學教材與教師手冊之名稱對照表

教材名稱	教師手冊名稱
艾兒飛*	一同思考
鯨魚與鬼屋*	探索世界
靈靈*	尋找意義*
露詩	決定做什麼
哲學教室*	哲學探究*
唐寧（未出版）	科學探究（未出版）
思考舞臺*	倫理探究
詩琴	寫作：如何及為何
馬良駿	社會探究

註：*為有中譯本。
資料來源：筆者自行整理。

二　教師手冊的編輯架構

在每本教師手冊中，都有「核心概念」、「引導觀念」、「討論計

畫」及「練習」等四個單元，能夠有效提供教師設計教學所需的相關資源。此外，教師手冊有時亦會提供「教師自我評量」的相關問題，目前曾出現在《探索世界》、《尋找意義》以及《哲學探究》三本手冊之中。以下便依照其編輯架構舉例說明。

(一) 核心概念：對於在教材中一再出現或主要的概念會在手冊的緒論中做詳細的描述與分析。

例：在《倫理探究》緒論中，李普曼指出《思考舞臺》的核心概念有「邏輯和倫理學的關係、一致性、權利與公平、完美與正確、自由意志與決定論、自然、改變與成長、真理、關懷、標準與規則、問題與答案、在哲學探究中思考與為自己思考」（Lipman & Sharp, 1985）。其中「完美與正確」（Perfect and Right）的說明摘述如下：

> 當李莎和她的朋友使用「完美」這個字的時候，她們假定自己知道如何「正確」使用這個字。當一個行為符合某人生活風格的時候，就是正確的。也就是說，我們在生活中可以自由做決定，不用擔心對他人是否公平。完美就是每件事都正確的情形。兒童不常使用的詞彙，如整體（wholeness）、完形（gestalt）、完整（completeness）、完成（fulfillment）、全部（totality），以及其他類似的成人片語，意味著將各種個人經驗統合為一個緊密整體的能力。實際上，兒童不像成人擁有許多字彙，並不表示他們缺乏和諧與完整的經驗。
> 兒童可以敏銳地覺察到野餐或生日派對的缺點，可能會說：「那就是不對」，或者其他感覺到短缺或不完整的表達。許多兒童被生活的破碎所干擾。因此，這個方案的目標，就是要幫助兒童看見生活中各個部分之間的連結，並找到將這些部分整合為和諧的方法。李莎的父親指出：「有時候當我們找不到正確連結的時候，我們必須製造它們。」（Lipman & Sharp, 1985：vi-vii）

(二) 引導觀念：每一章都有十到二十個不等的引導觀念，即在教材

中需要教師或學生探究的部分，是給教師明確引導兒童的大方向。在每個章節引導觀念下面，會有對於各觀念的進一步說明，清楚釐清所要傳達的該觀念，是給予教師教學引導的背景資訊。

例：《倫理探究》第六章第一節引導觀念為：(1)為什麼成人與兒童意見不合？(2)偏心。(3)「正確」這個字。(4)每個人認為對的就是對的嗎？(5)何謂個體？(6)發現一個人的認同（Discovering one's identity）（Lipman & Sharp, 1985）。以下舉「何謂個體」為例進行說明：

有些人認為：成為一個個體，簡單來說就是變得不一樣。其他人認為：一個人愈接近完美，那他愈會成為一個個體。還有人認為：一個人愈複雜，那他愈會成為一個個體。有些人相信：只要你意識到自己的獨特發展，那你就是一個個體。其他人反對後面這個觀念，並且爭論「無論你是否有意識，個體性總會發生」。

在第45頁，李莎說：「我需要適合我的東西，而不是適合大家的東西。我不像每個人一樣，我不像任何人一樣，我就是我，你還不明白嗎？」李莎在這段文字中所強調的個體性觀念，在於她與其他人之間的差異。她不是說她比別人好，她是說她是獨特的。因此，她採取上述這種立場（Lipman & Sharp, 1985：191）。

(三) 討論計畫：將引導觀念做進一步的問題安排，放到教室的團體中進行對話，藉由大家的經驗或知識，做深入與詳細的思考探究。

例：根據第2點舉例的「什麼是個體」此觀念，共有十項討論計畫，舉其中六項問題如下：

(1)如果你思考的方式非常怪異，那使你成為個體嗎？

(2)如果你講話的方式非常特殊，那使你成為個體嗎？

(3)如果你的穿著非常不符合常規，那使你成為個體嗎？

(4)如果你展現比其他人更好的判斷力，那使你成爲個體嗎？

(5)如果你比其他人更自我批判，那使你成爲個體嗎？

(6)明宗忠在某個地方說：「我可能不比其他人好，但至少我不一樣！」如果明宗忠是對的，那使他成爲個體嗎？

（Lipman & Sharp, 1985：191）

(四) 練習：包括填空或五點量表，也可以口頭說明，讓兒童做概念的練習，具有實際應用的功能。

例：在「何謂個體」的討論計畫之後，共有十題練習，本文選取其中的五個問題臚列如表6-4。

「對你而言什麼是對的？」你是否同意以下這些敘述？試提出理由。

表6-4 教師手冊練習題

幫助一個人實現他的個體性，無論如何都是「對的」嗎？

	同意	不同意	不知道
1.心妮：我想要得到好的教育，因為那會幫助我實現我的個體性。	☐	☐	☐
2.瑪莎：我想要變成偉人，我有潛力做到，所以我正試著增重。	☐	☐	☐
3.伊思：我認為透過成為某件事的冠軍，可以實現我的個體性，或許就像世界上最好的拳擊手一樣。	☐	☐	☐
4.薇妮卡：只有透過別人的眼光來看我們自己，才能實現我們的個體性。	☐	☐	☐
5.大偉：如果不必付出代價，我將做任何我該做的事，實現我的個體性。	☐	☐	☐

資料來源：取自Lipman & Sharp（1985：192）

(五) 教師自我評量：出現在每個章節的最後，做爲教師檢視自己教學的參考依據。內容大都設計爲問題的形式，提供教師自我省思是否

達成教學目標，例如：對學生學習的瞭解程度、學生習得教材內容的程度、學生進步的程度等。

　　例：在《哲學教室教師手冊》第六章的教師自我評量為：

(1)你的學生有哪些具有原創性、令人驚異的識見？

(2)是誰說出這些識見？

(3)我怎麼樣才能從其他的學生身上引出類似的識見？

(4)我是怎麼樣應用引導觀念來幫助我的教學？

(5)我是怎麼樣應用課本來描述引導觀念的？（楊茂秀譯，
　　2008：146）

　　教師手冊的功能，乃是協助教師在教室中能更清楚所要傳達或所預備給學生挖掘的知識概念，因此手冊中提供許多的練習與素材，希望教師能夠靈活運用。李普曼對手冊中練習題的期待是：

　　「這些習題是座橋梁，替老師連接書中的觀念與孩子們的哲學討論，條件是老師以及學生都能把這些習題和討論計畫裡所蘊含的邏輯步驟和哲學策略消化吸收。」（鄭瑞玲譯，1995：xiii）

　　並且李普曼提醒教師，不要為了教師手冊的練習而犧牲了學生的討論。兒童的想法才是課程主體，手冊只是提供教師背景資訊的方向而已（Lipman et al., 1980a）。

陸　結論

　　綜合本文各節的分析，可以發現李普曼為兒童所設計的哲學課程，不僅符合循序漸進的課程設計原則，更具有完整的課程架構與豐富的教材內涵，的確可以考慮將其納入我國推動中小學哲學教育的參考案

例**3**。

　　相形之下，我國教育部目前積極推動的十二年國教，是否可能容許這套課程融入中小學的教學現場呢？民國103年3月國家教育研究院公布《十二年國民基本教育課程綱要總綱（草案）》，其〈基本理念〉強調「自發」、「互動」、「共好」，其〈課程目標〉第一項是啓發生命潛能，主張「培養好奇心、探索力、思考力、判斷力與行動力」，這些想法與李普曼推動兒童哲學的精神可以說是不謀而合。就〈核心素養〉而言，此乃十二年國教最新推出的教改政策，目的在於作爲課程發展的主軸，具體落實各教育階段間的連貫和各學習領域間的統整。其中「自主行動」面向之第二項爲「系統思考與解決問題」，強調具備問題理解、思辨分析、推理批判的系統思考與後設思考素養。（國家教育研究院，2014b）換言之，上述核心素養的具體內涵，已經清楚指出思考教育的重要性。只不過很明顯地，十二年國教的政策論述，不願意使用「哲學思考」這個概念，反而採取行政管理大師彼得‧聖吉（Peter M. Senge, 1947-）所謂「系統思考」一詞，作爲說明課程目標的官方語言。究其原因，或許總綱研修小組的委員認爲，後者比較容易融入各學習領域之課堂教學，前者過於抽象艱澀而一般中小學教師無法勝任**4**。仔細考察《十二年國民基本教育課程發展指引》將會發現，其中明確表示核心素養的課程轉化，其具體落實的層次必須與各領域／科目的綱要與學習重點充分對應。茲引述該指引所提供社會領域的示例如下（國家教育研究院，2014a：13）：

3　本文審查委員之一提醒，「應引用相關文獻或相關的實證研究或實徵研究（empirical research）……闡釋此一課程綱要在美國或西方國家應用的效果」。筆者以爲，這個建議相當有意義，的確是個值得繼續深究的問題，但是需要更多的篇幅予以處理。然而，如此一來已超過本書徵稿要求的字數限制。再者，無論國外應用是否有效，更重要的是：國內教育人員如何看待此項議題，是否願意在中小學現場進行相關的實驗研究？這才是筆者撰寫本文企圖引起讀者關注的目的。

4　此處純屬筆者個人猜測，不一定符合實際情形。

社／歷S-U-A2 透過史料與證據分析，以建立時序觀念、進行歷史理解，並瞭解史料背後的歷史解釋，建構不同時期的系統性歷史思維。

社／地S-U-A2 運用重要的地理學觀點與方法，以思考、分析、探索地理環境議題的內涵及解決方法。

由此可見，當前十二年國教的課程綱要，雖然已在〈基本理念〉中大聲疾呼「以開展生命主體為起點」、「體驗生命意義」，在〈課程目標〉中主張「思考力」的培養，但是在〈核心素養〉中並未針對「系統思考」做出明確的界定，僅僅是指出「個人為學習的主體，學習者應能選擇適當學習方式，進行系統思考以解決問題」。根據上下文的脈絡來看，此處所謂的思考，似乎比較著重於自主學習的意涵，並未朝向真善美等意義領域的探索。尤其值得關注的是，上述理念必須在「領域／科目」中具體執行，實際針對學習表現或學習內容進行編碼，則可明顯看出其偏向學科知識的思維方式。也就是說，十二年國教的正式課程，雖然已將「思辨分析、推理批判」列為核心素養，但是課綱所規劃的學習內容，仍侷限於各學習領域之教材或各類社會新興議題，實際的運作課程可能無法真正觸及哲學思考的核心。

因此，筆者認為目前十二年國教所倡導的核心素養理念，雖然已經宣示系統思考的重要性，但是並未從哲學思考的高度，找出如何貫穿其課程目標之「生命」、「生活」、「生涯」三大面向的主軸，反而將兒童「追求意義」的哲學天性，化約為「問題解決」的學習能力或生活能力，兩者的差別在於問題意識，前者是關於「為何」（why）的目的問題，後者是關於「如何」（how）的方法問題。不過，如果不要單看此一項目，整體檢視核心素養的九大項目，則可發現：「符號運用與溝通表達」以及「藝術涵養與美感素養」之中，皆涉及基本美學概念的理解；「科技資訊與媒體素養」以及「道德實踐與公民意識」之中，皆涉及倫理議題的反思。換句話說，十二年國教的改革藍圖，其實潛藏著推動哲學教育的正當性。問題在於，就目前的課程架構而言，部定課程的領域／課程的領域／科目劃分，並未將哲學視為一個獨立的學習領

域，導致沒有明確授課節數的規範。若是依照目前規劃的課程類型來看，充其量只能運用「彈性學習」課程的時數，採取議題探究或統整課程的方式加以實施。否則，在國內習慣「趕進度」的教學文化中，期待中小學教師「犧牲」授課時間，帶領學生討論「非正課」的哲學問題，顯然並不容易。或者，另一種可行的途徑，則是參考李普曼的作法，先撰寫適合我國學生閱讀的哲學文本，再將其納入本國語文、社會、自然科學、藝術、科技以及綜合活動等領域的教材之中，如此一來各學習領域的「師」與「生」，將有機會一起進行哲學思考，回歸課程目標的理想性，而不是只會追求學科知識的累積，卻忽略「學習有何意義？」這個更為根本的問題。

　　總之，李普曼為兒童所設計的哲學課程，既有明確的課程架構，也有豐富的教材內涵，更有適切的課程分級，頗值得我國中小學現場的教師予以參考；期待推動十二年國教的臺灣，有朝一日能發展出屬於自己的兒童哲學課程，則是筆者撰寫本文的最大心願，與教育同好共勉之。

參考文獻

毛毛蟲編輯群（譯）（2008）。李普曼訪問錄(三)。毛毛蟲兒童哲學雙月刊，197，4-8。

朱建民（1991）。探究與真理——珀爾斯探究理論研究。臺北：臺灣學生書局。

李瑜瑛、侯秋玲（譯）（2009）。夏普訪問錄(一)。毛毛蟲兒童哲學雙月刊，201，9-12。

李曉青、朱建民、溫明麗、蔡傳暉、郭朝順、林正順（2011）。深度座談會「哲學教育與通識教育」。通識在線，35，15-21。

俞懿嫻（2011）。就西方哲學傳統談通識教育。通識在線，34，9-10。

柯倩華（1988）。李普曼（MATTHEW LIPMAN）的兒童哲學計畫研究。輔仁大學哲學研究所（未出版之碩士論文），新北市。

孫志文（1978）。哲學在大學教育中是奢侈品還是必需品？哲學與文化，5(6)，1-4。

國家教育研究院（2014a）。十二年國民基本教育課程發展指引。2014年4月5日，取自http://www.naer.edu.tw/files/15-1000-5622,c248-1.php

國家教育研究院（2014b）。十二年國民基本教育課程綱要總綱（草案）。2014年4月5日，取自http://www.naer.edu.tw/files/14-1000-4671,r13-1.php

陳德和（2001）。臺灣的哲學教育。文訊雜誌，194，43-46。

傅佩榮（1987）。臺灣哲學教育的三大危機。中國論壇，25(3)，13-19。

黃迺毓（1995）。小孩子的大朋友。臺北：毛毛蟲。

楊茂秀（譯）（1998a）。Matthew Lipman著。靈靈（Pixie）。臺北：毛毛蟲。

楊茂秀（譯）（1998b）。Matthew Lipman著。鯨魚與鬼屋（Kio and Gus）。臺北：毛毛蟲。

楊茂秀（譯）（1999）。Matthew Lipman著。思考舞臺（Lisa）。臺北：毛毛蟲。

楊茂秀（譯）（2007a）。Matthew Lipman著。艾兒飛（Elfie）。臺北：毛毛蟲。

楊茂秀（譯）（2007b）。Matthew Lipman著。哲學教室（Harry Stottlemeier's discovery）。臺北：毛毛蟲。

楊茂秀（譯）（2008）。Matthew Lipman著。哲學教室——教師手冊（Philosophical inquiry）。臺北：毛毛蟲。

劉仲容、林偉信、柯倩華（2003）。兒童哲學。臺北縣：國立空中大學。

鄭瑞玲（譯）（1995）。Matthew Lipman著。靈靈——教師手冊（Lookinf for meaning）。臺北：毛毛蟲。

錢宥伶（2011）。兒童哲學在臺灣2——牛仔帽小孩與石雕蘇格拉底。兒童哲學月刊，2月號，7-10。

Lipman, M., Sharp, A. M., & Oscanyan, F. (1980). *Philosophy in the classroom*. Temple University, Philadelphia: Temple University Press.

Lipman, M., Sharp, A. M., & Oscanyan, F. (1984). *Philosophy inquiry*. Lanham, MD.: The Institute for the Advancement of Philosophy for Children.

Lipman, M., & Sharp, A. M. (1980a). *Writing: How and why*. Montclair, N. J.: The Institute for the Advancement of Philosophy for Children.

Lipman, M., & Sharp, A. M. (1980b). *Social inquiry*. Montclair, N. J.: The Institute for the Advancement of Philosophy for Children.

Lipman, M., & Sharp, A. M. (1982). *Looking for meaning*. Lanham, MD.: The Institute for the Advancement of Philosophy for Children.

Lipman, M., & Sharp, A. M. (1985). *Ethical inquiry*. Lanham, MD.: The Institute for the Advancement of Philosophy for Children.

Lipman, M., & Sharp, A. M. (1986). *Wondering at the world*. Lanham, MD.: The Institute for the Advancement of Philosophy for Children.

Lipman, M., & Sharp, A. M. (2006). *Getting our thoughts together*. Montclair, N.J.: The Institute for the Advancement of Philosophy for Children.

Lipman, M. (1978). *Suki*. Montclair, N. J.: The Institute for the Advancement of Philosophy for Children.

Lipman, M. (1980). *Mark*. Montclair, N. J.: The Institute for the Advancement of Philosophy for Children.

Lipman, M. (1981). *Pixie*. Montclair, N. J.: The Institute for the Advancement of Philosophy for Children.

Lipman, M. (1982a). *Kio and Gus*. Montclair, N. J.: The Institute for the Advancement of Philosophy for Children.

Lipman, M. (1982b). *Harry Stottlemeier's discovery*. Montclair, N. J.: The Institute for the Advancement of Philosophy for Children.

Lipman, M. (1983). *Lisa*. Montclair, N. J.: The Institute for the Advancement of Philosophy for Children.

Lipman, M. (1990). *Strengthening reasoning and judgment through philosophy for children*. Philosophy for Children: East and West, Taiwan.

Lipman, M. (1996a). *Deciding what to do*. Montclair, N. J.: The Institute for the Advancement of Philosophy for Children.

Lipman, M. (1996b). *Nous*. Montclair, N. J.: The Institute for the Advancement of Philosophy for Children.

Lipman, M. (2005). *Elfie*. Montclair, N. J.: The Institute for the Advancement of Philosophy for Children.

護理專業學習的課程實踐之探討：以生命關懷和體驗學習活動為例

胡毓雯

國立臺灣師範大學社會教育學系博士

摘 要

　　本研究係採協同行動研究，對象為一教學醫院女性護理人員。以學習者為中心的課程實踐，瞭解護理人員的專業學習需求；探討臨床教學者協助護理人員的專業成長；根據研究結果提出對未來實施護理專業學習活動之具體建議。研究問題為實施學習活動前，護理人員的學習需求為何？學習活動中，護理人員的學習表現為何？學習活動後，教學社群的學習方案規劃與教學省思為何？研究者歷經尋求協同行動、進行反思、對話與資料蒐集、資料的歸納詮釋、修正行動；研究結果發現研究者協同教學社群，透過參與學習社群的對話與分享，重新思辨從生手到專家的理路，和如何運作學習社群與規劃學習活動；同時有效地解決教學社群的困難及學習社群的需求，為增進兩社群彼此間互動關係，從講述教學為主漸漸轉向學思達教學、群體深度匯談與體驗學習等成就護理專業的真善美。最終落實翻轉教育觀點於護理繼續教育、從答案導向學習轉為以過程導向學習，並拓展護理專業多元學習，以達提升醫療照護

品質。

關鍵詞：護理教育、課程實踐、行動研究、翻轉教育、群體深度匯談

壹　前言

一　研究背景與動機

這幾年「翻轉」二字相當的盛行，再加上學習共同體（Learning Community；有學者譯爲學習社群）、合作學習、學思達教學、BTS（By the Student）……等各種教學理念或課程實踐；誠如葉丙成教授（2015）提出即便教學方法有百百種，倘若很多教學者行翻轉教育時都以翻轉名之，或許不知道彼此所提出翻轉的概念與範疇有何不同？也可能就無從溝通理念和經驗分享。因此他們都是在進行課程行動研究的理念與實踐，究竟「何謂翻轉？要翻轉什麼？如何翻轉？爲何翻轉？」則爲本研究探究的重點。

邁入二十一世紀，「教育」該如何翻轉？該如何持續翻轉？又如何因應未來社會所需和實踐終身教育理念？又成人學習者在離開學校教育進入職場後，不再只能倚賴書本上的學習，也或許不再需要爲應付無數的測驗而學習；反而是需要在執業的過程中透過主動面對問題或挑戰各種可能以累積更多的覺察與經驗，以便不斷地能適應和能應變職場上種種的困難與挑戰；因此專業繼續教育裡需要有教學者，而教學者也不再只是單向傳遞知識與技能，而是要以學習者爲主體及重視學習者的學習需要，漸漸地讓教與學形成一種教學相長的複雜適應系統，才可能協助每一位專業工作者適應職場變化及接受未來挑戰，終將使得該專業能有所提升和成就每一位人才能夠適才適所。

二　研究目的與問題

透過以學習者爲中心的課程實踐，本研究目的如下：1.透過型塑護理專業學習社群，以瞭解護理專業者的學習需求。2.探討教學社群於臨

床教學現場，協助護理人員的專業成長及職場適應能力。3.提出對未來實施護理專業學習活動的具體建議。由於國內各教學醫院針對護理人員的專業成長而有護理臨床教學者（preceptor）的編制，目前尚處於規劃辦理培育階段，教學者多半是由資深護理人員兼任，義務協助指導護理系所實習生的實習和院內新進人員的職前訓練，換句話說臨床教學者必須具備純熟的護理專業知能與展現有效的教學技巧；因此，本研究希望透過協同課程行動研究過程，協助提升護理專業的成長與豐富臨床教學的多元。具體而言，本研究探討的研究問題有：1.實施學習活動前，臨床護理人員的學習需求為何？2.學習活動中，臨床護理人員的學習表現為何？3.學習活動後，護理人員對學習社群的方案規劃與教學反思為何？

貳 文獻探討

一 護理專業繼續教育課程發展之政策與現況

護理專業繼續教育行之多年，只是一直未有明文規定和擴大具體的實施，直到行政院衛生署（衛生福利部前身）於2007年1月29日針對《護理人員法》修正部分條文，才開始規定護理人員執業需每六年接受固定時數繼續教育，始得辦理執業執照更新，且於2008年06月20日公布《護理人員執業登記及繼續教育辦法》，規定護理人員執業，需接受繼續教育課程積分達160小時，而課程包括護理專業、護理品質、護理倫理以及護理相關法規等項目。

亦由於護理工作涉及人命關天，所以知識和經驗的獲得與累積更顯得格外重要，因此若能瞭解護理人員的專業繼續教育需求與參與現況的情形，是有助於有關規劃相關繼續教育活動的參考；雖然已經實施將近八年，但對於其推動成效或若是否對護理專業提升還有極大的空間；誠如有學者提出需要再多辦理更多元的知能訓練，以降低護理人員累積積分的障礙，並鼓勵繼續教育的主動性與自發性，讓有經驗的護理人員專業更為提升，以及不斷引進新的訓練模式，讓現在與未來護理人員更能

建立自信，以期讓每一位護理人員不斷記得護理之愛，重新付出發揮職能（葉秀眞，2010）；又劉玉珍（2000）針對醫院臨床護理人員專業繼續教育需求、參與現況與專業成長進行問卷調查研究後，發現護理人員雖對專業繼續教育需求頗高，但卻參與度極低，因爲目前工作量已經過於繁重，而傾向希望回到過往由醫院自辦，此外也發現針對專業繼續教育活動方面，如果參與越多的護理人員且其服務單位所提供的越多，則護理人員在專業成長上的表現就越佳，而且護理人員專業繼續教育的需求也會受單位提供的措施影響。爲配合國內護理人員繼續教育政策的落實與推動，陸續很多醫院開始著手於護理臨床教學者基礎培育課程規劃；像是藉由相關教育學理論讓教學者能夠理解未來院內護理人員訓練作業重點、角色與職責；如何進行新進人員的特質與學習的評估；能運用教學技巧、方法、評估以及教案設計；並融入實踐於實證護理、PBL（Problem-Based Learning）、OSCE（Objective Structured Clinical Examination）等（黃穗芬、李雅文，2012）。

綜合上述，所有護理人員的護理專業知能的提升，就可以透過單位主管推薦或晉升將符合擔任護理臨床教師的護理人員，而護理臨床教師在專辦護理繼續教育時能有合理調整其職務以及賦予參與專業成長活動的權利；再分別給予教學者與學習者的獎勵措施、進修機會或辦理前的學習需求評估、調和現況與需求的落差，護理繼續教育就能激發出護理人員的學習意願與熱誠。

二 以學習者為中心的課程實踐與行動研究

有學者以系統思考觀點認爲學習者所存在的學習環境是一個具有整體系統（whole system）和生活世界（lifeworld），整體往往大於部分的總合，且具有開放性、回饋性和動態性（Flood, 2002; Kemmis, 2002）；而課程實踐也是一個主動的、有意向、具價值導向的行爲表現，且須在複雜情境中覺醒、不穩定的和價值衝突進行好的判斷，並能實行成爲一個好人，即爲實踐哲學（practical philosophy）與整體的生活哲學（林佩璇，2004）。因而進行課程革新或解決教學問題時，就能將新情境聯結到現存情形或條件之中，最後會漸漸產生新的專業學習社

群和學校文化的革新。

　　過去傳統的教學大都是以教師為中心，就是透過教師以講授的方式，如今翻轉教育的風潮下，則需漸漸轉向以學習者為中心（Student－Centered Teaching），才能符應終身學習的眞諦。最早提出以學習者為中心的理念是美國心理學家Rogers（1994），他提出是以學習者感到與自己相關連後產生有意義的學習，再經由「實作與錯誤」的過程檢討改進，進而有自發性學習、自信心的增進及創造力的培養，再經由不斷的經驗統整和自我改變以培養獨立自主、積極自律的人格。提出學習共同體的日本佐藤學教授也認為「學習者的學習實踐是與世界對話（認知實踐）、與他人對話（人的實踐）以及與自我對話（自我內在實踐）」（黃郁倫、鍾啓泉譯，2012）。在護理臨床實務上，誠如有學者引用Pyles與Stern於1983年所提出的「灰猩猩效應（gray gorilla syndrome）」，如果把它套用在臨床護理實務裡資深和新進的人員之間會存在著一種師徒關係，換句話說此效應就是靈長類動物的社會裡會有師徒制學習的特徵，而在人類社會資深優良的教學者，在群體中具有領導與指導的專家角色；也就是教學者會擔任灰猩猩的角色，是該專業群體組織裡的教導者、建議者、支持者等，促使新手社會化與順利進入專業的規範領域，因此也可譬喻為專家與生手間出現深入且互相的，以及無關性別又具愛護關係。因此，雙方漸漸形成師徒的關係，產生信任、相互包容、不分彼此、人際好感，而且，師傅與徒弟都從師徒的關係上獲得洞察、智慧，以及滿足，好似灰猩猩社會一般（陳木金與林忠仁，2009）。

　　近二年國內教育翻轉不同於以往，這回是教師由下而上進行課程行動改革與實踐；而較為眾所周知的「葉教授-BTS」與「張老師—學思達教學法」，皆源自國外的翻轉教室（flipped classroom）或佐藤教授的學習共同體，但是它們仍然有所差別。誠如學者所言翻轉教育（Flipping education）有兩種定義，一種狹義翻轉是依循「回家看影片、課堂寫作業（lecture at home, homework in class）」的操作模式，訓練學生自主學習，包括預習、做習題、討論等習慣與能力；但這不符合國內的莘莘學子，是因為上課時數和所學科目比國外同年級的學習者

多，再加上一直存在的補習教育讓這樣的翻轉教育未必可行；但另一種廣義翻轉，是類似行之有年的PBL，就是教學者把學習主動權交回給學習者，還有相互評比、共享與自我介紹等造就出屬於彼此間合適的教學模式，又好奇心和思考則是學習者學習的最佳動力，如此教學者才能不斷誘發和維持學習者的好奇心與思考；亦即讓學習者透過不斷觀摩他人猜對的答案，以及教師的詳細講解後，慢慢產生模糊的解題概念（葉丙成，2015；張輝誠，2015）。

總之透過課程實踐或課程行動研究，教學者是學習者學習知能的助產士，教學者的角色就像樂團指揮，於學習前進行課程製作與知識統整，再於課堂上擔任主持串場與引導者，把講臺讓給學習者進行分享表達與相互提問，最終使得大家共同攜手進入高層次學習境域，最後逐漸形成一個類似樂團（band）的學習型組織。

三 以病人為中心的關懷照護與生命實踐

要能落實「以病人為中心」的護理，就是要能從病人（或家屬）的觀點才能進一步理解「何謂護病與共？」以及「何謂同理心？」；由於病人是照護的接受者，而護理人員則是照護的給予者，護理養成教育是秉持社會關懷的精神，教導學習者尊重生命、關懷別人和重視溝通等，而這些也都是護理專業的核心素養（許麗齡、周傳姜，2003；邱豔芬，2012）。又學者曾針對196位住院成年病患蒐集有關對「好的護理」的看法，在經內容分析後發現病患認為好的護理需要符合滿足我的需要（providing for my needs）、愉快地對待我（treating me pleasantly）、關懷且在乎我（caring about me）、具有專業能力（being competent）和提供即時且合宜的照護（providing prompt care）等五大條件（Larrabee & Bolden, 2001）。

護理著重以人為本，亦即人的本質是善良的，人有自我實現的需求和心理潛能，只要有適當環境與教育的薰陶，人就會完成自我，發揮創造性動機與潛能。人本心理學的創建者Maslow A. H.（1908-1970），人本心理學是一講究一個整體性、存在性與意義性的取向學門，其理論取向有四種不同取向，依序為：人道是為人類利益而工作的；具有思辨哲

學意義；表現於文學藝術領域；人類是獨特的有機體（車文博，2001）。而護理是一門從生命實踐到實踐生命的學科，所以護理專業涵蓋科學知識、人文精神與藝術性格的一門專業實務，誠如學者提出若以自然與社會科學角度衡量護理專業，就能體現護理人員的助人與關懷照護之心（蔡錚雲，2013）。護理人員透過與病患家屬的互動，漸漸能開放自我與瞭解生活，所以以病人為中心的照護是一動態的改變型態、並朝向正向與積極的轉變，使護理專業人員能達成自我實現、真我實現與群我實現。

 研究設計與實施

一　研究方法

根據學習者需求與研究設計，研究者歷經發現問題、方案規劃計畫、行動、觀察與評估、省思、修正與再行動的動態循環歷程，並輔以多元方式蒐集資料。為何參酌學者所提出採用行動研究於課程實踐？本研究採用行動研究理由有：1.分析課程實踐的特性。2.探索課程實踐中所需具備的知識。3.運用行動研究即是開放與人互動、增進理解及檢驗課程知識（陳惠邦，1998；甄曉蘭，1995；林佩璇，2004）。行動研究最早由美國學者Kurt Lewin及John Collier為消弭種族間歧見、農業改革和民主政治而提出，且Lewin認為行動研究是螺旋式歷程，後來學者Stephen Corey再把行動研究運用於教育，認為教學和學習都是問題解決的歷程（Lewin, 1988a, 1988b; Zeichner, 2002; Zeichne & Noffke, 2001）。教學者角色可從課程的傳遞者與執行者，轉變為課程的決定者與實踐者，所以教學者必須與教學社群其他教學者或提供學習者共同負起課程發展的權與責。又行動研究是種知識分享的形式，教學社群在進行課程研究的知識分享過程中，可避免先入為主的好惡與偏見，透過引導對話與分享進而理解教與學的因果關係，因此行動研究能作為課程改進的有效途徑（林佩璇，2009）。

本研究以協同行動研究（collaborative action research）於某一教學醫院的護理單位，亦即針對該單位護理人員的學習需求進行研究。研

究者協同該單位護理長（以下簡稱HN/No.1）力邀資深護理人員志願參與籌組教學社群，根據護理人員所感興趣或單位主管所關注議題，透過教學社群成員的集思廣益進行學習社群學習活動的行動、觀察和自我反思等，以彙整提出改進學習活動的方案規劃，也藉由學習活動時的交流與分享，不斷促進單位主管的管理實務及增進護理人員的專業發展；換言之，就是透過解決護理人員於臨床上普遍會遭遇到的困難爲起點，透過群體學習和對話分享試圖尋求解決困難或問題。又根據研究者過去的學經歷提供多元資源整合，並持續與教學社群進行省思、修正、再行動；掌握行動研究的彈性和適應性、參酌相關文獻、教學策略規劃與執行、和評析學習方案等。

最後，幾經行動循環歷程裡找出該單位護理人員最爲適切的學習方式與內容，以構建出合適於學習者學習方案的規劃與運作模式。

二 研究參與者

(一) 研究對象

本研究探立意選樣，對象爲24位女性護理人員（HN/No.1及No.2～No.24），平均年齡28.5歲（37-23歲）；工作年資方面，2年內新進護理人員共8位，3-5年中階護理人員有7位，10-15年資深護理人員有9位；教學社群是由研究者、HN/No.1與3位資深護理師志願參與，其餘護理人員則爲學習社群的成員。

(二) 研究者的背景與角色

研究者曾擔任5年臨床護理人員、3年大學護理學系講師、7年專／兼職數位內容設計與插畫繪本創作、深耕參與各類型學習型組織與網路社群團體及其活動、多次參與整合型與跨領域研究、持續跟隨博士論文指導教授從世界咖啡館到群體深度匯談（Co-Thinking and Dialogue）的實作，以及走入中山女高張輝誠老師所開放教室裡進行1年的觀課和研習學思達教學法等。因此研究者漸漸奠定進行本研究的知能基礎養成與遇到問題時，則進行反思與尋求解決問題的思惟習性。研究者在本研

究的角色，除了是教學社群的成員與學習社群教學引導者，也擔任研究的完全參與觀察者，進行資料蒐集與分析、行動與省思，及撰寫研究報告等多重角色；並將以上資料與教學社群進行討論與反思，以做為規劃設計學習社群下次行動學習之參考。

三　研究場域與實施程序

本研究的實施是藉由二社群進行兩階段協同行動研究。首先，型塑教學社群是經由某大學護理系教授引薦與陪同，先和該單位HN/No.1會面與討論，再由HN/No.1陪同與引薦資深護理師加入討論課程的規劃與執行，在教學社群建立後經過三次對話分享，並配合單位每個月病房會議，研究者協同該社群成員進行學習社群二次學習活動的規劃與實施。

本研究依據研究目的、研究問題與文獻探討等後，研究實施程序如下（圖7-1與表7-1）：

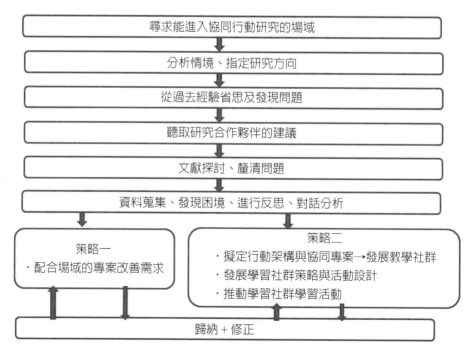

圖7-1　研究實施流程

(一) 規劃期

1. 尋求協同行動研究場域及分析情境、擬定研究方向

於2013年12月起至2014年1月，經由某大學護理系教授引薦與陪同，先和該單位HN/No.1會面訪談與討論，並觀察與理解單位學習環境與學習情形。

2. 從過去經驗省思、發現問題，及聽取教學社群成員的建議

研究者先取得研究參與者的同意，2014年1月至2014年3月陸續與教學社群成員進行群體深度匯談與情境分析，聚焦於臨床實務教學時所遇到的問題，並與成員進行對話，共同討論尋找出適切的學習方案。

(二) 執行期

1. 文獻探討與釐清問題

研究者透過過去經驗，分析學習活動前的訪談與觀察情形，並釐清問題，同時閱讀相關文獻，以尋求可行的問題解決策略。

2. 資料蒐集、發現困境、進行反思和對話分析

於2014年2月起形成一學習社群，依照教學社群給予的建議和學習者的需求與意願，形成發展行動方案及兩個策略。首先，策略一是配合該單位的護理專案改善需求，如建立教學社群、環境美化需求、參與志工服務；其次，策略二是擬定行動架構與協同專案，包括建立學習社群、發展學習策略與活動設計，如案例分析（case study）[1]、體驗學習、繪本閱讀與創作。運用「協同學習」、「分享表達」和「伸展跳躍」等，讓每位學習者透過研究者協同參與教學社群成員所設計學習活動，讓學習社群成員重新建立的學習信心與動機，運用願景、對話和活動系統，進而相互以有條理的提問思考和協同學習，讓學習者找到適切

---

[1] 案例分析（case study）是基層護理人員臨床專業能力進階制度（或簡稱護理能力進階制度）裡N2專業能力訓練重點之一：問題分析與處理，而N2（護理師二級）意指臨床工作滿二年以上，完成N2臨床專業能力訓練且通過其審查合格者才能參與執行重症病患護理。

的學習鷹架和解決問題的能力。同時，研究者針對研究問題，利用分析、蒐集資料和學習者討論，展開行動方案以解決教學社群成員教學上所遭遇的困難與問題。

(三) 結束期

行動研究著重過程的省思和調整，以作為後續教學策略的改進，因此研究者從與教學社群成員討論學習方案、整理和分析資料的過程中，反思每次的行動歷程，進而從中發現問題。並寫研究日誌將研究者自己的想法、省思，作為下一步修正行動方案的依據，和拓展下一次的教學引導，與檢視行動方案成效。亦即針對此行動方案介入後的成效進行檢視，並訪談教學者與蒐集各項相關資料，以作為成效的評估，最後提出研究報告及改進建議。

表7-1　研究實施時程與社群成員組成

時程	規劃期	執行期	結束期
成員組成	1.教學社群：研究者、HN/No.1、3位資深者（No.22~24） 2.學習社群：其他人	1.學習活動執行（研究者協同） 　第一次：教學者A（No.22） 　第二次：教學者B（No.24） 2.教學社群成員未擔任教學者則參與學習社群的學習	教學社群檢視、省思與改進

四　資料之蒐集與處理

本研究運用群體深度匯談於社群學習時蒐集質性資料，歷經懸掛假設、反思探詢、技巧性討論、注意自己的意圖、尋求辯護和探詢的平衡與建立共同意義等，使社群成員能更清楚理解怎樣通過對話與分享進行群體學習。群體深度匯談係由學者Issacs提出，他認為群體智識會經由交流歷程中產生整體意義，後有學者認為群體深度匯談能讓參與者透過彼此的對話與學習活動，產生統整與一致性智識與共識（柯雅琪譯，2001；李明芬、林金根，2011）。

其次，將三次教學社群的對話討論與二次學習社群對話分享的錄音

檔轉錄成文字及撰寫行為過程記錄（Process recording）等文本資料，以及用數位相機做影像紀錄。在文本分析將資料加以歸納後，同時也請教學社群成員共同審閱文本內容與歸類的主軸，提出回饋、以確認文本內容的詮釋與歸類。最終將研究成果書寫成學習方案報告，於每次學習活動結束後與教學社群成員對話分享時，協助研究者訪談與學習者回顧學習歷程。

最後，整個研究過程中研究者透過持續投入和觀察，分別與教學社群成員及學習社群成員間建立信任關係，同時關心整個單位護理人員的身心狀況和人際關係發展，企望獲得寬廣、深入和正確的資料。研究者在每次學習活動前，盡可能地讓自己持多元觀點，也採取文本內容的信效度，與教學者驗證以及三角驗證交叉認證資料的可信性，進而提高研究品質和可信賴度。

肆　研究發現與討論

本研究共進行兩次協同教學社群成員針對學習社群學習活動方案之規劃，第一次是配合教學社群成員A的案例分析，進行深度匯談的導引說明、繪本的導讀與製作；而第二次則是配合社群成員B的精油芳療，進行深度匯談導引、認識香草與品茗。

一　護理專業教學社群的型塑

首先，教學社群成員先由研究者和HN/No.1組成並經過三次的商討後，決議進行協同兩次行動學習方案的規劃與執行，研究者聽取HN/No.1的需求有：希望能綠化病房、促進同事間互動與團隊合作、落實以病患為中心的照護、提升新進人員的知能，及落實導引資深人員擔任新進人員的心靈導師或臨床教師等。其次，針對第一次學習社群的學習活動，教學社群成員透過相互討論與對話，研擬出第一次學習社群的學習活動內容，並推舉教學者A（是位資深安寧共同照護護理師）進行《一位青少年癌末病患的照護經驗》案例分析講述，而研究者則協助導

讀《化為千風》繪本與進行群體深度匯談主題「說出我的願望：若我是青少年，我會有什麼心願或願望？」，搭配運用紙娃娃貼紙讓學習社群成員學習五格書繪本創作。

接續針對第一次學習活動後護理人員的建議和回應，於第二次學習活動前教學社群透過相互討論與對話協助教學者B編修精油芳香療法應用於照護上學習活動內容，包括加入體驗學習精油調配和研究者協助介紹香草與品茗。最後，研究者協助教學社群成員於學習活動後重新檢視教與學，思辨從生手到專家的理路；匯集社群成員共識討論日後如何安排學習活動的流程與事宜，包括課室環境需明亮寬敞、桌椅排列需縮短教學者與學習者的距離、減少教學者的講述給予學習者多點提問機會、體驗學習可進行分組合作與競賽。發現社群成員漸漸瞭解與掌握該如何進行學習社群的學習活動規劃及運作，也更願意承擔臨床教學的責任與義務；如有社群成員回饋表示已能有獨當一面的信心，瞭解如何進行學習社群成員的學習需求調查，完成向上級主管單位申請設立臨床教師和學習社群的行政專案補助。

二 護理專業學習社群的型塑

首先，針對學習社群的第一次學習活動，教學社群成員進行工具性與知識性的操作，亦即進行群體深度匯談反思性探詢、引導對話與繪本創作，使得學習社群成員進行人性關懷的反思回饋及統整思惟的共同協作。由於教學社群成員希望同仁是自願學習，在研究者繪本導讀和簡介群體深度匯談後，有9位護理人員（HN/No.1及No.2~No.9）願意繼續參與「說出我的願望」的繪本創作，最後研究者運用戳戳樂和小獎品激勵回饋在完成對話分享自己的圖文創作的參與者，而對話分享期間有位（No.8）護理人員因身體不適而提早離席。

再者，針對學習社群第一次學習活動的狀況，教學社群成員為了要提升護理人員參與學習社群的第二次學習活動的意願，研究者提出「以學習者為中心」的概念與建議，於是教學社群成員透過私下一對一探詢第一次未參與學習活動的同仁後，發現同仁傾向喜歡體驗學習芳香

療法相關的知能以運用於臨床照護實務上。於是經過創意發想與討論後，由教學者B為主，以進行精油介紹的講述、讓學習成員體驗聞香和調配精油，而研究者為輔。亦即適時運用群體深度匯談，協助教學者B進行與成員的提問與對話，協助穿插認識常見香草植株與品茗；並透過刮刮樂，給予願意參與者及分享者些許小獎品作為激勵與回饋。結果發現所有護理人員皆全程熱絡參與到最後。

三 學習方案的實施歷程

(一) 第一次學習社群學習活動

研究者帶著9位成員製作繪本時，所有成員覺得是一種創新的學習過程，如有3位成員依序探詢與回饋研究者，譬如：

No.4：「老師（研究者），您是怎麼想到這個繪本的製作？」
No.2：「這貼紙的確讓我不太會畫畫的人可以用來做繪本。」
No.8：「請問這貼紙要到哪裡買？我想找個時間去買，然後回家教我的小孩。」
HN/No.1：「這很特別，可以重複拆和黏，不會傷害到紙耶！好玩唷！」

待所有成員完成繪本後隨即進行群體深度匯談的對話與分享，由於有一位成員中途離席，所以共蒐集到八位成員個別分享，發現每位皆並非原本立定志向就想讀護理學系，但卻都能漸漸接受護理這門學科和工作，譬如：

No.2：「十五歲時就立志要考上XX高中就考上，可是後來又要立志考上T大，卻差個幾分就考上T大護理系，但卻差幾分而考上C大護理，我想說上了T大醫院也算是有上了。」

當所有成員都體認到護理是一門助人的志業且為穩定的工作，並漸

漸重視家人與家庭生活和未來藍圖的規劃，如：

No.4：「有在讀國中的時候，就覺得比較得不到家庭的溫暖，又在叛逆期，所以對朋友很好，但對家人就是有恨。……後來考上N大護理……念了之後才覺得家人很重要，……若有一天不工作了，那就回去鄉下和父母一起養老就對了。」

No.5：「雖然我不喜歡我這個（護理）工作，可是竟然能身在其中就表示自己是可以幫助人，至少是做可以幫助別人的一件事情，後來就想好吧！在我還沒想到要做別的事情之前，那繼續當護士也OK啦！那至少是對別人是件有意義的事。」

所有社群成員都有思考到未來退休或退職的計畫，當中有4位（No.2、No.4、No.5、No.7）提到渴望在忙碌工作之餘能完成環遊世界的玩樂夢想，且有2位（HN／No.1&No.5）想走入家庭當個家庭主婦，有1位（No.6）已經利用工作之餘培養第二專長，於日後有開咖啡店的構想，有2位（No.3&No.4）會期望日後回鄉陪父母與過養老生活。譬如：

No.5：「我希望每天可以很開心的，我也是希望可以環遊世界，那現在世界還沒環完，但臺灣已經環完了。」

在研究者進行總結並拋出一個議題「聽完大家的描述後，有沒有發現覺得對哪些人有重新認識的感覺？或對誰有所印象深刻？」，所有成員都點頭示意，唯HN/No.1懇切反思後回饋，覺得自己對同仁仍不盡熟識，如：

HN/No.1：「我現在才發現真的要重新認識大家了，原來我對大家都這麼不熟。」而所有參與成員都以哈哈大笑回應主管。

最後，研究者回到案例分析，探詢成員如果自己在15-18歲生病

時，會有什麼樣的感受與體會？而有社群成員分享自己生病的體驗，如：

No.7：「那段生病的時間我發現自己是很ㄍㄧㄥ！自我要求很高，你們看我唸書時就知道了，那生病之後我就發現說不該這樣對自己，應該要做些放鬆的事情一下，讓自己做想做的事情，所以人家都是很年輕的時候就開始玩樂，可是我反而是到生病了之後，才懂得開始會出去到處玩，和朋友出去。還好我那時候有開竅。」

(二) 第二次學習社群學習活動

教學者B分享自己運用精油芳香療法於病患照護經驗後，學習活動開始前教學者B請學習社群成員填寫攸關對芳香療法的認識與經驗感受，發現學習社群成員彼此會漸漸自動形成小組討論。而到進行體驗聞香時，會有社群成員向教學者B提問，如：

No.10：「請問XX這精油的香味適合在什麼時候給予病患？可以用這個精油幫病患按摩身體嗎？」

當教學者B與學習者近距離互動，讓學習社群成員抽香味，先由研究者協助探詢社群成員依序抽完香味後，研究者和教學B會對學習社群成員進行探詢、提問與對話，如：

研究者：「你（No.3）覺得這味道可以聞聞看，聞了之後告訴我們，你的感覺是什麼？」，No.3回應：「我覺得這味道很香甜，那請問這表示我最近身體和情緒是怎樣的一個情況呢？」
教學者B：「這香味表示您最近不遺餘力要幫助別人，但也別忘了要多寵愛自己唷！」

在社群成員學習調配剛剛所抽到合適自己精油的過程中，原本大多社群成員和教學者B的距離非常遠的，等到調配精油時社群成員開始起身往前圍繞教學B與爭相動手學習調配，並有成員陸續提問，如

No.15：「請問這比例要怎麼弄？」

No.9：「那我要先倒哪一個？是先倒基底油？還是先倒精油呢？」（No.9第一次學習活動藉故中途離席）

最後，研究者介紹香草植株與種植時，有學習社群成員回應，從感官的體驗到體認植物，是個生命和產生照護關懷病患的思緒。成員也會探詢；如No.3：「原來薄荷長這樣，還有不同種薄荷，那我可以咬吃看看嗎？……」研究者採摘其中一株巧克力薄荷的葉子讓No.3直接咀嚼體驗後，如No.3：「真的有巧克力的味道，但它卻是薄荷葉，沒有巧克力……」又No.6探詢「如果我們想在病房種些香草，好像可以讓病患更舒服、心情更舒坦，但這個好種嗎？因為它也是個生命，那下次我們可以和志工們一起學習這個嗎？」

四　翻轉課程實踐行動的歷程與模式

初入該單位型塑教學社群時，研究者發現教學社群的成員雖然都是資深護理人員（專家），但在教學經驗上依然承襲講述教學方式。於是經過幾番的溝通協調和對話分享後取得共識，以漸進式將學思達教學、體驗學習與群體深度匯談等從融入講述教學到取而代之，由於教學社群成員都是透過研究者講述說明才有第一次的接觸與認識，於是全體決議由研究者配合教學社群兩位教學者分別於兩次學習社群學習活動裡示範實施到協助實施，過程裡研究者發現兩次課程實踐行動模式的雛型（如圖7-2）。

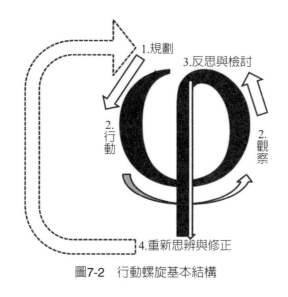

圖7-2　行動螺旋基本結構

(一) 第一次的融入

　　研究者此次學習活動前先依據教學者A所要講述內容設計出對話分享的幾個議題。由於所有護理人員都是第一次接觸不同以往的學習方式，於研究者讓學習社群成員們選出一個議題進行繪本創作及對話分享時，從原先24位護理人員參與到最後只剩8位全程參與，著實讓研究者與教學社群來不及應變與氣餒。於是研究者與教學社群進行彙整蒐集將第一次沒有意願參與者所持的理由、建議和提出有興趣的學習主題後，譬如有護理人員覺得議題太過於直接或不願意和同事進行自我揭露，於是研究者和教學社群成員於第二次學習活動前進行反思、檢討與修正。

(二) 第二次的嘗試取代

　　研究者於此次學習活動前，先進行教學社群成員的對話討論後一致推舉教學者B，由於教學者B在前一次觀摩研究者的示範後顯現出比教學者A更為積極的態度與行動。於是，由教學者B設計講義與執行學習活動，研究者則為從旁協助檢視學習內容、學習環境和應變學習者的各種回應，並於第二次學習活動後共同檢討、改善缺失、安排學習排程與

彙整日後教學者的課程實踐流程。

(三) 行動螺旋的基本模式雛型

歷經二次學習活動後，研究者發現學者Lewin（1988a, 1988b）所提出行動螺旋的形成，教學社群課程實踐行動是一個過程導向的非封閉式曲線（圖7-2），研究者發現：1.規劃：學習活動前，教學社群針對活動內容與流程進行對話分享。2.行動與觀察：學習活動中，教學社群參與活動的實施，並做觀察記錄和隨時對學習者的回應做應變與調整。3.反思與檢討：學習活動後，教學社群針對研究者所記錄的文本資料進行回顧與找出問題的原因，如探詢不願意參與學習者的理由。4.重新思辨與修正：下次學習活動前，教學社群成員會凝聚共識並提出改善策略。

伍 結論與建議

一 結論

本研究採用協同行動研究，透過以學習者為中心發現需求、計畫、行動、觀察與評估、省思、修正與再行動的動態歷程，有效解決教學社群的困難及學習社群的需求，增進護理人員們彼此的關係與互動。茲依據研究結果發現與討論，提出以下結論：

(一) 以學習者為中心，從傳統講述教學轉為學思達教學

從護理教育到臨床實務與繼續教育，一直都是採用以教學者為中心的講述教學，張老師（2015）所推的學思達教學，則是將教學者與學習者對調，讓學習者成為學習主角，透過自主學習、思考與反思，把講臺讓給學習者盡情的表達。在本研究裡，教學社群成員除研究者外，所有成員都是第一次接觸學思達教學和翻轉教育概念，於是研究者透過教學社群成員商討設計學習社群的學習活動時，透過設計實踐議題的群體深度匯談和學思達教學讓護理人員先行體驗，再漸漸將學思達教學融入

與協助於臨床繼續教育的課程實踐；於第二次學習社群學習活動後，教學社群成員已能從學思達教學的生手成為熟稔者，不斷地誘發對學習活動設計和執行的探究；而學習社群成員參與人數從少數到全部成員參與，也漸漸從只是個被動聽講者到能夠進行反思、思考、提問與對話分享的主動學習者。

(二) 透過群體深度匯談及體驗學習成就護理專業的真善美

在此研究過程中，研究者採協同行動研究並透過群體深度匯談，先讓教學社群成員相互對話分享與討論，在兩次學習活動過程中與結束後，聽取學習社群成員的提問、評價與建議，進而觸發活化教學活動和教材運用的教學實踐反思與修正課程設計與教學內容。除教學社群的課程實踐外，研究者透過群體深度匯談與議題設計，讓社群成員彼此自動形成小組討論、反思與對話分享，並透過繪本導讀和一些能動手做的體驗學習活動，即從做中學的工具性與知識性操作學習等，成員漸漸共同協作和設身處地思考、反思，對人性關懷的表達浮現。因此，所有護理人員能學習到知識的真、人性的善和美學的體驗，進而學習到護理專業是真善美的實踐。

(三) 透過課程實踐反思與修正，進行思辨生手到專家的理路

研究者在此研究過程中重新體認到：護理臨床教學一直存在著Pyles等學者所提出的灰猩猩效應，即在護理臨床實務上，單位會有資深且優良的教學者，但他們並非是單位的主管，而是成為其他護理人員領導與指導的專家角色；換句話說就是該單位的教導者、建議者、支持者等角色，包括如協助新進護理人員儘早融入單位文化，和順利進入專業規範，而這些教學者和新進人員，如同專家和生手彼此會漸漸形成相互信任與包容的師徒關係。因此，研究者參與觀察教學社群教學設計和學習社群的學習活動後，教學社群成員經過對話分享，能產生出發願心和接受單位主管和研究者的召喚，主動參與課程實踐的共同協作。此外，教學社群成員除單位主管外，其他成員較能讓學習社群成員敞開心房進行互動與學習，而學習社群成員就像是生手，能在教學者的引導教

學和從做中學體驗與反思，進而與教學社群對話與提問。

二 建議

(一) 運用翻轉教育觀點，落實於護理人員繼續教育與政策推動

面臨社會大環境和民眾健康照護需求，護理教育者必須能勇於面對各種層出不窮的困難與接受挑戰，並主動負起變革的重任，設計符合護理人員學習需求的課程，協助護理人員於健康照護醫療體系裡發揮所長、貢獻所學與提升護理品質，以不被其他職系所取代。一直以來，護理教育的推動仍然是由上而下，希望透過此研究改以由下而上的翻轉教育實踐，可讓更多護理教育者和健康照護體系行政管理者重新審視，進行另一波以學習者為中心的教學變革。

(二) 從答案導向學習轉為過程導向學習

以往護理人員培育政策為配合「教、考、用制度」，都是以問題為導向的學習，像PBL教學也曾在護理教育界運用於教學，然而「問題」所對應的是「答案」，所以不論是講述教學或問題導向教學，其實仍然是以答案為導向的教學。但護理此一學科是很重視「照護時，護理人員與病患的互動過程」，這和教育一樣是「教學時，教師與學生的互動過程」；因此，二者其實都是以過程為導向，在護理界基礎養成教育一直以來，就有運用行為過程記錄之蒐集資料方法於臨床的學習與實作上。而本研究蒐集的文本資料除錄音資料轉錄外，研究者以完全參與觀察者的角色，於每次社群活動後的24小時內，將前述文本補充說明，撰寫行為過程記錄以求完整，以利研究資料的分析。其可作為未來研究的延續，亦即將研究結果作為「下一個型塑護理專業學習社群」與「以過程導向學習」之參酌。

(三) 建構多元面向的護理專業社群，以提升照護品質

子曰：「三人行必有我師」，護理專業社群可以自組教學社群與學習社群，創新設計於課程實踐，透過社群成員彼此共同協作之反思性

探詢和引導對話，養成自主學習、批判性思考及溝通表達等能力於專業照護與護病互動及關係；且讓護理人員於參與繼續教育的終身學習的過程中，不再受填鴨式講授教學的影響，轉而培養出具團隊合作精神和生命關懷的護理專業人員，以滿足護理人員個人的自我實現，並符合護理界所明訂的八大核心素養。因此未來研究，可以朝向擴大推動活化教學，如運用群體深度匯談開設生命故事敘說的學習活動，讓護理人員成為學習的主角。亦即透過彼此對話與分享，主動學習，以達翻轉教學的變革真諦，增進護理人員人性關懷的知與行，且與病患家屬建立起互信、互重、同理與共在的關係，減緩醫院臨床上護病衝突事件的發生。

參 考 文 獻

李明芬、林金根（2011）。社群領導人的生命轉化歷程與整全實踐之旅——深度匯談的個案研究。（working paper for submission）

車文博（2001）。人本主義心理學。臺北市：東華。

林佩璇（2004）。邁向課程實踐理論畫的行動研究。教育研究集刊，**50**（3），123-143。

林佩璇（2009）。課程行動研究的實踐論述：從自我到社會文化。教育實踐與研究，**22**（2），95-121。

邱豔芬（2012）。護理的核心素養。取自http://podcast.tmu.edu.tw /podcast/download/1247

柯雅琪譯（2001）。深度匯談：企業組織再造基石。（W. Isaacs原著，1999年出版）臺北：高寶國際出版。

張輝誠（2015）。學‧思‧達——張輝成的翻轉實踐。臺北：天下。

許麗齡、周傳姜（2003）。護理課程改革與課程發展-從理念到實踐。護理雜誌，**50**（4），71-75。

陳木金、林忠仁（2009）。從教育政治學看同儕灰猩猩效應對教師專業學習社群的啟示。取自http://www3.nccu.edu.tw/~mujinc /conference /4-38.pdf

陳惠邦（1998）。教育行動研究。臺北：師大書苑。

黃郁倫、鍾啓泉譯（2012）。學習革命：從教室出發的改革。（佐藤學原著，2006年出版）臺北：親子天下。

黃穗芬、李雅文（2012）。護理部教師培育現況。教研創新季刊，**4**，7-8。

葉丙成（2015）。為未來而教：葉丙成的**BTS**教育新思維。臺北：天下。

葉秀真（2010）。談臨床繼續教育與專業成長。志為護理，**9**（1），22-29。

甄曉蘭（1995）。合作行動研究——進行教育研究的另一種方式。嘉義師範學院學報，**9**，297-318。

劉玉珍（2000）。護理人員專業繼續教育需求、參與現況與專業成長之相關研究（未出版之碩士論文）。國立高雄師範大學成人教育研究所，高雄。

蔡錚雲（2013）。照護知識的藝術性格。護理雜誌，**60**（4），5-7。

Flood, R. L. (2002). The relationship of systems thinking to action research. In P. Reason, & H. Bradbury（Eds.），*Handbook of action research: Participative inquiry and practice* (pp. 133-144). London: Sage.

Kemmis, S. (2002). Exploring the relevance of critical theory for action research: Emancipatory action research in the footsteps of Jurgen Habermas. In P. Reason, & H. Bradbury (Eds.), *Handbook of action research: Participative inquiry and practice* (p. 91).

Larrabee, J. H., & Bolden, L. V. (2001). Defining patient perceived quality of nursing care. *Journal of Nursing Care Quality, 16*(1), pp. 34-60.

Lewin, K. (1988a). Action research and minority problem. In Deakin University Press (Ed.), *Action research reader* (pp. 41-46). Victoria, Australia: Deakin University.

Lewin, K. (1988b). Group descision and social change. In *Action research reader* (pp. 47-62). Victoria, Australia: Deakin University Press.

Rogers, C. R. (1994). *Freedom to learn.* New York: Merrill.

Zeichner , K., & Noffke, S. (2001). Practitioner research. In V. Richardsone (Ed.), *Handbook of research on teaching* (4 ed., pp. 298-330). Washington, DC: American Educational Research Association.

Zeichner, K. (2002). Educational action research. In P. Reason , & H. Bradbury (Eds.), *Handbook of action research: Participative inquiry and practice* (pp. 273-283). London: Sage.

新世代大學生的價值需求：M. Nussbaum詩性正義與課程實踐

楊宏琪

國立臺北教育大學課程與教學傳播科技研究所博士

摘　要

　　高等教育學子素質之良窳干係著一個國家之未來發展，臺灣近年來為了提升自己國家學子的競爭力以因應當下詭譎多變的全球社會，開啓了一系列的教育改革方針，這些方針一方面針對舊課程內容尋求改變；另一方面，則以培養學生的批判性思維爲主，讓他們有能力去檢視社會的不合法與非正義情形。但此改變對於當下正在接受高等教育的學子們而言，眞是否足夠？從官方角度而言，臺灣教育雖有如此變革，但反應在實務端又起了多少漣漪。筆者感於當前的教育研究多從官方層面進行論述，少以學生角度出發，自然也就忽視高等教育學生之價值需求，更遑論以此所作的一種課程實踐。爲了貫徹本研究之初衷，筆者先透過訪談自己的學生與營隊所帶領的大學生及研究生，結果發現他／她們自認在「學習態度」、「非主流認同」、「自我反省」、「批判思考」甚至是「同理及關懷弱勢」等方面的能力均不足。故作者參照M. Nussbaum「詩性正義」觀點，主張未來教師的課程實踐應是一種在

「正義」與「美學」之間所進行的一種價值型塑。為了加強此觀點之說明，本文最後引介了一名中學教師的實際課程實踐方式，一方面闡述「正義」與「美學」之理念如何作為引導學生價值型塑的課程實踐；另一方面，也顯示如何從價值需求到價值建立，讓學生理解到自己的價值是由自己所建立而非教師所灌輸，方能使學生更沉浸於學習的氛圍中。

關鍵詞：高等教育、學生價值需求、M. Nussbaum、詩性正義、課程實踐

壹　前言

　　臺灣的教育改革每年都如火如荼地在進行與更動，而教育口號也隨著時代的更迭而不斷推陳出新，從當時的九年一貫課程到當下的十二年國教，從學生為主的學習方式到彼此共學，每年都有不同的步伐在行走，但我們走的路真的是往前進嗎？難道不曾有人質疑或停下腳步並重新檢視來時路嗎？在這眾多的改革浪潮中，究竟有誰心中明確清楚知道臺灣教改的藍圖與方針？而每次的改革口號都說是基於學生的訴求與提升國際競爭而來，但這些改革的內容有真正聆聽過學生的需求嗎？接受過這些改革內容的新世代學生們，面對政府的不聞問或無能作為，他／她們已不願意再做沉默的一群，於是有學生開始靠自己的方式尋求發聲，如網路及即時通的介入。當學生的價值觀漸被解放時，他／她們開始關心時事並積極參與政治活動，希望將學生的角色能從過去被忽略或被邊緣化的位置轉移到一個能夠發聲之處，於是學生們開始透過各種管道去表達自我對國家社會與教育的關懷與不滿。這股由價值觀改變所醞釀出的反動力量，分別在「太陽花學運」與去年12月的「九合一縣市長大選」初啼破曉，此結局不僅跌破許多黨派資深大老的眼鏡，也同時凸顯新世代學生的價值所展現出的力量是多具影響。

　　此新興勢力逐步成為當下的政治新寵兒，讓學生們開始找尋自己的聲音與建構自己的價值意義。從學生意識的醒覺到社會運動的參與，學

生族群的能量開始發燒，此對教育改革而言，不僅成為當前一股不可被忽視的力量外，也為臺灣教育提供另一種的生命契機。但此契機仍屬於萌芽階段，故筆者感於此仍有許多可努力及鑽研之處，且在構思本文結構與內涵時，亦見芝加哥大學學者Martha C. Nussbaum（1947-）的教學方式，她曾說：

> 事實上，由於我被要求授予的課程是法律與文學，我採用的教學方式是說故事（storytelling）……我們討論了與文學作品有關的同情與仁慈，公共判斷中的情感作用，以及什麼是影響我與他人之間關於想像的差異（Nussbaum, 1995: xiv）。

從她自述的教學方式中，筆者驚見「說故事」與「想像力」的教學方式是如何啟發學生及影響學生。此方式讓學生的學習歷程不再只是記憶與背誦，而是在想像與敘述之間編織新的知識意義，讓學生成為知識的締造者，而不單單只是知識的接收者，而筆者亦由此萌生撰寫本文之企圖。

筆者以學生的價值需求為起點所產生的一系列研究作為，主要以深度訪談的問卷調查方式作為蒐集資料的方法，並輔以Nussbaum正義與美學之理念以整合成一種課程實踐，締造出不同以往由上而下的知識價值。

貳　理解高等教育機構學生的價值需求

二十一世紀的教育模式已不是遵循經典或聽從教師講述便能滿足學生價值需求的年代，畢竟在這一個多變與競爭的時局下，任何情況都有可能發生。如果高等教育機構學生所學習的內容無法滿足他／她們或因應日常所需，他／她們便有可能開始從學習中逃跑或對學習漸漸失去熱忱。若此情形持續惡化，未來臺灣高等教育學生恐無法迎接與因應當下全球化的高度競爭。為了確切理解學生的價值需求，筆者以「立意取向」的方式，選取自己的學生、大學生與研究生進行訪談研究，以期理

解學生的價值需求。

在蒐集資料的過程中，筆者先請學生細讀問卷內容（參閱附錄一），並確認他／她對題意的是否理解，爾後才請他們作答。本文以訪談作為蒐集資料的方式，期望蒐集到當下高等教育學生的想法以及價值需求，以作為教師課程實踐的參照。

一　研究蒐集與資料提供者的基本資料

參與本研究的高等教育學生共有25名，其基本資料如下表8-1所示：

表8-1　受試學生基本資料之統計表

	大學生	研究生
男	4	3
女	9	9
合計	13	12

根據上表內容，得知本研究的受訪者大多為大學生與研究生，他們雖然目前仍是學生狀態，但卻也同時代表未來臺灣發展的主人翁。在這群平均年齡不到24歲的受訪者中，每一位學生所反映的價值需求均是本研究之關注點外，該如何以此作為引導教師課程教學之實踐，也乃本文之企求，以作為展望臺灣未來的教育實踐。

礙於筆者個人之財力與能力之限制，在樣本抽取上並無法採用大樣本的隨機抽測，故在推論上勢必有所限制。為了克服此缺失，研究者改以深度訪談的方式彌補此缺陷，期望獲得學生價值需求之際，以反映他／她們的內在世界。本研究雖只是小樣本，但透過嚴謹的方式卻也能展現出大思維。也就是說，筆者以這群學生所反映出的價值需求作為一種課程實踐，期望能反映當前高等教育機構的課程忽視學生價值需求的現象並尋求改變。

二 學生心中的價值需求

在研究選項中，研究者對這群參與者進行了初步之分類，考量點乃基於大學生與研究生之價值需求應該會有所不同。研究群體主要分成「大學生」與「研究生」兩類進行分析。本問卷題項主要有六，以下茲將學生的反應依序整理，以呈現他／她們的價值需求：

(一) 研究生心中所反映的價值觀

1. 你／妳個人於學習上的價值觀

在男研究生部分的學習價值觀方面，以「尊重差異」與「勤能補拙」為主；在女研究生部分，以「主動探究知識」、「尊重與對話」、「多方聆聽不同的意見，進一步識讀判斷決策資訊，屏除人云亦云的心態」。不論是男生或是女生，在個人的（學習）價值觀上，幾乎都展現出研究生該有的積極進取心態。

2. 你／妳認為臺灣當前的大學生與過去的（五年前）大學生的差異點為何？

在男研究生部分，主要認為現在的大學生表現力強、自信高，但自制力卻相對薄弱。在金錢價值觀上，現在的學生購物慾比較強，比較敢花錢；至於在女研究生部分，她們認為當下的學生非常強調「自由平等與公平」，認為學習權應該在自我身上而非師長身上，在學習的方式上與過去僅需熟記課本的知識內容彼此間有很大的不同。「師生關係」也從過去的上下階層轉為「平等互助」的亦師亦友角色。對此，有學生指出更精確的看法：

> 當前大學生較有自我思考意志，能夠透過即時通訊軟體或3c科技產品網絡快速散播思想或主張，面對政策或與他人意見相左時，也能根據一套邏輯推演及批判論述後設說明自己同意或不同意的論點何在，而非僅是如過去的（五年前）大學生被動式接收訊息（20150913訪談）。

就此而言，不論是男研究生或女研究生均提及當下的學生在學習管道與自信上，相較於過去的學生均來得多元與強烈。但這並非全然是優點，因為在所蒐集到的資料中有研究生亦批評當下的學生太過「沒有責任感」，面對事情時只想著該如何出風頭，而不是好好地把一件事情完成。所以這群研究生認為未來的教師課程實踐中，應該讓學生擁有更多負責與擔當的機會。

3. 你／妳認為臺灣當前的學校教育是否有助於你／妳做價值判斷？

根據統計（參閱下表8-2），在男研究生部分，有兩位認為可以，而有一位認為不行。持認可的同學認為現今的課程已趨於豐富與多元，觸及的面向相較於過去能更貼近臺灣當下的社會脈絡。持反對者則認為現在的學校教育仍屬於填鴨式教育，缺乏給予學生獨立思考的空間；在女研究生部分，有兩位認為學校教育有助於自我作價值判斷，有一位則認為完全無法，剩下的六位同學則視情況而定。持正面立場的研究生而言，認為研究所的教育與老師比較會鼓勵思考，而不是只是要求答案而已，所以在這方面是有助於自我的價值判斷。對於持否定態度的學生而言，其主張家庭教育的影響會甚於學校教育。至於剩下的研究生則認為國內的「升學主義」依舊盛行，而老師的教學又多傾向「講述式教學」，無法落實多元教學與互動討論的精神，故難以培養學生自我判斷的能力，以至於連自我的價值需求恐都不清楚。

表8-2 學校教育能否促進研究生事物判斷之反應表

	男研究生	女研究生	合計
贊成	2	2	4
中立立場	0	6	6
反對	1	1	2

4. 你／妳是否支持學生參與「太陽花學運」與「反課綱遊行」？

根據統計（參閱表8-3），在男研究生部分，有兩位支持，一位反對。支持的人均認為學生應該有表達自己聲音的管道，而不支持者則認為那些學生根本只是被那些政客所蒙蔽，許多問題並未釐清便冒然發起

社會運動，這只不過爲政治作嫁；在女研究生部分，七位贊成的理由大部分傾向學生是一群長期受到政黨、國家及師長所壓抑的一群，而這次的運動正好凸顯學生們的思想與實踐力。持中立立場的學生，則認爲遊行運動並無法解決問題，只會造成社會大眾對於學生的誤解。社會議題的涉入，是未來教師課程實踐中不可避免的一環，但如何在課堂中爲學生型塑正確的價值觀與實踐，也是學生們所在意的。

表8-3　研究生對於「太陽花學運」與「反課綱遊行」之支持度表

	男研究生	女研究生	合計
贊成	2	7	9
中立	0	2	2
反對	1	0	1

　5. 你／妳認爲臺灣當前社會最欠缺的是何種「價值」？理由？

　　在男研究生部分，幾乎異口同聲的說「包容」與「尊重」；至於在女研究生方面，則是意見非常分歧，只有兩位學生共同提及「同理心」乃現在臺灣最欠缺的價值觀。至於其他答案則有「倫理」、「認錯與改進」、「自強」、「重視勞工的價值」與「國際觀」。也就是說，未來教師的課程實踐，若能提供這些內容予以薰陶學生，勢必能培育更多優秀的人才。

　6. 你／妳認爲臺灣未來的學校該提供何種價值教育給學生學習？

　　在男研究生部分，幾乎有志一同的認爲學校的教育應加強如何與他人互動及培養關懷同理之心。此外，有一位同學提及「世界咖啡館」的概念，期望老師能以互動式的教學促進學生的腦力激盪；在女研究生方面，有學生提及臺灣的「國家認同」意識十分薄弱，應該適時引導學生多關懷與認同自己的國家。另外，有五位學生認爲「公民意識」、「承擔責任」與「批判思維」爲當前臺灣學生所欠缺的素養。此外，有研究生認爲「國際觀」與「環境教育」等的議題乃當前學生不足之處。也就是說，未來教師的課程實踐，若能給予學生更多在「公民意識」、「承擔責任」與「批判思維」方面的訓練，方能協助他／她們因

應這詭譎多變的全球社會。

(二) 大學生心中所反映的價值觀

1. 你／妳個人的價值觀

在男大生方面，認為學習要全力以赴，且適時地表現自我，追求主流價值的認同外，還要同時創造自我盈利的空間（如買房或當房東）；關於女大生方面的回答，有學生認為不論是物質或社交，都應該走「簡約」風格。此外，有大學生認為自己不將學習侷限於書本範圍，她認為周遭的所有事物都有值得學習之處。有四位同學則表露的是自我在金錢使用上的價值觀，對於金錢的使用比較敢花（但不是亂花），需要什麼就會買。其餘的兩位同學則認為為人謙遜，沒有所謂絕對真理的追求。

2. 你／妳認為臺灣當前的大學生與過去的（五年前）大學生的差異點為何？

在男大生方面，大部分認為主要的差異在於心態與積極性，五年前的學生比較能吃苦，五年後的學生因為受到「國際化」與「社會價值觀」的轉變，比較喜歡表現自我但不愛承擔責任；關於女大生方面的回答可約略分成幾部分：(1)有五位同學認為當下學生於學習上比較不積極，沒有責任的承擔力。(2)對於社會議題的參與展現高度活力：以往的學生對於公眾事務比較不熱心，但現在的學生卻愛參與與批評時政。(3)學習的管道更加多元：不論是做筆記、學習的設備與資料的形式（教材數位化）都與過去極為不同，方便我們學習與攜帶。

3. 你／妳認為臺灣當前的學校教育是否有助於你／妳做價值判斷？

根據統計（請參閱表8-4），在男大生部分，基本上是持中立與負面觀感的人比較多，他們認為學校所教授的知識都是主流文化或上層階級的意識型態，與自我的生活圈相異甚遠，故認為比較無法協助自我進行價值的判斷；至於女大生方面的答案則比較持平，持支持的學生認為當前的學校教育會讓我們觸及不同的族群、環境，讓我們比較能體會多元的世界觀。至於持中立的立場者則認為自己屬於理工科的學生，所接

觸的大部分是機器，很少能有價值判斷的機會，所以比較無法體會。關於反對者的理由則認爲「升學主義」在臺灣依舊盛行，知識內容的學習依舊圍繞考試，這根本無法讓學生能夠獨立思考。也就是說，未來教師的課程實踐重點之一應將心力擺放在該如何訓練學生批判思考，而不只是一再灌輸舊知識。

表8-4　學校教育能否促進學生事物判斷之反應表

	男大生	女大生	合計
有	0	3	3
中立	2	2	4
完全沒有	2	4	6

　　4. 你／妳是否支持學生參與「太陽花學運」與「反課綱遊行」？

　　根據統計（參閱表8-5），在男大生部分，持中立者比較多，他們認爲學生有自我的立場很好，但不該過分投入，影響了自己的求學。支持者則認爲臺灣的政黨政治本來就明顯的偏離學生立場，這兩個運動的興起反而凸顯學生的重要性；在女大生方面，有兩位學生勾支持並同時表明學生必須清楚自己的立場與目的，這樣才會支持，否則一昧盲從，這兩位大學生也是反對的。持中立立場的大學生認爲每個人都可以有表達自我的機會，但不要本末倒置與抨擊他人的選擇。至於反對者的立場，她們大都認爲參與學運或反課綱者，有很多是弄不清楚狀況的，導致遊行的意義大打折扣。就此而言，未來教師的課程實踐若可以加強時事議題的納入，讓學生的學習不會與當下社會脈絡脫軌，反而更能激起學生學習的熱忱。

表8-5　學生對於「太陽花學運」與「反課綱遊行」之支持度表

	男大生	女大生	合計
支持	1	2	3
中立	2	2	4
反對	1	5	6

5. 你／妳認為臺灣當前社會最欠缺的是何種「價值」？理由？

根據四位男大生對於臺灣當前社會最欠缺何種「價值」的回應，其答案南轅北轍，分別是「對學習的渴望」、「國際觀」、「金錢」與「多元文化觀」；在女大生方面，粗略可以分成三個面項：(1)同理心與尊重包容：她們認為當下的臺灣人民比較無法忍受與自己觀念不同的個／群體，故才會導致許多紛爭。(2)判斷是非與獨立思考的能力：她們認為臺灣人不擅長與喜歡思辨，只喜歡盲從。(3)刻苦耐勞與節儉：她們認為當下的臺灣人喜愛追求時尚與精品，注重外在的物質生活享受，無法吃苦。

6. 你／妳認為臺灣未來的學校該提供何種價值教育給學生學習？

在男大生部分，其認為未來的學校教育應該注重「學習態度」、「非主流認同」、「自主學習」、「倫理道德的教育」與「社交溝通」；在女大生方面，其認為學校教育宜傾向「教導更多與社會現實面有關的知識」、「自我反省」、「批判思考」與「同理及關懷弱勢」。就此而言，未來教師的課程實踐除了應培養學生的自主與自治能力外，更應重視倫理道德及溝通等方面的能力，讓學生更有自信因應未來趨勢。

三　整體學生所反映出的價值觀

整體而言（參閱表8-6），整體學生對於當前學校教育是否有助於自我進行價值判斷，支持度約只有0.28，比反對的0.32略低。也就是說，當前的學校教育雖讓學生不滿意，但仍舊有改善的空間。至於在參加社會運動方面，支持者為0.48，較反對者的比例0.28為高。也就是說，這些受試的學生們大部分仍贊成學生可以表達自我的立場，而不再只是默默接受的那一群。至於負面的評價上，有學生認為當前的學生只在乎追求名利，不在乎「責任」與「承擔」，導致許多事情成為追求「出風頭」的代言詞。但就此點而言，林玉体（2002：182）曾述：

吾人不能怪大學生如何不負責任，如何不勤奮向學，如何不進

德修業。上行下效，且劣質反而當貨，學風落到這種地步，元
兇當然是系主任、院長及校長，而校長更是最不可恕。

上述的引文旨在澄清關於學生的價值觀陶冶，師長的身教影響占有
舉足輕重的地位，師長的一言一行，均可謂學生價值型塑之楷模，其影
響之大與深，也凸顯出學生之價值觀與教師有甚深的關聯。

表8-6　資料提供者的整體價值觀審視表

		男生	女生	平均
當前的學校教育是否有助於你／妳做價值判斷？	支持	2/7	5/18	0.28
	中立	2/7	8/18	0.4
	反對	3/7	5/18	0.32
對於「太陽花學運」與「反課綱遊行」之支持度	支持	3/7	9/18	0.48
	中立	2/7	4/18	0.24
	反對	2/7	5/18	0.28

上表6顯示受試學生對學校教育之觀感以及他／她們對於當前教育
改革之意見。筆者統括這些意見，發現到學生的價值訴求大部分是落在
「學習態度」、「非主流認同」、「自我反省」、「批判思考」甚至是
「同理及關懷弱勢」等需求上，若未來的學校教育能依此需求加強學生
的學習內容，設計出符合的課程，勢必能讓學生更樂於學習。基於此理
由，筆者援引了Nussbaum的詩性正義之內涵及其課程實踐方式，轉化
至課堂的課程教學上。

Nussbaum詩性正義理念之闡述以作為學生價值需求之輔助

就1948年《世界人權宣言》中關於教育目的的闡述：文中指陳教
育應是充分發展人性並加強對人性及基礎自由的尊重。教育的最終理想

是要促進各個國家、種族和宗教團體之間的理解、寬容和友好。爲了讚揚人類愛好與和平相處的價值，她從古希臘羅馬文化的經典著作中找尋靈感，以堅實塑造她那兼具「正義」與「藝術思維」的「詩性正義」學說。此學說是一種弘揚人文理想的教育模式，不僅具體表現出一位知識份子該有的社會責任與態度，更傳達出知識份子任重道遠的經世濟民楷模。Nussbaum之所以能有如此悲天憫人的胸襟，除了長期浸淫於古希臘羅馬古典文化和哲學思想外，更重要的是她本身的家庭即融合印度、義大利、德國與英格蘭等的血統。在這複雜的體系下，讓她有更多元的生活體驗與同理心，進而才能將此能量轉換至學術思維與各種議題上予之探究，其理論的廣博使其研究觸角得以蔓延至倫理學、哲學、法律、動物正義與全球化等範圍，促使她成爲一位學富五車與實踐性的學者（楊宏琪，2012）。她如此筆耕不輟地探討各項主題，並思索公民教育改革議題的問題與改善方式，這些內容的提出與對弱勢之關懷同時也是這群新世代學生們極關注與參與的話題，兩者之間似乎有著共鳴處，這也就是爲何筆者會在此引介Nussbaum的「詩性正義」概念。

　　Nussbaum的「詩性正義」作爲教師課程實踐的輔助，談論的是如何培育一位公民該有的認知與願景。而學生身爲一個國家之公民，其行爲舉止要被教導，而價值觀感也必須經由討論才能內化成爲內心準繩，這一切的過程無非在避免教育走向灌輸的宰制模式。《詩性正義》中關於公民養成之處，Nussbaum以「能力取向」（the capabilities approach）的養成取代過往「道德教條」（moral doctrine）的規範灌輸。對她而言，「能力取向」[1]除了是結果導向的思維外（楊雅婷譯，2008b），它同時也是一種思考「公益社會」爲何的價值思考（楊雅婷譯，2008a）。不論是結果或價值的思考，除了是Nussbaum詩性正義的核心要領外，也證明她之理論有部分取經自古希臘學者Aristotle的身

---

[1]　這種取向無法聲稱爲一種完整的道德教條或政治教條，因爲我們無法保障這些給予公民的基本權利是完善的，或許這些內容在某種程度上也是一種傷害。Nussbaum的理論有許多地方與學者Thomas Scanlon所主張的「倫理形式的契約論」（contractarianism）有許多雷同的地方。

上。由此所衍生出民主社會的公民，基本的素養是一種能力展現，這有別於過去衡量公民素質的方式大都以「一個國家的生活水準或品質」去評斷。

關於Nussbaum詩性正義如何作爲資本主義社會中的一項培育能力之作爲，以下將就相關內容一一闡述：

(一) 培養世界公民爲主要目標

《詩性正義》一書雖是Nussbaum在1995年的作品，但其所倡導之概念卻不因時間的流逝而蕭瑟。此點我們可從Nussbaum的後續相關著作，如《不爲功利》[2]、《開創潛能：人類發展取向》等書的內涵看出端倪。世界公民的培養是對功利主義的反思與逃離，在Nussbaum一系列的著作中，其論述的思想總是對「新自由主義」這種極度經濟市場導向思維的批判與反省。在《詩性正義》中，她以狄更斯的小說《艱難時世》（Hard times）爲材料，對經濟學及功利主義所帶來的種種弊端進行揭露與批判，並在這種批判上提出一種雜揉藝術與文學的越界思維，兼融正義和司法標準以建構更理想之生活情境（Nussbaum, 1995）。

1. 反思經濟物化原則的弊端

Nussbaum（1995）指出，成本－效益分析的經濟學功利主義或法律經濟學，首先會帶來人的「物化」並使人喪失人之尊嚴。因爲功利主義從不將人視爲一個完整的「人」，而只是將人視爲一種僵化的物品而已。所以對人這種物品而言，有哪些可以被計算或是算計，這才是功利主義首要關注的。對此Nussbaum（1995）非常反對，這與她從古希臘羅馬之哲學中體悟到人的意義與價值十分有關。因爲在當時，人是具有高度自由與尊嚴，但現今社會人的價值卻被物化而蕩然無存，所以她才藉由詩性正義的方式對經濟物化原則進行反思。

值得注意的是Nussbaum反對的是經濟上將人視爲一種物品，但不

---

[2] 大陸譯版爲《告別功利：人文教育沉思錄》（Not for profit）。

代表她全然否定經濟學的貢獻，為了聲明世界公民是一種具有廣泛思維的能力，她甚至主張經濟學可以和其他社會科學建立互補，並藉此用以重新描繪人，而不是簡單和粗糙地將人當作物體來看待，以凸顯人的獨特性和豐富性（Nussbaum, 1995）。人的主體特色不應該被埋沒在經濟思維的非人性宰制下，這樣的宰制思維對全體人類的幸福而言，除了是一種侷限也阻礙了人類的發展。

2. 重視人特有的豐富性想像

Nussbaum（1995）反對經濟至上的論述表態，改以「想像」和「同情」的態度去觀察個人及其與他人的互動。她不僅強調把「人」當人看，她同時也強調把「物」當人看，將物擬人化的思維是要培養人們對於世界豐富性的理解，這同時也是培養世界公民的條件之一，即是要培養學生對自我以外的人事物有著更深刻的體認與瞭解。因此，要求判斷者應儘量站在「中立旁觀者」的立場，儘量以同情的態度去瞭解每一個獨特個體所處的獨特環境，以「奇想」（fancy）[3]和文學想像去擴展一個人的經驗邊界。透過「奇想」的方式去瞭解每一個公民內心世界的豐富性和複雜性。

「奇想」是人類具有想像與創造力的一項基石，Nussbaum（1995）認為如果我們放棄了「奇想」，我們就等於是放棄了我們自己。此外，單憑實際知識與邏輯，公民們也不可能處理現實這麼複雜的事情，因此需要一種想像力，想像別人在其處境中可能產生的情感、希望和欲望的能力。由此觀之，如果按照Nussbaum的思路而言，人類異於其他生物的特色之一就是在於人類能夠想像，但這樣的想像如果受限於經濟或其他因素的限制，對人類追尋全體幸福而言，有百害而無利。

3. 世界公民

這裡所謂的「世界」，指的是一種多元的文化世界。在這多元奇異的世界中，Nussbaum（1995, 2010, 2011）認為培養公民的世界視

---

[3] 奇想：瞭解每一個公民的內心世界的豐富性和複雜性。

野，是可以美學的思維去「想像」不同於自我之外的各種人事物的存在意義。為了要成為世界公民，學生們也必須具備豐富的學識涵養，才能對於各種不同的處境做出適合的判斷（孫善豪譯，2010）。在《培養人性》一書中，Nussbaum（1997）的焦點之一談論的是「世界公民素質教育」，她運用了古希臘哲學家（或更具體的說是犬儒學派『Cynicism』）Diogenes（412-323 B.C.）[4]等人的理論，進而引伸出「世界公民」的理念，同時也反思當代解構主義Jacques Derrida（1930-2004）或後結構主義學者Michel Foucault（1926-1984）的思想。但嚴格來說，「世界公民」的理想，並不是Nussbaum首創，而是在Diogenes的答話錄中便曾出現的一個跨國性的身分認同。以下是Nussbaum對於Diogenes的解釋：

> Diogenes過的是一種剝除了由習慣和地位所提供的保護外衣的生活。他選擇離開自己出生的城邦，大膽拒絕了財富和權勢，因為他害怕失去自己的自由；他過著貧窮的生活，最著名的是，他以廣場上的一個桶子當作是自己的「家」，以表明他對習俗和舒適生活的蔑視（孫善豪譯，2010：75）。

依照Diogenes的說法，要成為一名世界公民就要從舒適、溫暖的環境中「流放」（exile）（Nussbaum, 2002）。由此可知，Nussbaum之所以會將Diogenes的「世界公民」概念作為其教育的方式，其深層的意義在於引導學生不要讓習慣成為一種安逸的藉口，唯有不斷的去質疑、反省那些習以為常的保護傘，才能免於「死於安樂」的狀態，也才更能體會世間不同文化、族群的疾苦。

---

4 他認為「自由」是人世間最為珍貴的物品，貧窮應當與心靈的自由結合。這些令人訝異的反應，是如何與Socrates的民主理想相契合，答案就在於「作為一個世界公民」。犬儒學派最重要的功能，就是引發思考如下問題：對於全體人類而言，什麼才是最具意義的。

(二) 詩性正義的內容以培養能力為主

要發揚一種人文、致力於增加每個人的「生存、自由和幸福追求」的機會民主，一個國家必須培養其公民哪些能力（Nussbaum, 2010: 25-26）：(1)不遵守傳統權威。(2)將公民同胞視為享有平等權利者的能力。(3)關心他人生活的能力、理解政策的能力。(4)想像影響人生的各種複雜問題的能力：如青少年、成年期的問題。(5)以批判性思維判斷政治領導人的能力。(6)將國家的優點看作整體的優點，而不是僅限於個人。(7)將自己的國家視為複雜世界的一部分：要解決這種跨國的問題，則要求明智的、跨國的深思熟慮。這些能力的要求是Nussbaum認為一個公民所需具有的基本素養。倘若一個社會需要的是這樣的公民，那麼學校教育能為此提供出怎樣的教育內容。

1. 學校教育要為公民意識作出的教育涵養

學校要設計一種教育方案教導學生公民意識，但在這之前，我們必須理解在培養負責任的民主公民的道路上所面對的種種問題。我們才有可能將社會的需求轉換到學校教育的內容上。儘管如此，Nussbaum（2010: 45-46）認為在一個健全的民主中，學校能為公民提供以下的教育內容：(1)培養學生從他人的角度觀察世界的能力。(2)教育學生正確看待人類無助的情形：軟弱並不可恥，需要他人幫助並非沒有男子氣概。(3)培養學生真正關心他人的能力。(4)消除某些負面印象，如將他們視為「低等」或「汙染源」的態度。(5)教導學生關於這些群體（種族、宗教與性別的少數人數）的真實情況，以消除人們對他們的偏見。(6)促進每一位孩童的責任感。(7)大力培養批判性思維。

2. 真正關心他人，需要哪些能力

上述七點是Nussbaum認為學校教育在處理公民教育時，所應該提供的具體內容。但在真正關心他人時，我們又需要哪些能力？依照Nussbaum的說法，可歸納為三項。當我們真正觸及到關心他人時，我們需要哪些能力以作為我們關懷他人行為的基石：(1)Rousseau所說的實際能力：知道怎樣為自己做事的兒童，不必使他人作他的奴隸。(2)相互關心的能力：人生活在這世界，都有其自我的弱點，因此要互相

幫助。(3)遊戲的能力：想像出他人體驗的能力。遊戲對健全人格的發展至爲重要，遊戲活動的發生在人與人間，Donald Winnicott（1896-1971）稱之爲「潛在空間」（potential space）（Nussbaum, 2010）。簡而言之，當我們實際在關懷他人時，首先要考量的是自我的實際能力爲何：不要作出超越自我能力所及的事，要懂得量力而爲；再者，關懷他人有時強調的是一種相互補償的作用：每個人都有其弱點或需要他人幫助之時，也正因爲人類彼此間有互助的可能，才能顯現這世間的美好；最後，則是敘事的想像能力：透過想像與遊戲的方式，進一步去思考他人的需求，也才能眞正縮短自我與他人因爲文化上隔閡的差異。

儘管上述提及了諸多的能力，但Nussbaum（2010）亦爲這些能力簡單歸結成三項：(1)批判的檢驗自己和傳統的能力。(2)成爲世界公民的跨疆界性能力。(3)敘事的想像能力。這三種能力除了是Nussbaum理論思維的核心外，也成爲她於各地演講致詞上的主要內容之一。

(三) 詩性正義的終極理想是爲了追尋更具「意義的生活」

在《不爲功利》一書中，Nussbaum（2010）警告我們要當心一種「無聲的危機」。因爲各國都渴望國家的勝利，因此，它們往往拋棄了一些關於培養人們心智陶冶的技能。各國一旦選擇了追求短期利益的教育，那麼關於想像力、創造力甚至是批判性的思維，這些能力都會被屏除，也就失去了其存在的價值。要具備「意義生活」的條件，對能動性的要求也是非常重要，雖然經濟上的滿足感很重要，但卻也不可因此荒廢了積極奮鬥的重要性（楊雅婷譯，2008b）。

此外，Nussbaum（2010）[5]在芝加哥大學的法學院所作的畢業致辭上，提到了六點勉勵這些莘莘學子：(1)要走自己的路：不要因爲別人認爲你該如何，你就順從他人的意見。(2)不要被金錢所駕馭（Don't be excessively influenced by money）。(3)勇於克服挫折（When you encounter opposition, don't be cowed, and don't be ashamed of who

---

you are）。(4)心懷世界，努力成為世界公民（Think about the whole world, and somehow find a way to be a citizen of the world）。(5)持續學習（Continue your education）。(6)不要忘記愛和歡樂的精神（Don't forget the spirit of love and joy）。由此可以得知，Nussbaum即使在畢業致詞上，仍是不忘初衷的想要把詩性正義的理念傳達給每位學子，提醒他／她們為人的尊嚴，不應該被經濟利益所侷限，勇於面對自我問題並同時心懷天下，持續不斷的自我精進，並將愛與歡樂傳播到每個人的心中，這就是「有意義生活」的具體呈現。

綜合Nussbaum詩性正義的內容，研究者認為其所在意的正義與美學結合下的一種世界公民，其訴求與研究者所做的訪談結果大同小異。也就是說，當前的學生認為自己在溝通、思考與批判等的能力上都略顯不足，而這樣的價值需求該如何能成為一種新的課程實踐，便是以下所闡述之重點。

肆　學生的價值需求到價值塑造之課程實踐

對於這群新世代的學生而言，墨守成規的教育是他／她們所唾棄的，故未來的課程實踐該如何在正義與美學之間締造一種新的價值意義，才是這群學生們所在意的。簡言之，研究者認為未來教師的課程實踐可以在正義與美學的思維中找尋輔助學生適應全球競爭的一種手段。本文以小清老師（化名）[6]的教學作為說明以學生價值需求為主的課程實踐是「如何可能」。以下筆者將以所觀察到的課程案例進行說明，此案例雖為中學生，與筆者的受訪對象有所差異，但筆者於本文的目的主要是提供閱聽者一個關於以學生需求為主的課程該如何被實踐。此案例絕非隨便列舉，而是基於深度理解教師的教學信念與實際觀

---

[6] 小清老師（化名）為宜蘭一所體制外學校的中學教師，行政經歷過校長與主任，並擁有碩士學位文憑，教學年資有10年以上。小清老師（化名）除了平常參加「師訓」之外，亦多投入研討會的學術鑽研，以充實自我。

察後，經過審慎評估，體認到小清老師（化名）之教學乃美學與正義之集聚，此與Nussbaum之學說有異曲同工之處，故欲於此饗宴讀者：

一 「平等」意義的醞釀：啟發與誘導學生對弱勢族群的想像與關注

小清老師（化名）的教學過程是給予學生討論與很多的展演空間，其目的在於他認為價值觀的建立不盡然只能透過老師講述，而是學生必須要有更多的參與才有可能。這是一次關於探討黑人種族爭取自由與平等的課題，其內容主要談論當時美國政府所推行的「隔離但平等的政策」是否合理？小清老師（化名）「自製」了一份關於Martin Luther King（1929-1968）的講義（參照下圖8-1）：

美國黑人運動領袖：馬丁‧路德‧金恩（Martin Luther King, Jr.，1929年1月15日－1968年4月4日）

金恩博士於1929年元月15日出生於喬治亞州的亞特蘭大一個牧師家庭。他的父親老金恩父親是亞特蘭大著名的美國黑人教會－愛伯尼澤浸信會的牧師。身為生活在那個遭受歧視時代的一個黑人小孩，金恩博士的幼年階段經歷了種族隔離的壓迫。1930年代的某一天，他的父親帶他進城裡的一家鞋店，父子倆人坐在進門的第一個空位等候店員服務。但是，那店員先是客氣地對他們說：「如果你們願意坐到後面的位子的話，我很樂意服務」。但金恩的父親卻回答：「我不認為坐在這裡有什麼錯。這個位子很舒服」。店員接著說：「很抱歉，你無論如何必須換座位。」老金恩牧師生氣地反駁：「我們要坐在這個位置買鞋，否則一雙也不買！」說著便把小金恩拉出鞋店，然後怒吼著：「我不在乎將在這個制度下活多久，但我永遠不會接受它！」多年後，金恩博士在他的書上回憶說，從來沒見過父親如此生氣。

十三歲的那一年，小金恩開始上中學，兩年後畢業，然後進入摩爾豪斯學院就讀，並取得社會學學士學位，1948年他接著進入位於賓州徹斯特的可羅澤神學院，取得道學碩士學位，1955年在波士頓大學神學院完成博士學位。在波士頓，金恩博士遇見他未來的伴侶柯瑞塔（Coretta Scott）並於1953年結婚。正是在波士頓他們兩人作了一個改變一生的重大決定。

（續上表）

金恩在他的博士論文即將完成之際便嘗試過幾個工作機會，其中一個是在阿拉巴馬州蒙特哥馬利的德克斯特街浸信會。他認為自己只是一位福音的管道而不是源頭。他的講道被該教會接納，並在1954年成為他們的牧師。他和柯瑞塔便移居蒙特哥馬利市。在那裡很快地便捲入對抗種族隔離和種族歧視的公民權運動風暴中。然而，這個革命的突發在當時只能算是一個小小的意外事件。

蒙哥馬利罷乘事件（Boycott）

1955年12月1日，一位名叫羅莎·帕克斯的黑人婦女在公共汽車上因拒絕給白人讓座位，被以藐視蒙哥馬利市關於公共汽車種族隔離法令因而被當地警方逮捕。

當時擔任有色人種國家促進會主席（NAACP）的尼克森為她付了保釋金才給她保出來。幾位具有影響力的女士建議尼克森帶頭聯合抵制拒絕搭乘公車，尼克森同意了。金恩博士提供他的教會作為會議場所，當時約有40人參加，其中大部分是牧師。他同時也同意他的教會祕書油印了7千份傳單，宣布隔週一晚上的大型會議。傳單上斗大的字寫著：「不要搭公車！」但是，一位黑人女性因為不識字，請她的白人雇主讀給她聽而走漏風聲，這個雇主通知報社，很快地，這個聯合抵制的計畫便成為公眾議題。

四天後，馬丁·路德·金恩在該市組織55,000名黑人舉行罷乘運動，號召黑人「不與邪惡的規章制度合作，不要再給汽車公司經濟上的支持。」1955年12月5日週一早晨到了，金恩的妻子柯瑞塔叫喚著金恩一起看著街上的公車，第一輛是空的，接著第二輛也是空的……。

圖8-1　小清老師自編課程內容圖

資料來源：研究者拍攝小清老師的檔案。

　　小清老師（化名）一方面要學生去思考關於美國當時所推行的「隔離但平等的政策」是否合理？如果不是，其理由為何？以下節錄一段當時小清老師（化名）與學生互動的情形做說明：

　　小清老師（化名）：如果「隔離但平等的政策」發生在臺灣，你／妳們會怎樣？如果把漢人跟原住民分開，類似美國的情形，臺灣的社會會是如何？

　　………先是鴉雀無聲……爾後，才有窸窸窣窣的討論聲……

　　小楊同學：我會抗議，走上街頭，並且要求廢除此政策……。

　　小辣椒同學：我會投訴媒體、投訴立委、投訴官員，一定就是廢除此政策……。

小興同學：不會怎樣啊，又不關我的事，我又不是被欺負的那群人……。

小清老師（化名）：小興，那如果下次有一項法令或政策影響到你／妳的權益，你該怎麼辦？一樣的作為嗎？還是你／妳們有何好的建議？各位同學的想法，反映出當時很多人的心聲，但如果都沒人出來為弱勢者爭取，這個社會將會如何？（20130416觀課雜記）

　　從上述這段話語中，種族隔離的政策雖不曾在臺灣發生過，但小清老師（化名）卻要求小朋友把國外的場景轉移到臺灣當代的社會，並以此理解臺灣當前所面對的種族／族群議題時，自己該有的態度與責任為何。他跳脫口述的方式而以美學的觀點作為啟發學生的思維，各種的意義價值來自於自我的觀感與心靈。由此所發展出的價值觀不是承接既存的價值，而是自我透過各種方式所醞釀出的一種價值。

二　美學想像及相互關心的能力展現

　　小清老師（化名）期望加深學生對於種族不平等的感受，並建立正確的人際相處概念。為達到此訴求，小清老師（化名）又找了一部名為《姐妹》的影片作為學生吸取美國黑人力爭平等過程的知識養分，並希望同學在觀賞完這部影片後，能將自我的心得分享給各位同學。在分享自我心得之前，小清老師（化名）會利用一些上課時間與同學們討論他／她們所感受到的不平等「意涵」為何？它又象徵著何種價值？（如下圖8-2所示），假如你／妳不曾受壓迫過，你／妳是否能想像當中的辛勞與悲哀。

圖8-2　師生討論互動圖

資料來源：研究者自行拍攝。

　　學生對於任何事物的價值感受並不是由老師單方面灌輸，而是透過彼此的討論與想像而來，這是小清老師（化名）教歷史的準繩，也是他所堅持的教育理念：孩子是在互動中、想像中交互成長。對此，小清老師（化名）曾述：

> 我會讓學生動手去「做」，透過各種的排列組合及想像去展現他/她們所欲傳達的訊息。所以在上課時，我會要求學生做相關內容的補述，也會要求學生透過不同的繪圖筆去把課程重點描繪出來。（20130401個案訪談）

　　美學想像的價值步伐是隨著師生之間的互動而慢慢開展，但這開展並不是憑空而來，而是立基「等待」與「包容」的前提下，讓學生可以無負擔的盡述己見。然而，學生在討論的過程中雖難免有衝突及歧見，但小清老師（化名）對此則是抱持非常樂見的態度。他認為這是讓學生學習「正義」、「包容」、「傾聽」與「接納」的機會，所以他不會排斥這樣的衝突，因為這是現實生活中的一部分。

　　學生透過交互討論及美學想像以增進彼此互動的可能與價值交換，實踐出了關於「不平等」的價值觀（參閱下圖8-3）。對（不平等）價值的理解與作為，不只是嘴巴上的討論，更是一種想像與行動力的展演。這是因為小清老師（化名）認為唯有透過自我的身體力行才能讓

學生深刻體悟到那不被尊重的痛徹心扉。所以他讓學生透過各種的想像，包括繪畫、肢體展演與歌唱等方式去表述當自我成為受壓迫者時的心情。

在圖8-3中，中間那位女孩透過影片的觀察，理解到黑人所遭受不平等的待遇包括：座位的安排、器物的使用與其他種種不被尊重的態度，每一項觀察都是學生自我的想像與體悟。這不是小清老師（化名）事先規劃好的路徑，而是學生透過觀察所得出的感受。因為每個人所想像到的重點不同，體悟也不同，故所得到的答案也不盡相同。詩性正義的觀點作為學生探索價值與釐清意義的根本，兼容了美學的差異性與正義的公正，讓學生能在互動中展現自我的價值與表現出自我的意義。

圖8-3　影片《姐妹》觀後之心得展演圖

資料來源：研究者自行拍攝。

學生透過這些方式型塑自我的價值觀，屬於一種刻苦銘心的學習，也是一種自我感覺的表現想像。「價值」成為自我想像的雕塑品，它不僅是學生各自的創造物，更是一種群作物。由學生自我的想像或與他人互動下所塑造的價值，它不是蕭規曹隨也不是依樣畫葫蘆的再製品，而是結合自我的情境與感受而創發的一種帶有藝術性質的價值觀感。在美學與正義感的交互影響下，學生不僅能天馬行空地想像，其所塑造出的價值還同時兼及正義的訴求，讓學習不在只是個人的事件，而是一種具有整體性的行動。在詩性正義理念訴求下所產生的價值觀，或許也呼

應了本文利用問卷對當前學生所做的訪問結果：自己的價值是要自己建立，而不是只是由教師灌輸！

伍 結論

　　以學生的價值需求作為教師課程實踐的動力，是本文對教育領域盡的最大努力與心力。為了深入與理解學生之需求，筆者藉由深度訪談的方式去蒐集相關資訊，所理解到這群高等教育機構的學生，其價值需求主要有二：首先是學生們對於當前學校教育的不滿；其次則是在面對未來社會的衝擊時，他／她們自認在「學習態度」、「非主流認同」、「自我反省」、「批判思考」甚至是「同理及關懷弱勢」等面向上都是比較缺乏的。反觀Nussbaum「詩性正義」的主張則強調一位公民應該具有為人的尊嚴，不應該被經濟利益所侷限，勇於面對自我問題並同時心懷天下，持續不斷地自我精進並將愛與歡樂傳播到每個人的心中。本文從學生的價值需求發展到Nussbaum「詩性正義」觀點之輔助，展現一種在正義與美學之間找尋價值塑造的空間，當此空間作為小清教師（化名）的課程實踐時，其所開展出的價值意義是在於讓每一位學生是基於正義與美學之觀點去建構屬於他／她自己的價值，它不是一種價值傳遞與灌輸，而是讓學生透過想像、討論、繪畫與演戲等方式去型塑自我的知識與價值觀。至於在學生互動的過程中，價值觀一方面是由想像力的構築；另一方面，則是正義觀感的落實，因為同學彼此必須包容對方的失誤並藉此自我省思。這是一種從學生需求出發的課程，教師是學生學習的協助者而非指導者，如此的課程實踐，不僅讓學生所獲得的知識價值更加充實外，精實的能力養成過程也在提升學生因應未來的全球競爭。

附錄一

21世紀價值教育：審視與批判、解構與重構之問卷調查

> 指導語：
> 　　您好，感謝您於百忙之中抽空填寫此問卷。本問卷之題項主要依據「新世代大學生對於真善美價值的翻轉：發掘新契機與展現新活力的教育氣象」一文所需，其目的在於理解大學生是如何做價值判斷。在眾多的社會價值中，你／妳又是如何辨別何種價值乃臺灣當前社會所需。十分感謝您撥冗時間填寫此問卷！

壹、基本資料

性別：男□　女□　年齡：_____
學生：高中職生□　大學生□　研究生□

貳、問卷內容

一、你／妳個人的價值觀為何？

二、你／妳認為臺灣當前的大學生與過去的（五年前）大學生的差異點為何？

三、你／妳認為臺灣當前的學校教育是否有助於你／妳做價值判斷？

四、你／妳是否支持學生參與「太陽花學運」與「反課綱遊行」？

五、你／妳認為臺灣當前社會最欠缺的是何種「價值」？理由？

六、你／妳認為臺灣未來的學校該提供何種價值教育給學生學習？

參 考 文 獻

林玉体（2002）。臺灣教育的主體性。臺北市：高等教育。

孫善豪（譯）（2010）。培育人文：人文教育改革的古典辯護。Nussbaum, M. C.著。
　　臺北市：政大出版社。

楊雅婷（譯）（2008a）。能力與殘障。正義的界線：殘障、全球正義與動物正義
　　（頁173-259）。Nussbaum, M. C.著。臺北市：國立編譯館。

楊雅婷（譯）（2008b）。跨越國界的能力。正義的界線：殘障、全球正義與動物正
　　義（頁315-371）。Nussbaum, M. C.著。臺北市：國立編譯館。

楊宏琪（2012，7月）。M. C. Nussbaum詩性正義論培養公民批判意識的美學素養。
　　載於大葉大學舉辦之「現代公民美學素養教學推動計畫研討會」。彰化。

Nussbaum, M. C. (1995). *Poetic justice: The literary imagination and public life*. Boston,
　　Mass.: Beacon Press.

Nussbaum, M. C. (1997). *Cultivating humanity: A classical defense of reform in liberal
　　education*. Cambridge, Mass.: Harvard University Press.

Nussbaum, M. C. (2002). Patriotism and cosmopolitanism. In Joshua Cohen (ed.), *For
　　love of country: In a democracy forum on the limits of patriotism* (pp. 3-17). Boston:
　　Beacon Press.

Nussbaum, M. C. (2010). *Not for profit: Why democracy needs the humanities*. Princeton,
　　N.J.: Princeton University Press.

Nussbaum, M. C. (2011). *Creating capabilities: The human development approach*.
　　Cambridge, Mass.: Belknap Press of Harvard University Press.

PART 3

新世代改革篇

大學教師教學效能與教學革新

張德銳

天主教輔仁大學師資培育中心教授

摘　要

　　本文有鑑於大學中有效教學和教學革新的重要性，仍討論了有效教學的八個原則以及當前臺灣教育界盛行的三個教學革新模式，亦即「翻轉教學」、「學習共同體」、「差異化教學」，最後再提出大學教師如何實踐有效教學和教學革新模式的幾點建議，供臺灣的大學教師們所參酌。

關鍵字：有效教學、教學革新、翻轉教學、學習共同體、差異化教學

壹　前言

　　在大學教師「教學、研究、服務」的三個角色任務上，大學生最關心的還是任課教授的教學品質。對於一位大學教師而言，即使研究做得很好，但是如果沒有辦法把研究成果，透過適宜的教學策略傳授給學生，也是一件很可惜的事。是故大學教師教學品質的提升，不論是對教師自己或是對於學生，都是具有切身利害關係的要事。

但是長期在大學任教的老師們，也許會覺得目前大學生素質每下愈況，教學變成是一件越來越艱鉅的任務。這是由於臺灣高等教育的普及化，固然使得每一位想要升學的高中或高職畢業生都能順利升上大學，但也造成大學中學生學習動機低落、程度不盡一致的現象。在這種情況下，大學教師所面臨的教學壓力和挑戰與日俱增，而爲了要善盡「傳道、授業、解惑」之任務，大學教師有必要加以因應，才能順利達成教學的任務與目標。

本文作者相信大學教師要能在當前不斷變遷的教學環境中變中求勝，必須要先具備一般性的教學效能，然後體察課程內容與目標以及學生的學習程度與需求，學習並試行當代所盛行的一些教學革新模式和策略，以多元的教學模式和策略，來回應日益多元化、差異化的學生群體。也就是說，大學教師應該從有效教學的原理原則中培養基本教學能力，進而不斷學習當代所發展新的教學模式或策略，這樣才能有系統、有節奏地建構起教學職場上所需的實務智慧。

有鑑及此，本文將先從有效教學的原則談起，然後再介紹最近在臺灣所流行的三個教學革新模式，亦即「翻轉教學」、「學習共同體」、「差異化教學」，最後再提出大學教師如何實踐有效教學和教學革新模式的幾點建議，供臺灣的大學教師們所參酌。

貳 有效教學的原則

「教學是一門由科學所指導的藝術」（Kindsvatter, Wilen & Ishler，1996-7)。也就是說，一位高度成功的教學專業人員，是一位科學家，也是一位藝術家，他會掌握教育學所發展出來的教學原理原則，然後用藝術性的手法，來達成教學目標。Eggen和Kauchak（1996）也指出有關教學研究的二個主流，即「教師效能」（teacher-effectiveness）研究和「建構主義」（constructivism）研究。教師效能研究指明了每一位老師都必須具備的教學技巧或能力，而這些基本性、一般性的技巧有助於學生基本能力的提升。建構式觀點的學習理論則指導老師們如何在一般性教學技巧的基礎下，加以超越，來提升學生「高層次思考」和

「批判性思考」的能力。

在臺灣高等教育上，教學效能或有效教學（effective teaching）所發展出來的教學原理原則，頗適合大學教師所應具有的一般性、基本性的教學技巧，而建構式學習理論的觀點和當前臺灣教育界所盛行翻轉教學、學習共同體、差異化教學等三個教學革新模式息息相關，因為這三個教學模式皆是以學生學習為中心的，皆企圖以建構學生高層次思考和批判性思考能力為主要目的。

在教師效能研究典範部分，Borich（2004）指出以教室評鑑以及標準化測驗為判斷標準中，有以下五項關鍵性教學行為，與學生的學習表現有顯著的相關，且持續地一直為研究結果所支持（Brophy & Good, 1986；Rosenshine, 1971；Walberg, 1986）：

1. 清晰授課（lesson clarity）：教師掌握教學目標並在上課講解及解釋概念上清晰明白無誤。

2. 多樣化教學（instructional variety）：教師使用多元的教學方法和技巧，特別是提問，增進學生的學業成就。

3. 任務取向教學（task-orientation）：教師教學態度認真並專注於學科主題教學上。

4. 引導學生投入學習過程（engagement in the learning process）：教師變化教學活動，有效監控學生學習進步情形，促進學生積極參與學習活動。

5. 確保學生成功率（success rate）：每個學習活動至少要確保有中等至高等程度的成功率，才可以造就學生對課程內容的精通。

根據上述有效教學的研究發現，一位成功的大學教師在課程設計與教學上，會依據課程內涵及學生的學習特質進行系統化的教學設計（林政逸、鄭秀姿，2010）。在每一堂課告知教學目標和教學重點，然後運用生活化的學習素材或新鮮有趣的事物引起學生學習動機。之後，老師會按部就班地清晰呈現教材，讓學生充分瞭解概念與技能。在講述的過程中，老師會善於使用發問技巧，以增進師生互動，並啟發學生思考。除了運用講述法、提問法之外，老師亦會配合教材的性質以及學生

的學習需要，適時選用個別實作、全班溝通討論以及分組合作學習等多元的教學策略。

在學生學習評量部分，老師除了善用傳統的紙筆測驗之外，還會運用口試、表演、實作、作業、設計製作、報告、資料蒐集整理、鑑賞等多元評量方式（林寶山，2011）。透過多元評量，讓每個學生都能學習成功，把「學習插在成功的插座上」，是老師教學最有成就感的地方，也是維持學生學習動機的關鍵。當然，要讓學生增加投入學習的時間，並且專注於學習活動，除了有賴老師把握每一個教學時間做清晰的講解、提問、討論之外，更有賴老師配合學習需求及課程內容，適時變化教學步調與教學活動，以及運用行間巡視等方式有效監控學生主動的學習情形。

總而言之，「引起學習動機」、「清楚呈現教材」、「善於使用發問技巧」、「善用多元教學策略」、「適時變化教學步調」、「增加學生學習時間」、「使用多元評量」、「確保學生學習成功」，誠為大學中有效教學的八個原則或關鍵性教學行為，值得大學教師斟酌實行。

有效教學的優點是它是相當符合科學性的教學原理原則，它有大量的實證研究支持它是對於學生學習，特別是基本能力的學習有教學效果的，另外它不但是適合各學科各領域的教學，而且這些基本原理原則的學習和發展，是大學教師所比較能夠具體掌握的。它的缺點是，它固然還是相當重視學生的學習，但是相對於翻轉教學、學習共同體、差異化教學等而言，還是比較以教師的教為主軸，在學生自主學習以及學生的主動參與上相對較為薄弱。

教學革新的三個模式

有別於有效教學較強調「效能／效率導向教學觀」，「建構導向教學觀」則指出學習是一個主動建構知識的歷程，學生在學習歷程中，會以自己既有的概念為基礎，建立學習意義，主動參與知識的建構，而不是被動地接受已結構好的知識包裹（甄曉蘭，1997）。就教師而言，基於Vygotsky所提出之「最大發展區」（zone of proximal development）

的概念，教師必須瞭解每個學生的學習準備度，才能安排給學生具有挑戰性但又不會太難的學習任務，做為適當的學習鷹架，才能充分發揮學生的學習潛能（Tomlinson & Allan, 2000）。

依據建構主義的教學觀，學生才是教學歷程的主體。這種以學生為中心的教學模式，例如翻轉教學、學習共同體、差異化教學等，這幾年在臺灣教育界廣為學界及實務界所推薦和試行，並在報章雜誌上有廣泛的報導，帶給臺灣教育界不小的震撼和衝擊。

一　翻轉教學

翻轉教學（flipped teaching）或翻轉教室（flipped classroom）係目前臺灣高等教育界最受矚目的教學革新模式，在電機、化學、企業管理、法律、中文、教育等領域，都有許多大學教師開始試行此一新穎的教學模式。

翻轉教學意指在課堂和在家中的學習活動翻轉過來的一種教學模式（郭靜姿、何榮桂，2014）。傳統的教學方式是教師在課堂賣力講述，學生在課後複習和做作業，而翻轉教學則把教學翻轉過來，改成學生在課堂前先做課堂主題的自學，課堂上則做作業和討論，讓學習從被動轉為主動，讓課堂成為思考、解決問題的地方（羅志仲，2014）。這樣的教學模式，學生學習到的層次，比較屬於應用、分析、綜合、評鑑等較高層次的能力，而不是知識、理解等較低層次的能力。

羅志仲（2014）指出翻轉教學包含四個基本步驟：1.學生在課前觀賞教師預先錄製的教學影片。2.上課之初，教師簡要說明教學主題及內涵，學生針對影片中疑難之處提問，教師予以解答。3.學生在課堂上做題目、作業，教師行間巡視並即時檢討。4.教師設計課堂活動，帶領學生深入學習和討論。

翻轉教學的優點是可節省課堂講解的時間，教學活動設計以作業和討論為主，提高師生互動與學生學習參與，更有效引導學生思考與問題解決（郭靜姿、何榮桂，2014）。翻轉教學的實施困難是：老師缺乏錄影的技術與設備、錄製教學影片增加教師工作壓力、以及學生不願意課

前預習與課中參與討論（羅志仲，2014）。此外，翻轉教學雖然廣為大學教師所試行，但其實施成效仍缺乏實證研究的支持。

二 學習共同體

學習共同體（learning community）係日本學者佐藤學所發展的一種教學革新模式，近年來廣泛地運用在臺灣的中小學，但亦有大學教師開始在試行。惟大學教師在實施時，並不宜墨守學習共同體的教學方法，而應根據大學的教學情境加以調適，例如在分組協同學習時並不一定要限於二至四人一小組的形式，而可以依學習情境做更彈性的分組。另外，如學生已具備解決問題的基本知識與能力，則可以逕行伸展跳躍的活動。

佐藤學（2012）所提倡的學習共同體（learning community）係指一種具有從學生、到教師、到學校的三層同心圓結構。在學生學習共同體之中，首重分組的「協同學習」（collaborative learning）及「伸展跳躍」（jump），亦即教師教學以學生小組學習為核心，採二至四人一小組的形式。在小組協同學習之前，先由教師做簡要的講解指導，然後再交付一個基礎的問題讓學生進行小組協同探究。學生探究並發表完後，由老師做概念整理，並帶入一個具伸展跳躍的問題，再次交由小組進行協同學習，最後由老師做課題統整。教室座位安排係採面對面的ㄇ形方式，師生間、學生間得以平等對話（黃政傑，2013）。

教師學習共同體的內涵主要有三：1.教師運用共同備課、公開授課／觀課、共同議課三部曲進行課堂教學研究，而每人每年要做一次公開授課。2.教師除了是教學者之外，其本身亦是不斷精進的學習者，必須透過分享及反思促動教師學習的驅動力。3.教師的學習並不是一個孤獨的旅程，而是一個教師間協同合作的歷程，藉以發展教學實務智慧（潘慧玲、陳佩英、張素貞、鄭淑惠、陳文彥，2014）。

在學校學習共同體之中，不僅學生和教師是學習者，行政人員亦應該成為學習共同體的一環（黃政傑，2013）。行政人員是學習共同體學校的核心人物，除了宜建立學習共同體的推動架構與團隊之外，更宜從

建構分享與支持性的領導、建構共享的願景與目標、發展支持性的學習文化、以及安排適當的結構與資源等四個面向，促使學習共同體成為學校例行運作的一部分（潘慧玲等，2014）。

學習共同體的優點是其以學生為學習中心的理念，它對於提高學生學習動機、促進學生的協同合作以及高難度問題的解決，有很大的幫助。另外，其三層同心圓結構揭示了教師學習和全校共同學習的理念和方式。學習共同體的實施困難主要在學生缺乏協同合作以及問題討論的習慣和能力，以及它會增加教師備課的負擔，另外其教學歷程與成效的掌控也是一件不容易的事。

三　差異化教學

差異化教學（differentiated instruction）目前廣為應用在歐美的中小學之中，而我國中小學也漸漸在採用之中，對於高等教育的教學而言亦有推廣的價值。由於大學的普及化，大學生的來源與素質也日趨異質化，為了達成教學目標，大學教師有必要依學生的學習動機與程度，在教學內容、方法與評量上加以彈性因應，以達到因材施教的理想。

差異化教學的提倡，首推Carol Tomlinson。Tomlinson（1999）指出每位學生都是獨立的個體，由於學生的特質具多樣性，其學習準備度、學習興趣、學習風格等皆有所不同，所以其學習需求自然會有所差異，教師為了達成教學目標，把每個學生都帶上來，勢必在課程內容、過程及結果有所回應，才能滿足學生多元智慧發展的需求。

差異化教學首重學生的學習準備度、學習興趣和學習風格的診斷，教師才能據以有效回應。Tomlinson 與Allan（2000）指出學習準備度係指學生在某一時間，對於某一特定學習領域，其既有知識、瞭解程度及技巧的結果。學習興趣是指學生對於某一主題或研究的求知慾和學習熱忱。學習風格則有可能是聽覺型的、視覺型的、或者是觸覺／動覺型的，常因人而異。另根據Gardner（2006）的多元智慧理論，學生在口語－語文、音樂－律動、邏輯－數學、空間、身體－動覺、自然觀察、內省、人際等八種智慧亦皆有所差異，而這些差異在多元社會中是

美的、是可以接受的、是學生學習成長的起點。

　　為了有效回應學生學習需求的差異性，一位成功的教師需突破傳統教學「齊一」的框架，在課程內容、教學過程，以及結果的評量上做適當的調整。陳偉仁、黃楷茹、陳美芳（2013）指出在課程內容或教材上，可從內容的「難易度」和「多寡」進行調整，例如改變深度、改變複雜度、提供較長／較精簡的教材等；在教學過程或教法上，可從教學過程的「速度」和「引導層次」進行調整，例如調整進度、提供較少／較多詳盡的引導等；在教學結果的評量上，可從結果的「品質要求」和「呈現方式」進行調整，例如提供較簡單／或較複雜的問題與應用、允許學生以不同的形式呈現學習結果等。

　　最後，差異化教學並沒有固定的教學和管理策略，有心的老師們除了可以運用講述、練習、發問、討論、合作學習、角色扮演等常見的教學策略外，Tomlinson（1999）又提出了「多元智慧」（multiple intelligences）、「階梯式活動」（tiered activities）、「分軌研究」（orbital studies）等24種教學和管理策略，真可謂琳瑯滿目、美不勝收。

　　運用階梯式活動，所有學生雖共同著重於相同的核心能力和技巧，但在複雜性、抽象性等卻有不同的程度。學生持續地著重在同樣的活動當中，但卻經由不同難度的途徑，讓每位學生都能接受適度的挑戰，並有循階而上的可能性（Tomlinson，1999）。分軌研究一般進行3-6週，學生根據課程的內涵（軌道），選擇自己的主題，在老師的引導或教練下，發展某一主題的專業知識，並在歷程中學習成為一名獨立的探究者（Tomlinson，1999）。

　　在各種教學模式或理念中，差異化教學是最切合「因材施教」的理念。它不但是以學生學習為中心的，它所強調的多元智慧理論，也符應了多元學習社會中，學生的多元學習程度和學習需求。惟它的實施困難是，一位大學教師所任教的班級數和學生數往往相當眾多，要一一對學生的學習準備度、學習興趣和學習風格做診斷有實務上的困難。另要學習多元智慧、階梯式活動、分軌研究等24種教學和管理策略亦有學習上的沈重負擔。但是無論如何，差異化教學所強調的適性化教學理念是

具有劃時代的意義與價值。

肆 實踐有效教學與教學革新的建議

　　有鑑於有效教學原則的基礎性和先備性，以及有鑑於教學革新模式的日新月異。本文作者建議大學教師，先落實有效教學，再來嘗試教學革新的模式，會比較循序漸進地落實大學的教學革新工作。在這樣的思維下，本文作者試提出下列八點建議，供臺灣的大學教師們所參酌。在這八點建議中，前四點係根據如何落實有效教學的原則而擬的，後四點則根據如何試行教學革新模式而建議的。

一 先從課堂講述能力培養起

　　教學方法雖然千變萬化，講述法還是大學中不論是人文社會科學還是自然科學，運用最多最廣的教學方法（湯仁燕、許殷宏、黃純敏、郝永威、張民杰、吳淑禎、劉蔚之譯，2010），是故講述能力的培養還是大學教師最重要的基本功。教師如果表達能力就有問題，他要如何有效的傳道和授業呢？而講述要能夠成功，則有賴教師能具有講述教學法的三個基本條件：咬字清楚、講述系統、生動有趣（王財印、吳百祿、周新富，2012）。當然，大學教師要培養「舌尖上魅力」是需要自覺與訓練的。

二 其次培養發問技巧

　　講述法固有其優點，但也有不少缺點，如單向傳授、互動性差、被動學習等（張世忠，1999），而有賴於提問法的並用，才能使得教學成為雙向互動以及提升學生的主動性。是故發問技巧應是大學教師必須培養的第二個基本功。發問技巧看似簡單，但確是一門複雜的學問，誠如張玉成（1999）所言，從問題的設計、提出、候答至理答的過程，皆需要大學教師有技巧地加以運用，才能增進教學成效。

三　再次培養課堂討論能力

　　討論教學法也是大學中相當常見的教學方法，是大學教師所必須培養的第三個基本功。討論法可以搭配講述法，使得講述教學更具有變化性。討論的方式亦甚為多元，可以是課堂的討論，亦可以是課後的討論。課堂中的討論可以針對講解主題，設計二至三個連環性的問題，鼓勵學生做小組「研討式的討論」。在學生發表時，除了積極傾聽外，可以加以複述或補充說明；在各組發表後，宜加以歸納總結，讓學生掌握問題及其解答的整體圖像。

四　持續拓展學習環境

　　講述、提問、討論固然是有效的教學策略，但是它們係偏向以教師為中心的教學法，為回應以學生學習為中心的思潮，大學教師有必要在講述及討論外，提供更多元的學習環境，以增進學生實務應用、問題解決、反省思考的能力。多元的學習環境在高等教育上早已有問題導向學習、案例教學、角色扮演、田野（實地）調查等，都是可以針對大學生的學習需求，加以善用的教學策略。例如，輔仁大學師資培育中心的教學實習課程便是運用「問題導向學習」（problem-based learning，簡稱 PBL）來要求參與教學實習課程的學生，診斷與發展實務教學的能力以及培養解決教學現場問題的能力。另外大學教師若能設計良好的問題情境，鼓勵學生到業界實地進行觀察、訪談或調查，當可以培養學生實務能力，增加其未來就業的競爭力。

五　學習與試行教學革新模式

　　誠如前述，大學教學的發展是日新月異的，面對當前盛行於高等教育界的翻轉教學、學習共同體、差異化教學等，大學教師不妨在既有的教學基礎下，擇一加以學習和試行。試行時，也不需全部堂課都做，可以選擇一個單元或者一節課加以試做。試做時，亦可以從簡易的做起，慢慢再挑選較複雜者。例如，在翻轉教學的教學影片教學時，可以先以他人已錄製好的影片做運用即可，爾後若有時間再自行製作影

片。又如在實施差異化教學時，要一一對學生的學習準備度做診斷如有實務上的困難，則可以針對少數幾個學習落後的學生加強學習評量與診斷，然後針對這個群體的學生在課程設計與教學上加以回應即可，爾後再針對學習程度中等以及程度較佳的學生群體再進行學習診斷與教學上的回應。

六　加強教學反思與自我精進

翻轉教學、學習共同體、差異化教學等教學革新模式的實施有賴教師的意願與成長心態，老師如果認為沒有必要實施教學革新，那麼教學革新的推動當屬困難重重。當然，教學革新的實施並沒有要求老師時時刻刻都在革新，都要回應學生的學習需求，而是誠如Tobin（2007）所言，每個教師都應在顧及學生的學習需求、教師本身的專業判斷、以及讓自己感到舒適的教學模式中，尋求平衡。有了試行某一教學革新模式的認識與意願，教師便可對試行的教學實務，以學生學習的觀點做反思，並且依據反思結果，不斷做調整修正，並進行自我成長計畫。

七　善用專業學習社群的力量

翻轉教學、學習共同體、差異化教學的實施困難，除了教師的心態與實施意願之外，當屬時間不足、備課壓力加重以及專業能力不足等問題，解決的方式是教師可以相近學科或領域為單位，進行專業學習社群的活動（顏惠君，2013）。例如透過社群活動，教師們可以針對翻轉教學的原理原則、實施程序、實施技巧等，共同學習與成長，也可以由多位教師分攤自製影片工作並做教材上的分享，這樣也許可以減輕教師的備課負擔，並增進教學的成效。

八　進行備課、觀課與議課活動

誠如前述，在佐藤學的學習共同體實務中，教師必須運用共同備課、公開授課／觀課、共同議課等三部曲進行課堂教學研究，而每人每年要做一次公開授課。這幾年由於中小學的教育改革措施，中小學教師

的共同備課、觀課與議課活動，已漸漸成爲中小學的常態。然就高等教育而言，大學教師在這方面的活動就屬於相當保守而罕見。爲增進大學教師的教學專業，建議大學教師可以向中小學教師學習，除了可以共同備課，以增加備課的品質以及減少個別備課的時間之外，應開放教室，歡迎教師同儕進行觀課、議課等活動，並以同儕輔導的方式，增進教學品質。

伍 結語

記得本文作者在就讀大學時，任課教授的教學方法幾乎清一色是講述教學，教授常常祇要一本教本、一枝粉筆、一張嘴便可勝任教學工作。學生除了勤於做筆記外，考試前勤於背誦便是得高分的關鍵。那時並沒有教學評鑑，更沒有教學卓越計畫，教書教得好不好純是一個良心的工作，並不是當時高等教育的關注焦點。

時光流轉，臺灣在高等教育普及化之後，對於大學教師的教學已開始重視。相信在當前少子女化的教育環境下，對於教師的教以及學生的學會更加重視。目前大學課室教學的改革可謂風起雲湧，從目前報章雜誌、期刊論文所廣泛討論的翻轉教學、學習共同體、差異化教學、分組合作學習……等，可見一斑。

平心而論，上述教學革新模式企圖扭轉傳統講述教學的積弊，並鼓勵大學教師對於學生學習的重視，確有其可取之處，但是教學既是科學也是藝術，不宜定於一尊。教學的科學研究告訴我們，大學教學要有效果，還是必須注重講述教學、發問技巧、小組討論等有效教學策略。教學的藝術性則啓示我們，大學教學現場極其複雜多變，學生的學習需求亦常有所差異，是故爲了達成教學目標，大學教師宜在多元開放的基礎下選擇最適合學生學習的教學策略或模式。換言之，教學的多元優選確是比較符合教育原理的。

與時俱進，誠爲大學教師適應教學環境變遷的法則。本文有鑑於有效教學的重要性，乃提出有效教學在引起學習動機、清楚呈現教材、善於使用發問技巧、善用多元教學策略、適時變化教學步調、增加學生

學習時間、使用多元評量、確保學生學習等八個原則，並建議大學教師在培養課堂講述能力、發問技巧、課堂討論能力，以及持續拓展學習環境等四個建議。大學教師們若能確實把握有效教學的原則並加以靈活運用，基本上便可以把多數的學生教好教會。

有鑑於教學方法的日新月異，本文亦討論了翻轉教學、學習共同體、差異化教學等三個教學革新模式並分析其利弊得失，然後提出了：學習與試行教學革新模式、加強教學反思與自我精進、善用專業學習社群的力量，以及進行備課、觀課與議課活動等四個建議。相信有心的大學教師們，若能進行教學革新，必能把每一位學生都帶上來，讓每一位學生都能學習成功。

有效教學、教學革新的順利推動，除有賴大學教師的努力之外，更有賴大學及高等教育行政機關給予更多的支持與資源。首先，大學和高等教育行政機關除了要加強教師在有效教學以及教學革新的專業成長之外，最重要的還是鼓勵教師以教學為重，在教師升等及獎勵制度，充分考慮教師的教學表現及貢獻度。其次，建議大學配合少子女化的趨勢，宜盡量降低授課班級中每班的學生人數，讓大學教師能更有餘力地照顧到每一位學生的學習。最後，大學中現代化教學環境設備以及教學助理的提供也是非常必要的，這樣才能讓大學教師在良好的教學環境下，有效提升教與學的品質。

參 考 文 獻

王財印、吳百祿、周新富（2012）。教學原理（二版）。臺北市：五南。

佐藤學（2012）。學習的革命——從教室出發的教育改革（黃郁倫、鍾啓泉譯）。臺北市：天下。

林政逸、鄭秀姿（2010）。系統化教學設計。載于薛雅惠、賴苑玲（主編），社會領域教材教法（47-164頁）。臺北市：五南。

林寶山（2011）。教學原理與技巧。臺北市：五南。

陳偉仁、黃楷茹、陳美芳（2013）。學校學習支援系統中差異化教學的實施。教育研

究月刊，**233**，5-20。

郭靜姿、何榮桂（2014）。翻轉吧教學！臺灣教育，**686**，9-15。

張玉成（1999）。教師發問技巧。臺北市：心理。

張世忠（1999）。教材教法之實踐——要領、方法、研究。臺北市：五南。

湯仁燕、許殷宏、黃純敏、郝永威、張民杰、吳淑禎、劉蔚之譯（2010）。樂在教學——教師不可不知的「撇步」。（原作者：P. Filene）。臺北市：學富文化。（原著出版年：2005）

黃政傑（2013）。學習共同體風起雲湧。師友月刊，**552**，1-4。

甄曉蘭（1997）。教學理論。載于黃政傑（主編），教學原理（27-66頁）。臺北市：五南。

潘慧玲、陳佩英、張素貞、鄭淑惠、陳文彥（2014）。從學習領導論析學習共同體的概念與實踐。市北教育學刊，**45**，1-28。

顏惠君（2013）。滿足學生學習需求，落實教育機會均等——美國維州一所公立高中實施差異化教學之經驗與啟示。教育研究月刊，**233**，121-138。

羅志仲（2014）。翻轉教室翻轉學習。師友月刊，**553**，20-24。

Borich, G. D. (2004). *Effective teaching methods* (5th ed.). Upper Saddle River, NJ: Pearson Education.

Brophy, J., & Good, T. (1986). Teacher behavior and student achievement. In M. C. Wittrock (Ed.), *Handbook of research on teaching* (3rd ed., pp. 328-375). Upper Saddle River, NJ: Merrill/Prentice Hall.

Eggen, P. D., & Kauchak, D. P. (1996). Strategies for teachers: *Teaching content and thinking skills* (3rd ed.). Boston: Allyn and Bacon.

Kindsvatter, R., Wilen, W., & Ishler, M. (1996). *Dynamics of effective teaching* (3rd ed.). New York, NY: Longman.

Rosenshine, B. (1971). *Teaching behavior and student achievement*. London: National Foundation for Educational Research in England and Wales.

Tobin, R. (2007). Differentiating in the language arts: Flexible options to support all students. *Canadian Children, 32*(2), 111-118.

Tomlinson, C. A. (1999). *The differentiated classroom: Responding to the needs of all learners*. Alexandria, VA: ASCD.

Tomlinson, C. A., & Allan, S. D. (2000). *Leadership for differentiating school and classrooms*. Alexandria, VA: ASCD.

Walberg, H. (1986). Syntheses of research on teaching. In M. C. Wittrock (Ed.), *Handbook of research on teaching* (3rd ed., pp. 214-229). Upper Saddle River, NJ: Merrill/Prentice Hall.

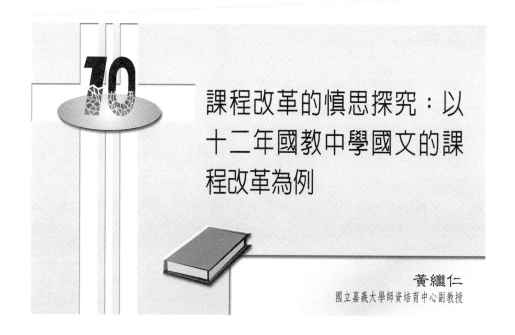

課程改革的慎思探究：以十二年國教中學國文的課程改革為例

黃繼仁
國立嘉義大學師資培育中心副教授

摘　要

　　本文係在十二年國民基本教育政策實施的背景下，針對中學國文課程改革的議題進行探討，進而闡釋慎思探究應用在此一議題的價值和重要性。首先，分析課程改革和慎思探究兩者的概念內涵，以及慎思探究特質及其應用的取徑；其次，剖析十二年國民基本教育政策的課程改革理念，比較其和九年一貫課程的主要異同，並探討未來課程改革落實所面對的可能挑戰；最後，再從共同要素分析中學國文課程改革的層面及應該考慮的內涵，藉以產生中學國文課程改革的慎思提案，並提出落實十二年國教政策有關中學國文課程改革的建議。

關鍵詞：慎思探究、十二年國民基本教育、中學國文課程

壹 前言

　　國文教學長期存在的問題在於時常流於講解和記誦的方法，究其原因之一在於升學主義，造成追求「背多分」的現象。十二年國教政策的推動，期望能使學生擺脫此一禁錮；然而，衡諸過往，升學主義正如Tyack和Cuban（1995）所謂教學工作賴以恆常運作的結構和規則，緊箍著中學的國文教學，任何改革一旦遭遇此一阻礙，隨即消失無蹤。推動十二年國教政策而鬆綁此一束縛時，中學國文教師是否能進行國文課程的改革，轉變傳統教學方法，把每個孩子的基礎能力帶上來是相當重要的。

　　長期以來，各種課程與教學改革的倡議，時常處於擺盪的狀態，未必能影響真正的課程實踐（Clandinin & Connelly, 1992; Langer & Allington, 1992）。Snyder、Bolin和Zumwalt（1992）認為，原因之一在於政策制定者並未以運作角度來思考政策的實施，不瞭解實際的問題，無法對症下藥；Schwab（1969）也認為，改革的首要步驟應認清現場的問題，藉以提出適切的改革方案。

　　自2014年十二年國民教育政策全面實施後，若要落實改革的理想，意味著學校的課程和教學必須有所調整。其實，課程改革係從一種課程轉移到另一種課程，涉及至少一種課程的評估與選擇（Roby, 1973; Schwab, 1971）；中學的國文改革。應該脫離古文和白話文比例爭議的泥淖，但是究竟應該選擇哪一種方向？是相當值得探究的。因此，在改革的過程中必然涉及不同價值的選擇，藉以調整課程內容與架構，改變教學策略，應該採用慎思（deliberation）的模式（甄曉蘭，2002a; McCutcheon, 1999）。

　　近年來，教育研究領域逐漸產生「承擔社會責任的研究」（socially responsible research）（Reeves, 1999），而慎思探究（deliberative inquiry）即是其中一種重要的方法，能彌補焦點團體（focus group）的不足，針對某一焦點議題組成專家團體，容許不同意見討論和論辯的空間，並在評估的過程中經過協商獲得共識（Kanuka,

2010），藉以形成適合教育情境的改革方案。因此，本文在十二年國民教育政策的脈絡下，從慎思探究的立場來探討課程改革實踐方案提出的歷程，藉以論述此一模式的特點，闡釋其和傳統做法的差異，並提出中學國文課程改革方案的相關建議。

貳 課程改革與慎思探究

在面對社會變遷的過程中，課程若不進行改革，所培養的學生勢必難以適應當代複雜的社會；但改革的過程涉及不同價值的選擇，影響既廣且深，又該如何抉擇，常常面對價值衝突的情境，適合運用慎思的模式（黃政傑，1991；甄曉蘭，2002a）。因此，本文首先討論課程改革的議題，再分析慎思探究的特點。

一 課程改革的課題

進行課程改革，必然意味著實施另一種新的課程；然而，究竟應該推動哪一種新的課程，卻未必有所謂一致的共識。Kliebard（1992）認為，課程是在特定社會文化脈絡下的產物，由不同利益團體就所訴求的價值與傳統而相互角力的結果；因此，課程改革本身是一種政治性的過程（Pratt, 1980），不斷接踵而來的課程改革，日益減少的資源投入，以及改革方案的複雜性，都為學校回應教育的能力產生巨大的挑戰（Hopkins, Ainscow, & West, 1994）。

Goodlad（2000）指出，在關於學校變革的教育論述中，有彼此衝突的教育改革理念相互競爭，似乎會產生此消彼長，各領風騷數十年的現象。而這些不同的教育論述，Eisner（1992）將它視為不同的意識型態，包含宗教正統、理性人文主義、進步主義、批判理論、概念重建主義、認知多元主義等類型。隨著社會不斷變遷的過程中，某一種論述或是意識型態，在各種因素的互動中，支配當時課程的主流思想。

Tanner 和Tanner（1990）分析指出，當我們觀察到教育改革浪潮高漲時，討論某項新教育運動的書籍，往往都是積極倡導的而非審慎小心

的。例如，1970年代C. Silberman 出版的《教室中的危機》積極提倡英國的開放教室模式，成為當時全國的暢銷書；然而，此書出版時，該模式已被英國學校捨棄，書中自吹自擂，書評大加讚賞，決策者「不知所以然」卻堅持採用，如此一來，不僅無法解決問題，反而製造教室危機。

不過，教育實際卻非如此，學校教育的組織與實踐活動有其整體性與穩固性，與此特質扞格者，很難真正進入其中（Goodlad, 2000）。因此，實施課程改革的工作通常不會很順利，容易遭遇「大暗礁」（Pratt, 1980: 425），因而消失無蹤。課程改革必然面對舊有結構的調適與改變，最重要的則是課程使用者的態度，尤其是教師的態度，究竟是支持或抗拒新課程，明顯影響課程改革的成效。

教師在教室的物理、文化與社群基礎上，既面對學生也承擔其他責任，包括家長、行政人員、顧問、視導人員、課程發展機構與政治人物；對於所謂良好的實踐卻無共識，缺乏統整的教育目標，使教師的決定無法倚賴明確的基礎，又須向相關利益團體負責（Calderhead, 1987），教室於是成為各種衝突競逐的場合，經常導致兩難困境。這些不同的衝突來源充斥於教室內，彼此交會又競相爭取學生的注意力，而教師中介調節（mediating）的能力會對學習產生重要的影響（Applebee, 1996）。

其實，一套優良的教育理念若能與反映教育、教學與學習精萃的研究所支持的概念及原則相互呼應，也能被教師所接納（黃政傑，1991），長期以往，終究能使學校教育系統感受其重要性，進而適切地調整原本的教育實踐（Goodlad, 2000），教師若能善用其實踐智慧，適切地剪裁和應用於教學實踐中（黃繼仁，2010），使課程改革產生實質的功效，則改革成功的機率自然就會大增。

長期以來，Tyler（1949）的目標模式對課程的發展與設計工作，具有主導的地位。但是，純粹以技術為導向的模式，難以處理價值衝突的問題（黃政傑，1991）。由於課程決定對於學生與社會的未來，具有廣泛深遠的文化與政治後果，因此，課程選擇不是價值中立的，課程改革必須審慎面對和處理（歐用生，1981; Beyer & Liston, 1996）。Schwab

（1969）倡導的課程慎思論點，能廣泛考慮各項不同的立場，做成適當的決定，更適合處理課程改革中所遭遇的價值衝突問題。

二　慎思探究及其特質

在課程領域中倡議「慎思」這個概念的學者，首推Schwab（1969）和Walker（1971）。Walker（1971）在自然（寫實）模式運用慎思這個概念，說明課程發展和設計過程的一個環節；Schwab（1969, 1971, 1973, 1983）則是透過一系列的實踐論述，探討慎思在課程發展過程的重要性及價值，也是慎思探究的論述基石（Harris, 1991; Kanuka, 2010）。

其實，慎思一詞最早可追溯至Aristotle的《尼各馬科倫理學》（*Nicomachean Ethics*），他認為，慎思的主題是任何與我們全體（社群、公眾、團體、社會）相關、能力所及、而且可以改變的事務，而我們也共同受所採取行動的影響（Aristotle, 1925/1980: 55-56, 142-143引自黃繼仁，2003）。

Dewey（1922）認為，人類在行動的過程中，為了達成某一目的，會開始思考不同的方法和行動，因而會考慮各種解決方案的後果，同時來來回回地慎思，藉以發展和產生適當的行動方案。Schwab（1969）進一步指出，在慎思的過程中，除了方法的思考之外，也應該考慮目的本身，換言之，進行兼顧方法與目的間的循環往復，透過各種變通性活動的制定與檢視，及各自後果的考慮，發展和產出適切的行動方案。

相較而言，對於慎思的觀點，Schwab重視其中有關「質疑」的成分，並視它為智慧的重要來源（Shulman, 1991），因此，在進行慎思時，無論是目的與方法都必須接受質疑，藉以審酌其目的或者方法的適切性，進而提出適切的目的和方法，建立行動方案的合理性基礎。

Schwab（1969）與Reid（1979）主張，課程決定是關於不確定的實踐問題的決定，慎思是有關實踐問題的推理過程，為「問題解決導向」、朝向「行動方針或途徑」的決定，適合處理課程的決定（McCutcheon, 1995）。換言之，慎思是一種獨特的實踐藝術，不同於

理論觀點，屬於錯綜複雜而熟練的智性及社會的過程，必須察覺和勾勒實踐情境的問題，形成各種變通的方案並考量各種可能的後果。透過慎思進行的情境理解與詮釋過程，建構行動的理性基礎，並從中選擇適切的行動（Grundy, 1987; Reid, 1979）。

在多樣複雜的社會裡，任何政策決定必須面臨各種價值衝突的現象；由於慎思觀點重視「他者的觀點」（Shulman, 1991），也接受個體所欲與各種經驗差異的結果，能調和個人理解與欲望的工作，尊重處於每個「我」背後關心的承諾（Westbury, 1994）；因此，「衝突正是驅動慎思的引擎，變通方案則是所需油料」（McCutcheon, 1999:37），有助於協調不同的價值與意見，獲得理性共識，形成適切的行動方案。

由於慎思既重視主體行動的意義，也關心整個群體的事業，係構成民主的必要條件，運用在社會方案的制定，有助於做出理性的決策；在教育方面，慎思的運作能納入所有參與者的觀點，創造性的調和過程與結果、目的與方法，共同追求目標，發展良好的課程以改善學校教育，能使參與成員共同經歷知識與品格的成長過程（Dillon,1994; Reid, 1999）。

Schwab（1983）認為，課程的發展無法由中央層級制定改革方案，再直接傳遞到地方層級，反而需要讓實際情境的所有利害相關人員代表共同參與，透過課程慎思進行課程發展的工作。因此，Reid（1982）首先提出慎思探究一詞，系統地闡釋Schwab的課程慎思理論，它所關注的是特定地區、學校或教室的課程政策和綱要（Beyer, 1991），能應用在特定情境，進行有關課程政策、方案發展和其他課程活動的探究（Harris, 1991），也是一種課程探究的方法。

而且，慎思探究除了能解決課程發展的實際問題之外，本身也是一種嚴格而有紀律的知性過程，和其他正式的課程研究方法相同（Harris, 1991）；例如，行動研究的實務、實踐推理與行動特質，哲學探究的邏輯、規範和驗證性特質，批判的實際探究對規範和設計的關注、美學探究與評鑑探究所關注特定情境的描繪與美學詮釋、統整探究對某些領域知識的統合及轉換，以及現象學和詮釋學探究對某一情境的個人觀點與意義的關注。

受到Schwab思想的影響，教育領域因而開啓了人文探究的取向（Eisner, 1984），Craig和Ross（2008）分析指出，這些發展包括Connelly的教師即課程制定者、Eisner的藝術取向、Shulman的教學內容知識與個案研究、教師的自我研究、教育與教學實務、行動研究、歷程檔案的發展、敘述探究、科際整合的努力、教師團體及教師互助等。

不過，Schwab（1969）提出的課程慎思原本僅是一種原則，並無具體的步驟，經過後續的論述和理論建構（Schwab, 1971, 1973, 1983），以及Walker（1971）、Roby（1973, 1985）和McCutcheon（1995）等相關研究，已逐漸發展成一種課程設計模式，包含從問題的形成，提出各種方案進行討論、對話和辯論，到形成共識產生最適當的方案等不同階段。而在Harris（1991）、Reid（1979, 1999, 2012）和Kanuka（2002, 2010）等人的論述和研究支持下，形成一種獨特的課程探究方法，強調問題解決、變通方案、形成共識和不斷循環等特性的方法論。

此一方法不僅能對所關注議題做進一步的探究，以獲得更好的理解，過程中也允許反對意見的討論（黃政傑，1991；McCutcheon, 1995）；這項探究的成功在於參與者的多樣性、專業性和經驗，參與者必須對探究的議題既感興趣、又相當瞭解，而且也能提供高品質的事實和意見；而邀請專家參與，使其不同的專長、經驗和意見能在過程中被納入考量，對於有效慎思也相當重要（Kanuka, 2010）。

由此可見，當代民主社會多元意見的紛然雜陳，是不可避免的現象，任何一項課程政策的制定或課程改革工作的推動，必然也會遭遇類似的現象。若能善用課程慎思這項探究方法，無論是政策制定，或是學校和教室層級的課程發展，都能邀集各種多元的意見，透過充分的討論、對話和辯論，藉以形成具有共識的適切方案，順利推動改革的工作。

十二年國民教育政策課綱及其理念

2014年實施的十二年國民教育政策，是近年來對於中學教育最重要的改革決策；正式的課程綱要總綱也在當年度公告，改以核心素養表述重要的理念，相關內容介紹如下。

一 十二年國民教育政策的課綱

我國在2014年正式推動的十二年國民教育政策，揭櫫有教無類、因材施教、適性揚才、多元進路和優質銜接等重要理念，同時開始制定相關配套措施，包含法令增修與師資培育（教育部，2011）；然而，位居關鍵的課程綱要總綱卻遲至同年11月才正式公告（教育部，2014；聯合新聞網，2014），由此可見，此項改革工程之艱鉅與浩大。

教育部正式頒布十二年基本教育的課程總綱，強調自發、互動與共好為基本理念，採用九大項的核心素養作為課程發展的主軸，包括身心素質與自我精進、系統思考與解決問題、規劃執行與創新應變、符號運用與溝通表達、科技資訊與媒體素養、藝術涵養與美感素養、道德實踐與公民意識、人際關係與團隊合作、多元文化與國際理解（教育部，2014）。此一總綱所謂的核心素養，不再如九年一貫課程綱要所強調的能力而已，還包含認知和態度的內涵（蔡清田，2014）。

這項新課程總綱所列的課程目標，包括啟發生命潛能、陶養生活知能、促進生涯發展和涵育公民責任（教育部，2014）；和九年一貫課程的五項理念相較而言，似乎缺乏了本土和國際意識的項目（教育部，2003），不過，若細究其內涵，這個項目已被納入涵育公民責任的部分內容。其中，重視社會參與中涵育公民責任的目標，應是回應九年一貫課程被譏為「缺德」的批評（李奉儒，2004；簡成熙，2004），期望恢復道德培育的教育任務，以改善當前社會的各種亂象。

同時，國家教育研究院也接受教育部的委託，規劃特色課程的內涵，提供高中職進行特色招生的課程發展依據。該研究指出，學校發展特色課程係奠基於獨特情境及其文化，具有學校本位課程的精神，應以

學校的情境和資源為基礎，結合學校全體人員的力量，以學校的教育理念及學生需求為核心，進行課程發展工作（國家教育研究院，2012）。

其實，我國的教育部也瞭解課程綱要在課程改革過程的重要性，為了使政策能在2014年8月順利推動，在時程緊湊的情況下，僅能說明現行課程綱要的適用性，例如，2008年完成修訂「國民中小學九年一貫課程綱要」、「普通高級中學課程綱要」及「職業學校群科課程綱要」，2010年完成修訂「綜合高級中學課程綱要」（教育部，2012）。

整體而言，無論是沿用現行的課程綱要，或者是已頒布的十二年基本教育課程總綱，其中的課程改革理念仍然強調課程連貫、課程統整、學校本位課程發展和以學生為主體。不過，從過去的課程改革經驗來看，總綱推出只是起點而已，各個教育階段、各學習領域或學科依據其核心精神發展的核心素養和雙向細目表（國家教育研究院，2014a），進而制定並頒布的實質詳細內容，才能一窺新課程綱要的全貌。

二 重要理念及核心素養

十二年國民基本教育政策的重要課程理念，包括課程連貫、課程統整和學校本位課程發展，與以學生為主體，大致上，都延續九年一貫課程的理念（歐用生，2000；甄曉蘭，2002a、2002b），更進一步將這些理念延伸到高中職的教育階段。比較不同的是，九年一貫課程強調基本能力，而十二年國教的課綱重視核心素養，而素養的內涵更為廣泛和豐富（國家教育研究院，2014a、2014b；蔡清田，2012）。

在課程連貫方面，期望在不同教育階段之間的課程銜接，即小學、國中和高中之間能夠達成良好的學習銜接；因此，在勾勒核心素養時，採用雙向細目表來規劃各個教育階段應該達成的素養，並將國中小的學習領域和高中的學科整合成八大學習領域，外加彈性課程，使三個教育階段在形式上能夠銜接（教育部，2014）。

採用學習領域的課程組織型態，也是一種課程統整的類型，屬於橫向的課程聯結；而學校的課程發展也要重視不同領域、科目、群科和學程之間的統整，換言之，就是進行跨領域或科際統整，並搭配協同教

學。在國小和國中教育階段，彈性課程仍強調統整性的主題課程，增加「議題」和「專題」的探究課程。值得注意的是，總綱似乎已體認教育現場的實況，提及國中階段在經過學校課程發展委員會通過之後，可採用分科教學。

十二年國教的課綱採用學校本位課程發展的理念，除了國小和國中的階段之外，高中也因應特色課程的需要採用這項理念。同時，在各個教育階段也都設有學校課程發展委員會，底下設置各領域、群科、學程或科目的教學研究會，甚至在某些特殊條件下，允許成立跨校的課程發展委員會。在學校課程發展委員會的成員中，可視實際需要納入校外專家學者、社區或部落人士、產業界人士或學生，而高中階段則必須納入專家學者代表。

和九年一貫課程綱要最重大的差異，在於十二年國教課綱提出的核心素養，包括三大面向和九大素養（國家教育研究院，2014a、2014b；教育部，2014），兩者的對比如表10-1所示。

表10-1　核心素養與基本能力

十二年國教課程總要	九年一貫課程綱要
身心素質與自我精進	增進自我瞭解，發展個人潛能
系統思考與解決問題	培養欣賞、表現、審美及創作能力
規劃執行與創新應變	提升生涯規劃與終身學習能力
符號運用與溝通表達	培養表達、溝通和分享的知能
科技資訊與媒體素養	發展尊重他人、關懷社會、增進團隊合作
藝術涵養與美感素養	促進文化學習與國際瞭解
道德實踐與公民意識	增進規劃、組織與實踐的知能
人際關係與團隊合作	運用科技與資訊的能力
多元文化與國際理解	激發主動探索和研究的精神
	培養獨立思考與解決問題的能力

乍看之下，新的課綱少了一個項目，實際上，卻增列許多九年一貫課程缺乏的項目，例如，系統思考、道德實踐與公民意識，以及媒體素養，新課綱所包含的內容更爲廣泛。不過，原有的「獨立思考」和「主動探究和研究」卻不見了。若從各階段的核心素養內涵來看，主動

探究出現在自主行動面向中的系統思考與解決問題的素養中，而在溝通互動這個面向的科技資訊和媒體素養則臚列了批判和思辨的內涵。

三　新課綱實施的可能挑戰

新課綱提出的核心素養，如道德實踐與公民意識，以及媒體素養，的確是因應我國近年來社會變遷的需求，期望能針砭當代社會的病癥。不過，從九年一貫課程綱要的推動和落實過程來看，從能力指標轉換成各領域或學科的能力指標，再到實際的教科書，產生許多轉化和落差的問題（秦夢群、賴文堅，2006），也有解釋模糊不清的疑義（周祝瑛，2003）。因此，從核心素養到各領域或學科的轉化內容，能否精確地反映核心素養的內涵，是相當值得觀察的。

從九年一貫課程推動的過程來看，實際結果似乎不如預期。黃政傑（2003）的分析也指出，課程實施的問題包括課程改革本身的問題、合科統整教學的問題、教科書的問題、配合措施的問題；值得注意的是，銜接問題原本是「九年一貫課程」的改革重點，卻在實施時產生嚴重的銜接問題，令人感到相當諷刺。

學校本位課程發展的模式期許教師從被動的「課程執行者」角色，轉變為主動的「課程決策者」及「課程研發者」的角色（甄曉蘭，2002a：50），以「課程統整」理念加強課程的橫向銜接與縱貫連貫，使學生的學習更有意義更有系統（甄曉蘭，2004）。然而，多數教師受限於課程發展知能不足，僅能採用輻射狀的「主題課程」，增加配合時令與節慶的熱鬧活動（歐用生，2000；甄曉蘭，2002a），產生許多偏差的現象。

而學校本位課程發展應該是由下而上地推動，學校實際運作卻反映傳統「由上到下」、「行政主導」的運作模式，被動地或無奈地「履行」課程改革任務，不但缺少教師的專業自信與自主，也缺少讓人激動的革新熱情（甄曉蘭，2002b：142）。

其實，新課程綱要實施所面臨的挑戰，正如同九年一貫課程的推動一樣，學校本位課程發展的關鍵在於期望恢復教師的武功（陳伯璋，

1999），增權賦能使其逐漸具備課程發展的能力（歐用生，1999；甄曉蘭，2002b），才能落實學校特色課程的發展工作。否則，學校的總體課程計畫可能流於形式，聊備一格而已。

由此可見，十二年國教的課程改革工作，仍有一段漫長的艱辛旅程。教育部原本預訂今年公布各領域的綱要草案，將於2016年正式定案，並在2018年正式實施。進行高中課程綱要微調時，已有國文和歷史科的爭議紛擾，2015年更遭遇歷史科的反課綱勢力抵制，引發社會的嚴重對立，因而推延相關領域課綱的公布時程；其中，仍有許多問題和困難有待克服，才能順利地推出各領域和學科的課程綱要定案，進一步落實新課程的理念。

肆 中學國文課程的改革及愼思探究的應用

在十二年國教政策實施的背景下，進行實際的中學國文課程改革，必然涉及不同價值觀的選擇和決定；目前教育界流行的翻轉教室、學思達及學習共同體等改革方案，強調以學生爲中心的理念，然而，如Schwab（1971）所說，任何外來的理論或方案，仍需透過教師適切地調整，才能解決現場的實際問題（黃繼仁，2005）。因此，本文首先從環境、學科、學生和教師等共同要素的層面，討論中學的國文課程改革，其次再針對學校和教室層級闡釋愼思探究的提案。

一 中學國文課程改革的要素

(一) 環境

Schwab（1973）認爲，環境（mileux）包含學習發生並產生成果的環境、學生的同儕關係、教室團體、鄰居或其他任何團體、教師間關係及其與校長關係的權威結構；還有社群（社區）與社群（社區）間的關係，整個政治體制及社會階級的情境、主流焦點及文化氛圍。

我國當代社會的環境，已有重大的改變；隨著經濟自由化、社會多元化和全球化、以及資訊化的趨勢，教育領域也面臨跨越族群、文

化、語言、階層與時空的問題（教育研究委員會，2003；親子天下雜誌，2013/6/1）。而經濟自由化和全球化的雙重發展帶動大前研一所謂「M型化社會」成形（劉錦秀、江裕真譯，2006），形成中產階級逐漸消失和貧富差距擴大的問題，使社會型態日益複雜，也為學校的語文教育帶來嚴峻的挑戰。

其中，資訊化的影響尤為劇烈。我國自2006年整體人口上網率已超過半數（臺灣網路資訊中心，2006），近三年12歲以上人口高達8成（臺灣網路資訊中心，2013/9/26, 2014/8/19），各種應用日新月異，如智慧型手機、平板電腦、雲端運算、部落格和臉書等，形成資訊匯流的單一媒體和網絡社會型態（Castells, 1996; Levinson, 1988; Dijk, 1999），逐漸改變社會的互動關係，產生數位住民（digital natives）（Prensky, 2001），轉變人類溝通和理解世界的方式（MacArthur, 2006），重新界定課程、教室和教科書的意義（Moretti, 1994），使單一讀寫能力的概念轉變成多種型態的讀寫能力（multi-modal literacy）（莊雪華、黃繼仁，2012）。

一般人認為，網路的出現使人遠離書本，而光怪陸離的大眾媒體是社會亂源，也是語文能力低落的罪魁禍首，因而持比較負面的看法，例如，Gordon和Alexander（2005）、王開府（2006）等。不過，也有人持正向看法，例如，Serim（2003）、吳怡靜等（2004），推崇其應用價值和潛能。郝明義（2007）則認為，網路是人類自有書籍以來最關鍵的一次革命，使人類的閱讀能突破傳統書本的時空限制，能結合文字以外的聲音、影像、氣味和觸感，使人類重歸全觀的認知經驗。

因此，青少年所處的環境已有顯著的變化，中學階段的國文教育應該正視此一環境變化的影響，包括資訊科技的影響、多元文化的衝擊及人口結構的轉變，適切地調整課程和教學的內容及方式，培養學生適應新環境所需的能力，以因應前述社會變遷所帶來的挑戰。

(二) 學科

在所有共同要素的討論中，學科這一項的內容最少，僅簡單論及熟悉該學門或學科及相關學術材料的代表而已，並以歷史科為例，不僅要

熟悉歷史材料也要是歷史學家（Schwab, 1973）。其實，從這個的觀點來看，學科並非課程發展單一且唯一的來源，反而必須將學術成就視為課程發展的「資源」（subject-matter-for-education）。換言之，就是將傳統學科知識視為教育資源，透過慎思過程使之成為學習經驗的來源（黃繼仁，2003）。

傳統以來，我國進行的課程改革，每當涉及中學國文的課程改革議題，時常陷入教學時數多寡、古文和白話文比例的爭議；尤其是在高中國文課綱制訂的過程中，一派主張應該提高古文比例至七成，一派主張應該增加語體文和臺灣文學，將古文降到三成以下（翁聖峰，2006），爭議不休，甚至演變成意識型態之爭。其實，這些爭議都和傳統的學術取向觀點，具有密切的關係。

無論國內外，中學教育一直受到升學導向掌控，學校課程也受到學術取向課程的支配（Beane, 1993），因而強調記憶和背誦的方法，教師教學則以講述和反覆練習為主。然而，這種取向將學生思考侷限在文法、詞性和修辭等內容，卻導致了對中文的疏離，反而剝奪學生從閱讀中獲得感動和思索人生的機會，也剝奪其書寫表達的興趣（侯文詠，2010），導致學生的學習動機低落（Wade & Moje, 2000）。

近年來的我國中學生參與PISA的閱讀評比結果顯示，學生不僅閱讀素養不佳，閱讀的興趣也相當低落（洪碧霞，2010；臺灣PISA國家研究中心，2014）。從這份報告中可知，閱讀能力不再侷限於傳統定義，而是包括對書面文字的理解、使用及反省的能力，用以達成個人目標、發展個人知識與潛能，以及有效參與現代社會等意義（OECD, 2004）；換言之，它相當強調反省知識和經驗、以及應用真實世界議題的能力間的關係，重視終身學習能力。

其實，語文領域的研究與發展一向都有傳統派和改革派的爭議；不過，近年來已有妥協的發展趨勢，產生結合平衡取向的模式（柳雅梅、黃秀霜，2007；Fisher, 2002）。因此，發展中學國文課程時，不應執著於學術內容的爭議，反而應該善用學術研究的成果，考慮在技能脈絡、文類及風格、文章難度、文學回應、學科重點、語文要素（如聽說讀寫）和閱讀要素（如語音、字彙與理解）等層面的均衡（Pearson,

Raphael, Benson & Madda, 2007），培養學生獲得有助於終身學習的語文能力，使其能有效地參與當代社會的運作。

(三) 學生

關於學生這項要素，包括某一年齡學生團體的一般特性和特殊性，與學生親密相處所獲得的理解，其朝向成人發展的現有心靈與感情狀態的資訊，以及其在家庭、政治社群、族群或宗教所扮演的角色（Schwab, 1973）。

中學以青春期階段的學生為教育對象，不同於成人和兒童，是相當特殊的人生時期，也是研究關注的焦點（Beane, 2005; Vars, 1998）。因此，課程改革應針對教育對象的特質進行研究，提出一般和特殊需求，但是，社會變遷也帶來特殊需求，如情緒教育、性教育、藥物使用等（Brooks-Gunn & Reiter, 2005）。

由於中學教育階段的對象為青少年，除了此一階段共同及特殊的個別需求之外，受到社會環境影響也衍生相關的需求。例如，相關調查顯示（Hargrave & Livingstone, 2006; Rideout, Foehr, Roberts, & Brodie, 1999），電腦、網路與媒體使用已是青少年最重要的休閒活動（Buckingham, 2003；臺灣網路資訊中心，2014/8/9）。如果中學的國文教育無法正視這種需求，進而調整課程和教學的方法，學生反而可能受到這些內容的吸引，甚至陷溺其中，未蒙其利，先受其害。

其實，每位學生都是獨一無二的，都有不同學習需求；而且，每個學生的學習的準備度、興趣和學習風格也有差異，不同性別的學生喜愛閱讀的材料也不盡相同（Sullivan, 2004）。青少年最重要的課題是發現、追尋和實現屬於自己獨特的生命意義，相關的知識「多如恆河沙數」（王溢嘉，2010：4）；因此，這些學習需求的探究，仰賴師生共同去發掘，使之成為重要的教育資源。

(四) 教師

Schwab（1973）認為，教師是最關鍵的要素。關於教師這項要素，包含有彈性且敏捷地學習新教材與新教學方式，也包括自我形

象、人格特質、品格、相關背景及普遍傾向，包括師生關係、同事關係、與校長的關係、與優良教師或學者的關係。

在課程發展團體中，教師為首要角色，因為他們最知道學生與教室的情況，當學生無法成為課程發展團體的成員時，能透過教師與學生親密互動的經驗來補充。教師代表之中，除了本科教師的代表之外，也須設置其他學科的教師代表及課程改革的推動者，避免教師本位或學科本位的心態，必須全盤而整體地考慮課程的作用（黃繼仁，2005）。

從相關的課程改革經驗來看，中學通常高度認同自己所屬學科，例如，國文教師時常捍衛國文領域的地位，要跨越學科的藩籬相互合作，誠屬不易（Beane, 1993）。惟有透過慎思探究，使教師彼此能跨越學科界限而相互合作，課程改革才有可能成功。美國八年研究及1990年代中學課程改革正是如此，才能發展出核心課程、協同教學和跨領域團隊的成功模式（黃繼仁，2015）。

Schwab（1983）指出，課程發展的團體組織應包含所有共同要素的代表，有教師代表（含本科、非本科和改革推動者）的四至六位、校長一位、學區教育委員或代理人一位、學生代表一至二位，內容代表以學科專家為主，輔以具有研究反省能力的學者，以及環境代表的社會學家、心理學家、俗民誌學者等人。合理的團體規模必須維持在八至十人，必須設立課程主席來推動課程發展的工作，而且，這位課程主席應該具有慎思的經驗。

不過，在這些要素的代表中，有學者認為（Wegener, 1986），就學生的年齡與經驗而言，他們並無法採取慎思態度，不應屬於課程決定團體。Schwab（1987）的回應指出，納入學生經驗，主要是期望慎思的形成與運作，能對公認的教育目的有所質疑。

一般而言，學科及內容通常被視為教育的全部且關鍵的內容，甚至是不容質疑的真理；例如，語文教學就是各種詞類和字彙的學習和辨認；有的教師提供豐富藏書讓學生自由選讀和討論，探討作品和其中蘊含的想像力及藝術技巧，反而是一種例外。若有學生代表出席，課程主席若能將它引導至對教育目的的討論，藉以對一般教育目的進行質疑。

因此，若要發展適切的國文課程改革方案，對上述各項共同要素不僅要有普遍性的理解，還有直接接觸的獨特性經驗，也需要具有慎思能力的課程主席（Schwab, 1983）。無論是在政策制訂的層面，或者是學校與教室的實踐層面，都應該均衡地將各項共同要素納入考慮，邀請每個層面具有實際經驗的成員，包含各種國文課程改革主張的教師代表，使各種立場、觀點與理論，藉由討論、對話和辯論獲得共識，提出可行且適當的中學國文課程改革方案，而非侷限在學術取向或純粹理論的改革提案。

二 中學國文課程的慎思探究提案與落實

傳統的學術取向課程已不敷需求，但也不能冒然採取任一革新方案，避免落入意識型態之爭。因此，本文綜合前述分析和討論的內容，應用慎思探究的相關成果，探討學校及教室層級的中學國文課程改革的提案和落實，闡釋如下。

(一) 運用團體慎思發展國文課程改革方案

由於每個學校和教室都是一個具體的教育情境，無論十二年國教最後的國文課程綱要內容詳案如何，從慎思探究的觀點來看，這些綱要內涵仍無法直接地套用。因此，就目前課綱總要的內容來看，必須善用學校課程發展委員會和國文科的教學研究會的運作，提出具體可行的改革方案。

尤其是國文科教學研究會的運作，應該透過團體慎思進行課程發展，結合多樣的資訊、專業知能與各種價值判斷，發現他人的需要與欲望，建立各種課程選擇，考慮贊成與反對所提議的決定點，以及決定變通方案的論證，選擇最適切的行動方案（Walker, 1971）。其中，比較關鍵的是各種變通方案的提出，當然也包含前述的古文和白話文不同主張的意見討論，甚至是其他的不同意見。

慎思探究的首要工作，就是分析學校或教室的情境問題，診斷課程缺失，據以提出解決方案；換言之，就是將抽象的「教師、學生、學科和環境」等要素轉化成具體的個殊內容，實際分析情境問題，診斷課程

方案的缺失，再透過不同變通方案的討論，形成能改善缺失且有共識的方案（黃繼仁，2003），而非僅是依賴國文科的理論知識而已。

因此，國文科教學研究會的組織，除了原有的國文教師之外，也應該考慮納入具有課程慎思經驗的專家學者、有改革經驗的國文科教師代表、家長代表和至少兩位學生代表，避免落入學科中心的立場，共同探究適合實際教育情境的改革方案。其中，尤其需要納入學生的觀點，國中生的能力或許還不足以參加，可採納較熟悉學生的家長或教師觀點補足，而高中階段的學生應能參與課程的討論。

所以，使用團體慎思有助於透過理性溝通與辯論，調合彼此的目的、資訊與判斷，共同設計課程。而且，既然十二年國教政策已經推動，課程總綱也已公布，強調核心素養，學校和教師應該開始構思可行的改革方案，從本身的獨特情境出發，慎思適切的課程改革方案，以培養中學學生具備核心素養。

(二) 採用學習社群推動並改良國文課程方案

課程改革涉及採納另一種變通課程，包括不同的材料和結構、教學實踐與評量方式（Roby, 1973; Schwab, 1969），尤其需要經過教師的轉化（黃政傑，1997）。教師在團體慎思的運作過程中，一方面可透過實踐推理發展可資辯護的結論，一方面可發展有共識的解決方案，兩者交織進行（Orpwood, 1985），同時蒐集各種證據並採納專家知能，透過追求「交互主體的」協議（McCutcheon, 1995），既是社群活動，又是創造社群的活動（Westbury, 1994），有助於課程改革的落實。

因此，若要將十二年國教課綱的核心素養，轉化成為學校和教室實際可行的方案，一方面必須集合學校所有國文教師進行慎思探究，從環境、學科、教師和學生等不同層面，均衡地考量各種可能的方案，透過討論、對話和辯論，找出具有共識的可行方案；另一方面，也透過此一探究過程，型塑國文教師的學習社群。正如Shulman和Shulman（2004）所說，教師應該成為學習社群的成員，願意且能教學並反省其教學經驗，運用活動、反省、合作和社群的原則，能處理學科、教學和學校改革之間的交互作用，有助於達成理論轉化為實務的工作。

而教師處在教室的脈絡中並非純然真空，反而必須面對和處理相互競爭的壓力，也無法完全預測行動的結果，自然而然會產生需要慎思以解決問題的脈絡（Reid, 1999a）；所以，教師可善用慎思，針對各種可能的教學行動，進行設想周到的深思熟慮（McCutcheon, 1995），做出適切的決定，發展出適用於教室層級的行動方案（黃繼仁，2003）。

因此，在學習社群的架構下，參與的教師成員不僅能在其中發表自身的改革方案構想，也能將實踐的結果帶到學習社群，進行討論、對話和反省，促進和提升自身的理解和視野，相互交流，彼此促進專業成長；同時，也能善用合作的機會，相互觀摩、學習和成長。在參與社群慎思的過程中，不僅能發展出良好的課程方案，進而落實於教室的教學活動，也能提升教育實踐的品質。

(三) 以合作學習搭設鷹架促進學生的語文能力

十二年國教課綱強調核心素養的培養，強調三個面向九大核心素養，而其中「符號運用與溝通表達」這項素養，與國文教育直接相關；從多型態的讀寫概念來看（莊雪華、黃繼仁，2012），也和「科技資訊與媒體素養」密切相關。由此可見，中學的國文教育應該改弦易轍，重視學生語文素養的培養，使其能運用語文這項工具，有效地參與當代社會的運作。

傳統的語文課程與教學強調系統化的知識與序列化技能的教學，視閱讀與寫作為彼此分割獨立的部分。近年來的研究發展促成語文觀點轉變，產生過程導向的模式，強調行動中的知識（Applebee, 1996），視閱讀與寫作為相輔相成的學習過程；同時也強調提供豐富的語文環境，結合真實的生活內容，接納校外世界的新讀寫形式與風格、新的字詞與語言結構及呈現形式，如電影、廣播、電視、電腦，以及媒體、通訊、網路等形式（Applebee & Purves, 1992），拓展學生聽說讀寫各方面的經驗。

中學國文教育的對象是青少年學生，無論使用古文（文言文）或白話文，都只是一種材料而已，更關鍵的應該是使學生和這些材料產生關聯。如Roby（1973）所說，可運用課堂討論的方法使學生投入

（engaging）三種任務，包括文學作品本身、學生的經驗與作品的相似處，以及學生自身的反省性批評。因此，可採納合作學習的相互學習方式（Morrow, Sharkey & Firestone, 1994），進行這三種任務時，使教師與學生，以及學生同儕能同時討論社會變遷衍生的重要議題。

在進行合作學習的過程中，教師可善用鷹架（scaffolding）作用，促進學生語文能力的發展，使學生在支持人類學習的社會本質的條件下（Vygotsky, 1978），讓學生選擇想要閱讀的內容，包括書本或各種材料，透過閱讀、討論與寫作，以社群的形式鼓勵有意義的對話，整合閱讀、寫作和說話的溝通方式（McMahon & Raphael, 1997），使學生與文本、學生同儕、教師與學生間交互激盪（Goodman, Y., 1989; Holdway, 1979），藉以發展、促進並建構個人認知及社會關聯的意義。

在上述過程中，教師能藉此明確地教導學生獨立閱讀和寫作的策略，在不同文本裡，使學生參與提供協助的練習，在學生提高能力時逐步轉移策略使用的責任（Clark & Graves, 2010; MacArthur, 2006），最終使其能成為獨立的終身學習者。因此，在學生學習國文的過程中，教師不再僅以內容的熟悉為主，反而能夠善用合作學習和鷹架，培養學生能實際應用語文的核心素養。

(四) 以檔案評量蒐集師生專業成長的資訊

歷年來的國語文課程改革，都將語文能力視為多種能力的綜合表現，包含聽、說、讀、寫（教育部，2003）；然而，正式的評量通常只評估閱讀和書寫的能力，且以閱讀為絕大部分，甚至只是閱讀的一部分認知層面而已，比較忽略理解、詮釋和批判的內容。

從PISA的閱讀素養評量趨勢來看，閱讀不再只是被動地接受資訊，反而是要成為積極主動的資訊處理者，能省思和批判閱讀的內容（孫劍秋、林孟君，2012）。因此，中學國文課程應有所轉變，如同香港將內容轉為能力的培養（謝錫金，2008），不再只是重視詞彙、文法和修辭的記誦而已。

如前所述，隨著讀寫觀點的改變，評量方法也出現變通評量，包括觀察、互動和分析，以及自我評量。非正式觀察時，教師四處走動，

以個人或小組方式進行，正式觀察是針對每日活動製作軼事記錄；互動中，師生直接參與交談或會議進行歷程的評量；非正式互動是每日的會話和討論中進行，正式互動則在教導策略的課程過程中進行；自我評量則是檢視語文學習的記錄並加以反省，同時瞭解自己語文進步的情形（Goodman, Y, 1989）。

語文能力的培養若只是重視結果，很容易流於內容的記誦，甚至扼殺學習的興趣和動機，更重要的應該是學習的過程（何琦瑜、林玉佩、李忻蒨，2008），藉以學習文章及作品的欣賞能力，學會使用中文表達的能力（侯文詠，2010），使青少年學生能透過各種表述方式，真實地表達自己的心聲。

因此，在學習的過程中，可透過檔案評量（portfolio）蒐集學生語文學習和成長的資料，包含如上所述的多種資料（Valencia, 1995）；這種評量方式其實也是一種動態評量，學生能根據教師的回饋來改進並激發反省思考能力（莊雪華、黃繼仁、劉漢欽、謝宗憲，2010）。而且，這種評量方式，不僅能應用在學生身上，也能應用在教師身上，藉以蒐集師生專業成長的資訊。

透過檔案評量資料的蒐集，一方面可以瞭解學生整體的語文學習成效，另一方面也可以藉以分析國文課程改革方案的效果，反映實際改革的成果。而且，有了這些實證資料之後，更可作為下一階段或下一次課程方案修正的依據。

伍 結論與建議

綜合前述分析與探討的結果，本文獲得下列的結論：1.十二年國教課綱的理念與九年一貫課程大致相同，但改以核心素養取代能力指標。2.應採用慎思探究的模式，處理中學國文課程改革的爭議。3.除了學校課程發展委員會之外，中學國文教學研究會也應納入專家學者和其他慎思代表。4.推動並落實中學國文課程改革方案，應採納學習社群的架構和合作學習的理念。5.應以檔案評量的方式，有系統地蒐集改革過程中的師生專業成長資訊。

　　如同課程慎思觀點所強調，每一個教育實踐情境都是獨一無二的，因此，除了在政策制訂的層面需具備團體慎思的要件之外，學校層級或是教室層級的課程發展，也應善用慎思探究的方式，對教師增權賦能恢復其課程發展和設計的能力，根據其實際情境的需要，善用實踐智慧，關照學生的一般和特殊的需要，剪裁和調適各種外來的理論或改革方案，發展出具有個人風格的教學實踐活動，提升學生語文學習的成效。更重要的是，課程改革工作涉及複雜的層面，需要充分的時間做好準備，也需要所有的利益關係人和持分者投入心力共同合作，而相關的決定也應有研究證據作為基礎，避免落入意識型態之爭，偏狹地支持某一方面的改革方案。

參考文獻

王開府（2006）。作文教學的危機與轉機—代序。載於王開府、陳麗桂主編，國文作文教學的理論與實務（頁V-VI）。臺北市：心理。

王溢嘉（2014）。青春第二課。新北市：野鵝。

臺灣網路資訊中心（2006）。**TWNIC 2006年01月臺灣地區寬頻網路使用調查報告**。2006年8月5日，網址：http://www.twnic.net.tw/download/200307/200307index.shtml

臺灣網路資訊中心（2013/9/26）。2013年「臺灣寬頻網路使用調查」結果公布—無線及行動上網人口突破千萬中高年齡網路使用者增加快速。新聞稿，2014年12月18日，取自：http://www.twnic.net.tw/NEWS4/129.pdf。

臺灣網路資訊中心（2014/8/19）。2014年「臺灣寬頻網路使用調查」結果公布上網的社交功能大於獲取資訊超過八成網民下載免費APP。新聞稿，2014年12月18日，取自：http://www.twnic.net.tw/NEWS4/135.pdf。

李奉儒（2004）。九年一貫課程中實施道德教育的困境與突破。學生輔導，**92**，38-55。

何琦瑜、林玉佩、李忻蒨（2008）。清大人文社會學系主任蔡英俊什麼是寫作力？載於何琦瑜、吳毓珍主編，教出寫作力：68-83。臺北市：天下。

周祝瑛（2003）。誰捉弄了臺灣教改？臺北市：心理。

侯文詠（2010）。不乖：比標準答案更重要的事。臺北市：皇冠。

洪碧霞（2010）。臺灣**PISA2009**結果報告。2011年3月3日，取自：http://pisa.nutn.edu.tw/news_tw.htm

柳雅梅、黃秀霜（2007）。平衡閱讀教學對國小學童英文閱讀能力及閱讀動機之影響。師大學報（教育類），**52**（1），133-157。

秦夢群、賴文堅（2006）。九年一貫課程實施政策與問題之分析。教育政策論壇，**9**（2），23-44。

孫劍秋、林孟君（2012）。談PISA閱讀素養評量對十二年國教閱讀教學的意涵。北市大語文學報，**9**，85-98。

翁聖峰（2006）。高中國文課程暫行綱要爭議析論。載於國立臺北教育大學臺灣文學研究所主編，**2005**臺灣文學教學學術研討會論文集（頁83-107）。臺北市：國立臺北教育大學臺灣文學研究所。

郝明義（2007）。越讀者**=Reading in the internet age**。臺北市：大塊文化。

國家教育研究院（2012）。十二年國民基本教育高中、綜高、高職、五專學校實施特色招生之特色課程規劃成果報告。2014年1月13日，取自：http://epaper.naer.edu.tw/data/52/3-1pdf.pdf

國家教育研究院（2014a）。十二年國民基本教育課程發展指引。2014年11月28日，取自：http://www.naer.edu.tw/ezfiles/0/1000/attach/93/pta_2558_5536793_14183.pdf。

國家教育研究院（2014b）。十二年國民基本教育課程綱要總綱（草案）。2014年11月27日，取自：http://www.fssh.khc.edu.tw/UpLoadFiles/E2AEA34.pdf。

教育部（2003）。國民中小學九年一貫課程綱要。臺北市：教育部。

教育部（2011）。十二年國民基本教育實施計畫。臺北市：教育部。

教育部（2012）。十二年國民基本教育課程綱要研修的問與答http://12basic.edu.tw/Detail.php?LevelNo=140

教育部（2014）。十二年國民基本教育課程綱要。臺北市：教育部。

教育研究委員會（2003）。全國教育發展會議各項議題報告書草案。2003年9月16日，取自http://www.edu.tw/secretary/2003/discuss/index31.pdf。

莊雪華、黃繼仁（2012）。媒體識讀教育的發展及在中小學課程與教學的應用。課程與教學季刊，**15**（1），35-66。

莊雪華、黃繼仁、劉漢欽、謝宗憲（2010）。應用部落格發展電子歷程檔案系統之研究：以師資培育的教育實習輔導為例。中正教育研究，**9**（2），51-88。

陳伯璋（1999）。九年一貫新課程綱要修訂的背景及內涵。教育研究資訊，**7**（1），

1-13。

黃政傑（1991）。課程設計。臺北市：東華。

黃政傑（2003），九年一貫課程銜接問題分析。中等教育雙月刊，**54**（6），120-35。

黃繼仁（2003）。課程慎思應用於教室層級課程實施之研究——以小學低年級教師的語文課程實踐為例。國立臺灣師範大學教育學系博士論文，未出版。

黃繼仁（2005）。許瓦布的課程思想。載於黃政傑主編，課程思想（頁59-102）。臺北市：冠學。

黃繼仁（2010）。從課程慎思的觀點探討教學藝術的立論及重要性。載於黃政傑主編，教學藝術（頁63-88）。臺北市：五南。

黃繼仁（2015）。十二年國教政策下國中課程改革潛能。載於國家教育研究院主編，國民教育新視野：借鑑、蛻變與創新（頁27-51）。新北市：國家教育研究院。

甄曉蘭（2002a）。中小學課程改革與教學革新。臺北市：高等教育。

甄曉蘭（2002b）。學校本位課程發展的理念與實務策略。載於潘慧玲主編，學校革新：理念與實踐（頁141-169）。臺北市：學富。

甄曉蘭（2004）。課程理論與實務：解構與重建。臺北市：高等教育。

臺灣PISA國家研究中心（2014）。臺灣PISA**2012**精簡報告。2014年12月2日，取自：http://pisa.nutn.edu.tw/download/data/TaiwanPISA2012ShortReport.PDF。

劉錦秀、江裕真譯（2006）。**M**型社會：中產階級消失的危機與商機（Kenichi Ohmae／大前研一著）。臺北市：商周。

歐用生（1981）。課程研究方法論——課程研究的社會學分析。高雄市：復文。

歐用生（1999）。新世紀的學校。臺北市：臺灣書店。

歐用生（2000）。課程改革。臺北市：師大書苑。

蔡清田（2012）。課程發展與設計的關鍵DNA：核心素養。臺北市：五南。

蔡清田（2014）。國民核心素養：十二年國教課程改革的DNA。臺北市：高等教育文化。

親子天下雜誌（2013/6/1）。滑世代來了！親子天下雜誌，**46**。2014年12月25日，取自：http://www.parenting.com.tw/article/article.action?id=5049498。

聯合新聞網（2014/10/6）。十二年國教總綱拍板。2014年11月27日，取自：http://mag.udn.com/mag/edu/storypage.jsp?f_ART_ID=538969

謝錫金（2008）。政府・學校・家長動起來。載於天下雜誌教育基金會編著，香港閱讀現場：開啟一場新的閱讀實驗（頁28-42）。臺北市：天下雜誌。

簡成熙（2004）。「缺德」的道德教育如何實施？教育研究月刊，**121**：94-109。

Applebee, A. N. (1996). *Curriculum as conversation: Transforming traditions of teaching and learning*. Chicago: University of Chicago Press.

Applebee, A. N., & Purves, A. C. (1992). Literature and the English language arts. In P. W. Jackson (Ed.), *Handbook of research on curriculum* (pp. 726-748). New York: MacMillan.

Beane, J. A. (1993). *A middle school curriculum: From rhetoric to reality*. 2nd ed. Columbus, Ohio: National middle school association.

Beane, J. A. (1997). *Curriculum integration: Designing the core of democratic education*. New York, NY: Teachers College Press.

Beane, J. A. (2005). Foreword. In E. R. Brown & K. J. Saltman (Eds.). *The critical middle school reader, (pp. xi-xv)*. New York: Routledge.

Beyer, L. E., & Liston, D. P. (1996). *Curriculum in conflict: Social visions, educational agendas, and progressive school reform*. New York: Teachers College.

Brooks-Gunn, J., & Reiter, E. O. (2005). The role of pubertal processes. In E. R. Brown & K. J. Saltman (Eds.). *The critical middle school reader,* (pp. 27-56). New York: Routledge.

Buckingham, D. (2003). *Media education: literacy, learning and contemporary culture*. Cambridge, UK: Polity.

Calderhead, J. (Ed.). (1987). *Exploring teachers' thinking*. London: Cassell.

Castells, M. (1996). *The rise of the network society*. Cambridge, Mass.: Blackwell.

Clandinin, D. J., & Connelly, F. M. (1992). Teacher as curriculum maker. In P. Jackson (ed.), *Handbook of research on curriculum* (pp. 363-401). New York: MacMillan.

Clark, K. F. & Graves, M. F. (2010). Scaffolding students' comprehension of text. In M. Cappello & B. Moss. (Eds.). *Contemporary readings in literacy education,* (pp. 181-192). Thousand Oaks, CA: Sage.

Craig, C. J. & Ross, V. (2008). Cultivating the image of teachers as curriculum makers. In F. M. Connelly, M. F. He, & J.A. Phillion, (Eds.). *The SAGE handbook of curriculum and instruction*, (pp. 282-305). Los Angeles: Sage Publications.

Dewey, J. (1922/1957). *Human nature and conduct: An introduction to social psychology*. New York: Random House.

Dijk, J. v. (1999). *The network society: Social aspects of new media*. (Trans. by L. Spoorenberg). London: Sage.

Dillon, J. T. (1994). *Deliberation in education and society*. New Jersey: Ablex.

Eisner, E. (1984). No easy answers: Joseph Schwab's contributions to curriculum. *Curriculum Inquiry, 14*(2), 201-210.

Eisner, E. (1992). Curriculum ideologies. In P. W. Jackson (Ed.). *Handbook of research on curriculum*, (pp. 302-326). New York: Macmillan.

Fisher, R. (2002). *Inside the literacy hour: Learning from classroom experience*. London: Routledge/Falmer.

Goodlad, J. I. (2000). Foreword. In S. Wineburg & P. Grossman. *Interdisciplinary curriculum: Challenges to implementation* (pp. vii-xii). New York:Teachers College.

Goodman, K. (1986). *What's whole in whole language?* Portsmouth, NH: Heinemann.

Goodman, Y. M. (1989). Roots of the whole-language movement. *The Elementary School Journal, 90*(2). 112-127.

Grundy, S. (1987). *Curriculum: Product or praxis*. Philadelphia, PA: Glamer.

Hargrave, A. M., & Livingstone, S. M. (2006). *Harm and offence in media content: A review of the evidence*. Portland, OR: Intellect.

Harris, I. B. (1991). Deliberative inquiry: The arts of planning. In E. C. Short (Ed.), *Forms of curriculum inquiry*, (pp. 285-308). Albany, NY: State University of New York.

Holdaway, D. (1989). Shared book experience: Teaching reading using favorite books. In G. Manning & M. Manning (Eds.) *Whole language: Beliefs and practices, K-8. Aspects of learning series*. (ERIC Document Reproduction Service No. ED 309 387)

Hopkins, D., Ainscow, M., West, M. & Fullan, M. (1994). *School improvement in an era of change*. London: Cassell.

Kanuka, H. (2002). Guiding Principles for Facilitating Higher Levels of Web-Based Distance Teaching and Learning in Post-Secondary Settings. *Distance Education, 23*(2), 163-182.

Kanuka, H. (2010). Deliberative inquiry. In M. Savin-Baden & C. H. Major (Eds.). *New approaches to qualitative research: Wisdom and uncertainty*, (pp. 100-107). London: Routledge.

Kliebard, H. M. (1992). Constructing a history of the American curriculum. In P. W. Jackson (Eds.). *Handbook of research on curriculum*, (pp. 157-184). New York: Macmillan.

Langer, J. A., & Allington, R. L. (1992). Curriculum research in wrirting and reading. In P. W. Jackson (Ed.), *Handbook of research on curriculum* (pp. 687-725). New York: Macmillan.

Levinson, P. (1988). Impact of personal information technologies on American education, interpersonal relations, and business, 1985-2010. In P. T. Durbin (Ed.). *Technology and contemporary life,* (pp. 177-192). Holland: D. Reidel.

MacArthur, C. A. (2006). The effects of new technologies on writing and writing process. In C. A. MacArthur, S. Graham, & J. Fitzgerald (Eds.). *Handbook of writing research*, (pp. 248-262). New York: Guilford Press.

McCutcheon, G. (1995). *Developing the curriculum: Solo and group deliberation*. New York: Longman.

McCutcheon, G. (1999). Deliberation to develop school curricula. In J. G. Henderson & K. R. Kesson (Eds.), *Understanding democratic curriculum leadership* (pp. 33-46). New York: Teachers College, Columbia University.

McMahon, S. I. & Raphael, T. E. (1997). *The book club connection: literacy learning and classroom talk*. New York: Teachers College, Columbia University.

Moretti, F. A. (1994, Spring). The Olympian challenge of the new. *Independent School, 53*(3), 19-21. Retrieved from: Professional Development Collection 9411304094 [2000, August 18].

Morrow, L. M., Sharkey, E., & Firestone, W. A. (1994). Cooperative learning strategies in the integrated language arts program. In L. M. Morrow, J. K. Smith, & L. C. Wilkinson (Eds.). *Integrated language arts: Controversy to consensus* (pp. 155-176). Boston: Allyn and Bacon.

OECD. (2004). *Learning for tomorrow's world: First results from PISA 2003*. Retrieved December 15, 2004, from: http://www.pisa.oecd.org/dataoecd/1/60/34002216.pdf

Orpwood, G. W. F. (1985). The reflective deliberator: A case study of curriculum policymaking. *Journal of Curriculum Studies, 17*(3), 293-304.

Pearson, P. D., Raphael, T. E., Benson, V. L., & Madda, C. L. (2007). Balance in comprehensive literacy instruction: then and now. In L. B. Gambrell, L M. Morrow, & M. Pressley. (Eds.). *Best practices in literacy instruction, 3rd ed.*, (pp. 30-56). New York, NY: Guilford.

Pratt, D. (1980). *Curriculum design and development*. New York: Harcourt Brace Jovanovich.

Prensky, M. (2001). Digital natives, digital immigrants. *On the Horizon, 9*(5), 1-6.

Reeves, T. C. (1999). 'Rigorous and socially responsible interactive learning research',

Association for the Advancement of Computing in Education (online). Retrieved December 30, 2012 from: http://www.aace.org/pubs/jilr/intro.html

Reid, W. A. (1979). Practical reasoning and curriculum theory: In search of a new paradigm. *Curriculum Inquiry, 9*, 187-207.

Reid, W. A. (1999). *Curriculum as institution and practice: Essays in the deliberative tradition.* Mahwah, NJ: Lawrence Erlbaum.

Reid, W. A. (2012). The deliberative approach to the study of the curriculum and its relation to critical pluralism. In M. Lawn & L. Barton. (Eds.). *Rethinking curriculum studies: a radical approach, (*pp. 160-187). London: Routledge.

Rideout, V. J., Foehr, U. G., Roberts, D. F., & Brodie, M. (1999). *Kids & Media @ the new Millennium.* Menlo park, CA: Henry J. Kaiser Family Foundation.

Roby, T. W. (1973). *A use of literary materials toward character change.* Unpublished Ph. D dissertation. University of Chicago.

Roby, T. W. (1985). Habits impeding deliberation. *Journal of Curriculum Studies, 17*(1), 17-35.

Schwab, J. J. (1969). The practical: A language for curriculum. In I. Westbury & N. J. Wilkof. (Ed.). (1978). *Science, curriculum, and liberal education: Selected essays* (pp. 287-321). Chicago: University of Chicago. The paper was first published in 1969.

Schwab, J. J. (1971). The practical 2: arts of eclectic. In I. Westbury & N. J. Wilkof. (Eds.). (1978). *Science, curriculum, and liberal education: Selected essays* (pp. 322-364). Chicago: University of Chicago.

Schwab, J. J. (1973). The practical 3: Translation into curriculum. In I. Westbury & N. J. Wilkof. (Ed.). (1978). *Science, curriculum, and liberal education: Selected essays* (pp. 365-383). Chicago: University of Chicago.

Schwab, J. J. (1983). The practical 4: Something for curriculum professors to do. *Curriculum Inquiry 13*(3), 239-265.

Schwab, J. J. (1987). Dialogue: a reply to Charles Wegner. *Curriculum Inquiry, 17*(2), 229-233.

Serim. F. C. (2003). *Information technology for learning: No school left behind.* Ashland, OH: Big6.

Shulman, L. S. & Sherin, M. G. (2004) Fostering communities of teachers as learners: Disciplinary perspectives. *Journal of Curriculum Studies, 36*(2), 135-140.

Shulman, L. S. & Shulman, J. H. (2004). How and what teachers learn: A shifting perspective. *Journal of Curriculum Studies, 36*(2), 251-271.

Shulman, L. S. (1991). Joseph Jackson Schwab: 1909-1988. In E. Shils, (Ed.), *Remembering the university of Chicago: Teachers, scientists, and scholars* (pp. 452-468). Chicago: University of Chicago.

Smith, F. (1992). Learning to read: the never-ending debate. *Phi Delta Kappan, 73*(6), 432-441.

Snyder, J., Bolin, F., & Zumwalt, K. (1992). Curriculum implementation. In P. W. Jackson (Ed.). *Handbook of research on curriculum,* (pp. 405-406) New York: Macmillan.

Sullivan, M. (2004). Why Johnny won't read: schools often dismiss what boys like. No wonder they're not wild about reading. *School Library Journal, 50*(8), 36. December 29, 2014. Retrieved from: http://lj.libraryjournal.com/2004/08/ljarchives/why-johnny-wont-read/

Tanner, D. & Tanner, L. (1990). *History of the school curriculum.* New York: Macmillan.

Tyack D. & Cuban, L. (1995). *Tinkering toward utopia: A century of public school reform.* Cambridge, Mass.: Harvard University Press.

Tyler, R. W. (1984). *Basic principles of curriculum and instruction.* Chicago: University Of Chicago Press.

Valencia, S. (1995). A portfolio approach to classroom reading assessment: The whys, whats, and hows. In De J. E. Carlo (Ed.). *Perspectives in whole language,* (pp. 298-302). USA: Allyn & Bacon.

Vars, G. F. (1998). Implications for middle level education. In R. P. Lipka, J. H. Lounsbury, C. F. Toepfer, Jr., G. F. Vars, S. P. Allessi, Jr., & C. Kridel. (Eds.). *The eight-year study revisited: Lessons from the past for the present,* (pp. 133-153). Columbus, OH: National Middle School Association.

Vygotsky, L. S. (1978). *Mind in society: The development of higher psychological processes.* Cambridge, MA: Harvard University Press.

Wade, S. E., & Moje, E. B. (2000). The role of text in classroom learning. In M. L. Kamil, P. B. Mosenthal, P. D. Pearson, & R. Barr (Eds.), *Handbook of reading research* (Vol.3, pp. 609-627). Mahwah, NJ: Erlbaum.

Walker, D. (1971). A naturalistic model for curriculum development. *School Review, 80*, 51-65.

Wegener, C. (1986). Dialogue: being practical with Schwab. *Curriculum Inquiry, 16*(2), 215-232.

Westbury, I. (1994). Deliberation and the improvement of schooling. In J. T. Dillon (ed.) *Deliberation and education,* (pp. 37-65). New Jersey: Ablex.

涵養國中生的民主參與能力：審議式課程方案的設計與實踐

胡淑華
彰化縣立二水國民中學教師

董秀蘭[1]
國立臺灣師範大學公民教育與活動領導學系副教授

摘　要

　　審議民主理論強調為多元差異的個體提供平等發聲的公民參與途徑，以尋求相互理解與建立共識的可能。如此之特質使得各種形式的公民審議儼然成為當代民主實踐的風潮，而其內蘊的民主價值更為各國教育主管機關所重視，進而紛紛規劃相關課程，以提升國人的民主素養。是以，本研究旨在提出審議民主課程的設計模式與實踐案例，以供教師日後教學實踐之參考。

　　本文首先闡述審議民主課程的意義與目標；其次，說明審議民主課程的設計模式與其相關研究；最後，介紹三種適合於國中階段施行的審議民主課程的實踐案例，如審議式班會、世界咖啡館與學習圈，並依據

課程實施經驗指出在課程設計、教學時間、言談參與者與共識執行等面向的實施困境與因應做法。

關鍵字：審議民主課程、審議民主、民主教育

壹 前言

當前臺灣社會不斷朝向多元民主社會的方向邁進，擺脫了傳統威權的束縛，使得自由開放的氛圍得以展現於政治、社會、教育等各個層面。近年來，一波波風起雲湧的社會運動中，不難發現莘莘學子活躍的身影，彰顯著新世代的未來公民其身心早已突破校園的禁錮，正迫不及待地尋求發聲的管道，並以具體的行動試圖吶喊出心中的訴求，以改變對於現狀的不滿，但卻始終無法獲得良善的回應，對立因而產生，不但激發這些年輕世代不斷地開闢著新的民主試驗場，更觸發其激進地挑戰昔日公民參與的底線，但卻也擴大彼此共識生成的鴻溝。反觀於他們專屬的學習空間裡，我們的學校教育能否為其備妥有效參與公共事務的知能，以及創造其實踐的場域，甚能擔負重塑民主文化的重責大任，著實令人深思。

十二年國民基本教育的新課程理念，首要在於培育「自主行動」、「溝通互動」與「社會參與」等核心素養的未來公民（教育部，2014）。簡言之，新世代的課程目標期待培育學生對於公共事務具備獨立思辨、理性分析的能力，並且習得與差異個體彼此溝通、協調的技巧，以共同合作解決生活問題。基於此，學校教育該如何有效回應此新的課程理念，讓學生不僅能夠勇於主張自我主體意識，亦能兼具調和個體間為尋求互為主體的共識歷程所產生的爭議問題，以滿足社會變遷的需求，則為重要的課題。

當代世界民主潮流驗證了Dryzek（2000）「審議轉向」（deliberative turn）的宣稱，走向「審議民主時代」（Bohman, 1998），不僅開啟公民參與多元對話與直接影響政治決策的可能途徑，更有助於在多元分歧的差異觀點裡求取彼此均能接受的合宜解套，而其

教育價值與社會化經驗更成為民主課程的有效教學策略被廣泛地運用於公民教育（Gutmann & Thompson, 1996; Hanson & Howe, 2011; Lefrançois & Éthier, 2010; Reich, 2007）。是以，我國政府機構和民間組織亦積極研發與推動適合於我國年輕世代參與的審議民主模式，諸如目前各大專院校所辦理的「世界咖啡館」、行政院青年輔導委員會（現為教育部青年發展署）所研發的「審議式班會」，以及臺灣少年權益與福利促進聯盟（簡稱臺少盟）針對未成年所舉辦的「學習圈」等，其目的都在於激發不同以往對於民主學習的想像，賦予學生參與民主對話的經驗與能力，並得以實習公民的角色，使得我國的公民參與能夠更加細緻與深化。

相較於政府單位的大力推廣，審議民主的理念與精神卻未因此落實於學校課程裡，亦未著墨於國中教材之中。由此可知，課程的改革並未跟上時代的脈動，而審議民主課程又該如何應用於國中實際教學，實有其探討之必要。有鑑於此，本文主要目的在於整理研究者過往於國中教學現場所實施的審議民主課程，試圖建立符合臺灣在地脈絡的民主學習模式，藉以彌補審議民主課程在我國國中階段的課程設計與實踐案例的懸缺，並作為教師未來教學實踐之參考。

貳 審議民主課程的意義與目標

一 審議民主課程的意義

國外學者Enslin、Pendlebury和Tjiattas（2001）以Rawls的公共理性（public reason）、Young的溝通民主（communicative democracy）與Benhabib的對話民主（discursive democracy）等理論作為審議民主在教育實踐上的根基，以下將分別說明其內涵。

（一）Rawls的公共理性

基於民主多元化的事實，Rawls認為審議民主其理性和論辯的條件預設有助於確保參與者被平等對待。所以，審議民主課程應該教導學生

探詢和推理的方法、合理道德差異的批判意識，以及有能力和意願提出有理據的論述。

(二) Young的溝通民主

Young認為在社會和經濟等結構不平等的情境裡，為達到有效的民主討論應將差異視為一種資源，並擴大民主討論的方法，以提供差異個體間的互動。因此，除了理性論證外，問候、修辭和講故事都是可以被接受的表述方式。基此，審議民主課程應著重於讓學生瞭解自我的立場與理解他者的觀點，確保各種觀點均獲得表述與被理解的機會，透過傾聽、跨越差異，讓學生不僅能夠以自我角度理解知識，也能欣賞他人不同的觀點。

(三) Benhabib的對話民主

Benhabib特別強調平等互惠的原則，其認為審議互動的過程中必須讓所有參與者都有等同的發言機會，並能允許不同方式的論述，以及具有設定討論議題的權利。職此，審議民主課程的原則包括：需符合平等互惠的規範，任何受決策影響者皆可參加，學生具有設定討論議題與質疑程序規則的權利，營造開放的討論空間，施行範圍不限於正式課程，亦可融入於各種正式與非正式的教學活動。

除此之外，Englund（2006）則認為審議應具備下列五項特質：不同意見間的相互證成與論辯，學習傾聽與尊重他人的論點，努力達成共識、或至少成為臨時協議，允許質疑權威或挑戰傳統觀點，讓學生在無權威壓力下進行溝通和審議。

綜合以上學者所述，審議民主課程特別重視平等參與的條件滿足，透過開放各種論述方式，讓具有差異觀點的參與者得以自由表述，相互傾聽、對話、理解與論辯。在多元觀點並陳的溝通互動裡，體察差異的價值，並能反省自我觀點的侷限，重建自我認知，以匯集彼此皆能接受的共識結論的一種民主學習過程。

二　審議民主課程的目標

Kim和Kim（2008）認為審議民主理論其涉及兩種層面的意涵，一為工具性審議（instrumental deliberation）即在公共領域裡，透過專家和公民基於公共理由和共同價值所形成的集體決定，其目的在於制定或影響政府決策；另一為對話性審議（dialogic deliberation）即公民不具特定目的所進行的彼此對話，在自由言談互動之中，建構有關自我或他人的概念及公共理性，進而增進彼此間相互理解，抑或發展出集體皆能認可的共識。

在國外學校教育或民間組織裡，其推動審議民主課程亦期待發揮上述兩種審議的功能。美國Topsfield基金會主要以學習圈模式推動青少年參與民主討論，藉由探討學校或社區的公共議題，導引青少年對所關心的議題進行探究。透過審議對話，讓其經歷衝突處境，以對議題進行多元思辯，並與議題相關人員共同審議、理性協商、尋求共識，最後解決所關注的問題，藉此協助青少年學習以民主的途徑處理問題，並賦權其參與決策，協力合作為學校或社區問題尋求解套之行動，以培養這些未來公民們關心公共事務與提升公民責任感（McCoy & Scully, 2002）。瑞典國家教育單位則主張學校的審議課程其目的是為了讓不同的意見和價值觀能夠有相互交流的機會，藉由面對面的溝通途徑，確保每個人的觀點與意見都能被傾聽、理解與審議，以探求價值觀和規範「一致」的意見（Kim & Kim, 2008）。

對此，Reich（2007）則表示審議民主課程具有調和差異觀點的功能，讓參與課程的學生在他們所關注的議題裡，共同擬定具備合法與公平的集體約束力，而此課程目標具備下列六點內涵：

1. 提高學生的社會能力和互動能力。
2. 培養學生的民主價值取向。
3. 讓學生掌握有關民主參與的知識。
4. 關於學生決策和解決衝突的能力。
5. 提高學生的反身性和言語理解能力。
6. 加強集體決策的品質。

　　同樣地，我國行政院青年輔導委員會（簡稱青輔會）於2007年在校園推動審議式班會，翌年，教育部將審議民主精神納入高中「公民與社會」課程綱要，上述兩項政策措施無疑就是期待透過審議民主課程的實行，涵養學生民主參與能力的目標。

　　依據Kim和Kim（2008）與Reich（2007）的論述，研究者提出審議民主課程應具備下列三項課程目標，一為教育性，即透過審議學習過程增進學生溝通論述、與人合作等社會互動能力，習得審議民主的價值與知識，以及提升學生參與決策與解決衝突的能力。二為對話性，即個體間不斷地相互對話，有助於突破自身觀點的侷限，進能相互理解與凝聚共識。三為工具性，即賦權學生影響決策的權力，達到化解校園爭議問題的目的，以強化學校政策制定的品質與合法性。

參　審議民主課程的設計模式與相關研究

一　審議式班會

　　青輔會為拓廣青年參與審議民主之經驗，藉以深化臺灣之民主，乃積極研發審議式班會，期許透過將審議民主精神融入高中班會，改善班會的學習成效，培養學生「獨立思辨」、「理性對話」、「尊重包容」、「平等參與」與「知情討論」等審議民主的價值，進而內化成為個人公民能力之目的（行政院青年輔導委員會，2007）。有鑑於審議民主言談對於參與者的能力有所要求，因此，審議式班會的實施流程包含基礎課程（三節課）、正式討論（八節課）與會後檢討（一節課）等三個階段，共計12節。學生被分派為參與者（包含討論員、議事行政組與專家）與觀察者二種身分進行討論，並透過青輔會所培訓的專業主持人或學校教師帶領討論，其執行流程如下所述：

1. **基礎課程**：此階段的目的在於提升學生對於審議民主概念的認知，包含介紹審議式班會的主要精神和執行流程，並透過「積極聆聽」的對話體驗活動，增進學生的審議溝通技能，最後建立議事規則與選擇討論議題。

2. **正式討論**：由扮演不同角色的學生分別針對議題進行主張陳述，以求對議題有整全性的瞭解，並透過彼此相互審議論證過程，形成共識。此外，於每節課程結束前，扮演觀察員的學生均須針對該節課程進行回饋。

3. **會後檢討**：針對整體審議式班會進行心得分享與改進檢討，教師另可針對學生忽略的相關問題進行補充與澄清。

在審議式班會的相關研究部分，共有兩筆，一為，張倢妤（2007）於高中階段進行12週審議式班會的準實驗研究。研究對象為高中一年級學生，實驗組49人，控制組48人，共計97人，其中實驗組即參與審議式班會的高中生依其自願分為行政議事組16人、專家組16人與討論組20人。班會主持人為專業主持人和導師扮演，並搭配一名學生為協同主持人。研究結果指出，學生參與審議式班會對其溝通表達能力和民主行為具有正面影響力，然於參與能力部分，則無顯著影響。張倢妤（2007）建議，所有學生都應該參與討論，不應該因為角色分工而失去參與討論的經驗與學習。此外，議題的討論時間應依據議題特性而彈性安排。另一為，黃莉宜（2008）以一所完全中學25位國三學生為研究對象進行審議式班會的行動研究，於正式實施時，其調整課程時間為基礎課程二節、正式討論三節與會後檢討一節，共計六節。該研究的課程設計將學生全設定為討論員，並以小組為單位輪流擔任專家組，班會的主持人則由導師擔任。研究結果發現，審議式班會確實有助於提升參與學生溝通表達能力、以理性化解衝突的能力與願意尊重包容差異意見。

二 世界咖啡館

世界咖啡館（World Café）為1995年由Brown和Isaacs所設計的一種凝聚群體智慧的對話形式，其主要目的在於建立參與者有意義的互動關係，透過營造輕鬆愉悅、開放平等的安全對話空間，以降低彼此言談的防衛機制。參與者在桌長的引領下，進行小組討論。參與者在歷經數次換桌討論之後，不僅有助於促進多元的開放對話，更能達到深入探索議題，交互激盪觀點，創發新思維之目的，而不強調獲致共識結論

（高子梅譯，2007）。世界咖啡館也是面對多數群體對談時，真誠溝通互動、形成集體決策的有效途徑，唯有對討論議題已有預設成見的解決方案，抑或僅為單方面的傳遞資訊，以及需要清楚構思詳細的行動計畫時，將不適合使用此對談模式，其執行流程如下：

1. **為背景定調**：瞭解現況需求，釐清對話目的，界定對話範圍與預期達到的目標，藉以提升對話意義，激盪多元觀點生成。

2. **營造談話空間**：談話空間的布置和氛圍的營造，必須讓所有參與者有熱絡歡愉的情緒感受與安全感，以激發願意參與分享的動機。

3. **探索重要提問**：提出簡單清楚，且具開放性的重要問題，引發參與者全心投入對話、刺激新的思考方向，以建構創造學習性的對話過程。

4. **鼓勵貢獻己見**：強調每位參與者都可以有其「貢獻」之處，不論為自我意見的表述或對他人意見的支持，不僅可以促進知識創造外，也能培養社群意識。

5. **聯結不同觀點**：參與者完成一次對談後，將進行換桌，再次參與不同桌次的匯談，與新成員展開新對話，藉以促發多元觀點，並增進各觀點之聯結。

6. **凝聚集體共識**：在對話溝通中，透過不斷揭露新觀點之意涵，催化集體智慧，並形構多元思想的連貫效果。

7. **集體心得分享**：歷經多次換桌對話後，透過各組代表分享討論結果，以延續會談的氣氛，促動集體知識的產生。

近年來，世界咖啡館從原初應用於企業匯集組織共識凝聚、內部溝通之外，已逐步推展至國家機構與社區，更廣泛運用於校園。周維萱和莊旻達（2013）在18週的大學的通識課程裡，融入八次（每次240分鐘）世界咖啡館的討論，其所設計的討論流程包含準備（訓練桌長、引導參與學生相互尊重的關係建立、操作說明與議題設定與瞭解）、三回合的討論（引起討論動機、探究重要問題與凝聚集體共識）、集體反思（思索共同體的利益與參與意義）與集體收成（激盪集體智慧）四個部分，其研究發現，世界咖啡館的討論有助於學生理解平等參與的重要

性，提升理性溝通與系統性思考的能力，然其建議應該加強學生帶領討論的能力，以減少討論過程中教師角色的干擾。此外，執行流程並非固定不可變動，應具其彈性。

三　學習圈

學習圈為美國Topsfield基金會所設立的學習圈資源中心（Study Circles Resource Center, SCRC）所推動的民主討論模式，主要在於藉由串聯民眾透過審議對話的實踐，協力合作為關注問題尋求解套之行動（行政院青年輔導委員會，2005）。學習圈開創不同種族、年齡、身分等差異群體間的對話空間，透過主持人的引導，捲動彼此進行結構化、多元性的民主對話，激發參與者其主動參與的公民潛能，最終達成相似性的共同願景行動。學習圈的執行流程，如下所述：

1. **確認公共議題**：參與者採小組的方式進行社區或校園環境之考察，以求深入探究問題，並瞭解這些問題的價值，進而針對議題進行概念界定與背景說明，建立討論規則，與衡量可用資源，以及確認行動目標與影響範疇。
2. **研擬行動方案**：廣泛蒐集相關資料，以釐清不同爭議觀點。透過與議題相關者進行多元溝通，以拓廣自我的思緒，發展自我論點，並與成員間相互辯證，型塑集體的願景目標，最後，擬定具體可行的行動方案內容。
3. **評估解決策略**：透過學生之間彼此對談，多元評估方案的可行性與利弊得失，並尋求相關資源的協助。
4. **執行行動計畫**：修正與訂定最終行動計畫，並構思如何擴大影響效果。最後，執行行動計畫。
5. **發展後續行動**：活動結束後，成員分享學習心得，檢討整體活動的成效，並反省過程中遭遇的問題，以改善下一次行動，進而持續經營。

學習圈拓展至今，其執行場域已不僅限於活絡社區行動面向。於國外常有運用於教育層次的案例，藉以引導青少年或校園學生參與審議

式公共討論的模式。在國內相關研究部分,於高中教育階段,張麗萍（2007）以學習圈引導學生進行校地之公共議題探討,研究對象為六位高一學生和兩位高三學生,共計八位,藉以瞭解審議民主對於學生公共參與的學習效果。其研究發現,公共事務組的學生由於事前針對議題進行資料蒐集,不僅有助於此組學生資料的獲取與評估外,亦使其對於議題有較高的瞭解度,以及較有興趣投入參與和關懷社區問題。此外,對於此組學生之表達能力與合作能力亦有所助益,即學習圈經驗有助於增進其理性溝通方式、獨立思辨、理性自治、社區關懷、自我增益權力感與決策影響力。於國中教育階段,胡淑華（2008）運用學習圈於社區行動方案,以國二學生為研究對象,取實驗組（28人）及對照組（28人）各一班,進行研究,其研究發現,課程有助於提升實驗組學生的公民參與態度（如激發社區關懷意識、樂於參與公共事務與提升社會責任感等）與公民參與能力（如增進與人溝通技巧、分析訊息正確性和增進參與社會服務）。該研究亦指出,議題的選擇應以學生關懷與經驗面向為核心,除能提升學生參與興趣外,更有助於其蒐集與掌握相關資料。

四 小結

就審議民主課程模式而言,每種模式都有其執行的目的與特性所在,例如「審議式班會」專注於形成班級成員可接受之共識,以成為班級公共事務的解決方案;「學習圈」關注於凝聚單一可行的共識,但其可能僅影響政策,亦可能成為政策;「世界咖啡館」則強調成員間觀點的相互理解,以及呈現成員對政策的態度傾向,進而提供決策者實行政策之參考。本文依據Kim和Kim（2008）的觀點,提出審議民主課程模式象限圖,依據工具性審議的影響效力（積極性:成為決策;消極性:影響政策）和對話性審議的共識程度（單一性:形成共識;多元性:相互理解）兩種面向,區分三種課程模式的相對位置,詳如圖11-1。基此,教師應該依據課程實施目的加以選擇適宜的審議民主課程模式。

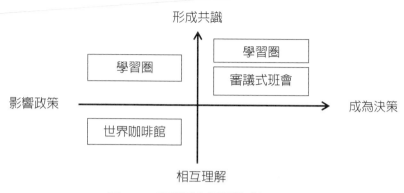

圖11-1　審議民主課程模式象限圖

　　另一方面，雖然「審議式班會」為國內政府機關依據我國民情所創發，而其他兩種模式皆為國外引進，但其研發時並未歷經實作與再修正。教師執行時，務必根據教學現況與學生程度加以調整，始能達成教學目的。依據相關研究可知，「審議式班會」原青輔會規劃有12堂課程，礙於現實教學場域的時間壓力而難以實現，以及學生角色分配（討論員、議事行政組、專家與觀察者）無疑增添教學難度，甚至因為角色職責迫使學生必須放棄參與討論，實非必要。「世界咖啡館」其主要在於營造多元開放的對話，創發學生的新思維，因此，對話情境的塑造極為關鍵，須避免討論過程中教師角色的干擾。「學習圈」在議題選擇部分，除需為學生所感興趣外，議題不宜過於複雜，而難以執行。是以，本文提供的課程案例均依據理論建構，並參酌相關研究與實際教學情境而有所調整與修正。

　　就審議民主課程對學生的學習成效而言，上述相關的研究結果可以呼應Reich（2007）所提，即有助於提升學生社會互動能力（如：溝通表達能力）、民主價值取向（如：尊重差異意見）、民主參與的知識（如：理解平等參與的重要）和解決爭議的能力（如：理性化解衝突），但卻忽略加強集體決策品質部分，此可能因為我國不論在課程實施目的與研究重點均較強調於學生民主參與能力的培養，並不著重於學生參與決策面向所致。對此，本文所提供之案例將加以補強。

肆 方案設計、實踐與反思

一 方案設計與實踐過程

(一)「審議式班會」課程方案

1. **課程設計緣起**：為提升學生的班會參與度，增進其自治能力，期望藉由體驗不同以往的討論經驗，學習透過審議程序，解決班級問題。

2. **討論議題**：分配班級掃區工作。

3. **課程時間**：六節課。

4. **實踐過程**：本課程設計模式詳如圖11-2。於基礎課程階段，教師首先介紹審議民主理念與審議式班會的執行流程，進而練習「傾聽者與說話者」體驗活動，並引導學生思考與建立具有審議民主精神的議事規則。次之，由學生票選班上最需解決的班級議題。不同於原「審議式班會」模式將學生分為參與者與觀

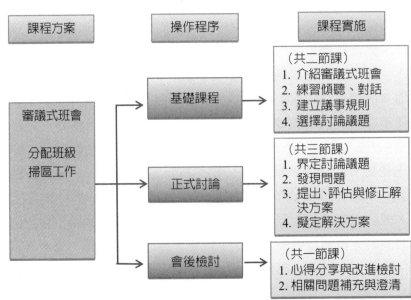

圖11-2 「審議式班會」課程設計模式

察者兩類，本課程方案讓所有學生均參與討論，並進行分組，每組設一組長，負責帶領組員討論。於正式討論階段，教師先界定議題，說明掃區的分布範圍，並提出可能的問題面向（如掃區範圍如何劃分、人員配置與各區域的打掃評分標準等），各組再針對問題構思解決方案，並接受其他組別的提問、評估，以及修正方案的歷程。最終，班級共同決定解決行動。於會後檢討階段，學生分享學習心得外，教師可針對觀察討論過程的結果進行分享，或對議題相關內容作補充。

5. **參與學生**：一班（八年級學生27位）。

6. **教學策略**：「傾聽者與說話者」體驗活動、分組討論與發表。

7. **課程設計特色**：本課程方案關注於涵養學生的審議民主認知與能力，適用於尚未接觸過審議民主觀念與缺乏審議討論經驗的學生。

(二)「世界咖啡館」課程方案

1. **課程設計緣起**：為增進學校課程規劃能夠符合學生主體的需求，以及提供學生學會如何匯集多元觀點的方法，並成為學校決策之參考。

2. **討論議題**：畢業旅行景點的態度傾向。

3. **課程時間**：四節課。

4. **實踐過程**：本課程設計模式詳如圖11-3。於第一節課，以繪本「聆聽火山的聲音」介紹民主集體匯談與共同解決問題的重要性，藉此聯結審議民主其「平等參與」與「共識決策」等重要理念的意涵，以及說明審議民主的精神如何展現於學校生活中的決策制定。繼之，分小組與選擇桌長，並介紹世界咖啡館的執行流程與各角色的職責。於第二節課，透過桌長引導，組員接續參與兩組針對「我對畢業旅行的期待」主題的分享（每次15分）。於第三節課，依據學生的討論結果歸結四大類別旅行屬性的願景想像（含體驗性、體能性、學習性和社交性），繼之，各組提出四項旅行屬性的相對應景點並說明理由（如，

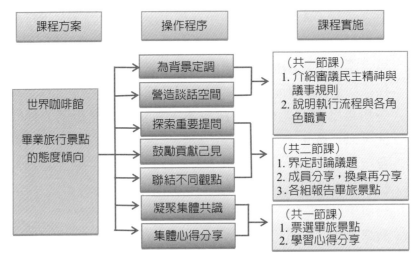

圖11-3 《世界咖啡館》課程設計模式

學習性景點：參觀奇美博物館），並將所有提出的景點進行票選，藉以具體化匯集學生對於共同願景的想法。最後，將票選結果提供給校方規劃畢業旅行的參考，並進行學習心得分享。本課程除設計班級討論外，另建置facebook網路社群討論空間，以解決跨班討論的困境。

5. **參與學生**：四班（八年級學生110位）。

6. **教學策略**：繪本閱讀、線上討論、分組討論與發表。

7. **課程設計特色**：本課程方案關注於激盪多元觀點的呈現與態度傾向，適用於跨班意見的匯整，以及審議民主的精神如何展現於討論歷程。

(三) 「學習圈」課程方案

1. **課程設計緣起**：為培養學生關心周遭公共事務，並提升其集體構思解決方案，進而執行公民行動。

2. **討論議題**：服裝儀容檢查辦法—鞋子顏色規定。

3. **課程時間**：五節課。

4. **實踐過程**：本課程設計模式詳如圖11-4。首先，教師簡介審議

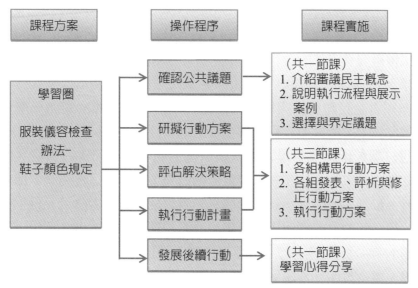

圖11-4 「學習圈」課程設計模式

民主的概念與其精神，並播放以往學長姐參與學習圈的案例影片，藉此引發學生參與動機，以及感受改變行動所產生的效益。學生採小組的方式，分別選擇並界定所欲參與的議題，故一班同時有多組不同議題進行。透過小組間集思廣益，蒐集、辨析與探查相關資料，學會運用群體的力量，達成目標。以下將以「服裝儀容檢查辦法－鞋子顏色規定」議題加以介紹。此方案乃因學校修正服儀規定，要求學生日後僅能穿著全黑或全白的運動鞋，進而引發學生的不解。因此，學生先針對全校學生進行問卷調查，以蒐集學生的意見傾向，並分別與校長、主任、教師和家長代表進行訪談，藉此達到意見溝通、協調與審議的功能。

5. **參與學生**：一小組（八年級學生5位）。

6. **教學策略**：多媒體教學、資料蒐集與判讀技巧、分組討論與發表。

7. **課程設計特色**：本課程方案透過學生所關注的議題，提供其解決策略，使其不受時空的限制，與議題相關者（含教師與家長）相互溝通與協商，最後達成共識決策。

二　實施成效

　　根據研究者過往的教學經驗與研究結果顯示，審議民主課程對於學生的學習具其正面的效益。有鑑於審議民主課程強調學習歷程裡，讓學生歷經對話互動與衝突應對，並從中反思所學的民主知識與價值所在。因此，本文所提的課程案例在學生學習評量方面採取三種方式，一為反思日誌，即學生於學習歷程中所撰寫的心得感想；二為綜合回饋表，即課程結束後，學生對於學習活動的學習感知；三為訪談，即於課後進行，以深入瞭解參與訪談的學生其課程經驗與學習感受。以下節錄學生的學習回饋（並標明資料蒐集方式、日期與學生代碼）透過研究者歸結出教育、對話與工具三項課程目標，輔以Reich（2007）的六項課程目標，整合說明「審議式班會」、「世界咖啡館」和「學習圈」三個課程方案的實施成效。

　　在教育目標方面，Reich（2007）明確指出審議民主課程應該有助於學生在「社會互動能力」、「民主價值取向」、「參與民主的知識」和「參與決策與解決衝突能力」等面向有所學習。本研究發現，學生歷經審議民主課程後，最常顯現的學習改變即在「社會互動能力」方面，學生不僅能夠勇於發表己見，更習得如何有效溝通，學生表示，「不管（意見）是否與其他人不同，都會勇敢提出想法（反1020426/27）。」、「知道要怎麼跟別人好好溝通，不會因為言語上的不合而發生衝突（綜1000720/04）。」此外，本課程不同於一般多數決觀點的民主教育，在於學生能夠瞭解另一種不同以往菁英主導、多數意見決策的實踐民主途徑。在「民主價值取向」與「參與民主的知識」方面，歷程中，學生體察多元價值的重要，認為「每個人提出的觀點都有可以參考的價值與意義（反1020425/17）。」更激發其「受決策影響者均可提出看法」的審議民主核心價值，「學校的有些事，我們也是可以參與的（綜1000720/01）。」在「參與決策與解決衝突能力」方面，審議學習經驗帶給學生透過民主的方式解決問題與參與效能感，其認為有效的決策參與需要「試著理性溝通，而不是只會在私下抱怨，卻甚麼也不做（綜1000720/05）」、「透過正確的方式及好的溝通（綜

1000720/04）」，而「學生不用只是消極地聽從命令，可以表達意見，讓校方參考，會有改變的可能（綜1000720/04）。」

在對話目標方面，於審議討論過程裡，透過彼此真誠地言語互動、溝通交流，因能深入理解與看見差異的存在，在表述自我意見時能夠反身思考同理他人，「畢旅不只是我開心，想去就好，還要顧慮到家庭環境不好的同學是否有能力負擔（反1020426/12）。」甚能改變自我的看法，理解差異的作為，縮短歧見的差距。學生表示，「在一次又一次的訪問中，我們更深刻的瞭解到了學校的苦心（綜1000720/05）。」學生如此的學習表現回應了Reich其「反身性和言語理解能力」的課程目標。

在工具目標方面，三個課程方案對於班級管理與學校政策都能發揮若干影響。在「審議式班會」裡，師生針對班級掃區分配決議採取學生分組的方式自由選擇掃地區域（若有組別選擇相同掃區則抽籤決定），然若有學生無法完成自我責任時，則由老師指派掃地工作；在「世界咖啡館」裡，針對學生所提出的畢業旅行景點，校方亦安排於行程之中；在「學習圈」裡，學生成功說服師長改變原本的決策，於校務會議中，教師決議刪除鞋子顏色的規定，此皆具體實踐Reich所提「加強集體決策的品質」的課程目標，讓決議能更符合雙方的需求。

總體而言，本研究提出的三個案例其實施成效，在教育目標方面，以提高學生社會互動能力表現最佳，如溝通表達，此與相關研究相符（周維萱和莊旻達，2013；胡淑華，2008；張倢妤，2007；張麗萍，2007；黃莉宜，2008）。此外，學生對於審議民主內涵如「平等參與」與「共識決策」的體會，更能帶給學生習得不同的民主價值。在對話目標方面，學生能夠感受差異的存在與價值而能相互理解。最後，課程的實施亦能彌補過往研究忽視的部分，三個課程均能達到影響決策的目的，符合審議的工具目標。

三　實施困境與因應做法

(一) 困境：國中生難以理解抽象且背離生活經驗的審議民主概念
　　　 因應：具體化的實際體驗設計與生活化的專業術語轉化

　　由於審議民主理論其抽象的概念知識，對於國中生而言實為艱澀難以理解，再加上目前於國中公民教科書裡並未提及，且學生對於民主的認知深受「多數決民主」的影響，使其認知與行為表現時常流露出「少數服從多數」的霸權思維，容易漠視少數人的聲音，學生如此的表現與吳秉憲（2011）研究發現相同，該研究建議教師進行審議民主課程時，除了讓學生瞭解多數決的限制外，亦須教導學生關注少數權利的保障。對此，教師設計課程之時，務必強調審議民主與多數決民主的差異，並具體說明其精神如何展現於執行程序與行為規範。

　　此外，讓學生透過親身參與審議討論，從中感受審議民主的價值，以實際經驗來具體化抽象的概念，實有助於國中生領會審議之精神。上述三種實踐案例均著重於「創造」學生擁有審議經驗後，再藉由反思聯結其審議的知識概念，以降低其學習困擾，如「審議式班會」課程設計讓學生進行「傾聽者與說話者」的體驗活動，從中思索不同角色間應有的言談表現，進而引發學生思考如何制定符合審議民主精神的議事規則，使得學生的行為表現乃出於「知其所以然，而為之」，以延宕學習效果；又如「學習圈」課程設計透過他人具體經驗的呈現（播放學長姐參與學習圈的影片）亦能強化學生對審議民主的認知。另一方面，教師可以較貼近生活化的語句，增進學生理解艱澀的審議民主概念，例如，用「討論」取代「審議」等詞彙，或是僅強調審議民主其「平等參與」和「共識決策」的核心概念，以減少學生的認知負荷。此外，教師可以生動活潑的方法介紹理論意涵，如「世界咖啡館」課程設計以繪本闡明集體對話的重要性。

(二) 困境：有限且固定的教學時數和授課科目
　　因應：採取「階段式」課程教學以化解教學進度的壓力

　　審議民主課程常於公民課執行，然礙於學科有限的授課時數，如何克服教學進度壓力，讓審議民主課程在學校教育中實踐，確實是一大挑戰。簡乃欣（2008）針對高中職教師對審議民主融入課程的觀點進行調查，研究指出，教學時數的限制切實阻礙了審議課程在教學現場上的實行，因此建議教師融入現有課程或利用彈性課程。上述三種課程方案的實施時間除了融入公民課程外，亦使用班會、第八節課與寒暑假，例如「審議式班會」課程方案即運用公民課教授基礎課程和會後檢討，於班會課討論；「世界咖啡館」課程方案即於公民課與第八節課進行；「學習圈」課程方案則運用寒暑假授課，並於課餘時間採取公民行動。

　　整體而言，審議民主課程大致分為三個階段，即基礎課程、審議行動與反思檢討。教師可針對課程目的與學生能力等需求規劃教學時間，如學生已習得審議民主基本概念，則可直接進入審議行動，無須重複基礎課程，抑或將基礎課程融入公民課程教學，待寒暑假、會考結束後等較無進度壓力時再進行審議行動。此外，教師若想加強學生體驗審議式討論，則可延長審議討論的教學時間。因此，針對教學時間的調配可採用階段式課程來克服進度壓力。

(三) 困境：師生間存在著上對下不平等的對談關係
　　因應：透過「以眾對一」的對談方式以降低教師權威的壓迫

　　Englund（2006）表示審議課程應該讓學生在無權威壓力下進行溝通和審議。周維萱和莊旻達（2013）研究指出，師生共同討論時，確實會干擾學生自由表述。研究者也發現，教師就算不介入學生言談，僅在一旁觀察，但只要教師「現身」其中，對部分學生而言，仍可能對其產生頓時「噤聲」的現象，更有學生表示，「總覺得師長們很恐怖，不太敢接近（綜1000720/05）。」由此可知，校園中師生的關係普遍仍處於上對下的互動模式，如何確保言談參與者「平等參與」的審議條件，絕

非易事。

然而，不同層級的議題必然涉及不同身分的言談參與者。本文所舉案例的議題範圍分別有三層級。一是班級層級，「審議式班會」的「分配班級掃區工作」議題。二是年級層級，「世界咖啡館」的「畢業旅行景點的態度傾向」議題。三是全校層級，「學習圈」的「服裝儀容檢查辦法－鞋子顏色規定」議題。於班級層級的議題將涉及班級導師；於年級與全校層級的議題則涉及業務執行教師，甚至校長。對此，教師除需時時敏察自身角色對學生的影響，並保持開放的態度，以營造適合審議對談的氛圍。然若言談參與者涉及其他師長，課程執行教師應成為學生與其他教師間溝通的橋樑，而審議將採取分段的方式，即學生間先討論，再派代表與教師商議（課程執行教師亦需在場），一方面解決共同審議時間難協調的問題，另一方面可減輕學生面對老師的壓力。

(四) 困境：國中校園普遍欠缺學生參與公共事務的空間
　　　因應：設定確實可行的議題範疇以提升共識結論的可執行性

審議民主課程的目標除了期望培養學生民主參與素養外，另一即為給予學生體驗如何透過民主程序解決問題。因此，共識的執行亦為課程實施的關鍵所在。然而，教學場域民主化程度對於共識執行將是重要的影響因素。教師規劃課程時必須將共識可實踐性納入思考。如在「世界咖啡館」課程方案裡，縱使學生對增加畢旅天數的議題較為關注，但此部分並非校方願意釋權的範圍，無實踐之可能，因此退而求其次以景點的選擇為討論議題；又如「學習圈」課程方案對服裝儀容檢查辦法進行討論，然議題範圍亦僅侷限於鞋子顏色的規定，而非所有服儀規則。易言之，共識要能具體執行關乎議題的設定，切勿選擇範圍太大且抽象的討論主題，其可能因為牽扯面向太廣，影響層面複雜而導致討論結果無法實現，而失去討論的目的。總之，課程執行教師必須協助學生「尋找」與「開創」具體可行的議題。

結語

　　我國目前教育體制雖然深受民主思潮的影響，進而衍發不少課程變革，但仍難以將學生全然地視爲學習的主體，關注其需求，傾聽其訴求，更忽略課程設計應爲實踐民主公民的學習歷程。此外，我們的教育不應僅能消極地解決當前社會問題，新時代的課程實踐更應積極地成爲引領社會前進的力量，其目的不能僅侷限於民主知識的傳遞，更應實現於日常生活中如何面對多元爭議問題的處理。除爲自我權益有效與合理地發聲，更能體現於社群成員如何透過民主程序進行溝通與協商，讓原本持有不同立場的雙方能夠藉由審議的途徑，使得差異的觀點能夠被彼此傾聽、理解，進而願意鬆動固有的堅持，合作尋求共識，以獲得衝突的化解。藉此讓我們的公民培育得以於眞實脈絡中進行，而非於眞空環境中的想像，讓所培育的公民習得知行合一的民主參與能力，而非僅能展現於紙筆測驗之中。

　　從國內外相關研究與研究者的教學實務經驗來看，審議民主理念從政治領域實踐於教育場域，確實需要教師加以轉化，然其實施成效不僅有助於提供學生實際參與民主生活之經驗，增進其參與公共事務的知能外，更重要的是，審議課程的價值在於修正多數決民主所產生的零和對抗，營造對話平臺讓持有不同立場的對立雙方有機會「聽見」、「理解」彼此訴求，而能共同謀求社群的福祉。是以，本文提供審議民主的課程設計與實踐案例，可獲致下列幾項啓示：

1. 國中階段的學生可藉由創造審議的經驗，以及簡化審議民主理論的專業用語，以增進學生的學習成效。透過實際體驗審議討論，使其體察審議之精神，促進差異的理解與相互合作的可能。因此，審議民主課程的目標達成應確實包含教育、對話與工具等三項目標。
2. 藉由階段式的課程設計可克服教學時間的限制，以及依據課程目的可彈性調整審議民主課程的實施時間，以更適用於教學情境。

3. 不論於班級、年級，甚或全校層級等執行範疇均能成為教師課程實施與學生實踐「發聲」的場域，而具其行動的可能。

　　整體而言，本文提供三種不同的審議民主課程設計模式、操作程序，以及於特定脈絡實行的案例經驗，期許有助於教師將審議民主課程實際運用於教學現場，以落實新課程目標培育未來公民的理念。

參考文獻

行政院青年輔導委員會（2005）。與年輕人共同組織學習圈。臺北市：青輔會。

行政院青年輔導委員會（2007）。高中審議式班會教案。載於行政院青年輔導委員會（主編），**2007**審議民主培力：高中種子教師（北區）培訓手冊。臺北市：行政院青年輔導委員會。

吳秉憲（2011）。國中學生自治市實施審議民主對政治效能感影響之行動研究（未出版之碩士論文）。國立臺灣師範大學，臺北市。

周維萱、莊旻達（2013）。世界咖啡館研究架構初探——教學場域之實證性分析。通識教育學刊，**11**，37-66。

胡淑華（2008）。校園審議民主模式之初探及其對學生公民參與能力影響之研究——以「審議式社區行動方案」為例。載於行政院青年輔導委員會（主編），**2008**青年公共參與議題研究獎助工作坊會議手冊。臺北市：行政院青年輔導委員會。

高子梅（譯）（2007）。世界咖啡館（**The world Cafe**）。（原作者：J. Brown, D. Issac, & the World Café Community）。臺北市：臉譜。

張健好（2007）。審議式班會對學生民主行為能力之影響評估（未出版之碩士論文）。世新大學，臺北市。

張麗萍（2007）。審議民主學習圈模式應用於高中生公共參與學習之個案分析（未出版之碩士論文）。國立臺灣大學，臺北市。

教育部（2014）。十二年國民基本教育課程綱要總綱。臺北市：教育部。

黃莉宜（2008）。審議式班會增進國中生民主實踐能力之行動研究——以基隆市九年級班級個案為例（未出版之碩士論文）。國立臺灣海洋大學，基隆市。

簡乃欣（2008）。高中職種子教師對審議民主融入課程的觀點研究（未出版之碩士論文）。國立臺灣師範大學，臺北市。

Bohman, J. (1998). Survey article: The coming of age of deliberative democracy. *The Journal of Political Philosophy, 6*(4), 400-425.

Dryzek, J. S. (2000). *Deliberative democracy and beyond.* Oxford: Oxford University Press.

Englund, T. (2006). Deliberative communication: a pragmatist proposal. *Journal of Curriculum Studies, 38*(5), 503-520.

Enslin, P., Pendlebury, S., & Tjiattas, M. (2001). Deliberative democracy, diversity and the challenges of citizenship education. *Journal of Philosophy of Education, 35*, 115-130.

Gutmann, A., & Thompson, D. (1996). *Democracy and disagreement.* London, Cambridge: Harvard University Press.

Hanson, J. S. & Howe, K. (2011). The potential for deliberative democratic civic education. *Democracy & Education, 19*(2), Article 3. Retrieved from http:// democracyeducationjournal.org/home/vol19/iss2/3/

Kim, J. & Kim, E.J. (2008). Theorizing dialogic deliberation: Everyday political talk as communicative action and dialogue, *Communication Theory, 18*(1), 51-70.

Lefrançois, D. & ÉTHIER, M.-A. (2010). Translating the Ideal of Deliberative Democracy into Democratic Education: Pure Utopia? , *Educational Philosophy and Theory, 42*(3), 271-292.

McCoy, M. L. & Scully, P. L. (2002). Deliberative Dialogue to Expand Civic Engagement: What Kind of Talk Does Democracy Need?. *National Civic Review, 91* (2), 117–135.

Reich, W. (2007). Deliberative democracy in the classroom: A sociological view. *Educational Theory, 57*(2), 187-197.

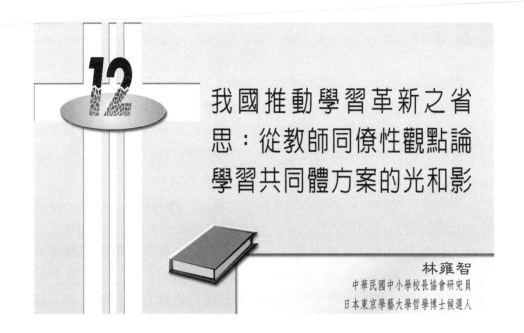

我國推動學習革新之省思：從教師同僚性觀點論學習共同體方案的光和影

林雍智

中華民國中小學校長協會研究員

日本東京學藝大學哲學博士候選人

摘　要

　　我國近來爲提升教師專業能力與學校教育效能，導入了教師專業社群與學習共同體的理念，透過自發性與政策引導性之策略，讓教師可以以本身任教場域與授課科目爲主題，經由備課、觀課、議課或是進行授業研究等過程，進行教師同僚之專業對話，最後達成促動學校內發性改革之目的。然而，將本土經驗滲透入學習共同體原創概念，以補完理論與實務在我國實施上不足的運作模式，是否屬於一種有利於我國教育條件的提升教師專業路徑典範，是否眞正適合我國教育水土？或只是失去原意的擬似體驗？其在發源地日本的應用情形又是如何？本文以近期開始受到重視的「教師同僚性」觀點，先自相關文獻中，說明教師同僚性之定義、內涵與變遷，以檢視學習共同體之理念與目標。其次，再對我國在導入學習共同體方案以推動學習革新上提出省思與建議，供作爲改善教師專業發展途徑、推動學習革新之參酌。

關鍵字：教師專業學習社群、學習共同體、教師同僚性、日本

壹 前言

　　許多源自於二十世紀的教育理念，進入當代後，在時代巨輪的推動下，輔與科學技術的進步，已有不同的詮釋觀點，學校和教師亦不得不面對各種教學的革新。例如對「教育權」的闡述，已從國家和國民教育權的對抗與調合，轉變為以學生的學習權觀做為思考的起點（吳清山、林天祐，2009；林雍智，2015）；對「教育機會均等」內涵的探究，也不再侷限於提供所有平等之教育條件，轉往「為符應每一個孩子在個性、社會上能更得到最大的成長」為基礎的思維（遠藤宏美，2010）。於是，以學生的成長和教學受益為最大依歸，進行學習革新之概念，開始在近十年來得到重視，許多配套措施，如透過提升教師的專業能力，或是改善教學方法研究等方案也得到廣泛之探討。具體來看，我國在這段時間內，共出現了諸如「翻轉教學」（flipped education）、「學習共同體」（学びの共同体）（佐藤学，2012，2015）、「教師專業社群」（learning community）、「學思達教學」（張輝誠，2013）、「分組合作學習」、「協同學習」、「授業研究」（lesson study）（Yoshida, 2012）等新興概念，企圖能改變以往僵化的教育模式，為上述理念帶來實踐之機會。

　　若以上述新興概念做為其中之「教師專業學習社群」與「學習共同體」來看，這兩種教學改革的模式，在教師部分皆強調教師透過自發性與政策引導性之策略，讓其可在本身任教場域，以教授之科目為主題，經由備課、說課、觀課與議課，或是經由進行授業研究等促進教師同僚間之專業對話，最後達成教學改進、教學革新與促動學校內發性改革之目的（林雍智，2014）[1]。然而，教師專業學習社群、或簡稱為教師學習社群、或更略稱為教師社群與學習共同體兩種在英譯上皆為「learning community」的概念，到底在本質上的異同性為何？由日人

---

[1]　學習共同體就對象來看可以區分為學生與教師部分，本段論述主以教師角色可進行、可達成之專業發展作為與效果為主。

所提出的學習共同體是如何透過教師社群的運作來呈現可視的外貌，達成其所宣稱的成效？或許在國內早已引人論議。由於語言上之障蔽，我國對於學習共同體方案的認知來源，只能參閱佐藤學畢生所著的二十餘本專論中的二至三冊中譯版本，因此，對於其概念雖能根據譯本中之闡述有所探知，然而對日本導入學習共同體的文化水土與學校教育脈絡，只能由其他間接途徑探知。在未全盤瞭解日本教育體制的情況下，就秉持「外來方案必須配合本土經驗，絕不可全盤套用」的自我覺察機制，逕自做為學習革新的亮點實施。如此一來，在拘泥於既有認知基模的狀況之下，這種類似本土化的套裝，就會產生許多在理念上無法解決，或是在架構下無法超越的思維。在此同時，本土環境仍然還是開放的系統，會同步接收到有關改進教學的許多理論。然而這些理論上的更新，例如學習領導、教師社群、翻轉教學等概念，此時卻在忽略理論本身形成之時間點下，被用來與學習共同體進行「恣意」的聯結，也就是為學習共同體找理論依據之意。這樣的聯結形成了環環相扣的複雜系統，但卻也模糊了學習共同體方案原始的核心概念。

　　教育學界和實務場域之教師或會質疑，將本土經驗滲透至學習共同體原創概念，以補完理論與實務在我國實施上不足的運作模式，是否屬於一種有利或偏向（bias）於我國教育條件的提升教師專業發展路徑？或只是在宣傳上或可勉強套用，但本質上卻是失去原意的擬似體驗？要省思與解答這些問題，或許可以回到其發源地日本去尋找到答案，對日本學校教育背景的分析，也可能為學習共同體方案的形成找出脈絡，俾益我們對其理解更為深入。因此，為提供對我國現正推動之學習革新方案，亦即學習共同體之省思，本文擬先回到其發源之原點日本，先行介紹學校教育之脈絡，再以同時於日本開始受到重視的教師同僚性（teacher collegiality）觀點，經由分析相關文獻闡述教師同僚性之定義及內涵後，與學習共同體理念之異同進行相較，再對學習共同體理念真實意涵、理念目標與在日本實施的狀況和侷限進行省思。最後，本文再提出若干啟示建議，供我國做為推動學習革新與教師專業發展上之參酌。

日本進行學習共同體方案的各項教育背景

　　日本中小學校所導入的學習共同體方案，並非是一項來自外國的理論或是獨創的創新方案，其係為一種在日本獨特教育體制的背景下所形成之思維，再透過學校自主方式或三級地方教育行政機關的提倡，才得以展開的學習革新方案。為對該方案進行省思與評析，本文以下先闡述日本發展學習共同體的各項教育背景。

一　學習共同體定義之分析

　　「學習共同體」一詞，為我國對日文原詞進行轉化後之中譯。其原詞為「学び合う共同体」或是「学びの共同体」。因此，從該詞的結構上可知其包含了兩個部分，即「学び合う」與「共同體」兩部分，「学び合う」之意為「互學」，而「共同體」這個曖昧的名詞，則被直接導入為可中譯為社群、社區之英文community一詞，該詞在日文原文中可譯為「地域的共同體」，或擁有共同利益和責任的群集，若以其字義中譯之，則學習共同體譯為「互學社群」更能貼近日文原意[2]。將「學習共同體」概念發揚光大的佐藤學（2012）將其視為二十一世紀，也是邁向後產業主義社會（亦即我國所稱的知識經濟社會）下所推動的授業與學習的「寧靜革命」[3]。佐藤學為提倡學習共同體，尋覓到幾個哲學基礎以做為支撐該項理念的支架，這些哲學基礎包

---

[2]　日文名詞當中等同中文「學習」者，有「学び」與「学習」兩字。在教育法學的爭論上，「学び」代表由下而上、由學生主動進行學習的觀點，而「學習」則帶有官製的、由上至下的、由教師教導的背動學習意涵。兩字因分別代表柔性與剛性意涵、也與教育權爭論相互牽涉，因此引發爭論。推論佐藤學使用「学びの共同体」一詞做為方案名稱之意，想必其大概希望藉此讓教師與學生能自發的學習。惟該詞中譯後，上述詞意的爭論就已消失。因此，若著重字義上之中譯，應譯為「互學社群」較為適切。

[3]　日本約於同時段所提出的授業及學習革新，除佐藤學外，還有杉江修治的「協同學習」，西川純與三崎隆的「学び合い」等方案。

含有公共性（public philosophy）、民主主義（democracy）與卓越性（excellence）三者。

其次，佐藤學再爲學習共同體方案的內涵，設定爲在教室中的「協同學習」、在教職員室內的教師「學習共同體」（佐藤學將其英譯爲professional learning community）與教師同僚性，以及延伸至家長或市民參與改革的學習參與（participate）等活動。從上敘述，可以看出在學校與教室的學習共同體參與者爲學生與教師，若再加入外部的教育利害關係者（stakeholder），可擴及家長與市民等人。可見，在佐藤學所定義的學習共同體的實踐中，包含了學生間的互學、教師向學生學、學生向教師學的師生間互學，以及教師間互學的成分存在。

二 日本學校教育的現況

然而，就上述對學習共同體定義的分析中，有些亦需要就日本學校教育之概況進行對照才可獲全盤瞭解之處，而這些背景資料，無論是在佐藤學本身的論著上，或是單就其方案推展的狀況上是無跡可尋的，如果從日本本身的教育發展來看，該國教育學者或許對佐藤學所集合的哲理脈絡有相當程度的認識，但若從日本以外國家的角度觀之，則又可以發現其所述，大部分是做爲對應日本當代教育問題之用，並非單從學理角度出發的論述。因此，爲瞭解日本的教育體制概況，茲列出以下數點日本學校教育概況，做爲本文後續評析學習共同體方案之用。

(一) 學習共同體推動的現況與學校規模

佐藤學推動學習共同體方案的前導學校，截至2010年爲止，共有超過200所以上學校加入；實際推動學習共同體的日本國小有2000多所，而國中共約有1000所，兩者相加，校數約占日本公立義務教育學校的1/10左右（杉浦健、奧田雅史，2014）。乍看之下，其辦理規模或許已達我國中小學總數，然而以擁有1億2,600萬人口、設置31,085所義務教育學校的日本來看（文部科學省，2014），不免令人質疑爲何這麼好的學習改進方案，發展20餘年來僅占總校數之一成，無法再往上提高？

日本現有中小學校之規模，大致落於12-18班之間，每班則為30至40個學生。因此，在學校的規模上，日本的一個學校約為我國中型學校的1/3，教職員人數也大致上為我國之1/3。若再以其班級數來看的話，國小每學年概有2-3班，國中則是4-6班（林雍智，2006）。因此，在學年數少的情況下，不但有利於教師之間的彼此合作與溝通，同時備課、教學上之事務，也須強制的進行分工和合作才能撐起該校的運作。此情形為學校規模、學年教師人數、學生數皆為日本數倍的我國，在導入學習共同體方案時最大的不同，也因此可發現我國的試辦學校，僅能鼓勵有意願教師參與，再逐步擴大參與規模，極少能發展為全校性運動之狀況，其原因當然是因為學校基本架構和規模，以及教師所處環境的不同所致。

(二) 教師的專業成長途徑之差異

日本的國中小教師的專業成長途徑，概如圖12-1所示般，包含了教師換證、教師評鑑與教師研習制度（林雍智，2007；林雍智、吳清山，2012）。前兩種制度主要係以全國性規範，對教師進行教育基本資質的再確認檢視為原則，本質上不難通過，而教師研修制度則著重於對教師針對所處教育與教學環境所進行的成長活動上。所謂「研修」，包含了研究與修養，與我國教師研習制度相同，具體層面則有法定研修、校內研修與自主研修、初任教師研修與十年經驗研修等四項（小田義隆，2011）。其中所制之教師研究，最受人知的乃為教師在校內針對課堂的教學方法與學生指導方式等進行之「授業研究」[4]。

---

[4] 依日文辭典「大辭泉」中對授業研究之定義，可知授業研究為「高中以下各級學校之教師，對其他教師進行公開教學，並相互交換意見，以求其能精進教學能力，展現更好的教學所做之研究工作」（小学館，2014），授業研究在我國被譯為「學課研究」或「單元教學研究」（歐用生，2012）。

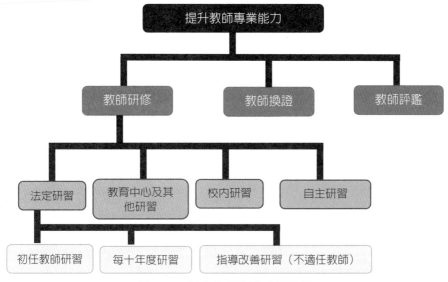

圖12-1　日本教師專業成長途徑

資料來源：作者自行整理。

　　在未如我國特設週三下午進修時間（國小）或領域共同備課時間（國中）的日本教師，於是需在上述學校規模、學年規模的物理條件限制下，利用教學以外時間進行上述專業成長活動。因此，教師與同僚進行授業研究的必要性與普及度，乃從上述面向可窺及之。OECD（Organisation for economic and development，經濟合作開發組織）曾經對34個加盟會員進行「國際教師指導環境調查」，以瞭解會員國的教師工作時數（teaching and learning international survey, TALIS），結果發現日本教師每週工作53.9小時，爲會員國中每週平均工作時數最長者（OECD會員國之平均僅有38.3小時），日本教師利用學校內外進行教學準備的時間，則花費8.7小時。其次，在「教師間合作」項目中，回答「是否未觀摩其他教師之教學，未提供回饋（就觀課結果進行心得陳述）」之比率，則僅有6.1%，遠低於會員國平均之44.7%狀況（OECD, 2014），相關數據可從表12-1中得知。

表12-1　日本與OECD會員國教師工作時間比較

國名	教師每週工作時間分配 （teachers' working hours）			教師間合作 （teacher cooperation）
	每週工作時間 合計（小時）	教師個人在學校內 外進行教學準備之 時間（小時）	使用於指導 （教學）之時間 （小時）	從未觀摩其他教師教 學並提供回饋之比率
日本	53.9	8.7	17.7	6.1%
OECD會 員國平均	38.3	7.1	19.3	44.7%

資料來源：作者摘譯自 OECD (2014). *TALIS 2013 results: An international perspective on teaching and learning, by OECD, 2014, p387-388, 393-394*. Paris, France: OECD Publishing. doi: 10.1787/9789264196261-en

　　上述OECD統計數字的另一層面意義，代表日本教師在學校內外進行授業研究等研修活動的普及狀況，也指向日本教師在教學上，是長時間的、規律的與同僚教師分享，以提升教學品質的運作模式（国立教育政策研究所，2015）[5]。因此，在我國教師所進行的專業成長模式與日本教師因學校環境與專業成長制度（途徑）不同的條件之下，推動學習共同體方案的環境背景和可行性，便有相當之差異。

(三) 校內外教師成長的組織

　　日本教師的專業成長，並不只限於學校內外所進行的換證講習或各種研習活動，在法定研習之外，日本教師還積極的進行各種校內外的自主研究與研習。校內的研究與研習上，以「授業研究」為主要代表，而教師在校外的研習，則可參與各地方教育行政機關所設立的教育中心（類似我國教師研習中心），或各種由非營利組織、機構、協會或是期刊所舉辦的研究會與研習課程，或是參與由教師團體所提供的研習機會，例如「日本教職員組合」這一個一向給人與政府唱反調印象的教

---

[5]　儘管日本的教師因為進行授業研究與校內研修等，需與校內同僚保持互動，但教師因教學現場環境（教室）的隔離性，教師工作亦常受到「學級王國」（班級王國）的批判。

師團體，它平時也主辦研習課程、提供教師進修機會。此外，主由東京學藝大學畢業生之教師所組成的全國性TOSS（teachers' organization of skill sharing）[6]團體，亦透過在全國各地舉辦多場教學研究會與對教師教學技巧進行如「圍棋對奕」般的「授業技量檢定」（將教師等級分為○段○級），來促進教師會員的專業成長。此外，散布在日本各地的、由教師在校外組織的各種小型學科研究會或學會等[7]，也提供了教師研究或研習管道，促進了教師自發性的專業成長。日本教師在校內外進行專業成長管道的豐富性與多元性，是主仰賴政府與師培大學提供研習進修機會的我國較難以想像之處。再者，日本擁有眾多人口，其出版市場規模也約為我國六倍之大，在此條件下，許多教師的校內外研究與研習成果可獲各研究會編纂成書出版之機會，而有公開分享的渠道又會正向回饋至教師身上，促進其再進行深度探究的動機。因此，踏襲這項背景的學習共同體方案，其所提出的「教師間互學」一構面，才能成為有意義，且能促進教師省思的行為，也才不致於流於雜談，或是類似我國只能就教科書商提供的版本做一次性的教學討論或改進，之後研究隨即結束的困境。

三　日本對學習共同體方案的批判

實務上來說，將學習共同體理念發揚光大的佐藤學，憑藉著自身熱情在日本各地，尋找自己學生所經營的學校或是有共同理念的地方教育行政機構來推動該方案，20餘年來也在各都道府縣累積了近3,000所中小學的導入案例，其勇氣與執行力令人敬佩。然而，學習共同體在這不算短的時間中，卻又得不到中央政府的支持，以推動成為全國性的教育改革方案，其主因實令人深感困惑。深究其原因，除了可以用「在高度

---

[6]　TOSS前稱為「教育技術的法則化運動」團體，成立於1983年，現有6,000多名教師會員，並在日本全國各地開設552個教師研究會，為日本最大的教師研究組織（http://www.toss.or.jp）。

[7]　如教師教育學研究會、日本教師學學會、小學校教師教學建構（授業づくり）研究會等。

學術自由與封閉且複雜的中小學教育環境兩者的強烈對比中，推動大規模教育改革的困難度」來勉強詮釋外，還可依佐藤學的個人特質、其所代表的角色，以及其巧妙的運用日本教育領域中各種受關注的關鍵詞來包裝學習共同體的技法，還有學習共同體只是同一時段內，日本進行教育改革的眾多方案中之一項方案，其並非教改的重點……等因素加以推論之。不過，儘管學習共同體方案之推動學校只占全國中小學之一成，但還是引來了學界的各種批評。以下，茲分別對這些在我國較難觸及到的，屬於日本原生的、對學習共同體方案之各種批判進行介紹。

(一) 佐藤學代表的背景色彩

走過二次大戰後的復原期，自60年代以來日本左派思想與右派思想者，雖在教育政策上產生過許多路線上的爭議，例如政府（文部省）與「日本教職員組合」之間對於教育的各種鬥爭抗爭，但是兩者對「教師應該持續進行專業發展」卻是難得的保持了長期間的共識，並承認在政策上提升教師專業的必要性（Schoppa, 2007）。然而佐藤學退休前原屬的東京大學教育學院，數十年來卻是站在左派思維上與政府政策對抗的立場，因此當其對政策上所提出各種促進教師專業成長方案的批判時，其思想本身即容易遭長期穩定執政的當權者刻意忽略，也容易被被戴上政治眼鏡檢視。相較於較願意與政府合作，做為各種教育政策之智庫或為其背書的「師資培育系統」大學，佐藤學屬於東京大學的角色背景，或許為其帶來了在政治上註定不受政府青睞的種子。此一情況，也可從其並未在由文部科學省主導的中央教育審議會中，擔任教育改革相關領域的委員會或小委員會委員長的情形印證之[8]。另外，其專長為「教育方法學」，並非教育政策與制度學者，因此在以國家力量或決定所推動的各種教育政策中，較難以說服政府投入資源，此狀況或可做為對學習共同體方案並未普及的另一解釋點。

8　中央教育審議會為設於文部科學省下，對教育政策在執行前進行審議之合議制機關，其又根據各領域不同，設有功能性之委員會與小委員會，邀集相關學者專家或實務人士進行審議。

(二) 學習共同體的危險性

作者曾於在日研究時，以學習共同體在臺灣的風行與受重視之狀況，針對其在日本的普及情況詢問教育領域中著名的學者專家各一位，請教其對學習共同體為何在日本，至少是上述這些領域當中較少受到討論之原因。結果在教育法學的專家中，得到「學習共同體方案充其量只是眾多學習革新的方案之一，若將其設定為全國性的教改必推方案，則恐讓日本的教育產生陷入同質性、畫一性的危險」之回答；在請教教育制度與政策學者的意見中，得到「教育政策的擬定必須獲得各界的共識，且能涵蓋整個學校教育領域，以教育方法學理念推動的革新，有忽略教育其他領域在改革過程中的角色的可能性」之答案[9]；再者，教育社會學者認為將「共同體」置於「互學」之後，有對定義混淆不清之問題存在，且其認為「共同體」一詞在教育社會學中的定義還需要加以釐清，而使用如此曖昧的詞語實在無法讓人明確瞭解學習的革命為何要以「共同體」方式所進行；第四，課程與教學之專家則在作者詢問上述議題時，直覺反應回問作者「共同體」是否需以「方案」推動，才能顯示其樣貌，「難道教師和教師之間在學校共事的現況，不是共同體嗎？」課程與教學學者接續反問作者。

除此之外，在「學習共同體定義」的歧見上，日本學者，如紅林伸幸（2007）認為學習共同體只是一個共同體，不會成為一個團隊，它在字義的深度內涵上是和教師「社群」概念有程度上之差別的。當然，如果要把社群解釋為一群有相同理想或相同需求的教師，為改進學校教育、教學與學生指導上之各種技巧而進行之團體的話，其本質是共同體或是團體，是分擔還是共同擁有，就無法清楚辨別。杉江修治（2011）則指出，學習共同體提倡的協同學習，根本不能算是方法，它充其量只是一種思考方式、一種願景和哲學而已，而此主張也得到三崎隆（2010）的支持。三崎隆認為學生在享受互學的思想之後，為了達成

9　此位教育制度與政策學者，剛好與佐藤學都是畢業自東京教育大學，且曾住同一宿舍的同學。

其學習目標，互學現象就會自然的發生。

再者，在「教師與學生角色上之錯亂」一項爭議中，同為東京大學學者的苅谷剛彥（2002）亦針對日本學生學力低下之原因，批判「讓學生向學生學等自學、自我思考」的教育背離了公立學校應該教給學生容易理解的課程基礎內容的責任，讓學生的學力基礎的落差日益擴大。而針對學習共同體強調的「公共性」哲理，亦被批評為方案的進行，在實際執行上只到達增進學習動機之層面，無法反應至實際學習的行動面，但產出之結果卻會因為學生家庭背景文化的差異，反而擴大教育階層上的落差。森脇正博（2014）也指出為轉換既有的學習圖像，利用「協同」這概念將教學委託給學校改革的主人——學生，是一種造成教學不安定的賭注，因為在學習上，教師的價值觀和學生的疑惑等目的是不一致的。另在「學校運作實務」上，曾任東京都國小校長的館野健三（2015）在觀察了學習共同體實際的運作後，提出了「互學的學習，是崩解日本教育的元兇」之批判，其認為在教育現場，教師不教而讓學生互教，可謂是「教師無用論」之意，且教學現場為了促進共同討論、而捨棄教科書不用方式，「不使用教科書」本身也被「福岡高等法院」判定為違法；第三，在互學中被鄙視與否定的教師對全體學生進行的「一齊指導」方式，其實是確認所有孩子的理解度後再進行教學，並從教學回饋中褒美孩子的表現以提高孩子成就動機的教育，教師不應捨棄此一任務與責任。

由上述各層面的歧見與批判看來，日本學界與實務界對學習共同體方案的看法，除了在佐藤學系列著作、導入案例學校以及我國譯本中出現對該方案的支持聲音外，其實亦不乏對其批判之意見，這些不同主張的見解與所持根據，值得吾人用以對照並深究省思。

參 教師同僚性理論的興起

「教師同僚性」為日本近期受到重視的概念，教師在與學校同事的相處中，除了發揮自己的專業能力（個業性）外，還要做為教育的職員與其他教師進行分工合作（協業性）。因此同僚性為包含了日本教師間

所有正式與非正式之關係，而不單指教師同儕間的關係。提倡學習共同體方案的佐藤學巧妙運用了日本教師間既存的同僚性，指出了要確立教師同僚性，才能讓學校改革成功的方向（佐藤学，2003）。其所認為學習共同體方案中的「教師互學」層面需要教師不斷的經由教學與研究的實踐，達成Schön（1984）所稱之能省察（reflection）的「反省的實踐者」（reflective practitioner）。不過，儘管佐藤學對教師同僚性抱持肯定態度，但研究同僚性的學者卻未必支持學習共同體中對「教師同僚性」的作法主張（紅林伸幸，2007），因為同僚性的建構和提升，不一定需以學習共同體方案為之。為瞭解教師同僚性之概念，俾於兩者相較，茲闡述其相關概念如下。

一 教師同僚性的意義

「教師同僚性」一詞，在我國曾被稱為「同僚專業互享氣氛」（林明地，1998）；而在日本，因教師身分為教育公務員，在教師在學校場域之間亦同時帶有正式與非正式關係，因此綜稱為「教員同僚性」。教師同僚性是近期使用於教育學或教師教育領域中較新的概念，關於其定義仍未有定論，但大致上代表一種能對教育改革或是學校改善做出貢獻的概念（石田眞理子，2011；佐藤学，2012），其也是教師在社會化過程中之重要典範（油布佐和子，2007）。

關於教師同僚性的定義，Little（1982）認為教師同僚性由七項概念所構成，包含：1.範圍（range）——教學實踐中的觀察、批評與改善的相互作用。2.場所（location）——學校所在之處的相互作用。3.頻率（frequency）——頻繁的相互作用。4.焦點與具體性（focus and concreteness）——在教室實踐中的具體的、聚焦的相互作用。5.關係性（relevance）——統整學校整體工作的相互作用。6.互惠性（reciprocity）——超越立場和角色的相互學習。以及7.包容性（inclusivity）——對同僚的關心與理念的尊重。Brundrett（1998）指出同僚性是一種受教師歡迎、從同僚的支援與專業知識中獲得利益的方法，如果決策是共同決定的話，彼此資訊往來就會順利，在實行上也能

有效果；Bush（2011）亦將同僚性視為含有促進轉換的、參與的、分配的意涵。他認為與組織成員的非正式對話不算是構成同僚性，同僚性的本質在於參與決策，且決策是經由同意的過程來產生的，其中或許需要妥協，但這是為了保持共有的價值和信念所不可或缺之物。

其次，在日本方面，佐藤學（2012）指出教師同僚性是「自己打開教室的大門，和同僚進行互相學習、互相聯結」之意，也是教學實踐的改善與創造的核心；加野芳正（2010）認為教師同僚性是透過教師在學校的日常溝通，以提升「做為教師的專業能力」的方法；小沼豐與蘭千壽（2013）則認為教師的同僚性是在「教學實踐的觀察」與「人際關係性」概念中形成。

隨後，王淑珍和林雍智（2015）更將國內外對於教師同僚性概念的定義進行歸納，並將其定義為：「教師同僚性乃從提高教師專業力量的觀點出發，係指教師能自主、自律的共享教育的願景，並經由教學分享、研習進修與決策參與，與同僚持續進行對話、交流與省思，進而將願景具體化，以促進彼此協作成長的一種互動關係。」

二 教師同僚性的內涵

對同僚性有深度研究的美國學者Andy Hargreaves認為同僚性理論的重點在於「教師間的相互關係」，其從教師文化的觀點，將同僚性區分為：1.個人主義（individualism）。2.小組分割主義（balkanization）。3.合作文化（collaborative cultures）。以及4.人為的同僚性（contrived collegiality）等四種狀態，並指出同僚性並非完全是正向與積極的（Hargreaves, 1991; Hargreaves & Fullan, 2012）。在教師同僚性的內涵上，從教師身分因素觀察之，教師同僚性的影響對象主要為校內教師，由於教師長期以來在限定的教育場域內執行職務，不論是教學或是生活上皆需對學生進行指導，因而產生了一種「指導文化」，教師同儕之間也形成一種相互依賴的同僚性。這種同僚性可能是Hargreaves（1991, 1994）所言之「人為的同僚性」，或是紅林伸幸（2007）所述之內化於身心、沒有自我知覺的同僚性，亦有可能是在不

同教師團體之間依照自我的需求，隨時切換所屬團體之「利己」同僚性。然而，同僚性亦可能在運作良好的情況下，擴大其交流對象，納入學校管理階層、外校教師，甚或是家長或社區人士等教育利害關係者。

從運作角度觀之，同僚性的內涵可以從同僚關係的產生到同僚功能的發揮，構成一個如圖12-2所示之持續循環的迴圈。

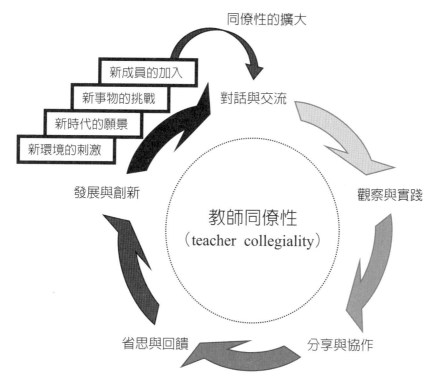

圖12-2　教師同僚性的形成

資料來源：王淑珍、林雍智（2015）。教師領導的實踐與發展：從教師同僚性談起。教育研究月刊，256，70-88。

此一循環圈代表著教師及其同僚在分享願景、參與教學事務、討論、協作、省思、研習進修與研究中不斷的發生相互作用，並據以提升正向同僚性之歷程。王淑珍與林雍智（2015）將此歷程整理為：1.對話與交流。2.觀察與實踐。3.分享與協作。4.省思與回饋。與5.發展與創新等五項構面。在此五項構面的循環下，教師同僚性於焉形成，並會

因應環境變化加入各種刺激等元素，讓同僚性的範圍與影響力持續擴大。

三　教師同僚性的功能

Little（1982）認為同僚性是讓學校變得更好的重要因素，而建構教師同僚性，可以產生六個正向的功能：1.增加教師對學校與所屬之教師社群的信賴。2.提高教師的專業發展。3.防止教師的忙碌感。4.經由教學研究以改進教學、增加學校效能。5.打破班級王國的現狀。6.以合作解決少子女化下學校人事不易流動問題。

紅林伸幸（2002，2007）則指出教師和同僚之間的關係聯結，成了教育活動的支柱、專業能力形成的助力，更發揮了「療癒」的功能，亦即教師同僚性可以發揮下列功能：1.支持教育活動的運行。2.形成教師積極的力量。與3.形成「療癒」教師身心的機制，亦即在不以實際作為減輕工作負擔下，同僚性的存在本身對教師來說就是一種減輕精神負擔、防止燃燒殆盡（burn out）的機制。

然而，研究教師同僚性的學者，並不全然認為同僚性的功能都是積極正向的，其中亦有持相反意見者。例如川村光（2014）等人認為教師團體常被批評的「共同步調」文化，讓教師在教學進度、指導學生與班級經營等方面都感受到來自上級或其他教師同僚的共同步調壓力，因而阻礙了教師的專業自主權；Hargreaves（1994）也指出歐美教師的個人主義雖然較強，但近年也出現了「人為的同僚性」，此種同僚性是受規範的、非自然發生的、義務的，適用於來自政府或是校長的委任事項，其時間和場所是固定的，而且是為了獲得預期成果，由人為所規劃的。而紅林伸幸（2002，2007）則指出目前的日本教師已經在個人主義與「私有化」（privatization）潮流的發展下，逐漸形成一種除公務外，在私領域少有交流的「限定的同僚性」，且今後還會持續下去。由此可見，日本與歐美的教師對同僚性之定義，是有本質上之差異的。

四　日本與歐美教師同僚性的異同

　　Hargreaves曾於1999年8月應邀到日本參與教師同僚性相關之研討會，經過和日本學者的討論後發現：日本教師的同僚性和歐美教師的同僚性是兩種極端情形，日本的教師傳統上擁有一種「指導文化」，他們在日常當中，以集團式的、相互作用的方式從事教育活動，其也還不致於到「強制」階段，也不可完全稱之為「被規劃的」，他們實現了一種「協作式」的教學文化[10]。也就是日本的教師比起歐美教師，其實是更為個人主義的，而且私有化也是一直在持續進行的狀態。但是以Hargreaves為代表的歐美學者，卻認為歐美的教師才是個人主義式的。有關於此，藤田英典、名越清家、油布佐和子、紅林伸幸、山田眞紀與中澤涉（2003）曾對日本、中國與英國的教師同僚性現況進行調查，結果發現日本教師不管是和同僚有何種交流，其情形和英、中兩國相較，日本的教師是具有限定的特徵的，亦即日本的教師和同僚間雖結合為親密的關係，但這些關係卻不及於教師的私領域，也不是去互相進行實踐上的交流關係，相較之下，英、中兩國教師「就算離開同僚與學校後仍能維持非正式的關係」的比率高於日本教師甚多。也就是說，日本教師比英、中兩國教師更為個人主義、私有化更加盛行。

　　再者，紅林伸幸（2007）對於Hargreaves所理解教師同僚性中的「協作」一詞的適切性，也提出了許多疑問，紅林伸幸認為Hargreaves提到的「日本的教師和歐美教師分別持有性格（特質）不同的集團主義式同僚性」這一點，大致上和日本研究者的理解相同。但其認為Hargreaves所認知的「日本的教師文化是擁有協作的同僚性」一事，其實犯了兩項謬誤。第一項謬誤是日本教師在協作的同僚性下，做為加成功能而受到期待的同僚關係中的幾個面向，其實被指出是具有負面、反

10　所謂「指導文化」，即是日本教師將所有行為都賦予教育的意涵進行指導之意。例如學習指導、學生指導、升學指導等。這些指導文化是教師經由分享學生的所有資訊，用來與同僚增強人際關係與強化連帶感的工具，其發揮了支撐個別教師教職生活的功能（酒井朗，1999）。

向作用的。例如永井聖二（1977）就指出，日本教師的共同步調志向很高，就算是進行自己本身的教育活動或是教學工作，也會對於隔壁班或是同僚教師的教育活動或實踐傾注關心，並經由取得與同僚相同的步調，去抑制自己的活動或實踐的工作。這就是同僚性負面作用的其中一例。

其二，在Hargreaves所認知到日本教師同僚性的狀況之前，其已開始發生變質了，而且這種變質也被強烈要求進行改善。讓同僚性發展變質的變化，可以用：1.近代學校成立以來，在超過百年的學校社會進展中所出現之變化。與2.近年不斷反覆進行的教育改革中所發生的變化來做詮釋。此兩種變化所根據的脈絡雖有差異，但是兩種變化皆和「以歐美社會為典範進行發展」此點共通。結果，在方向上，兩者可說皆讓教師發生了改變。油布佐和子（2007）將其稱為一種「相較於公，更重視私」的私有化的浸透。也就是說，日本的教師在教育百年以上的發展下，已經將私有化精神滲透進到了教師文化內層，並在傳統班級王國性格的相乘下，讓同僚間的關係更為稀薄。

因此，如果做以上思考的話，其實可以發現日本教師在同僚性上的問題，其實是較Hargreaves之想像更為嚴重的。因為這些問題不是在昨天或今天才開始發生的，也不是一兩個改革結果就造成的。更進一步說，如果Hargreaves所預測的問題「在教育改革的波動下、日本的教學文化產生了不安定狀態，教師間的同僚性與聯結性將遭到破壞」存在於現實層面上的話，到目前為止所進行的種種教育改革或是學校現場的努力，對於改善教師文化其實是起不了充分助力的。如果以此觀點來看，日本教師的同僚性所帶有何種特徵？以及日本教師的同僚性遇到什麼樣的問題等，就有重新檢視之必要。

五　教師同僚性的發展與學習共同體主張的歧異

如果教師同僚性可以如上述功能般，增進教師之間的信賴性與專業能力，也可以形成教師的積極力量、防止教師因過度忙碌所可能產生的burn out現象，那麼教師同僚性對進行授業研究已有數十年歷史的日本

教師，理應可以提供正向、且循環的積極環境，促進學生學習與學校發展才是。為何日本教師同僚性的發展最後會產生教師文化私有化的滲透與造成教師選擇利己的「限定的同僚性」？

在紅林伸幸（2007）所提到的教師同僚性功能中之「形成教師積極的力量」功能，該項功能的主要鋪陳即是教師在成為教師那一日起，就被期待能夠做一個立於教壇的堂堂正正教師。但是現實上，教師在忙碌的狀態下，還被設計（依相關換證、研習法規）去進行各種專業發展活動，因此要提高教師的積極力量的困難度也越來越高。所以，以促進教師同僚性來提升教師的積極力量便變成一種可行的方式。本項論述的具體實踐方式之一，就是佐藤學、秋田喜代美、稻垣忠彥所提倡的「教學會議（conference）」。上述三者認為透過教學會議可增進教師的同僚性[11]。因此，學習共同體方案才去強調活化授業研究，以提升教師的同僚性做為推動學習革命整體思維中的一環。

然而，從上述對日本教師同僚性的各種分析來看，提升同僚性的前提是要這個同僚性本身是好的、可促進教師成長，並用以導向改進學習的才有效益。萬一同僚性發生如上述般，已經形成了私有化、利己的「限定性」同僚性，那麼在同僚性發生衰退的情況下，透過學習共同體方案提倡的——頻繁的進行授業研究，再透過膨大的互相觀察經驗進行省察以推動學習改革，這樣的方式不是不僅無法達到原有目的、無助於教師專業性、增加教師更多負擔，還可能惡化學校的組織風氣，造成對改進學習更深的阻礙（杉浦健、奧田雅史，2014；森脇正博，2014）？

加野芳正（2010）分析在1990年代以來的教育改革下，日本教師的同僚性造成衰退的原因，其認為新自由主義教育改革讓教育現場變得更市場導向、再加上日本學校組織架構從原有的扁平化往階層化組織調整的結果，讓同僚性產生了負面的效果，而強調績效責任下所引進的學校評鑑、教師評鑑的改革對於同僚性也有負面的影響。此外，「學閥」的

---

[11] 佐藤學等人所稱的「教學會議」在日本又可稱為「授業協議會」，在我國則可用「議課」的概念解釋之。

弱化——由於師資培育的開放，放寬了公私立大學進行師培的條件，導致學校教師不再像以往由幾所大學的畢業生包辦、足以形成學閥的情形，學校內出現越來越多不同學校畢業的教師，也讓學閥弱化，直接造成了校內非正式組織的衰退，並促進了教師間私有化的進行[12]。這些即為侵蝕當前教師同僚性，使其弱化的主因。

　　教師同僚性的弱化，再加上日本為推動學校理事會與學校評鑑等改革而引進家長與社區人士等做為利害關係委員，以達成學校被要求的「可信賴的學校」與「學校說明責任（accountability）」所造成的教師同僚性擴大狀態（因為教師需和上述人員共同進行評鑑或接受評鑑）[13]。這兩種現象的出現不禁令人深思，學習共同體的哲理基礎中的「公共性」一詞，在轉往由各種利害關係者參與學校治理（school governance）決策，形成當前由公民社會下對學習權以「新公共性（new public）」理念進行論述時（林雍智，2014），佐藤學為學習共同體方案進行聯結的舊「公共性」概念是否還繼續適用？至於學習共同體強調的民主主義哲理，日本戰後為打造新式教育的民主治理體制，特別調合了素人（layman）治理與專家治理之精神來構築教育行政體系，但在當前已將教育權概念以新的「學習權」進行含括，並將權限交還由家長和社區人士分享、教師在校內教職員會議中發言份量降低與教職員會議的功能虛化的現況下，教師同僚性的促進與落實民主主義的關聯性也變得更加稀薄，民主主義的論點的支持度因而顯得薄弱，此點若用學生的主動式學習來做為支持民主主義哲理之詮釋，說不定更可

---

[12] 此種學閥弱化的情形，容易令人聯想到我國的中小學師資來源的組成變遷。我國在師範教育時代，透過閉鎖性系統培育的中小學師資來源不但齊一，且有地域分布的特性。在教師都是同一校畢業生的情形下，教師間比較容易形成向心力。然而，在進入開放性師資培育制度後，一般大學等也可培育師資，此也使中小學內部師資來源的構成，開始產生多元性的質變。

[13] Accountability一詞在我國可譯為「績效責任」，在日本則有「說明責任」與「成果責任」之譯法。惟兩譯法上，對學校應該負責說明或是展現成果仍有爭論。此處由於提到日本邀請利害關係者擔任學校評鑑委員，這些成員亦成為了學校的一份子，因此使用「說明責任」一詞譯之。

符應現意；而「卓越性」一詞，則常被反對新自由主義者做爲「對抗軸」，用來建構出反對當前日本在義務教育階段的教改朝績效主義、學校排序、過早培育競爭力的人才之理論基礎（山本由美，2015）。「國家應該重視義務教育系統的平等性（表面均質）、基於公平的多樣性還是基於競爭的卓越性？」這個疑問常被反對新自由主義教改者做爲體檢各種改革方案之用，因而學習共同體方案，使用到卓越性一詞詮釋「在教師授業和學生學習都要盡力追求最好」時，就可能落入當前日本對「教改」是否過度強調卓越性的爭議之中，而使外界曲解同樣都是「改革」的學習革新精神。

既然變遷中的教師同僚性和學習共同體方案中主張的同僚性，在當前已產生不一致現象，如此一來，兩者的理念就不再契合，「共同體」中有關教師部分的主張也無法再以「建構教師同僚性」進行概括設定。那麼是否「共同體」能聯結到與現行的教師同僚性之不同的選項呢？其解釋如何精進？另外，是否有其他可能之教師同僚性來做爲促進學習改進的途徑呢？這些摸索，或許可爲我國在推動學習革新上帶來些許省思。

肆 我國推動學習革新的省思

綜合本文上述對學習共同體方案的背景與教師同僚性之闡述，可發現日本近來進行學習革新的方案除學習共同體方案外，還有杉江修治（2011）提出的「協同學習」和西川純（2000）、三崎隆（2010）推動的互學（学び合い）中心的授業等方案。其中，學習共同體方案強調透過在授業研究中進行頻繁的觀察等教師互學歷程，可以促進同僚性的提升、俾益學生的學習成效，也可以促進教師專業發展。惟在當今推動新自由主義式教育改革的環境下，日本教師已經產生同僚擴大與同僚性衰退的情形，此亦開始與學習共同體所倡論的同僚性乖離，於是在學習改進上，也開始出現不確定之因素。由以上論述，本文茲試著提出三項對我國在推動學習革新上之省思，做爲後續改進之參照。

一　省思一：從同僚性的另一可能性：「團隊」看「共同體」

　　若教師之間的同僚性在共同體之下已難發揮正向的功能，則同僚性的增進，對日本的教師來說只可能增進其負擔，讓教師在指導文化下，以更私有化的方式去疏離教師集團的約制而已，對增進教師的專業能力反而會產生抑制。那麼在同僚性上，有沒有另一種可以讓每個教師能夠發揮專業和能力的途徑或規範？

　　紅林伸信（2007）建議可以參照醫療專業團隊的模式，為同僚性找到新的規範或構思一種屬於教師的新同僚性，以排除當前同僚性所發生的問題。其認為當代的醫療體系由於醫療的高度專業化以及專業領域的更加分化，因此整個團隊的醫療行為就需由各個專家來進行。醫療體系組成團隊的意義，在於複數的專家可以在對病患疾病的共通處理上，讓治療更為適切、更有效果。也就是說，這種以團隊「協作」（collaboration）方式所進行的醫療不是平均數的醫療，而是被期待能達到「最大值」的醫療，要進行這種醫療，則成員就要能充分的去發揮其專業性的協作。

　　因此，如果教師間真如學習共同體般，是要透過教師同僚性來建立教師間的共同體，那麼教師之間終究只會是互學的共同體而已，不會成為「團隊」。學校若能擁有教師的專業團隊，那團隊中的協調者和指揮者就可以各盡其職，發揮角色功能的能力。團隊成員之間，應該要保持專業性和對等性，但在佐藤學的學習共同體理論中，教師之間的協作被置於去成就個別的專業目的，而不是以協作為共同目的，因此，學習共同體充其量只是一個共同體而已，不會是一種團隊。因為學習共同體的論述是將「學習」置於共同課題下，將主體的協作場域以另一種文字描述來說明而已，其和團隊是有決定性之差異的。從這個對團隊的論述來看，要如何對「社群」進行定義？或許也必須加以注意，因為在我國，從「領域」與「社群」經常被用以做為教師在校內群集的專業發展團體來看，同質性與異質性教師所組成的領域或社群，正是決定其能否變為團隊或只是共同體的重要因素，儘管社群和共同體在英譯上都稱為community，但這也是曖昧的共同體利用了community一字，而

不是complexity（複雜的群體）做爲解釋的後果。因此，學校要如何促動教師在群集上成爲專業的團隊，恐比在字面的選擇與強加定義更爲重要，因爲若能形成教師同僚性的新規範，教學現場的問題才能經由「反省的實踐」過程去因應與解決。

二　省思二：對學習共同體的重視開啓了關心日本教育的風潮

當如翻轉教學等學習革新的浪潮從2000年代起自美國東漸以來，我國的教學現場便展開了系列的革新措施，學習共同體方案做爲一個帶有東方色彩、異於研究者們熟知的西方典範的理念，並在政策提倡者們都認知到我國的教師群體，在文化上與日本接近的情況下迅速成爲亮點，開始受到各地方政府的獎勵，並迅速擴散開來。

然而，就如本文前述，在未全盤瞭解日本學校教育背景與教師專業發展的各種制度下便逕行導入的結果，在過程中雖然有許多支持者熱忱的以自身背景經驗或西方的理論經驗去填補政策中所未理解的空洞或不足，但我國與日本教育制度的差異，卻也成爲教學現場上難以克服的鴻溝。例如：缺乏授業研究制度的我國中小學教師，要刻意的去建構或是挪出可進行議課的時間有一定難度；爲促進學生互學而安排的「ㄇ」字型座椅，其實在日文中，是以「コ」字型（音唸爲ko）做爲詮釋，依此，則爲何來到本國，「コ」字即需要逆時針轉90度成爲「ㄇ」字，而不是朝向「匚」字做調整？第三，教科書選用機制的差異，讓我國與日本教師在面對課程與教學精進之需求上亦不相同；而對於公開教學（例如日本每學期有對所有人公開的教學日）在認知上的「公開程度」差異，也讓教師在看待學習共同體方案成效上產生各種解讀。

對原文的詮釋差異以及拘泥於既定的規格安排等，這些都是外來方案在本土化過程中所可能帶來的問題。但是引發風潮的學習共同體方案，卻得天獨厚的具有一群極其熱忱的研究與實務人員，努力的將該方案與本土環境以及國際上的各種新興理論進行聯結。然而，一項教育政策終究有其生命歷程，有些教育政策在結束時，尚須待其走完生命歷程才告完結，有些則是在推進過程中已經自行走完生命歷程。但不管做爲

學習革新的學習共同體方案將如何演變，這段期間無疑也同時開啓了我國對日本教育體制的關心風潮。許多原本較不受注意的，但卻是影響到整個方案成效的日本教育體系，如教師的授業研究制度亦開始受到注視，其餘如學校的組織架構或教師的專業發展途徑等制度，更隨著學習共同體方案的風行與教育人員絡繹不絕的海外參訪映入各界眼簾。

換句話說，若數年之後再行回顧學習共同體最大的貢獻，則其想必會被定位爲「爲我國帶來了在改善學習之理論典範上的重新檢視機會」的革新方案。此外，日本當前的各種學習革新方案，將自此受到一定程度的注視與正確的評價，或至少比導入學習共同體方案前的年代受到更多的矚目。

三 省思三：從日本學習改進新方案，反思我國推動學習革新的決心

當質疑學習共同體方案爲何無法成爲日本全國性政策時，可以見到在該方案外，日本還有許多嘗試改進學生學習的改革的方案也正運作當中。此現象傳達了兩項訊息，其一是教育改革在幅員廣大的中央集權制下，成爲全國性政策本就有相當大之難度；其二是學習的革新是屬於地方少數可以自主的教育分權職掌，也是學校用做爲改進的亮點，因此應該在多樣性之下讓各地、各校都能打造出辦學特色。然而，儘管教育改革的難以普及，在現代科技助成下，日本還是舉國家力量，推動了幾項全國性的學習改進政策，而這些政策才是值得我們用以觀察，並省思我國是否有決心像其一樣推動大規模改革的理由。日本推出的新學習革新方案中之主要的根據，便是「翻轉教學」概念，儘管這只是一項受重視的新概念，並不是具體的政策方案，但現行的各種全國性政策，無非是在其主導下所產生的行動方案。

舉例來說，ICT（information communication technology）的導入，已經成爲日本藉翻轉教學理念改善學生學習的重點政策。ICT在日本被認爲可以解決偏鄉孩子學習落差的有力方式。因此日本的總務省和文部科學省已在許多政策上合作提出各種ICT方案，做爲未來

教育型態轉型的嘗試。利用ICT中最受矚目的爲九州的佐賀縣，該縣已全縣導入平板電腦進行學生的翻轉教學，國小部分又以武雄市武內國小爲每一位學生配備平板電腦進行校內學習最爲著名。該校校長代田昭久（2014）也提出「smile學習（school movies innovate the live education-classroom）」模式，詮釋該校利用ICT所進行的翻轉學習模式（如圖12-3所示）。

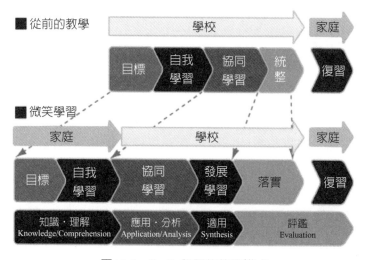

圖12-3　Smile學習的教學構成

資料來源：代田昭久（2014）。スマイル学習（武雄式反転授業）で日本の教育が変わる(1)。主体的学び，2，83-91。

　　日本在引進ICT教學革新中投入的經費和決心，值得同以電子科技聞名、不乏技術層面問題，但目前僅止於以班級爲平板試辦點的我國，做爲參考與反思之用。

　　其次，在時代變遷下受到重視的，還有「主動學習（active learning）」方案。透過ICT的協助，主動學習概念被重新賦予生命力，成爲日本下一階段推動全國性學習革新的主要政策。文部科學省（2012）對主動學習定義爲「主動學習與主由教師所進行的單方向教學形式相異，其是經由學習者主動的參與學習所利用的教學方法與學習方法的總稱。經由學習者主動的進行學習，可以達成包含認知上、倫理上、社會能力上、教養上、知識上的廣泛應用能力的成長。」文部科學

省已決議將主動學習概念融入至下一期中小學學習指導要領中，希望學生能夠達成深度學習、對話的學習與主體的學習三大能力，並準備同時調整教師專業發展機制、培育能指導學生進行主動學習的教師（文部科學省，2015）[14]。從該動向可知「主動學習」概念將是日本用來推動學習革新的最大規模的改革方案，由各種配套政策中亦可看出其推動改革重點的決心。若對照國內進行教育改革的高難度與導入ICT必須耗費龐大經費之情形，這項決心該如何落實，值得持續關注。

伍 結論與建議

本文以對我國推動學習革新之學習共同體方案為例，經由探討日本的各種教育背景，說明該方案在日本推動的情形與批判。其次再以教師同僚性觀點，在探析教師同僚性意涵與日本教師同僚性之變遷後，摸索學習共同體方案的想定與現實教師同僚性發展上之分歧。最後，本文並在省思部分，試圖以團隊做為同僚性之新規範來詮釋教師的專業發展，並舉出日本存在的教師授業研究與刻正推動的全國性學習革新方案做為我國的反思。綜合以上論述，本文提出結論與建議。

一 結論

(一) 推動學習革新以學生學習為最終依歸的原則仍然不變

從我國推動各種學習革新方案與學習共同體方案的目的來看，其最終的目的，仍然是以提高學生學習做為最終依歸，且此目的不因方案的理念差異、做法調整，或因中譯本與原文的詮釋角度所產生之若干形式歧異而有改變。許多教育理念會隨時代的發展變遷而被賦予新的意涵，例如從既有的由上到下的「教育權」概念到以學生為主體的「學習

---

[14] 日本的學習指導（課程標準）要領約以每十年為一週期進行修訂，目前已在研議中的下一期學習指導要領，將於2017年完成修訂，2018年起依教育階段別陸續實施。

權」概念的演變；教育機會均等理念從平等性、均質性到符應每一個孩子個性的成長、人格的完成與適應社會發展能力、去提供學習機會的觀點等，都可印證變遷的時代需求仍不脫回到以受教主體為主的概念上。上述理念，更會隨著觀念更新與科技的進步，在實施上有更進一步貼近理想的機會。因此，不管任何正在推動中的或已完成生命週期的學習革新方案，以學生學習為最終依歸的原則仍然不會改變，透過這些方案的導入，也可以帶來往核心目的方向上應如何前進的經驗。

(二) 日本的教師專業發展途徑的良否值得我國探究

　　透過學習共同體方案的推動，讓我國的教育現場看到了該方案帶來與既有模式相異的典範。在該方案設定下，經由多次的教學會議，讓教師成為一個基於現場實務的「反省的實踐家」並提高教師同僚性後，教師專業就可有效提升，然後這個提升又可以聯結到俾益學生學習上，以完成學習革命的使命。根源於日本教師文化的該方案在導入我國後，也讓我們關注到兩國在教師專業發展途徑上之差異。日本的教師在校內專業發展上進行授業研究，已有數十年歷史，教師專業發展也被清楚規範為「研究與修養」。除授業研究外，日本教師還有許多校外的專業成長機制，且相關法規也進一步將研習再區分為法定研習、自主研習以及符應職涯發展的初任研習與十年經驗研習等。這些系統化的架構雖未必有十足成效，但回顧我國，我國教師專業發展上欠缺「研究」一事仍有待解決，而我國教師研習制度雖豐富多元，但總令人感到缺乏系統性，其中法定研習與自主研習又相互干擾，減低了教師社群的專業發展時間與空間。要如何定位教師專業發展的內涵和途徑？對於教師同僚性的存在要如何善用？透過瞭解日本教師專業發展途徑的特徵，可以帶來觀念與做法上的更新。

(三) 教師同僚性應是內發的、對等的與專業的團隊

　　日本教師在OECD進行的調查中，出現工作時數最高且進行研究時數高、未開放教學現場給同僚的比率遠低於會員國平均的情形。這些結果顯示出教師同僚性的運作有效的支撐了教師的專業活動，但同時也指

出同僚性的過度運作，也造成了教師工作上更沉重的負擔。在日本教師同僚性已朝往更加私有化、更依自我喜好建構同僚性，且以抑制自己專業活動，與同僚進行「共同步調」的多忙生活下，若再如學習共同體方案的做法，強加賦予教師反覆的進行教學會議，則恐讓其同僚性更為私有、更為疏離並造成其更繁重的工作負擔。此值得我國謹慎看待。但另一方面，從醫療的「團隊」對教師同僚性規範的新詮釋當中，可以瞭解團隊的基本設定是異質的、是互補的、是經由協作發揮最大專業效果的社群。這些概念，不但可幫助我們將「共同體」一詞進行觀念翻轉，也可做為對「領域」、「社群」的內涵進行檢視之用。百年來日本教師圖象係從聖職者到勞動者，再到專業者進行演變，日本該如何去建構教師的專業者角色，是其本身之使命，但也想讓教師成為專業自主角色的我國，又該如何去塑造這個角色？從對教師同僚性的新詮釋上，可以看出打造學校內發的、教師之間對等的、尊重彼此專業的團隊，或許是一個可行方向。

二 建議

(一) 對日本學校教育制度進行全盤探究，瞭解其改進學習之做法

在學習共同體自日本往東亞國家的普及過程中，一則帶來了異於歐美做法的觀念革新；二則為這些導入該方案的國家，提供了瞭解日本學校教育制度的機會。日本是民主國家中，唯一擁有1億以上人口、且因中央集權的教育體制，使教育制度具有全國一致性的亞洲國家。相較於美國在義務教育上主以各州為實施主體、歐洲先進各國的人口規模或是政府體制皆較日本為小的現況下，日本的教育理念雖也受歐美影響，但其學校教育的各種制度和政策，不論其規模、範圍或是代表性上當然有受關注的價值。透過學習共同體方案的引介，我們知道其在日本「試辦」或是「普及」的過程中所得之效果與推動上的限制，若將這些背景條件用以和我國相較，則在進行對照與比較的過程中，在學習革新此項命題上即有可能產生更多的智慧，協助我們融合東西方革新方案，並在本土化脈絡協助修正下，打造出更適合我們的改進方案。因此，對日本

學校教育的各項制度進行全盤探究以瞭解其改進學習的做法，當有助於我國補足理論與實務運作上之缺口，並在各種典範中找尋出值得討論與改進的參照點。

(二) 理解學習革新方案的侷限性、多樣性與時代性

當將教育政策與教育制度兩概念進行相較時，常容易得到「制度是由各種政策所支撐的體系」，而「政策的週期短、制度的週期長」等答案，顯示出政策在制定後經長期推動後可能形成制度之特徵。因此，在探討做為教育改革政策的各種學習革新方案是否能帶來影響時，就會去檢視其導入的範圍與強度，是政府強加、由上至下的整體改革或是局部變革？或是由學校或教師內發的創新嘗試？來探究其可能帶來之影響。不過就算是制度，其本身亦為動態的，會隨時代變遷與國民生活習慣而改變，因此制度或政策，不論其週期長短皆會有其侷限性。是故，推動各種學習革新方案，必須理解其在推動上的侷限性，以及不斷推陳出新的各種方案在本質上或有相同處、只是在外貌和做法上之差異而已。我們可以關注一些將政策做大規模推動以企圖形成制度的改革，例如日本的ICT教學與主動學習等，這些政策要如何以高強度應對不同地區之需求、破除困難以達成改革的效果，才是值得注視之處。另在日本之外，例如美國以類似醫療會診方式推動學校教學圈（school instructional round）的做法也與本文所述之醫療團隊概念相符，這些來自東西方的學習改進新方案，已傳達一種「學習」需要持續、多元、精進的時代訊息。

(三) 教師社群內涵的再定義與教學研究的規劃，有急迫的必要性

日本的教師同僚性在教育改革思潮轉往確立品質目標、提升學生學力的方向轉變的同時，已發生若干的變遷。例如本文所提之學校評鑑與學校績效責任的要求，甚至是為呼應民主主義下公民社會到來而形成的新公共性轉變，教師同僚性在利害關係者加入之後，開始有同僚層的擴大和同僚性的衰退產生。若將其對照我國，可知日本的狀態至少可帶來幾項思維上的刺激。一是教師社群的組成將會隨同僚性的擴大而轉

變，從校內往校外社群擴散，從同質（同領域）往異質（不同領域）調整，從教師到加入家長、社區人士或專家的社群內涵更新等。因此，要如何以學習共同體方案為鑑，去重新定義教師社群的內涵，又避免教師社群中同僚性的衰退，實值得考量。其次，我國中小學教師教學研究體系的規劃亦有急迫的必要，有了教學研究體系，不但能充實教師專業發展中缺乏的研究區塊，亦能讓當前推動的備課—觀課—議課三段論做為教學研究中的循環迴圈不再刻板區隔，能經常性的透過研究，建構出本文所述之正向教師同僚性（而非同聊性）。再者，要讓教師的教學研究可以創新和持續，在配套措施上，如發表、刊登、獎勵上也需發揮智慧，學習日本讓教師持續進行專業發展的制度精神，改善教師的專業發展系統，最後達成提升學生學習成效的核心目標。

參考文獻

三崎隆（2010）。「学び合い」入門—これで、分からない子が誰もいなくなる。東京都：大学教育出版。

小田義隆（2011）。教職員法制の原理と展開。載於土屋基規編，現代教育制度論（pp. 147-189）。京都府：ミネルヴァ書房。

小沼豊、蘭千壽（2013）。教師を支える「教師用援助シート」の有効性についての一考察—「同僚性」（collegiality）に着目して—。千葉大学教育学部研究紀要，61，305-311。

川村光（2014）。同調圧力のなかでいまを生きる教師たち。教育，824，5-14。

山本由美（2015）。教育改革はアメリカの失敗を追いかける：学力テスト、小中一貫、学校統廃合の全体像。東京都：花伝社。

文部科学省（2012）。用語集「アクティブ ラーニング」。取自http://www. mext. go.jp/component/b_menu/shingi/toushin/__icsFiles/afieldfile/2012/10/04/1325048_3. pdf

文部科学省（2014）。平成27年度学校基本調査（速報値）の公表について。取自http://www.mext.go.jp/component/b_menu/other/__icsFiles/afieldfile/2015 /08/18/1360722_01_1_1.pdf

文部科学省（2015）。教職員等の指導体制の在り方に関する懇談会提言。取自http://www.mext.go.jp/a_menu/shotou/hensei/003/__icsFiles/afieldfile/2015/09/11/1361243_1.pdf

王淑珍、林雍智（2015）。教師領導的實踐與發展：從教師同僚性談起。教育研究月刊，256，70-88。doi:10.3966/168063602015080256006

代田昭久（2014）。スマイル学習（武雄式反転授業）で日本の教育が変わる（1）。主体的学び，2，83-91。

加野芳正（2010）。新自由主義＝市場化の進行と教職の変容。教育社会学研究，86，5-22。

永井聖二（1977）。日本の教員文化。教育社会学研究，第32集。東京都：東洋觀出版社。

石田眞理子（2011）。教育リーダーシップにおける「同僚性」の理論とその実践的意義。東北大学大学院教育学研究科研究年報，60（1），419-436。

西川純（2000）。学び合う教室—教師としての学習者、プロデューサーとしての教師の学習臨床学的分析。東京都：東洋館。

佐藤学（2003）。教師達の挑戦。東京都：小学館。

佐藤学（2012）。学校を改革する：学びの共同体の構想と実践。東京都：岩波書店。

佐藤学（2015）。学び合う教室・育ち合う学校：〜学びの共同体の改革〜。東京都：小学館。

吳清山、林天祐（2009）。教育111。教育研究月刊，183，150。

杉江修治（2011）。協同学習入門—基本の理解と51の工夫。東京都：ナカニシヤ。

杉浦健、奥田雅史（2014）。学びの共同体の授業実践—理論、現状、課題—。近畿大学教育論叢，26（1），1-15。

林明地（1998）。從同僚專業互享氣氛的建立談教師會功能的發揮。教師天地，94，17-22。

林雍智（2006）。日本實施中小學校整併的情形對我國之啟示。教育行政與評鑑學刊，1，135-157。

林雍智（2007）。日本教師專業證照制度與實務作法。教師天地，150，129-140。

林雍智（2014）。近十年來日本教育改革重大議題研究。臺北市：作者。

林雍智（2015）。學期制度變革之可能性：日本中小學的學期制調整經驗。教育研究月刊，253，81-97。doi:10.3966/168063602015050253006

林雍智、吳清山（2012）。日本中小學教師換證制度實施之評析與啟示。當代教育研

究，20（1），1-39。

苅谷剛彥（2002）。教育改革の幻想。東京都：ちくま新書。

国立教育政策研究所（2015）。TALIS日本版報告書「2013年調查結果の要約」。東京都：作者。

油布佐和子（2007）。転換期の教師。東京都：放送大学教育振興会。

紅林伸幸（2002）。教員社会と教員文化：同僚性規範の変質のなかで。載於日本教師教育学会編，教師として生きる（pp.95-112）。東京都：学文社。

紅林伸幸（2007）。協働の同僚性としての《チーム》：学校臨床社会学から。教育学研究，74（2），174-188。

酒井朗（1999）。「指導の文化」と教育改革のゆくえ。載於油布佐和子編，教師の現在・教職の未来：あすの教師像を模索する（pp. 115-136）。東京都：教育出版。

張輝誠（2013）。學思達翻轉教學法——我的十五年教學生涯之後的全新改革。取自 https://drive.google.com/a/haps.tp.edu.tw/file/d/0B0CiDc-A6fLiYjcwaFdzS3ZpOWh0 aXhHUEN3RnllU0Q4bnFn/edit?pli=1

森脇正博（2014）。校内研修としての授業研究の動向と新たな方略の提案―「学びの共同体」論の検証を軸として―。京都教育大学紀要，125，131-146。

遠藤宏美（2010）。学校制度をどう考えるか。載於望月重信、播本秀史、岡明秀忠（編著），日本の教育を考える（pp.48-69）。東京都：学文社。

歐用生（2012）。日本中小學「單元教學研究」之分析。教育資料集刊，54，121-148。

藤田英典、名越清家、油布佐和子、紅林伸幸、山田眞紀、中澤渉（2003）。教職の専門性と教師文化に関する研究―日本・中国・イギリスの3カ国比較。「日本教育社会学学会第55回大会」發表之論文，明治学院大学、東京都。

館野健三（2015）。学び合い学習は、日本の教育を崩壊させる。取自http://www.meijitosho.co.jp/eduzine/opinion/?id=20130057

Brundrett, M. (1998). What lies behind collegiality, legitimation or control? *Educational Management, 19*(3), 305-316.

Bush, T. (2011). *Theories of educational leadership and management.* London, UK: Sage.

Hargreaves, A. (1991). Contrived collegiality: The micropolitics of teacher collaboration. In J. Blasé (Ed.), *The politics of life in schools: Power, conflict and cooperation* (pp. 46-72). New York, NY: Sage.

Hargreaves, A. (1994). *Changing teachers, changing times: Teachers' work and culture in the postmodern age*. London, UK: Continuum.

Hargreaves, A., & Fullan, M. (2012). *Professional capital*. New York, NY: Teachers College Press.

Little, J. W. (1982). Norms of collegiality and experimentation: Workplace conditions of school success. *American Educational Research Journal, 19*(3), 325-340. doi:10.2307/1162717

Organisation for Economic Co-operation and Development (OECD) (2014). *TALIS 2013 results: An international perspective on teaching and learning*. Paris, France: OECD Publishing. doi: 10.1787/9789264196261-en

Schön, D. A. (1984). *The reflective practitioner: How professionals think in action*. New York, NY: Basic Books.

Schoppa, L. J. (2007). *Education reform in Japan: A case of immobilist politics*. New York, NY: Routledge.

Yoshida, M. (2012). Mathematics lesson study in the United States: Current students and ideas for conducting high quality and effective lesson study. *International Journal for lesson and learning studies*, *1*(2), 140-152.

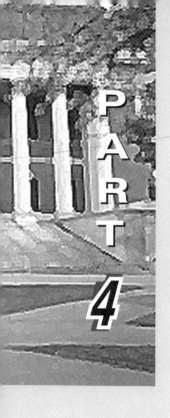

PART

4

新世代實踐篇

「教學圈」應用在「學習領導」之理念與策略

黃旭鈞
臺北市立大學教育行政與評鑑研究所專任副教授兼所長

摘　要

　　教學圈是一種系統化的學校改進的專業學習形式，採網絡或實務社群的方式，用以提升教與學效能。而針對領導者的學習領導及其成效的評估亦是近來備受關注的議題，其主要目的在於透過學習領導成效的評估，以鼓勵並促進學校領導的改進，進而提升學生學習與教師教學成效。本文旨在探討教學圈的理念與內涵，並分析學習領導綜合評量系統（CALL）的主要向度與指標，綜合比較分析之後，提出利用教學圈提升學習領導成效的策略與方法，主要包括：一、聚焦在學生、教師與內容三大教學核心。二、掌握並督導實務的問題與狀況。三、建立合作的學習社群。四、投入並統合資源增進學生學習。五、營造友善有效的學習環境。

關鍵字：教學圈、學習領導、學習領導綜合評量、策略

壹 前言

處在知識經濟的時代中，學校所面對的要求與期待越來越高，所面臨的變動與挑戰也越來越大。教育領導者與決策者，為了達到這樣的期待與要求，莫不致力於制訂各種政策與改革方案，讓學校中的教育人員能持續學習與創新發展，以促進教與學的實務得以持續精進，確保學校教育的品質。由於學校教育的核心是課程、教學與學習，要提升學校教育的品質，當然必須將教學與學習實務的精進，列為主要核心重點工作。也因此現今不僅特別強調教師的專業能力培養（capacity building）與發展，同時也重視學生的潛能開展與知識技能的學習，而這都是學校教育改進過程中重要且不可或缺的環節。

順應上述知識經濟時代的潮流與趨勢，學校領導者必須有新的領導思維與作為，學校校長不宜再扮演全能教學領導者（instructional leaders）的角色，要讓校長發揮最大的影響力，應是領導所有教師學習，進而影響所有學生學習（Fullan, 2014）。也正因為如此，M. Fullan（2014）在其《校長發揮最大影響力的三大關鍵》一書中就特別將領導學習（leading learning）當作第一項關鍵秘訣，也就是將校長進行學習領導（leadership for learning），視為是校長發揮最大影響力的首要關鍵要素。可見學習領導在現今的學校教育，特別是在學校領導方面，已經成為促進教師專業素質提升與學生學習成效增進的重要作為。

雖然學習領導相較於教學領導與課程領導，仍屬較新興的理念，然而有鑑於學習領導在現今學校領導中的重要性與必要性日益增加，因此近來學習領導也快速成為教育改革與政策的重要議題之一。有關學習領導的探討除了重視如何進行學習領導外（吳清山、王令宜，2012），近年來在教育界亦開始關注如何能衡量並增進學習領導的成效的議題，特別是如何跳脫只以學生測驗或考試成績的結果來論斷學習領導的績效表現，而改採更多元的面向、更多元的人員參與、更形成性回饋的學習領導績效評估系統（Kelly & Halverson, 2012）。因此，在學習領導成效的衡量與重點也開始有了新的思維與作法。

上述評估學習領導的成效開始轉向從更全面周延的角度切入，同時提供形成性的回饋策略，實則可呼應近年來興起的教學圈（instructional rounds, [IR]）理念，教學圈強調更聚焦在教與學核心的改進，由教師與行政人員團隊合作，從學校教學現場實務問題（a problem of practice, [POP]）的提出，透過更貼近教學實務現場的課室觀察與訪視，由訪視的教育人員間共同討論分享，一起合作提出解決實務問題的策略與方法，進而持續改進教學實務（City, Elmore, Fiarman, & Teitel, 2009; Guild, 2012; Roegman & Riehl, 2012）。有別於傳統的學校被動接受或依賴外部加諸的種種改革措施或作法，現今主要的改革理念與趨勢在於讓學校轉變成更主動參與變革，自發察覺所面臨的實務問題，將問題或所犯的錯誤視為是促進改進的好朋友，能教導我們避免再重蹈覆轍，進而依自己的需要引進資源，結合校內外人員的合作努力，更有效率且直接處理並解決所面對的實務問題，以求持續自我精進，展現真正的專業所應有的作為。隨著教學圈的推動越來越成功，且許多教學圈的參與者將之形容為所經歷過的最佳專業發展活動，除了教學圈能充分聚焦在班級教與學，更提供參與教學圈人員協作學習機會，進而帶給相關人員更多學習與成長的能量（City et al., 2009）。易言之，教學圈是一種系統化的學校改進流程與方法，採網絡群組的方式，用以提升教與學實務的效能。

　　綜合上述可知，學習領導是用以促使每個人都能持續學習的領導方式，若能有效提升學習領導的成效，將是促進教師精進與學生學習品質提升的良方，特別在綜合性、系統性與形成性的學習領導成效評估越來越受到關注後，能否透過同樣是聚焦教與學，採系統化、網絡社群的團隊合作方式，改進並解決實務問題的教學圈的理念與應用，達到提升學習領導成效的目的，是一值得加以探討的議題。因此，本文主要透過教學圈與學習領導成效評估的文獻進行深入的整理與探討，加以分析歸納，首先簡介教學圈的理念、意義與流程；其次，再分析學習領導成效的評估方法與主要內涵，主要係以「學習領導綜合評量」（Comprehensive Assessment of Leadership for Learning, [CALL]）（Halverson, Kelly, & Shaw, 2014）的介紹分析為主。之後，再透過其兩

者間的比較分析之後，進一步提出應用教學圈提升學習領導成效的相關策略，並做成相關的結語。

貳 教學圈的理念、意義與流程

教學圈（rounds）仍屬一新興的概念，一開始是以網絡群組（network）的型態來進行，主要以跨校或跨學區的網絡為主，彼此互相參訪與訪視，彼此合作解決問題，促進彼此交流觀摩，而近來隨著其普及性提高之後，校本教學圈，甚至教師教學圈的形成與應用也逐漸形成。以下茲就教學圈的理念、意義與流程加以說明如下：

一 教學圈的理念發展

Fowler-Finn（2013）的分析指出，現在越來越要求學校在變革中扮演更主動的角色，成為變革的主導者而非被動的接受者，同時強調更貼近實務現場的教學觀察與問題解決策略的提供，幫助學校以團隊合作的方式，持續精進實務的理念，實際上挑戰學校中教育人員既有的思維與行為習慣，如此除了促使學校人員必須放下孤立、單打獨鬥的個人式風格與舊類型，更必須合作學會新作為。上述這樣的理念實則與Fullan（2014）所指陳的促進變革的正確驅動力（drivers）應重視能力建立（capacity building）而非只要求績效責任（accountability）；應採協作式努力（collaborative effort）而非只追求單一個別的解決方法（individualistic solution）；應致力於教育與教學（pedagogy）而非只追求科技或技術（technology）的提升；應強調系統整體觀（systemness）而非只是零碎的策略或政策（fragmented strategies）等理念頗能呼應。

順應上述的變革潮流與趨勢，教學圈（IR）的理念與想法也逐漸形成，具體言之，教學圈的發展與作法主要是由美國哈佛大學的研究團隊，仿照醫學界廣為採用的「醫療巡房會診」（grand rounds）的方式，逐漸發展出教學圈的理念（City et al., 2009; Fowler-Finn, 2013; Teitel,

2013），一開始是為了尋求方法，幫助教育局長及其他學區層級的領導者能更具備教學方面的知識，且真實參與教學的改進，以解決實務問題，精進教育知識與技能。除了一開始是以跨學區與跨校的教學圈為主，後來也漸漸向下延伸至學校層級的校本教學圈的發展（school-based instructional rounds），以利從領導及政策的觀點來進行教學改善（Roegman & Riehl, 2012; Teitel, 2013），之後更形成教師教學圈（teacher rounds）（Troen, Boles, Pinnolis, & Scheur, 2014），由教師本身引導其自身的學習課程，在教學圈進行期間，由某一受訪的班級教師（host teacher）教課，其他夥伴教師或是實習教師觀課，透過教學圈的運作，較有經驗的教師將知識和經驗傳授給經驗較不足的教師。教學圈鼓勵教師可透過觀課（observation）、議課（discussion）、研課（analysis）（觀察、討論、分析教學），接著再由教師創造策略，改進自身的教學。

不論採取較大系統或網絡式的教學圈（networking rounds），抑或是採取較學校本位的校本教學圈，或者是更專業學習社群導向的教師教學圈的形式，教學圈最重要的目的之一就在於讓「教學是一種公開的行為」（teaching as a public act）成為教育界中制度化且普遍的規範，給予老師更多機會，能彼此觀摩學習、反省自身實務，再進一步形成一種社群的文化，在其中每個人都能同時參與教學與學習，彼此教學相長。如此不僅讓班級教師能有參與的機會，事實上更能將教學從教師個人「私有」（private）領域轉型成「公開」（public）的領域，這樣的信念實際上是教育改革能否成功的關鍵（Troen et al., 2014）。City et al.（2009）就其實際推展教學圈的經驗指出，隨著教學圈的持續發展、推廣與修正，讓教學圈所能發揮的成效越來越高，且許多參與教學圈的教育局長、校長與教師等教育人員都將教學圈形容成他們所經歷過最佳的專業發展活動，藉由教學圈及其非常聚焦在班級教學的理念，提供參與教學圈人員協同合作學習的機會，進而給予相關人員更多的能量與成長的動力。

二 教學圈的意義

City（2011, p.36）將教學圈定義為：一種促使教育人員能一起合作改進教學的有紀律方式。主要是由課室觀察、改進策略、教育人員所組的網絡等三個共同要素所組成。

Marzano和Toth（2013）則將教學圈界定為學校或學區用來幫助教師發展其教學技能，培養合作文化、提出共同實務問題、促進教師發展的最有價值工具。

Teitel（2013, p.1）則將教學圈定義為：教學圈是一種用來幫助教育人員更密切觀察課室中所發生的教學與學習情形，讓教育人員能一起合作更有系統地加以改進的一種方法。典型的教學圈（rounds）是以網絡（network）的型態來進行，可以是跨校的網絡或跨學區的網絡，彼此互相參訪與訪視。

Toren et al.（2014, pp.6-7）則指出，教學圈是一種校本的專業學習，其特點在教學圈是發生在教與學的實際脈絡中，利用並鼓勵研究、省思教師與學生的經驗，提供共同經驗做為對談的基礎。在省思歷程中能體驗不同參與者所形成之互動式差異觀點和專門知能。教學圈的主要意義性在於以協同合作的方式，讓教師能以專業人員的方式參與，特別是教學圈與教師經驗和實務間具直接關係，進而也會影響學生的學習。教學圈透過探究與省思來建立專業發展社群。

綜合上述論者的看法，本文將教學圈界定為：「由受訪學校或班級教師確認並提出實務的問題，由跨校或跨區教育人員組成網絡小組，透過以教學核心為焦點的課室觀察，針對學校所提出的實務問題，一起合作分析討論，提出解決問題的策略，持續促進教學改進的一套系統化的方法。」

三 教學圈的流程

City等人（2009）指出，教學圈是一種集走察（walkthrough）、網絡、系統改進策略等三大主流改進教與學途徑於一身的實務。主要包括：確認實務問題（identifying a POP）、進行課室觀察（observing

or walkthrough）、簡報交換意見（debriefing）、邁向下一層次的工作
（the next level of work）等四步驟的流程。Fowler-Finn（2013）更具
體指出，推動教學圈時，學校教育人員必須合作學會採取新作為，其
具體的新作為包括下列三者：1.必須更聚焦在教學核心（instructional
core）：亦即聚焦在課程內容，關注師生間教與學的互動。2.必須強
化行政人員與教師間合作，組成網絡（networks），相互觀察，以非
評價的方式描述所觀察到的現象，找出其類型（patterns）甚至是加以
預測，最後集思廣益，提出精進與解決問題的策略，邁向下一階段。
3.必須關注改進系統，讓不同層級（教育局、學校、班級）的改進策略
可以更緊密的連結。

　　然而教學圈經過多年來的發展與推動，同時存在著各種不同的
教學圈模式，其中最具代表性的包括City 等人（2009）所共同撰寫的
《教育教學圈》（*Instructional rounds in education*）一書中所提出的
網絡式的教學圈（IR），用以讓較高層級的教育人員及決策者（教育
局長、督學、校長、教師工會代表等）參與，形成網絡，並提出教學
核心的重要性、選擇共同的實務問題、客觀事實性的觀察等重要教學
觀察要素。近年來，Teitel（2013）延續上述教學圈的概念，逐漸發展
出學校本位教學圈（school-based rounds），可以更經常、讓更多教
師參與、讓改進實務能更貼切班級現場。除了校本層級的教學圈發展
外，漸漸的，也更深入發展「課室教學圈」或「教師教學圈」（teacher
rounds），強調更專業個殊的團隊、對實務問題的發現更具回應性
（Troen et al., 2014）。因此，以下所探討的教學圈的重要流程，主要係針
對校本或教師教學圈為主，其主要實施的流程如圖13-1所示，並加以說
明如下（黃旭鈞，2014；City et al., 2009; Teitel, 2013; Troen et al., 2014）：

(一) 選擇並確認重要的實務問題

　　實務問題（PoP）的選擇與確認是教學圈的首要步驟。明顯而重
要的實務問題通常應具有下列五項特質：1.聚焦於教學核心。2.可直接
觀察。3.具可行性，能在學校能力掌握的範圍，且能及時改進。4.能連
結學校及整個系統的改進策略。5.應具有高度影響力（high leverage）

（City et al. ,2009）。

(二) 召集人連繫受訪學校或教師（host teacher）

連繫受訪學校，並取得由受訪教師所填寫受訪教師準備表（host teacher preparation form），表單內容的主要重點，包括：

1. **檢閱並解釋實務問題**（PoP）：幫助受訪教師釐清其自身的具體實務問題，甚至可以連結到教學圈小組建議的更大範疇之實務問題。所選擇的受訪的課堂應能明顯看到所提的實務問題。受訪教師應與教學圈小組成員建立彼此信任關係。

2. **提供課堂的背景脈絡**（provide context for the lesson）：主要重點在於呈現該堂課的主要任務為何？教師的角色為何？學生將進行的工作為何？

3. **給予觀察人員具體的觀察方向與焦點**：針對實務問題，觀察具體的教學事實與問題發生情形，而非跳到直接尋求解決問題的策略。

4. **觀察人員在觀課期間和學生互動程度**：可以鼓勵受訪教師在學生進行單獨或小組工作時可以和學生有些互動。

5. 讓學生瞭解教學圈觀課人員進班觀察的目的。

(三) 觀察受訪教師的課堂

教學圈小組觀察人員在瞭解受訪教學準備表之後，遵守觀課的規則（如觀課期間保持安靜；在學生個別或小組工作時可以自由走動，全班討論時退回教室後面或側邊；在教師同意下可以詢問學生問題或與學生互動；記錄個別學生發表的意見及對話，可能的話記錄學生姓名或按座位表記錄學生反應；記錄學生理解的歷程或實例）。

教學圈小組再攜帶觀察記錄表，以實務問題為焦點，分別就教師行為和言詞；學生姓名、行為和言詞；問題與分析等面向進行記錄。

(四) 分享並簡報觀察結果（debriefing）

　　在進行完課室觀察後，教學圈小組與接受觀課教師聚在一起分享並簡報觀察結果，一整個學年下來，每個月都至少有一位受訪教師，可以自願接受觀課，並在觀課後一起分享與簡要說明觀課結果。在分享並簡報觀察結果時大致上可以採行：

1. 先就兌現承諾（honoring commitments）的部分，讓成員分享展示上次實踐承諾的證據。

2. **分享觀察**：受訪教師反思整堂課並解釋目標達成與否的原因，並呈現學生已學會的資料；所有教學圈觀察者一起檢視記錄，並聚焦在實務問題的觀察記錄結果；觀察者再從觀察中分享資料，且應只就描述性的事實資料來分享。

3. **開放且誠實提問**：就好奇或有疑義的部分，提供機會開放且眞誠的提問，主要在激發思考而非提供解決問題的方法。

4. **由受訪班級教師選擇性回應**：由受訪教師針對與實務問題最有關的提問進行回應。

5. **彼此互相觀摩學習**：每位參與者針對觀察與簡報分享，發表從中所學到的心得與感想。

6. **提出改進承諾**：根據觀察與簡報分享之後，教師承諾提出調整修正教學方法。

7. **發展實驗計畫**：在實施下一輪教學圈之前，教師發展一份調整修正其教學實務的實驗計畫。

(五) 教師承諾改變並付諸實施

　　在分享簡報之後，教師必須依據所學到與討論的部分，承諾改變其實務，並加以付諸實施。

(六) 邁向下一階段

　　在這一輪的實踐基礎上，再規劃下一輪的教學圈的實施，形成一種持續改進的循環圈。

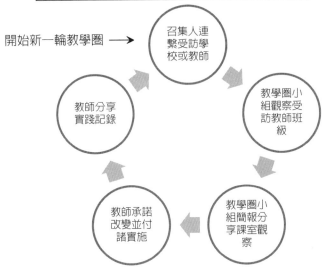

● 教學圈小組確認實務問題
● 教學圈小組將合作一整年
● 教學圈循環開始⋯⋯

開始新一輪教學圈 →

召集人連繫受訪學校或教師

教學圈小組觀察受訪教師班級

教師分享實踐記錄

教師承諾改變並付諸實施

教學圈小組簡報分享課室觀察

圖13-1　教學圈的流程

資料來源：取自" The rounds process." by V. Troen, K. C. Boles, J. Pinnolis, &A. Scheur, 2014, *The power of teacher rounds: A guide for facilitators, principals, & Department chairs* (p.20). Thousand Oaks, CA: Corwin.

參　學習領導成效評估

有關校長領導對於學生成就的影響，根據Robinson（2011）的研究發現，有五項校長的領導範疇最具顯著影響，主要包括：1.建立目標與期望。2.策略性地取得資源。3.確保優質的教學。4.領導教師學習與發展。5.確保有序而安全的環境等。在這些領導作為中，又以校長以身作則，領導教師投入學習與專業發展的重要性最高，這方面的領導會進而影響學生的學習成就。而這也正符合Fullan（2014）所主張的，學習領導者能示範學習，也能塑造條件，讓學校中每個人都能持續學習，實讓學習領導發揮最大的效用。

學習領導應同時聚焦在領導教師專業成長與提升學生學習成就

上，雖然其重要性與必要性都已得到相關研究的證實（Leithwood & Seashore-Louis, 2011; Marzano, Waters, & McNulty, 2005），然而對於學習領導成效的評估亦有其深入探究的必要性。因此，以下特別針對近來新興且經過驗證具有不錯的信、效度的「學習領導綜合評量（CALL）」的理念與評量的重要內涵，做一簡要介紹說明，以做為本文探討如何應用教學圈來提升學習領導成效策略的主要焦點。

一 學習領導綜合評量（CALL）的理念與意義

(一) 學習領導綜合評量的理念

學習領導綜合評量（CALL）係2009到2013年間，美國University Wisconsin-Madison接受美國聯邦教育部委託進行研究，設計發展一套評量學校領導實務的工具，以提供學校中所有教育人員回饋，進而改進學生學習。歷經四年對超過150所學校中的數千位教育人員施測，比較分析受試學校的組織氣氛、領導效能和學生學習的測量結果，確認CALL能有效瞭解學校的優、劣勢，幫助教育人員將注意力集中在學校改進的關鍵要項中（Halverson et al., 2014）。

傳統對學校領導者的評鑑或評量只聚焦在校長的領導角色，可能會錯失其他正式及非正式領導者所扮演的角色。因此，Kelley 和 Halverson（2012）、Halverson等人（2014）在研發學習領導綜合評量時就主張，應承認領導工作的分布式的（distributed）本質，以利建立學校改進與變革的組織能力。領導不再只是單純指派更多工作給居於正式職位的學校領導者，而應將完成任務的責任分布在學校中的不同人員身上。因此，有別於現有的領導工具大多過度狹隘地聚焦在個別的領導者，CALL對於領導成效的評估，比較聚焦在分布領導（distributed leadership）而非侷限校長的領導；較強調掌握領導的實務實踐（leadership practice）而非對領導的看法意見（leadership opinion）；較著重在測量學校能否展現各種領導實務，以有效促進學生學習及公平正義，而非只重視績效責任規定的領導事務。因此除了領導績效品質的評鑑外，更必須支持學校改進的組織能力發展，所以領導評量工具必須

能掌握領導者能否創造能支持他人的條件，並創造能支持改革作為的情境脈絡，讓學校可以採取直接的行動，加以改進。綜合言之，「學習領導綜合評量」的發展理念，主要在評量分布式領導而非個別的領導者；評量有關教與學領導的實務與實踐情形，而非只是調查對教與學領導的意見看法；提供形成性的回饋幫助學校改進與解決問題，而不只是取得評鑑結果的績效優劣，易言之，CALL不僅在測量學習領導的品質和績效，還必須提供客製化的解決問題策略或精進的行動計畫。

(二) 學習領導綜合評量（CALL）的意義

　　根據上述CALL的設計理念，以下進一步界定「學習領導的綜合評量」（CALL）的意義如下：一種針對中小學領導進行360度（360-degree）、線上（on-line）、形成性評量（formative assessment），用以評量學校具體的高績效表現之領導實務或任務的特質，主要集中在「聚焦學習」、「監督教與學」、「建立學習社群」、「取得並分配資源」、「維持安全有效的學習環境」等五大向度領導實務的評量，再提供回饋給學校，讓學校能取得有研究基礎的領導實務，進而改進教與學（Blitz & Modeste, 2015; Halverson et al., 2014; Kelly & Halverson, 2012）。

　　由上述意義可知，CALL 對領導成效的評量並非聚焦在個別的領導者，而是測量全校中執行校務的人員，因此，所有校內的行政人員、教師與教學人員都要填寫線上CALL問卷，以掌握學校在5大學習領導實務領域中的任務與學校文化的情形，可說是置入學校的政策與實務中，在意見蒐集完之後，學校會收到客製化的行動計畫，用以處理主要的改進任務，其本質屬幫助學校改進的形成性與回饋性的系統。

二 CALL的評量內涵

　　CALL的評量主要包括5大向度，且每個向度之下都包含4到5項不等的子項目，以下加以簡要說明如下（Blitz & Modeste, 2015; Goff, Salisbury, & Blitz,2015; Halverson et al., 2014; Kelly & Halverson, 2012）：

(一) 聚焦學習（focus on learning）

此向度強調領導者必須定期讓學校社群及成員投入持續的對話，以建立對教與學的類型與問題的集體理解。同時領導者必須以教學領導者自許，並投入走察或課堂訪視等明顯可見的教學領導活動。此一向度主要包含四個子項目：1.讓全校將焦點放在學習。2.正式的領導者應自許為教學領導者，能和教師定期討論具體的學生作品與教學實務的範例。3.合作設計具有統整性的學習計畫，能將促進學生學習的學校願景，轉化到統整的學習計畫中。4.提供有困難的學生適切的服務，滿足特殊需求學生的需要。

(二) 監督教與學（Monitoring teaching and learning）

監督教與學主要分為對教與學的形成性與總結性的評量：

就形成性的評鑑而言，主要又可分為：1.監督教學：強調教育人員必須經常例行的觀察教學實務如何在班級中運作，蒐集教學歷程與結果的資料。2.監督學習：蒐集資料以評估並支持學生學習的方式，同時瞭解學習失敗的原因。因此，監督教與學始於對班級學生學習的形成性評鑑，領導者也協調進行進步性的評估（interim assessment），讓教師可以瞭解學生進步的情形，提供教師有關學生在達到學習目標的進步情形之回饋。

就總結性評鑑而言，主要分為：1.總結性學生評鑑：領導者也必須參加學生學習的總結性評鑑，提供更全面的學生學習表現的資料，並創造普遍的機會讓教育人員省思總結性評量的結果，作為調整學校教學方案之用。2.總結性教師教學評鑑：瞭解教師總結性評鑑所造成的實質後果並盡可能讓總結性的評鑑實務、學校的教學目標和教育人員的專業成長計畫有效連結。具體言之，「監督教與學」的向度下包含四個子項目：1.學生學習的形成性評鑑。2.學生學習的總結性評鑑。3.教師教學的形成性評鑑。4.教師教學的總結性評鑑。

(三) 建立學習社群（Building nested learning communities）

此向度強調教師在專業學習社群的參與和領導的情形，不僅促進組織的健康與改進教學實務，更能提升同事間工作時的自我效能感。首先，有效能的領導者會和教育人員一起合作，從舊方案的角度來看新方案的意義，建立教學方案間的連貫性，也聚焦在全校教與學問題的解決，讓專業發展、課程設計與學校改進可以反映出集體創造意義的努力成果；其次，學校領導者應能爭取資源並建立方向，讓專業成長的計畫能針對教學領域提供個別化的支持以符合教師的需求，進而符合全校的教學目標；再者，專業教育人員可以依教學與學習目標，追求專業的學習，並讓教師領導者參與，共同發展長期的專業學習計畫，專業學習計畫應能回應教學的優先事項，在此學校領導者必須將教師視為是重要的人力資源，期待建立教師教學領導的能力；最後，必須重視學校中正式的教學輔導（mentoring）和指導（coaching）方案的影響，瞭解教學輔導教師（或coach教師）與教師間的互動情形。具體而言，此向度包括四個子項目，分別是：1.全校合作聚焦在教與學問題的解決。2.專業學習。3.社會性的分布式領導。4.教學指導與輔導的同儕合作關係（collegial relations）。

(四) 取得並分配資源（Acquiring and allocating resources）

有效能的領導者必須能取得新的教材和時間的資源，重組現有的資源以符合教師教學與學生學習的需求。此向度CALL的測量主要包括：1.如何分配教師的職務與任教科目，同時也必須讓新進和資深教師都能得到支持，能否聘用具備專門技能的教師，以滿足特殊學習需求的學生。2.學校領導者必須能有效組織與分配讓教師合作與學生學習機會可以均等有效。3.學校領導者也必須將學校資源，特別是預算和財務資源要用在學生的學習。4.學校領導者也能引入外部的專門知能，並將之整合到教學方案與改進上，利用外部專家與顧問支持學校改進方案上。4.領導者也必須協調並監督家庭和學校社區間連結的過程，因此，也必須測量教育人員與家庭間溝通的頻率和品質，以及學校是否使用新媒介

與社區間建立多元溝通管道。具體言之，在「取得並分配資源」向度中，包含五項子項目：1.人事實務。2.組織與分配時間。3.學校資源主要用在學生學習。4.統合外部資源到教學方案與改進中。5.協調並監督家庭和外部社區的關係。

(五) 營造安全有效的學習環境（Maintaining a safe and effective learning environment）

此向度主要強調領導者必須讓學生和教師可以感到安全且受到尊重，讓學生能有效學習，教師能有尊嚴的教學，因而領導者必須能創造一個安全而有效的學習環境。首先，學校領導者必須對學生行為有明確而一致且具強制力的期望，且能建立學生對學校常規的正確知覺；其次，領導者也應建立整潔安全的學習環境，以促進學生學習，學生不良行為越多，師生的士氣就會越低落；再者，學校領導者必須讓對弱勢學生提供特別照護的作法，取得一般學生的認同並支持，打造安全的學習樂園；最後，學校領導者必須增進合理的家長參與，並有效保護教學環境，免受不必要的干擾。具體言之，「營造安全有效的學習環境」向度下，包含四個子項目，分別為：1.對學生行為有明確而一致且具強制力的期望。2.安全的學習環境。3.學生支持提供弱勢學生特別照顧。4.保護教學環境（buffering teaching environment）。

有關學習領導綜合評量（CALL）主要的五個向度，以及各向度之下的子項目，加以整理成如表13-1所示，由表13-1可知，其內容主要是以教與學為主要核心，也包括社群、環境與資源取得與維護，各向度中強調合作、學習成長與資源的整合，強調的是分布式領導的實務之評量，而非單一領導者的績效衡量，是一完整且提供形成性的評量為主的評估回饋系統。

表13-1 學習領導綜合評量（CALL）的主要向度與子向度

向度	1.聚焦學習	2.督導教與學	3.建立學習社群	4.取得並分享資源	5.營造安全與有效學習環境
子項目	1.1讓全校的焦點放在學習上	2.1學生學習的形成評鑑	3.1全校合作聚焦在教與學問題的解決	4.1人事實務	5.1對學生行為有明確而一致且具強制力的期望
	1.2將正式領導者視為是教學領導者	2.2學生學習的總結性評量	3.2專業學習	4.2組織與分配時間	5.2安全的學習環境
	1.3合作設計統整學習計畫	2.3形成性的教學評鑑	3.3社會性的分布式領導	4.3學校資源用在學生學習	5.3學生支持提供弱勢學生照顧
	1.4提供有困難學生適切的服務	2.4總結性的教學評鑑。	3.4指導與輔導	4.4統合外部的專門知能到教學方案	5.4保護教學環境。
				4.5協調並監督家庭和外部社區的關係。	

資料來源：取自"CALL Domains and Sub-Domains." by M. H. Blitz , & M. Modeste, 2015, The differences across distributed leadership practices by school position according to the Comprehensive Assessment of Leadership for Learning (CALL)(p.351), *Leadership and Policy in Schools*, *14*(3), 341-379.

肆 以教學圈促進學習領導成效之策略

依據對教學圈與學習領導成效評估（CALL）的理念探討與內容分析，發現其理念實有共通之處，包括以教與學習為核心焦點，致力於掌握教與學實務運作現況，過程中強調教育人員間的協同合作，強化網絡與專業社群運作，投入並結合各種資源，貼近實務現場，除了瞭解問題外，更強調客製化問題解決策略的提供，以促進整個學校教育的改進。由此可知，若能善用教學圈的理念與作法，對於提升學習領導的成

效，應有正面的助益。因此，本文進一步提出運用教學圈提升學習領導成效的策略，以供學校領導者實施學習領導之參考。

一　聚焦學生、教師、內容等教學核心

教學圈強調進行教學圈訪視時，必須聚焦在教師教學（teacher）、學生學習（student）與教材內容（content）等三大教學核心，特別是實務問題（PoP）的提出，必須與此三大教學的核心要素相關連。教學核心是教學圈的實踐與任何教學改進流程賴以為本的根基（City et al., 2009）。聚焦在教學與學習的核心要素，除了對實務問題的提出具有指引聚焦的作用外，教學圈亦能利用教學核心，讓師生對高品質教學與學習的樣貌，能有具體且共同的理解，以進一步發展並分享對教與學深入且精確的共識，而這也是教學圈中促進教學與學習改進的首要方法（Teitel, 2013）。

因此，學習領導效能要能有效提升，學校領導者必須將學生學習與教師教學放在第一優先順位，依此核心理念建立全校教師間在教學的共同願景，進而再設定全校的學習目標。強調聚焦在教與學的核心，這對於教師教學實務的改進與培養相關專業知能而言，都能提供更有焦點、更有系統且更完整的作法，亦是教學圈可用以改進教與學實務的重要理念，這應是提升學習領導的重要策略之一。

二　掌握並監督教與學實務的狀況

學校領導者應能花多一些時間到實務現場去掌握教與學的實務，並瞭解教與學所遭遇的實務問題（Fullan, 2014）。經常例行地監督教與學實則是有效學校領導的核心要務。在教學圈中亦透過實地的課室觀察，直接蒐集課堂上教與學的資料，且觀察的重點必須特別聚焦在受訪學校或班級教師所提出的實務問題（PoP），特別是在學校層級的校本教學圈的運作，會以每月甚至是每週一次的方式來進行教學圈的實地訪視或課室觀察（Teitel, 2013）。學校領導者若要採用教學圈的理念來提升學習領導成效的話，應讓學校教育人員有機會參與實務觀察、分析類

型、提出建議進行調整，重複持續循環，邁向精進完美。教學圈要能真正發揮影響學習領導成效的功能，則必須增加快速課室觀察的次數，且能在課室觀察時更有效率、更有焦點、更有系統地針對實務的問題，瞭解教學實務在課室中運作的情形，同時也掌握學生學習方式與進步的情形，持續監督教學，也監督學習，提供教師實務運作狀況與學生進步情形的回饋訊息。這應也是運用教學圈促進學習領導成效的有效策略之一。

三　建立合作共享的專業學習社群

Troen等人（2014）分析為何要實施教學圈的原因，主要包括：1.能建立批判的同儕合作情誼（critical colleagueship）。2.能促進分享成功實務。3.有助於發展優質教學的共同願景。4.是一種低成本高效益的實施課程的策略。5.能連結更前瞻專業學習的標準。為了達成上述的目的，教學圈的運作上除採取群組網絡（network）的型態外，也常採用專業學習社群的運作，特別是教學圈小組（rounds group）的組成，會依目的和需要，由不同層級、不同領域、不同年資或經驗的人員所組成，而這正是一種善用學習社群的運作形式，在教學圈實地運作過程中，也必須採取教學圈小組成員與受訪教師間彼此協同合作的方式。特別是觀課後所進行的簡報與意見交換（debriefing），提出解決問題的策略的過程中，更是專業學習社群協同合作與分享交流的最佳展現，而透過這種專業學習社群的合作與分享，實則是教師專業學習成長的具體展現。

由於教學圈實際運作的主要目的在於以貼近實務現場的方式，觀察診斷以提出精進實務或解決實務問題的方法，透過參與教學圈的運作，學校領導人和教育人員應可以體會進行教學圈對其教學實務的精進，不僅有正面助益，對參與者本身也具有其內在的意義和價值，特別是能與他人一起合作完成前所未有的目標，更是一種激勵與成就，而這也正是促使人不斷學習的動力（Fullan, 2014）。正如City et al.（2009）所指出的，學習能促進個人與集體的效能感（efficacy），藉由教師參

與專業學習社群，不僅有助於改進教學實務，經由學習更能提升教師同事間工作時的自我效能感，領導者可以藉由教學圈的專業社群的運作，從教學實務的改變與學生學習的改進的觀點，來測量專業學習的成果，增進學習領導的成效。

四　投入並統合資源增進學生學習

City 等人（2009）建議教學圈在組成網絡或群組時，必須採取以下的作為：1.召集組成網絡：主要招募能投入貢獻於教學圈的教育人員。2.爭取並管理資源：爭取時間、空間、指導人員、材料等資源，讓網絡能有效運作。3.一開始就建立明確的期望與規範：一開始就應對教學圈網絡成員建立明確的期望與規範，以發展並支持深層的網絡學習文化。由此可知，在推動教學圈時，爭取相關的人力、物力、材料等資源的投入，並有效加以整合相關資源，使資源能真正用在教學核心的三種事務上，特別是用在學生學習與教師教學實務的精進上。

此外，Robinson（2011）的研究發現校長領導對學習成就顯著的影響要素之一就是策略性地尋求資源。所以，應用教學圈在學習領導的促進上，應能策略性的爭取並整合校內外相關人力、社會、文化規範資源等，結合系統、社群網絡的概念，更有適當分配人事職務，有效的管理經費預算、時間、空間、專業知能等資源，積極引入並善用外部專家及社區家庭資源，使資源能有效統整，主要用在增進學生學習之用，如此也有助提升學習領導的成效。

五　營造友善有效的學習環境

適切實務問題的確認與提出，對於教學圈成效的發揮影響甚鉅，然而要學校和教師願意主動且誠實開放提出所面臨的實務問題，除了學校和教學圈小組間的互信關係的建立外，更重要的是要建立一種友善與尊重的學習環境，以降低學校及教師的防衛心理，一方面願意以更開放而坦誠的心態來面對教學圈小組的觀課訪視，及其之後的討論對話，另一方面也能接受教學圈小組針對實務問題所討論出來的解決策略和方

法，相信這些客製化的問題解決策略對教學與學習的改進是有效且有正面助益。應用教學圈來支持教師的學習與成長，要帶給教師的不是對表象問題提供膚淺的解決方法，而是教育人員需要發展協作學習的文化（collaborative learning culture），讓他們可以深入探究，瞭解所面臨的實務問題之根本原因（Teitel, 2013）。建立並維持安全、友善與尊重的學習環境將是達成上述的情況與目標不可或缺的要件。

學校領導者應用教學圈的策略時，除了因應可能由「外人」所組成教學圈小組來校進行教學訪視時，基本上學校必須展現安全有序的環境外，也必須建立教師和教學圈小組成員間的合作信任關係，增進教師間彼此的觀摩學習，同時在保護教學環境免受外界不必要的干擾的前提下，可以增加家長或社區有意義的參與校務或級務。尤其面對教育界與教育現場安逸穩定且教師間彼此交相好等根深蒂固的文化，學習領導要能透過教學圈的訪視與串連，發展更深度且更具有發展性的問題解決策略，提供更量身打造的客製化建議，建立安全、互信互重的學習環境，亦是可以善加應用的策略。

伍 結語

強調以教與學為核心與焦點，強化交流合作與擴大參與，透過持續學習與改進，進而提升教學與學習的成效與品質是現今教育改革共同努力的方向。教學圈是一種能讓教師專業發展之安排設計能聚焦在學校的核心要務——課程、教與學；一種能促進學校中教師與行政人員、教師同儕間協同合作，彼此支持，進而適性學習且造就集體改進；一種能有效連結不同層級的改進策略；一種可用於改變教師的孤立、單打獨鬥、封閉班級王國心態的策略與方法。配合近來對學習領導成效評估的重視與發展，「學習領導綜合評量」（CALL）即是一種新興強調分布性、形成性、回饋性與實務性的學習領導成效評估系統。兩者之間的理念頗能相互呼應，因此如何應用教學圈的理念，提升學習領導成效，除了可以就此一議題，進步深入研究外，更可透過適度的轉化，以調整成更適用於我國的教學圈與學習領導成效評估的模式與作法。

作者透過對教學圈（IR）與學習領導成效評估（CALL）的理念與內容探討與分析後，發現兩者的核心理念除了都聚焦並以教與學為核心外，也都強調貼近實務現場瞭解與掌握實務問題外，更重要的是能提出客製化的問題解決策略，以幫助學校與教師解決實務上所面臨的問題。基於兩者間的共同理念與強調重點，本文加以綜合分析後，提出利用教學圈提升學習領導成效的五項具體策略，以供想利用教學圈來進行學習領導的學校領導者與教育工作者參考。

參考文獻

吳清山、王令宜（2012）。校長學習領導的理念與實踐策略。教育行政研究，**2**（2），1-22。

黃旭鈞（2014）。應用「教學圈」支持教師專業發展的策略。教育研究月刊，**246**，57-72。

Blitz, M. H., & Modeste, M. (2015). The differences across distributed leadership practices by school position according to the Comprehensive Assessment of Leadership for Learning (CALL), *Leadership and Policy in Schools, 14*(3), 341-379.

City, E. A., Elmore, R.F., Fiarman, S.E., & Teitel L. (2009). *Instructional rounds in education: A network approach to improving teaching learning.* Cambridge, MA: Harvard Education Press.

City, E. (2011). Learning from instructional rounds. *Educational Leadership, 69*(2), 36-41.

Fowler-Finn, T. (2013). *Leading instructional rounds in education.* Cambridge, MA: Harvard Education Press.

Fullan, M. (2014). *The principal: Three keys to maximizing impact.* San Francisco, CA: Jossey-Bass.

Guild, J. (2012). Learning walks: "Instructional rounds" for your school. *Independent School, 71*(2), 9.

Goff, P., Salisbury, J., & Blitz, M. (2015). *Comparing CALL and VAL-ED: An illustrative application of a decision matrix for selecting among leadership feedback instruments* (WCER Working Paper No. 2015-5).Retrieved from University of Wisconsin–

Madison, Wisconsin Center for Education Research website: http://www.wcer.wisc. edu/publications/workingPapers/papers.php

Halverson, R., Kelly, C., Shaw, J. (2014). A CALL for improved school leadership. *Kappan, 95*(6), 57-60.

Kelley, C., & Halverson, R. (2012). The comprehensive assessment of leadership for learning: A next generation formative evaluation and feedback system. *Journal of Applied Research on Children: Informing Policy for Children at Risk*, 3(2), Article 4. Also Available at: http://digitalcommons.library.tmc.edu/childrenatrisk/vol3/iss2/4

Leithwood, K., & Seashore-Louis, K. (2011). *Linking leadership to student learning*. San Francisco, CA: Jossey-Bass.

Marzano, R. J., Waters, T., & McNulty, B. A. (2005). *School leadership that works: From research to results*. Alexandria, VA: Association for Supervision and Curriculum.

Marzano, R.J., & Toth, M.D. (2013). Supporting teacher growth with instructional rounds. *ASCD Express, 8*(19). Retrieved from http://www.ascd.org/ascd-express/vol8/819-marzano.aspx

Robinson, V. (2011). *Student-centered leadership*. San Francisco, CA: Jossey-Bass.

Roegman, R., & Riehl, C. (2012). Playing doctor with education: Considerations in using medical rounds as a model for instructional rounds. *Journal of School Leadership, 22*, 922-952.

Teitel, L. (2013). *School-based instructional rounds: Improving teaching and learning across classroom*. Cambridge, MA: Harvard Education Press.

Troen, V., Boles, K.C., Pinnolis, J., & Scheur, A. (2014). *The power of teacher rounds: A guide for facilitators, principals, & department chairs*. Thousand Oaks, CA: Corwin.

小學教師觀點的運算思維之教與學

賴阿福

臺北市立大學資訊科學系副教授兼系主任

摘　要

「運算思維」（Computational Thinking）在2006年由Wing, J. M.提出後，引起學術界正反兩面的論戰，也讓教育學者重新正視資訊教育與思維教育的重要性及未來方向；本研究應用此趨勢，以臺北地區國小教育人員為調查對象，以滾雪球方式進行問卷調查，以探討小學教師對於小學階段培育運算思維能力的看法，問卷有效樣本為298份，調查結果顯示，第一線教師認為大部分運算思維能力都是重要的，以資料蒐集、資料分析、資料表徵被視為最重要，國小教師認為小學生運算思維能力介於普通及不佳等級之間，且以資料蒐集能力表現最佳；許多教學活動都可能隱含運算思維融入教學之概念，且以資料蒐集及問題分析融入教學頻率最高，國小教師認為小學階段須加強培育學生的運算思維能力。

關鍵字：運算思維、運算思維融入教學、程式設計、小學教師、資訊教育

壹 研究背景

當個體面對困難的情境問題或未來計畫，將引發思維（thinking）之內在心理活動，對訊息加以處理且抽象化（張春興，2007）；人人都有思維能力，因此思維是否需要被教導，常發起爭辯；若學生在解決問題時能使用思維策略以及擬定解題計畫，就會是較佳問題解決者（Sternberg & Williams, 2010）；換言之，擁有有效思維能力者較能解決複雜問題，也顯見思維的重要性。人類面對開放且複雜問題，在探究問題及尋求解答過程，須運用高度思維能力（Maker, 2005）；高層次思維都須在特定領域中系統化訓練（Hu, 2011），且應包含不同任務、概念及技術，思考技能是可被教導且應該被教導的。

運算（computation）涉及二種層面，其一是關於學習或改善運算理論及方法（如演算法），即以運算方法為學習內容，將學習的運算方法加以應用來解決問題，如國小學生學習四則運算以解決生活情況中計算問題，不僅學習四則運算過程，更重要的是解決方法（包含瞭解及分析問題、採用正確運算式子）；其二是應用運算工具（如統計分析軟體、建模軟體，也包含電腦硬體）以解決領域問題；如Hambrush, Hoffmann和Korb（2009）所言，現在科學家沒有運算工具加以輔助就無法思考，換言之，運算工具擁有協助思維的成效。雖然資訊工具無法解決所有問題，但仍然顯示資訊科技在現代化社會不可或缺的角色，且成為必要及廣泛的問題解決工具（Astrachan, Hambrusch, Peckham & Settle, 2009）。

運算思維（Computational thinking，簡稱CT）一詞是由Wing於2006年所提出，是一種基於運算概念的分析性思維，是解決問題、設計系統及探索人類行為的基本能力。運算思維與其他思維有許多雷同之處，在資訊科學領域常須解數學問題，因此與數學思維相似；資訊科學需在現實環境限制下設計大型複雜系統，與工程思維（Engineering thinking）相近；運算思維亦與科學思維（Scientific thinking）擁有共同方法，以探究可計算性、智能及人類行為（Wing, 2008）。

運算思維提出後引起學術界正反兩面的意見，有些學者認為是資訊科學的重新包裝，有誇大其詞之嫌，或強加資訊科學思維於其他領域；有些學者則認為運算思維可讓教育界正視資訊教育的未來方向，運算思維不是要使每個學生都成為運算專家，而是要改善運算教育（Computing education）且運算思維應成為二十一世紀的素養（Guzdial, 2008）；此外，運算思維可提升學習者問題解決的能力，甚至創造力。美國NSF亦啟動運算思維專案計畫，如普渡大學辦理教師之運算思維訓練，亦有研究將運算思維融入課程中，如Hambrush和Colleagues（2009）將運算思維導入大學部科學課程，可見運算思維研究受到重視，但國內目前在運算思維之研究，付之闕如，尤其運算思維對中小學階段影響更應優先著手。

運算思維是一種系統化的思維，在許多領域教學過程可能隱含這些活動，是否在中小學階段須強化運算思維能力，有待進一步釐清，尤其以第一線教師之實務教學觀點，來分析現有教學活動所涵蓋運算思維之情形，學生在運算思維之能力表現及運算思維教導之需求性，將有其教育研究的價值及時代的教育意義。

貳 研究目的

本研究主要目的在於探討小學教師對於運算思維教學與學習的看法，包含下列目的：

一、探討運算思維能力對於小學生的重要性。

二、探討目前小學生擁有運算思維能力的現況。

三、探討目前教師運算思維融入教學的現況及對相關策略看法。

四、探討在小學階段強化運算思維教學的需要性及主要障礙。

五、探討運算思維融入教學的頻率、運算思維能力重要性、培育需要性與學生目前能力之因果關係。

參 研究限制

本研究以Email及六度空間理論之社群媒體散播方式進行滾雪球抽樣（snowball sampling），以Google表單為平臺，建立線上問卷，且目前使用Email及社群媒體之北部中小學教師比例極高，因此本研究抽樣方式比傳統式滾雪球抽樣較能增加樣本代表性及隨機性（randomness），但仍然不易抽樣到未使用此類電子媒介之教師，此外傳遞過程若超出本研究抽樣地區及對象，則視為無效問卷，由於地區及抽樣之限制，因此本研究結果不宜過度推論。

肆 文獻探討

一 思維與運算思維之定義

(一) 思維的意涵

張春興（2007）認為：「思維（thinking）是內在的心理認知歷程，在此歷程中，個體將面對認知的事件，經訊息處理予以抽象化，以便經由心理運作而得以對事件的性質導致理解並深知其意義。」朱智賢、林崇德（1986）認為思維是人腦對客觀事物的一種概括的、間接的反應，是人對客觀事物的本質和規律反應與理解。荊其誠（1991）以訊息處理認知觀點，認為思維是運用分析、綜合、抽象、概括等各種智力操作對感覺進行加工，以儲存於記憶中的知識為媒介，反映事物的本質和內部探索。思維被視為一種能力和品質，人類智力的核心（郄庭瑾，2001），也是人類智慧的具體表現；人類在學習認知過程及問題解決過程都需運用思維技能，同時這些過程也強化思維能力。

教育目標是協助學生獲得有助於成功的知識，以及將知識活用的能力，後者就是思維能力，換言之，教育不應只複製學生畢業後所需的經驗而已，應當致力於培養學生正確的思維（赫欽斯，1980）。但學生是否需要被教導如何思考？雖然人人都會思考，但不盡然能有效思考，

有效思考影響學校學業成績、複雜問題解決能力，且是職場必備技能
（Sternbery & Williams, 2010）。廣義思考包含許多活動，如從有限資料
推論、獲得結論、類推等。在各階段許多學生不具備思考能力，缺乏有
效的思考，須立即發展有效思考技能（Sternbery & Williams, 2010）。在
傳統教育中，過分重視學生的學業成績及升學率，反而忽視思維能力的
發展（郅庭瑾，2001）。填鴨式教育或只重視成績之學習往往在大腦中
累積僵化知識，但僵化知識是一種惰性知識（inert knowledge），要將
知識活用須運用思維能力，顯示思維能力之培養是重要的，僅習得知識
是不足的。

(二) 運算思維的緣起與定義

以資訊科學的觀點而言，運算包含七大概念（7 big ideas of
computing）：「運算是人類創意活動」，「抽象化以簡化資訊及其
細節以聚焦於瞭解及解決問題」，「資料及資訊有助於創造知識」，
「演算法是一種發展及表達計算問題解法的工具」，「程式設計是產出
運算成品的創意過程」，「數位裝置、系統及網路使運算策略能解決
問題」，「運算能帶給其他領域（科學、醫學、工程、商業、社會科
學）創新」（Grover & Pea, 2013）。

運算思維是由Jeannette M. Wing在2006年所提出，她認為除3R
（讀寫算：reading, writing, arithmetic）外，運算思維是另一項基本的
分析能力（analytical ability），由於資訊科技環境普及，運算思維儼
然成為每個人皆須學習及使用之態度及技能，不是資訊科學家所獨有
的。

Wing（2006）仍以資訊科學角度說明運算思維，其主要觀點：
運算思維涉及問題解決、設計系統及瞭解人類行為，欲有效率解決問
題，可能採用簡化、嵌入、轉換或模擬方法；處理一項龐大而複雜工作
或設計大型複雜系統，會採用抽象化及分解技巧，選擇合適之問題表徵
或模擬，以使問題成為可解的；運算思維是遞迴式思考及平行處理。當
然上述所談的系統不一定針對電腦化系統，問題亦非只是計算理論之
NP、NPC、NP hard問題；換言之，依據Wing的觀點，運算思維是所有

領域的核心技能。

Bundy（2007）認為運算思維正影響各領域之研究且深深改變我們的思考方式，然而IWG（International Working Group on CT, 2010）認為運算思維與演算式思考、工程思考、數學思考有許多共同之處，即運算思維太過廣泛，不易區分運算思維與其他思維（如科學思維、藝術思維）之差異且缺乏具體定義，此外，有些問題無法使用運算方法解決，如倫理問題（Jones, 2006）；Hemmendinger（2010）強調運算思維概念應避免被誇大及過度膨脹其角色，尤其在跨領域，她還強調，運算思維不是教導每個人都要像資訊科學家一樣的思維，而是教導大家運用技巧以解決問題及發現新問題，因此應少談運算思維，而須著重於運算實作（computational doing）。

運算思維不僅定義尚未被廣泛接受，且其論點亦受到部分學者挑戰，其中Peter Denning（2009），提出兩大批判，其一為運算思維擁有很長歷史，在科學領域已被廣泛使用，只是以「演算式思維」存在，因此他認為運算思維只是將資訊科學重新包裝，另一批判是，運算思維應是一種實作而不是原則之描述。Mannila、Dagiene和Demo（2014）則認為Denning（2009）的批判似乎與中小學教育不相關，且他提出「Great principle of computing」與運算思維不相容。

運算思維被提出後，引發學術界正反不同聲音迴響，因此並沒有廣泛被接受的定義，尤其在K-12教育中，許多課程都包含思維及問題解決之教學，但許多領域都需要強化問題解決技巧，邏輯思考或演算式思考，甚至結合計算處理以解決領域問題，如生物資訊及統計應用（Barr & Stephenson, 2011）；現代數位原民之學生受資訊科技環境重大影響，未來工作亦是如此，因此不應在大學階段才接受運算思維之訓練，在K-12階段即應培養演算式問題解決技巧、具備計算方法及工具運用經驗（Barr & Stephenson, 2011）。廣義的運算思維訓練或教育並不一定要採用資訊科技，就像教導學生問題解決技巧不一定要使用電腦，但在其過程中資料分析、資料表徵、成果呈現等若能採用硬體工具，將會更有效能，因此狹義的運算思維教育勢必適切地運用資訊科技。

既然數位原民處於高度資訊化環境，其資訊工具之操作技能將不會

是他們的學習障礙，但其運算思維能力是否隨之提升，仍有待研究，但若由第一線教學者觀點，探究教師對學生現有運算思維能力及其教學中融入運算思維情形，將有助於掌握學生能力與教學落差，進而提出教學與學習之建議。

二　運算思維的內涵

本文將以CSTA and ISTE（2011）定義的九項運算思維內涵為主，結合筆者之教學及研究經驗，詳述如下：

(一)「資料蒐集」

資料蒐集（data collection）就是蒐集適當資料的過程技能，對於不瞭解或待澄清的問題經常需要資料蒐集之技巧，以求出正確答案，如在專題導向學習（Project- Based Learning，PBL）需要有系統化資料蒐集的策略，問卷設計或自然科的實驗都是蒐集資料的方法；以量化問卷編製而言，設計者需對調查主題有深入瞭解，且其編製過程十分複雜，但對於小學生而言並不必要依循嚴格規範，而以體驗學習為主。

(二)「資料分析」

資料分析（data analysis）的作用就是使資料意義化，找出樣式及做出結論；分析是反思性工作，資料分析是重要技能，小至國小低年級階段的分類與統計，大到處理巨量資料（big data）的資料科學家（data scientists）進行大量資料分析以找出模型及進行預測，因此資料分析的複雜度有極大差異；在運算思維過程，資料分析用此驗證抽象化之正確性，如在遊戲設計中，分析有關融入元素或規則是否讓遊戲更有趣好玩。看完一本書或一部影片，可用心智圖、概念圖分析及繪製出其內容、相關意涵或大綱，這也是一種質性資料分析的工具及技巧。

(三)「資料表徵」

資料表徵（data representation）是以圖文影像，有效地描述及組織資料；表徵是在問題解決歷程中呈現及組織有關問題的訊息，且是

呈現訊息方式，亦是決定解決問題正確的關鍵（Sternbery & Williams, 2010）。最方便且視覺化的資料表徵工具就是電腦，尤其是多媒體表徵方式，如產生直方圖呈現臺灣的降雨量及實際可用水量，以表達水資源的情形。

(四)「問題分析」

問題分析（problem decomposition）是將問題處理任務分解成較小且易於管理的步驟，如發展綠色校園計畫，訂出垃圾回收、省電、減少食物浪費的任務及策略（CSTA & ISTE, 2011）；又如在國小中年級數學解題常用二步驟整數四則運算方法以解生活情境應用問題。

(五)「抽象化」

抽象化（abstraction）目的是降低複雜度，以定義出主要想法或做法，將特殊案例轉化為一般化的過程，換言之，抽象化概念隱含著選取有價值資訊的過程（Wing, 2008）；在問題解決過程中，將問題化解為較為基本的形式，以降低複雜度；抽象化也被定義為摘要出共同特性或動作以表徵所有其他案例。如在遊戲設計中，將規劃之遊戲抽象化為一組含有角色的情景（scene），及定義出此遊戲的主要想法（Lee, Martin, Denner, Coulter, Allan, Erickson, Malyn-Smith, & Werner, 2011）；在程式設計中將常用功能封裝為函數，以利於重複使用（reusability），也是一種抽象化，如在堆疊（stack）結構中會將pop、push、peek等主要操作抽象化為函數。

(六)「演算法及程序」

以資訊科學角度而言，演算法是任何良好定義的程序，即透過一序列運算步驟將輸入轉換為輸出（Cormen, Leiserso, Rivest, & Stein, 2003）；以教育心理學而言，「所謂定程法（或算法）（algorithm），是指在問題解決時按一定程序，逐步進行，最後即可得到正確解答的一類方法」（張春興，2007）。

換言之，演算法及程序（algorithms and procedures）就是採取

系列化、有序步驟以解決問題。從思維與問題求解的心理歷程來看，「定程」所指者未必只是單一定程，有些問題是「一題兩解」或「一題數解」的（張春興，2007），在資訊科學領域，解決問題演算法可能有許多方法，如排序有氣泡排序、合併排序、堆積排序、快速排序、計數排序等方法，找出最佳化（optimal）解法是資訊科學的重要目標。

(七)「自動化」

自動化（automation）是運用電腦或機器有效率、快速執行重複或冗長的工作，是節省人力的過程，自動化概念是使用工具或科技以擴大抽象化的力量（Wing, 2008）。電腦是自動化最佳的工具，從高階程式語言的for、while、do…while、repeat…until等迴圈指令，可知電腦CPU是最適合快速執行重複工作，更具體地說，軟體程式即是抽象化想法之自動化工具，如遊戲程式須採用自動化技巧不斷接受使用者的動作。學生為了減少機器化計算，利用MS-Excel的函數或公式以計算平均數、統計出符合條件的數量等，也是一種自動化的方法。

(八)「模擬」

模擬（simulation）是表達、示範一程序或使用模型進行實驗，模擬之模型可能是數位化系統、傳統模型或混合型式，如地震結構工程師利用模擬系統觀察不同建築物結構受地震的影響，或學生製作動畫以表達複合式災害的過程，或使用電腦化生態系統進行實驗，操控變因，觀察物種消長。透過模擬可超越時空、尺寸限制，獲得更情境化、巨觀或微觀的深化學習，能更具體強化學生思維。模擬不只是使用數位或傳統模型，學生以演戲、角色扮演等方式表達他們所學習的內容或概念，或自己建造模型，都是廣義的模擬。

(九)「平行化」

平行化（parallelization）是指組織資源以同時執行任務，達成目標，源自於電腦領域的平行處理、多工、多線（multithread）、管線化（pipeline）等概念，在Scratch中學生設計二角色動作同步跳舞就是使

用平行化技巧；在非電腦領域，平行化是專案或排程管理的技巧，如在學生團隊專案中規劃時程、角色、工作分配，使全部組員能同時一起合作完成專案目標，這也是PBL常用技巧。

除CSTA和ISTE的九大內涵，其他學者亦提出運算思維之相關概念，如Denning（2003）提出運算大原則（The Great principles of computing），包含計算、通信（溝通）、協調、重新整理、自動化、評估及設計；Perković, Settle 和Hwang（2010）則依據跨領域之運算思維，重新闡述這七項原則：1.計算（computation）：執行演算法，即一程序（process）由輸入資料及起始狀態，經由中繼狀態，直到最終之目標狀態。2.溝通（communication）：由一程序或物件轉換至另一項。3.協調（coordination）：是計算時序之控制，用此達到特定目標。4.重新整理：將資料編碼及組織以利於有效率地搜尋及完成其他操作。5.自動化：執行計算至實際系統之對應任務。6.評估：統計數值、實際分析及資料視覺化。7.設計：採用抽象化模組，累積及分解等技術以組織系統、程序、物件等。Denning之運算大原則與CSTA and ISTE之概念有部分雷同之處，如表14-1所示。

表14-1　Denning之運算大原則與CSTA and ISTE之對應

Denning	對應到CSTA and ISTE
計算	演算法及程序
溝通	演算法及程序
協調	演算法及程序
重新整理	資料表徵
自動化	自動化
評估	資料分析、資料表徵
設計	問題分析、抽象化

資料來源：研究者自行整理。

由Perković、Settle 和Hwang（2010）所闡述的運算思維仍以資訊科學之觀點為主，且與中小學教育相去甚遠（Mannila, Dagiene, & Demo,

2014），對於運算思維融入一般領域或跨領域之統整教學，以CSTA and ISTE（2011）的九項運算思維內涵較為具體，且九項內涵與資訊科技融入教學之教學目標相去不遠，例如大六能力（Big-6 Skills）就是培養學生問題分析，資料蒐集及統整、組織資料，又如數位說故事（digital story telling）之歷程會要求學生進行任務分析、資料蒐集、多媒體表徵故事內容，以模擬方式表達故事意涵，在多媒體作品製作過程運用分工之平行化概念。換言之，運算思維的概念是資訊科技融入教學之具體工作分析（task analysis）。因此本研究以CSTA and ISTE（2011）運算思維內涵做為問卷編製之依據。

三 運算思維在K-12的角色

在資訊化時代，三種技能將用以支援、延伸及擴展人類智能與工作，包含：1.使用基本電腦應用程式，即電腦素養。2.瞭解電腦系統之運作，即電腦流暢度（computer fluency），是一項進階電腦能力。3.採用計算技巧或應用以解決其領域問題或專案，即運算思維（Perkovi ，Settle & Hwang, 2010）。NCET（National Council for Educational Technology）在1989年即提出在資訊科技環境下學生必備的技能：分析、分類、評估、解釋、形成問題、形成假設、推論、觀察、預測、合成（Fisher, 1998）；上述技能是一種資訊推理及處理，也是運算思維的一部分。雖然資訊教育隨著資訊科技進展而逐漸受到重視，然而運算思維的出現正好激盪學術界討論，並引發教育界正視提升K-16資訊教育之議題（Hu, 2011）。

Hu（2011）認為運算思維可能是一種混合思維能力，以不同思維模式影響我們執行運算，且人們可由各種不同方法獲得。Bundy（2007）建議透過問題解決來使用運算思維概念，且運算形式思維能力對每一領域都是基本且必要的。運算思維可強化學生技能，使其在複雜世界中成為有效且有信心的問題解決者（CSTA & ISTE, 2011），且運算思維在K-12的角色為可轉換和應用在跨學科的問題解決方法（Barr & Stephenson, 2011），此外，運算思維具有培養創造力的潛能（Mishra et. al., 2013）。

表14-2 運算思維概念在五項領域之教學範例

運算思維概念，能力	資訊課程	數學	科學	社會科學	語文
資料蒐集	針對問題找尋資料來源	針對問題領域找尋資料來源	從實驗中蒐集資料	研究戰爭統計或人口資料	進行句子分析
資料分析	撰寫程式以執行資料蒐集之基本統計處理	計數及分析擲骰子機率事件之結果	從實驗中分析資料	從資料統計認清趨勢	認清不同句子之樣式
資料表徵	使用資料結構如陣列、鏈結、串列、堆疊、佇列、樹、圖、雜湊表	使用統計圖來表徵資料；使用集合、串列、圖以表徵資料內容	從實驗中彙整資料	統整及表徵趨勢	表徵不同字型之樣式
問題分析	定義物件及方法；定義主程式及函數	在數字表示式中列出操作順序	執行物種分類		撰寫大綱
抽象化	使用程序封裝常用命令集；使用選擇、迴圈、遞迴	在代數中使用變數；在文字題中認清基本事實；使用疊代來解文字題	建立一種實體模型	摘錄事實；由事實提出結論	使用隱喻和明喻撰寫具有分歧性的故事
演算法及程序	研究古典演算法；為一問題實作出演算法	執行長整除法、因數分解	執行實驗程序		撰寫指引
自動化		使用資訊科技工具如GSP、LOGO	使用探測軟體	使用試算表軟體	使用拼字檢查器
平行化	多線、管線化，分解資料或任務以便於平行處理	解決線性系統、執行矩陣乘法	以不同參數同時進行實驗		
模擬	演算法動畫	在座標平面繪製函數圖形及修正函數變數數值	太陽系運動模擬	以角色扮演的方式演出某帝國年代的歷史事件	演出故事情節

資料來源：修改自 "Bringing computational thinking to K-12: what is Involved and what is the role of the computer science education community? " by Barr, V. & Stephenson, C., 2011, *ACM Inroads, 2*(1), 48-54.

Lu和Fletcher（2009）認為學生必須盡早及經常學習運算思維，尤其為了掌握運算過程，而不是強調程式語言。Qualls和Sherrell（2010）建議運算思維概念必須盡早在中小學出現，且持續至中學及大學。Lewandowski、Bouvier、McCartney、Sanders和Simon（2007）強調學生有足夠的能力來理解運算的概念，因此在資訊課程外，其他領域也能自然而然地在學習活動中教導運算思維，上述所指運算的概念不是國小四則運算；在STEM（Science, Technology, Engineering, and Mathematics）教育中實際蘊含運算在其中，因此學習STEM而缺乏運算學習是不充足（Hu, 2011）；換言之，各種跨領域學習活動仍需強化運算思維且以融入教學方式進行。NRC（National Council for Research）在其2010年報告提出運算思維是每個人都應擁有的認知技能，亦強調：1.學生在研讀某一領域，須能夠學習運算思維的策略。2.教師在課程須為學生示範運算思維策略。3.合適引導使學生能獨立地使用這些運算思維策略。Valerie Barr和Chris Stephenson（2011）曾針對資訊、數學、科學、社會科學、語文等五項領域以CSTA and ISTE為架構提出運算思維融入教學之作法，如表14-2所示。

如果運算思維是關於過程抽象化，則以皮亞傑（Piaget）認知發展理論，運算思維是無法有效地教導直到青春期方為可行，若以此觀點，我們需要的是運算文化（computational culture），且培養運算文化是可能的，換言之，以共同的目標、價值及實作將資訊處理與運算自然地融入於教學內容及活動（Hu, 2011），這是思維教育之融入教學（infused instruction）方式（Sternbery & Williams, 2010）。但運算思維不只是抽象化，以CSTA and ISTA的架構（2011），它還包含資訊蒐集、資料分析等八項內涵，即使「抽象化」也應由小學開始學習，如由事實提出結論（Barr & Stephenson, 2011）或閱讀後提出結論，都是抽象化學習活動，學生須由初步的（較粗略）抽象化逐漸強化至精確的抽象化能力。

欲推動運算思維融入教學，教育當局需要建立相關配套措施，如Barr和Stephenson（2011）建議提供一般在職教師運算思維的專業發展機會，及相關資源、活動和課程教材；Yadav、Mayfield、Zhou、

Hambrusch和Korb（2014）建議開發在職及職前教師的運算思維之教學工具箱，尤其是給職前教師的運算思維模組及課程，且是與教學內容結合的具體範例。

程式設計在運算思維之角色

最早提及運算思維概念應溯及第一位杜倫獎（Turing Award）得主Perlis在1962提出程式設計學習是通才教育的一部分且能讓學生瞭解計算理論，進而導致學生更能掌握運算有關的主題（如經濟學）（Guzdial, 2008）；接下來是Logo發展者Simon Papert在1967年提出使用電腦引發型塑想法（forge idea）來解決問題之論點，包含分析、解釋問題、解答，及連結兩者；Papert 採用皮亞傑理論開發Logo海龜繪圖程式語言，他認為兒童可學習像Logo之簡單語言或程式，且學習Logo程式設計可改善兒童思維及問題解決能力。賈伯斯（Steve Job）早在20年前就曾大力推崇程式學習：「每個人都要學程式、要懂電腦語言，因為那教你如何思考。」即學習程式就是學習思維。Lu和Fletcher（2009）將程式設計對等於數學的證明，且此關鍵能力不應直到高等教育的資訊科學課程才精通，因此他們提出運算思維語言（CTL），且運算思維語言將導入資料、疊代、搜尋等概念。

程式設計可被視為發展所有運算思維各面向的教育工具，是培養運算思維最直接且重要的方式，但若程式設計只是在解決傳統問題，其在強化學生運算思維的教育功能是無法令人信服，如果在學習過程中能強調資料分析、問題解析及設計等技能，程式設計是不錯的問題解決的學習活動（Mannila, Dagiene, & Demo, 2014）；Basawapatna, Koh和Repenning（2011）認為以程式進行遊戲設計所培養之運算思維能力，具有遷移至科學模擬的潛能；但有些學者仍然認為程式設計不適合於低階教育（Lu & Fletcher, 2009）。

Resnick、Maloney、Monroy-Hernández、Rusk、Eastmond、Brennan、Millner、Rosenbaum、Silver、Silverman和Kafai（2009）認為資訊時代學習者不能只限於瀏覽資訊而已，應運用資訊工具進行創

作，以呈現數位流暢（digital fluency）之能力，Resnick帶領MIT團隊開發Scratch積木式、視覺化程式設計編輯工具，其目的即在於提供中小學生發展及呈現數位流暢能力，且破除Lu和Fletch（2009）關於低階教育不適合學習程式設計之疑慮。Brennan和Resnick（2012）認為運算思維所涵蓋內容並無一致性的看法，因此他們以開發Scratch程式設計環境供兒童發展互動多媒體作品之角度，將運算思維的關鍵向度分為：1.運算概念（computational concepts）：程式設計時所使用迴圈、分支、平行化等概念。2.運算實作（computational practice）：如以程式開發互動多媒體作品（如遊戲或動畫）需進行偵錯（debug）模組或修改他人作品。3.運算觀點（computational perspectives）：由環繞在學生周遭生活及環境，設計程式作品以呈現其觀點，類似CSTA和ISTE之模擬。

　　程式設計的過程內隱問題解決的歷程，程式設計學習的主要目標在於培養學習者透過設計程式來解決問題（Winslow, 1996; Govender & Grayson, 2006）。Deek、Kimmel和McHugh（1998）將一般性問題解決歷程運用於程式設計學習，且提出程式設計之問題解決四大歷程：1.瞭解問題需求：主要在釐清問題所包含的相關資訊，並瞭解與確認程式的輸入及輸出要求，此歷程包含資料蒐集、資料分析、問題分析等運算思維概念。2.擬定解題計畫：將問題分解成數個子問題，並以模組化的方式規劃出解決問題的步驟，本歷程涵蓋問題分析、抽象化、演算法及程序、資料表徵等學習任務。3.撰寫程式：撰寫程式以實作解題計畫，需以問題分析之思維及選定程式語言來實作所定義物件、方法（method）或主程式、函數，其中可能涉及程式語言之平行化、抽象化之技巧，若採用團隊協作時，則牽涉分工合作之平行化概念。4.測試與除錯：進行測試，找出錯誤且予以改正，確認解題的正確性，且可能再進行最佳化，以提高時間及空間之效率，此歷程需運用資料分析及模擬化以進行偵錯，進行抽象化、演算法及程序等運算思維，以完成最佳化解題成果。

　　以程式設計學習來增進學生運算思維能力，即將程式設計納入正式課程內容，是屬於Sternberg和Williams（2010）所談及教導思維之

一種方法,即獨立課程(stand-alone program)。臺灣在電腦課或彈性課程教導程式設計已超過30年歷史,當然首推MIT的Logo語言,在早期MS-DOS作業下,以海龜繪圖情境,讓學生以前進(forward)、退後(backward)、右轉(RT)、左轉(LT)、重複(repeat)等簡單語言以建構微世界;當然多媒體電腦出現後,Logo就無法引起學童興趣;此後,出現許多程式設計學習環境,如結合機器人的Lego,專門設計遊戲的Gamemaker,各有擁護者;近年來所開發之程式環境,皆為視覺化環境,十分適合小學生進行程式設計學習,包含MIT Scratch、code.org、Kodu、Blockly,其中Scratch更結合機器人之介面,成為中小學創客(maker)教育之最愛。歐美近年來非常重視運算思維教育,除CSTA和ISTE開發教師教學資源作為運算思維融入教學參考外,亦推動許多程式設計學習活動,如美國「一小時學程式」(Code of one hour)。如同Guzdial(2008)認為讓每位學生都學習程式設計,對於所有學術界有增進的功效,但需要資訊科學、教育、社會學、心理學等不同領域共同努力來改善計算教育。Vee(2013)認為應開放寫作概念以含括程式設計,即程式設計是一種運算素養(computational literacy),它能延伸所有數位作文的形式。

五　運算思維與其他思維比較

不管是工程思維、數學思維、演算式思維,其目的都是在解決問題,且屬於系統化的方法,其具體思維歷程不外乎問題解析、找出可行解決方案、各方案抉擇、執行方案及評估;如工程思維(Engineering systems thinking)是一種高層次思考技巧,它會使個人能成功完成系統工程任務、處理系統的概念性及功能性事項(Frank & Kordova, 2009),從工程設計到工程實施,皆須以疊代式思考(非線性思考)任務之目標、需求、解法等,它包含概念化(conceptualization)、需求(requirement)、解決方案(alternatives)、最佳化(optimum)等四面向(Frank & Elata, 2005),其中概念化與抽象化雷同,需求與資料分析、問題分析相近,解決方案及最佳化類似演算法;創客(Maker)課

程即須運用工程思維及運算思維方能成功創造作品。

如數學思維不是計算而已，而是在於解題，當然過程中都須運用相關計算技巧；又如演算式思維須運用合適資料表徵、自動化、平行化、演算法等來解決電腦的運算問題，如搜尋、辨識、排序、規劃，即使處理算術運算式求解（如解(30*5)/2−10+6*7）也須採用堆疊（stack）之資料表徵操作及演算法，電腦的運算問題及應用領域極廣，處理生物工程之基因問題就是一應用例子，而不是單純的四則運算。

以資訊科技角度而言，演算式思維主要是用來解決簡單至高度複雜的計算問題，而運算思維源自於演算式思維，故仍以解決問題為目標，以系統化過程以解決問題及呈現結果，其過程中不一定會運用資訊工具，有系統地數學解題是一種廣義的運算思維，運用資訊科技以解基因工程問題，也是運算思維；然而，電腦是一種認知工具、心智工具（Jonassen, 1996）或輔助思考工具，因此無可避免會運用資訊工具，尤其在資訊化時代，對於數位原民的學生，善用資訊工具以解決問題及協助學習仍需要被教導；若是結合資訊工具及運算思維模式於教學及學習上，也是廣義的資訊科技融入教學，本文將此定義為「基於資訊科技之運算思維融入教學（CT integrating into teaching based on ICT）」，運算思維可融入各領域教學，其活動過程中除了導入資訊科技外，強調資料分析、資料表徵等九項（全部或部分）思維程序或學習任務，有助於培養九項運算思維能力，因此可做為資訊科技融入教學之教活動設計、實施程序及查核評量參考，此外這些思維程序或方法是專題或問題導向學習（PBL）的重要歷程。

肆 研究方法

一 研究對象

本研究以臺北地區國小教育人員為調查對象，包含主管、兼任行政教師、一般教師；以網際網路為基礎之滾雪球抽樣方式（Internet-based Snowball Sampling）進行，由研究者運用電子郵件及LINE發布問卷網址，邀請填寫Google線上問卷，亦請填答者散發問卷網址給其認識的教師，問卷填答為期三週。

　　經過三週滾雪球式抽樣，共有328位填答者，扣除非臺北地區國小教育人員有效問卷為298份，其中男性占47.4%，女性占52.6%；21-30歲占10.5%，31-40歲占47.2%，41-50歲占38.2%，51歲以上占4.1%；教學年資平均為14.2年；學士學歷占20.1%，碩士學歷占74.3%，博士學歷占5.5%；目前職務為主管占17.7%，教師兼組長占29.3%，一般教師占53.0%；資訊科技融入教學層級中，導入層級占18.8%，採用層級34.2%，調適層級13.9%，熟練層級24.8%，創新層級8.3%，如表14-3所示。

表14-3　填答者基本資料分析

項　目		百分比（%）
性別	男	45.5
	女	54.5
年齡	21~25歲	2.0
	26~30歲	9.4
	31~35歲	19.5
	36~40歲	27.9
	41~45歲	24.6
	46~50歲	12.5
	51歲以上	4.0
教學年資	平均14.2年	
最高學歷	學士	22.8
	碩士	72.7
	博士	4.4

（續上表）

項　目		百分比（%）
目前職務	校長	0.4
	主任	17.3
	組長	29.3
	導師	26.7
	科任教師	16.5
	實習教師	0.8
	其他	9.0
資訊科技融入教學層級	導入	18.8
	採用	34.2
	調適	13.9
	熟練	24.8
	創新	8.3
資訊科技融入教學頻率	每一堂課都進行	32.2
	約課程時數50%以上	22.1
	約課程時數49%~30%	13.1
	約課程時數29%~20%	13.5
	約課程時數19%~10%	9.4
	約課程時數9%~1%	7.1
	從未進行資訊科技融入教學	2.6

二　研究工具

　　本研究採用問卷調查法，經文獻探討，自行編製「小學教師對於小學階段培育運算思維能力的看法」之問卷，採用李克特氏五等量表，由非常重要至非常不重要分別給予5至1分，內容包含基本資料（包含性別、年齡、任教縣市）、運算思維能力對於小學生的重要性、目前小學生擁有「運算思維能力」、小學階段強化培育「運算思維能力」的需求性、運算思維融入教學之現況（頻率）、運算思維融入教學之相關策

略及做法的看法、運算思維融入教學之主要障礙，其中運算思維融入教學不限於數學或電腦課程活動；問卷內容邀請五位資訊教育專家效化，依據其建議內容修正後編製爲預試問卷，預試問卷請某大學教學碩士班及在職碩士專班之35位在職教師填寫，預試資料經信度分析，刪除信度係數不佳的題目編製爲正式問卷。其中問卷預試結果，其各向度之內部一致性係數（Cronbach's α）介於.841-.951（如表14-4所示），根據Gay（1992）、Bryman和Cramer（1997）觀點，顯示本量表具有極佳的信度。問卷經信效度分析後，以Google爲雲端平臺，建立線上問卷，表單中簡述運算思維之概念，且提供相關資源聯結（如基本資料之資訊科技融入教學層面），以利於填答者掌握問卷相關之內容。問卷回收後，轉換爲SPSS格式，以SPSS V22進行描述性統計分析及徑路分析（path analysis）。

表14-4　研究工具之內部一致性係數

向　度	題數	內部一致性係數
運算思維能力對於小學生的重要性	9	.905
目前小學生擁有「運算思維能力」	9	.915
小學階段強化培育「運算思維能力」的需求性	9	.934
運算思維融入教學的現況	9	.951
運算思維融入教學之相關策略及做法的看法	13	.841
整體		.924

伍　研究結果與討論

一　運算思維能力對於小學生的重要性

　　思維會影響學生學業成就，而運算思維能力重要性，依小學教師觀點，將調查資料以描述性統計分析如表14-5所示，九項能力中，計有五項能力之平均數大於4，表示小學教師認爲資料蒐集能力、資料分析

能力、資料表徵能力、問題分析能力、抽象化能力、演算法及程序能力、模擬能力等五項能力是重要或非常重要,百分比皆大於73.7%,但自動化能力與平行化能力則低於4.0,是小學教師認為九項能力中較不重要的能力,究其原因,可能在小學階段學童並不需處理重複資料或冗長複雜學習任務,因此自動化能力被視為較不重要,而平行化涉及資源管理,亦被視為較不重要者。在小學階段中學童在進行解題、問題或專題導向學習等活動為例,都需運用部分或全部的運算思維能力;以Schoenfeld(1985)之數學解題六階段為例,讀題階段須採用問題分析能力,分析階段須運用抽象化能力以簡化問題或將問題重新表徵,探索階段須進行資料蒐集及資料分析以尋找已知未知條件與題目間關係,計畫執行及驗證二階段則運用演算法及程序之能力以擬定解題計畫,若須採用資訊科技工具,可能須擁有自動化能力,若在合作學習策略下解題,則平行化能力有助於分工協作,最後在轉移階段則須綜合模擬、資料分析等能力,以再次檢核計畫和驗證結果。上述闡述顯示各項運算思維能力都有其重要性,但小學階段仍以資料蒐集能力、資料分析能力、資料表徵能力、問題分析能力、抽象化能力、演算法及程序能力、模擬能力等七項能力較為關鍵。

表14-5　運算思維能力對於小學生的重要性之描述性統計分析

運算思維能力的 重要性	完全 不重要 (%)	不重要 (%)	普通 (%)	重要 (%)	非常 重要 (%)	平均數	標準差
1.資料蒐集(蒐集適當資料的過程)能力	0	.3	6.4	45.5	47.8	4.41	.625
2.資料分析(使資料意義化,找出樣式及做出結論)能力	0	0.7	9.1	41.8	48.5	4.38	.678
3.資料表徵(以圖文有邏輯地描述及組織資料)能力	0	1.0	10.8	45.8	42.4	4.30	.697

（續上表）

運算思維能力的重要性	完全不重要(%)	不重要(%)	普通(%)	重要(%)	非常重要(%)	平均數	標準差
4.問題分析（將工作分解成較小且易於管理的小任務）能力	0	1.4	12.2	44.9	41.5	4.27	.723
5.抽象化（降低複雜度以定義出主要想法）能力	.3	3.0	25.3	42.9	28.4	3.96	.831
6.演算法及程序（採取系列化、有序步驟以解決問題或完成目標）能力	.3	4.4	16.2	46.3	32.8	4.07	.833
7.自動化（運用電腦或機器執行重複或冗長的工作）能力	.7	8.8	34.3	36.7	19.5	3.64	.938
8.模擬（表達或示範一程序）能力	.7	3.4	26.1	46.1	23.7	3.89	.827
9.平行化（組織資源來同時執行任務，以達成目標）能力	0	4.7	27.9	44.8	22.6	3.85	.821
整體運算思維能力	0	2.0	11.8	52.5	33.7	4.18	.711

二 目前小學生擁有「運算思維能力」現況

依小學教師的觀點，目前小學生擁有運算思維能力之統計分析結果如表14-6所示，九項能力中，只有資料蒐集能力大於3，屬於「普通」等級，認為非常優異或優良占28.4%；其他八項能力之平均值介於2.3-2.73之間，即介於「不佳」及「普通」等級之間，又以抽象化、平行化、問題分析等三項能力最差，被視為「不佳」及「非常差」之百分比介於59.5%-43.2%之間。

表14-6　目前小學生擁有「運算思維能力」現況之描述性統計分析

運算思維能力現況	非常差（%）	不佳（%）	普通（%）	優異（%）	非常優異（%）	平均數	標準差
1.資料蒐集（蒐集適當資料的過程）能力	2	16.3	57.5	21.8	2.4	3.06	.746
2.資料分析（使資料意義化，找出樣式及做出結論）能力	5.1	42.5	41.2	10.2	1	2.60	.781
3.資料表徵（以圖文有邏輯地描述及組織資料）能力	5.1	35.4	44.6	13.9	1	2.70	.808
4.問題分析（將工作分解成較小且易於管理的小任務）能力	6.2	40.2	43	9.6	1	2.59	.789
5.抽象化（降低複雜度以定義出主要想法）能力	8.8	51	30.3	8.2	1.7	2.43	.830
6.演算法及程序（採取系列化、有序步驟以解決問題或完成目標）能力	7.5	39.7	36.6	14.7	1.4	2.63	.874
7.自動化（運用電腦或機器執行重複或冗長的工作）能力	7.8	33	43.2	13.6	2.4	2.69	.900
8.模擬（表達或示範一程序）能力	7.8	34	41.2	15.3	1.7	2.69	.884
9.平行化（組織資源來同時執行任務，以達成目標）能力	6.8	40.5	41.2	10.5	1	2.59	.808
整體運算思維能力	4.8	32.1	52.2	9.2	1.7	2.71	.768

三　在小學階段強化培育「運算思維能力」的需求性

　　小學階段強化及培育「運算思維能力」的需求性，其分析結果如表

14-7所示，其中四項能力的平均數大於4，即資料分析、資料蒐集、資料表徵、問題分析等最需要被強化的能力，表達需要以上的教師比例介於78.5%與86.9%之間，對於抽象化、演算法及程序、模擬、平行化及自動化等平均數介於3.67-3.99之間，屬於「需要」及「普通」之間。培育需求性與能力重要性之間有著密切關係，以Pearson相關分析得知其r值為.59（$p<.01$），表示二者之間存在著中度正相關，且由需求性與重要性之平均數排序大致相似，因此在平行化及自動化等能力之培育需求性最低。以國小教學現況而言，若以試算表來協助呈現蒐集資料之圖形是一種資料表徵的學習，學生並不需要深入瞭解自動化概念，但如果運用平均數等函數進行資料處理來呈現圖形，則須教導自動化及抽象化之概念；又如學生以Scratch設計多角色同步動畫或小遊戲，亦不需瞭解太深入的平行化概念。

表14-7 在小學階段強化培育「運算思維能力」的需求性之描述性統計分析

運算思維能力的需求性	完全不需要(%)	不需要(%)	普通(%)	需要(%)	非常需要(%)	平均數	標準差
1.資料蒐集（蒐集適當資料的過程）	0	1	11.1	43.6	44.3	4.31	.707
2.資料分析（使資料意義化，找出樣式及做出結論）	0	1.7	11.1	45.6	41.6	4.27	.723
3.資料表徵（以圖文影像描述及組織資料）	0	2.4	12.8	47.3	37.5	4.20	.748
4.問題分析（將任務分解成較小且易管理的部分）	0	2.7	18.2	42.9	36.1	4.13	.799
5.抽象化（降低複雜度以定義出主要想法）	0	4.7	27.4	44.6	23.3	3.86	.825

（續上表）

運算思維能力的需求性	完全不需要(%)	不需要(%)	普通(%)	需要(%)	非常需要(%)	平均數	標準差
6.演算法及程序（採取系列化、有序步驟以解決問題）	0	3.7	23.3	44.9	28.0	3.97	.815
7.自動化（運用電腦或機器執行重複或冗長的工作）	1	6.4	35.1	38.5	18.9	3.67	.913
8.模擬（表達或示範一程序）	0	5.7	23.0	49.3	22.0	3.87	.816
9.平行化（組織資源來同時執行任務，以達成目標）	0	6.4	32.1	43.6	17.9	3.73	.828
整體運算思維	0	2.7	19.5	50.1	27.6	4.01	.798

四　教師在運算思維融入教學現況

　　教師可能在平時課堂已融入運算思維概念，但自己並不知道（CSTA & ISTE, 2011）。避免上述情形，本研究調查前，對運算思維進行簡述，之後方要求教師填答，而教師目前在課程中是否將運算思維概念融入於教學之調查結果，如表14-8所示，若以高度融入頻率（即每單元／課均融入）而言，「資料蒐集」、「問題分析」之比例最高，「資料表徵」、「演算法及程序」之比例次之；反之，「平行化」及「自動化」概念之融入比例最低。當教師認為重要性及需求性較低，他們在教學優先順序將列入後面，因此可知平行化及自動化概念在運算思維融入教學之頻率為最低的二項，也是完全不融入比例最高的項目。

表14-8　教師在運算思維融入教學現況之描述性統計分析

教師在運算思維融入教學現況	完全不融入（%）	一學年一次（%）	一學期一次（%）	一學期兩次以上（%）	每單元／課融入（%）
1.您在教學中強化「資料蒐集（蒐集適當資料的過程）」	5.1	4.0	19.5	49.8	21.5
2.您在教學中強化「資料分析（使資料意義化，找出樣式及做出結論）」	7.8	6.8	22.6	43.9	18.9
3.您在教學中強化「資料表徵（以圖文影像描述及組織資料）」	7.7	7.7	23.2	42.4	18.9
4.您在教學中強化「問題分析（將任務分解成較小且易管理的部分）」	9.8	7.4	19.5	42.4	20.9
5.您在教學中強化「抽象化（降低複雜度以定義出主要想法）」	13.1	10.1	24.2	37	15.5
6.您在教學中強化「演算法及程序（採取系列化、有序步驟以解決問題）」	14.8	8.1	24.6	32.7	19.9
7.您在教學中強化「自動化（運用電腦或機器執行重複或冗長的工作）」	23.6	7.7	23.9	36.7	8.1
8.您在教學中強化「模擬（表達或示範一程序）」	14.9	9.1	22.6	37.5	15.9
9.您在教學中強化「平行化（組織資源來同時執行任務，以達成目標）」	19.2	10.1	26.3	34.7	9.8
在整體運算思維融入教學	10	7.9	26.8	39.2	16.2

五　運算思維融入教學之相關策略及做法看法

　　在運算思維教學之實務面調查結果，如表14-9所示，說明如下：
1.教學實施：62.7%認為運算思維可採用跨領域統整課程教學，68.4%認為各種領域課程皆適合實施，但有47.0%認為不易在現有課程中教

學，而59.3%認爲運算思維教學仍需要額外教學時間及活動。2.教學策略：超過五成七以上教師認爲數位工具運用、PBL、數位說故事、機器人控制、程式設計都是合適的，其中以PBL最受肯定（同意以上百分比爲76.1%）。3.相關教學資源：接近八成認爲須辦理研習或工作坊，強化教師知能，且76.4%願意參加此類教育訓練，69.0%認爲額外教學資源是必要的。

表14-9　運算思維教學之相關策略及實施面看法之描述性統計分析

運算思維教學之相關策略及實施面做法	非常不同意（%）	不同意（%）	普通（%）	同意（%）	非常同意（%）	平均數	標準差
1.運算思維融入教學以跨領域統整課程較合適	0.3	6.4	30.3	50.5	12.5	3.68	.785
2.運算思維適合在各種不同課程中教學	1.4	4.7	24.7	44.4	24.7	3.86	.891
3.運算思維不易在現有課程中進行教學	2.4	17.8	31	38.4	10.4	3.37	.971
4.運算思維融入教學需要額外教學活動及時間	1.7	14.5	24.6	42.1	17.2	3.59	.990
5.在資訊時代，數位工具（電腦、手機、平板）是運算思維活動中重要工具	1	4.7	25.3	47	22	3.84	.855
6.專題導向學習或問題導向學習（PBL）活動能有效強化運算思維能力	0.7	2.4	19.5	53.2	24.2	3.98	.771
7.數位說故事活動能有效強化運算思維能力	0.3	4.7	32.3	47.1	15.5	3.73	.790

（續上表）

運算思維教學之相關策略及實施面做法	非常不同意（%）	不同意（%）	普通（%）	同意（%）	非常同意（%）	平均數	標準差
8.「學習用電腦控制機器人」能有效強化運算思維能力	0.7	5.4	33.3	42.3	18.3	3.72	.849
9.若教學內容及方法適當，在小學階段學習程式設計是合適的	1.3	7.1	27.6	48.1	15.8	3.70	.867
10.「學習程式設計是培養運算思維的最佳途徑」	4	9.8	28.3	44.4	13.5	3.54	.979
11.推動計算思維融入教學之政策前，須開辦研習以增強教師相關知能	1	1.3	15.2	48.8	33.7	4.13	.787
12.我願意參加上述之運算思維融入教學研習	1	3.7	18.2	44.3	32.8	4.04	.867
13.運算思維融入教學需要額外教學資源（如教學活動補充範本、手冊）	0.7	9.4	21.2	50.8	17.8	3.76	.879

六 將運算思維融入教學之主要障礙

以資訊科技融入教學之觀點，其重要影響要素包含教師之資訊科技融入教學素養、師生資訊能力、教學資源、教學環境（如網路、電腦軟硬體工具）、人力支援、教學信念等影響要素，若未能獲得適切支援、教學環境欠佳或機制不足則必然造成融入教學障礙；過去研究顯示，資訊素養及資訊教學知能等訓練缺乏會造成教師不願意採用科技於教學的原因之一（Kerry, 2000），且教學資源會影響教師資訊科技融入

教學的意願，同時教師的資訊科技融入教學素養會影響教學成功與否（賴阿福、林皎汝、江信瑩，2005）。

因此本文參考上述研究，將九項可能影響運算思維融入教學的因素，轉化爲可能造成運算思維融入教學之障礙，經調查結果詳見表14-10，其中教師知能、教學資源、影響教學進度其百分比介於70.1%-39.2%，被列入主要障礙，也是推動時須加以克服的因素；其結果與Kerry（2000）及賴阿福、林皎汝、江信瑩（2005）等資訊科技融入教學研究雷同。換言之，提升教師之運算思維融入教學知能訓練、提供適當教學資源是必要，否則將造成推動及實施的阻礙。

表14-10　運算思維融入教學之主要障礙百分比及排序

因素	人數	百分比（%）	排序
教師相關知能不足	207	71.9%	1
教學資源不足	116	40.3%	2
教師意願不高	90	31.3%	5
數位工具及網路環境不足	85	29.5%	7
影響教學進度	112	38.9%	3
增加教師教學負擔	86	29.9%	6
教師教學慣性不易受影響	106	36.8%	4
不易將運算思維融入教學	65	22.6%	8
不認爲運算思維是重要	19	6.6%	9

（effective sample = 288, missing samples = 10）

七　運算思維融入教學頻率與相關變項之徑路分析

爲進一步瞭解運算思維融入教學頻率與相關變項之因果關係，本研究透過徑路分析以求出各變項的迴歸係數並考驗其顯著性，希望從徑路圖中瞭解各變項對運算思維融入教學頻率直接或間接效果。在徑路分析中，選用的分析方法爲多元迴歸分析法。徑路圖中之因果關係以箭號表示，以多元迴歸分析而言，箭號所指的變項爲迴歸方程式的「效標變

項」，箭號起始處為迴歸方程式中的「預測變項」。由圖14-1可看出，在整體運算思維融入教學頻率的徑路中，有3條顯著徑路：1.整體運算思維能力的重要性→整體運算思維能力的培育需求。2.學生目前整體運算思維能力→整體運算思維融入教學頻率。3.整體運算思維能力的培育需求→整體運算思維融入教學頻率。

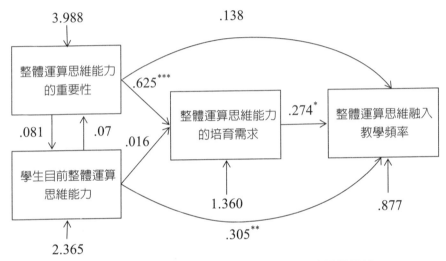

圖14-1　運算思維融入教學頻率與相關變項之徑路分析

　　整體運算思維能力的重要性對整體運算思維能力的培育需求的直接效果顯著，徑路係數為.625（$p<.001$），但學生目前整體運算思維能力對整體運算思維能力的培育需求的直接效果不顯著；學生目前整體運算思維能力對整體運算思維融入教學的頻率的直接效果顯著，徑路係數為.305（$p<.01$），但整體運算思維能力的重要性對整體運算思維融入教學頻率的直接效果不顯著，整體運算思維能力的培育需求對整體運算思維融入教學頻率的直接效果顯著，徑路係數為.274（$p<.05$）；整體運算思維能力的重要性對整體運算思維融入教學頻率的間接效果為.171（=.625*.274）。

陸 結論與建議

一 研究結論

　　運算思維雖與數學思維、工程思維、科學思維、設計思維及大六技能等擁有許多共同方法，都是系統化思維，也是問題解決所需的核心能力；在資訊化社會，運算工具（電腦工具）是無所不在的，圍繞著人們的生活、學習及工作，善用運算工具可解決許多問題（當然不是所有問題），運算工具已成為輔助思考的工具，欲善用運算工具，運算思維是需要且應該被教導，然而不只是運算工具操作的教學而已，教導善用運算工具進行思考及解決問題才是重點，因此CSTA和ISTE以Wing（2006、2008）為基礎，提出運算思維概念融入教學的具體作法，包含資料蒐集、資料分析、資料表徵、問題分析、抽象化、演算法及程序、自動化、模擬、平行化等九項，在教學實施過程中，這九項概念或學習任務，不一定要採用電腦工具，若其中一項或某些項目運用資訊科技，也是一種資訊科技融入教學的具體作法，或可稱為基於資訊科技之運算思維融入教學，也與十二年國民基本教育課程綱要草案（教育部，2014）中「系統思考與解決問題」核心素養內涵相似。

　　本研究以臺北地區國小教師為研究對象，以問卷調查方式，探討第一線教師對於運算思維教育之看法，茲總結其研究發現：

(一) 運算思維中七項能力對於小學生是重要的

　　除自動化能力與平行化能力外，其他七項能力被小學教師視為是重要的，其中以資料蒐集、資料分析被視為最重要的，學生在各領域解題或閱讀都需要運用正確資料蒐集的方法，適切資料分析及問題分析技巧，方能進行資料表徵，找出合適程序（或演算法），進而得到正確結果及做出結論（抽象化能力），併以口頭報告或數位作品呈現其學習成果（模擬能力展現）。

(二) 小學生運算思維能力介於普通及不佳等級之間

關於小學生運算思維能力現況，小學教師認為學生大部分能力都介於普通及不佳等級之間，資料蒐集能力是表現最佳，但亦為普通等級，這也顯示運算思維教導是不可或缺的。

(三) 資料蒐集、資料分析、問題分析、資料表徵是極需加強培育的能力

在培育之需求性方面，除抽象化、演算法及程序、模擬、平行化及自動化外，其他四項皆被視為極需加強培育的能力，其中以資料分析為最，且與其重要程度的相關性達中度顯著正相關。

(四) 在國小階段許多教學活動都可能隱含運算思維之概念

在融入教學情形方面，小學教師認為在他們許多教學活動都可能隱含運算思維之概念，除模擬、平行化及自動化三項概念，其他六項概念融入比例皆相當高，又以資料蒐集及問題分析最高，這可能與小學教師教導學生進行系統化解題有關。

(五) 各種課程皆能實施運算思維融入教學

在運算思維融入教學之實施方面，可採用跨領域融入教學，且各種課程皆能實施；雖然程式設計是教導運算思維最直接、完整且有效的方式，但因大部分小學教師未接受過程式設計之訓練，以程式設計獨立課程培育運算思維的方式，反而讓小學教師質疑其成效，此結果與資訊科學家的觀點相佐；在學習策略採用專題導向學習或數位說故事等策略都是合適可行的。

(六) 教學知能及教學資源不足是運算思維融入教學主要障礙

運算思維融入教學主要障礙為教師相關知能不足、教學資源不足、影響教學進度，教師專業素養勢必影響教師融入教學的具體作法及策略運用，良好的運算思維融入教學素養將導致教學效能提升及帶給教師教

學成就感；當教師不熟悉運算思維概念及作法，在融入教學初期將可能影響教學進度，這也是教師擔憂的；教學資源包含運算思維融入教學活動設計之範例、學習評量設計、活動中數位教材及數位工具等，這些資源都是運算思維融入教學歷程必備，若無適切資源提供，都會讓中小學教師不願採用或不敢嘗試新的教學概念或模式。

(七) 能力培育需求及學生運算思維能力不足會影響運算思維融入教學的頻率

由徑路分析結果得知，當教師體認運算思維對於學生的重要性，會造成他們覺知這系列能力培育的需求，而強化能力的需求性及學生擁有的運算思維能力會影響教師運算思維融入教學的頻率，如教師認為學生的資料分析能力不足，在教學活動將會強化量化或質性資料分析之學習任務，進而讓學生從資料中找尋樣式、推導出結論。

二 研究建議

自從Wing提出運算思維概念，引起歐美教育界重大迴響，也提出各種實施運算思維教育做法；由於運算思維在國內近期才引起重視，且以程式設計教學提升運算思維為主，對於運算思維融入各領域教學則欠缺教學實務之具體作法；根據本研究發現，茲提出下列建議：

(一) 對實務教學之建議

1. 各領域教學需與運算思維概念緊密聯結

未來在教學實施上無論運算思維的教育形式是融入式教學或獨立課程（如程式設計），不全然會使用資訊工具（運算工具）於教學中，若採用資訊工具時，需與運算思維概念（如CSTA & ISTE）緊密結合，而非以工具操作為主，例如電腦課中教導MS-Excel，應與其他領域統整，如與自然科實驗結合，進行資料分析及呈現統計圖形（資料表徵之展現），方能提升學生運算思維能力；程式設計學習是強化運算思維之最直接且有效的方法，尤其是視覺化程式設計環境，如Scratch、Code.org、Kodu、Blockly，甚至結合可程式機器人或外部裝置控制，都是很

好的做法，但教導學生學習程式設計，不只是介紹命令語法（只認識積木），而應將思維概念融入教學中，培養學生成為有效的運算思維者，而非人人都成為程式設計師或資訊科學家。

2. 系統化強化教師運算思維之知能

教育當局若欲推動運算思維教育，首先須強化教師運算思維之知能，開設系統化工作坊、研習、教學成果發表會，運用學習共同體的說課、觀課、議課，帶動跨校教學成果交流分享及精進，引發教師高度參與意願，促進其掌握運算思維融入教學做法，進一步提高其採用新教學概念之意願，方能快速收其成效，符合社會脈動。

3. 開發及提供必要的運算思維教育資源

運算思維教育資源之提供是必要的，如各領域及跨領域之教學範例及教學模式，在建置運算思維融入教學資源可以由現有資訊科技融入教學及數位學習方面加以延伸，但須強調運算思維的九項或部分學習任務（即資料蒐集、資料分析、資料表徵、問題分析、抽象化、演算法及程序、自動化、模擬、平行化），因此在教學設計須提供運算思維的學習鷹架及支援，在學習評量上，除原先認知、情意、技能外，亦須訂定運算思維評量規準。基本教學資源建置後，可採用web2.0方式，運用知識管理雲端或社群媒體，由參與社群教師分享教學資源且採用創用CC方式協作共創，以精進及優化教學資源。

4. 導入合適政策及輔導

教師的教學慣性及教學信念不易改變，因此須導入合適政策、獎勵機制及輔導措施，方能有效推動，例如在政策上將運算思維融入教學知能，納入師資培育檢定內涵或在職教師專業成長重點，甚至成為認證或檢定的重要項目。

(二) 對未來研究之建議

目前在國內有關運算思維融入教學之研究，尚在萌芽中，本研究結合社群網站之社群推播方式，進行滾雪球抽樣之線上問卷調查，且以臺北地區為對象，將造成研究推論之限制，故建議未來研究可採用更嚴謹抽樣方式，且擴及不同區域，以獲得更具研究價值之結果；此外，擴大

研究對象至高中職及國中教師，以探討不同學制教師對於運算思維融入教學看法，且依不同教師背景分析運算思維融入教學看法的差異，將對運算思維融入教學之推動有所助益。

參 考 文 獻

朱智賢、林崇德（1986）。思維發展心理學。北京：北京師範大學出版社。

郅庭瑾（2001）。教會學生思維。北京：教育科學出版社。

荊其誠（1991）。簡明心理學百科全書。湖南：湖南教育出版社。

張春興（2007）。教育心理學。臺北市：東華。

教育部（2014）。十二年國民基本教育課程綱要總綱（民國103年11月28日）。

赫欽斯（1980）。普通教育，現代西方資產階級教育思想流派論著選。北京：人民教育出版社。

賴阿福、林皎汝、江信瑩（2005）。影響臺北市國小自然與生活科技領域教師資訊融入教學頻率暨相關因素之探討。科學教育研究與發展，**2005專刊**，154-184。

Astrachan, O., Hambrusch, S., Peckham, J., & Settle, A. (2009). *The present and future of computational thinking.* Proceedings of the 40th ACM technical symposium on Computer science education (SIGCSE '09), pp.549-550. doi:10.1145/1508865.1509053

Barr, V., & Stephenson, C. (2011). Bringing computational thinking to K-12: What is involved and what is the role of the computer science education community? *ACM Inroads, 2* (1), 48-54.

Basawapatna, A., Koh, K. H., Repenning, A., Webb, D. C., & Marshall, K.S. (2011). *Recognizing computational thinking patterns.* Proceedings of the 42nd ACM Technical Symposium on Computer Science Education, pp. 245-250. doi:10.1145/1953163.1953241

Brennan, K., & Resnick, M. (2012). *New Frameworks for Studying and Assessing the Development of Computational Thinking.* Proceedings of the 2012 annual meeting of the American Educational Research Association, Vancouver, Canada.

Bryman, A., & Cramer, D. (1997). *Quantitative Data Analysis with SPSS for Windows.* London: Routledge.

Bundy, A. (2007). Computational thinking is pervasive. *Journal of Scientific and Practical Computing, 1*(2), 67-69.

Cormen, T. H., Leiserson, C. E., Rivest, R. L. & Stein C. (2003). Introduction to *Algorithms*, second edition. Cambridge, MA: The MIT press.

CSTA & ISTE (2011). *Computational thinking teacher resource*, second edition.

Deek, F. P., Kimmel, H. & McHugh, J. A. (1998). Pedagogical changes in the delivery of the first-course in computer science: Problem solving, then programming, *Journal of Engineering Education, 87*, 313-320.

Denning, P. J. (2003). Great principles of computing. *Communications of the ACM, 46*(11), 15-20.

Denning, P. J. (2009). The profession of it: Beyond computational thinking. *Commun. ACM, 52*(6), 28-30.

Fisher R. (1998). *Teaching Thinking: Philosophical Enquiry in the Classroom*. London: Cassell.

Frank, M., & Elata D. (2005). Developing the capacity for engineering systems thinking (CEST) of freshman engineering students. *Systems Engineering, 8*(2), 187-195.

Frank, M., & Kordova, S. (2009). *Developing the Capacity for Engineering Systems Thinking (CEST) of Senior Engineering Management Students: Learning in a Project-Based Learning (PBL) Environment*, 7th Annual Conference on Systems Engineering Research 2009, Loughborough University.

Gay, L. R. (1992). *Educational Research Competencies for Analysis and Application*. New York: Macmillan.

Govender, I. & Grayson, D. (2006). *Learning to program and learning to teach programming: A closer look.* Proceedings of EdMedia: World Conference on Educational Media and Technology, pp.1687-1693, Florida, Orlando, USA.

Grover S., & Pea R. (2013). Computational Thinking in K-12: A Review of the State of the Field. *Educational Researcher, 42*(1), 38-43.

Guzdial, M. (2008). Education: Paving the way for computational thinking. *Communications of the ACM, 51*(8), 25-27.

Hambrusch, S., Hoffmann, C., Korb, J. T., Haugan, M., & Hosking, A. L. (2009). A multidisciplinary approach towards computational thinking for science majors. In SIGCSE'09, Proceedings of the 40th ACM technical symposium on Computer science education. (pp. 183-187) Chattanooga, Tennessee, USA.

Hemmendinger, D. (2010). A Plea for Modesty. *ACM Inroads, 1*(2), 4-7.

Hu, C. (2011). *Computational thinking: what it might mean and what we might do about it.* In ITiCSE '11 Proceedings of the 16th annual joint conference on Innovation and technology in computer science education. June 27-29, 2011, Darmstadt, Germany.

International Working Group (IWG) on Computational Thinking (2010). *Computational thinking for youth.* Newton, MA: Education Development Center. Retrieved from http://stelar.edc.org/sites/stelar.edc.org/files/Computational_Thinking_paper.pdf

Jones, E. (2006). *The trouble with computational thinking.* Retrieved from http://csta.acm.org/Curriculum/sub/CurrFiles/JonesCTOnePager.pdf.

Jonassen, D. H. (1996). *Computers in the classroom.* Englewood cliffs, NJ: Merrill. Kozma.

Kerry, M. (2000). The time in now for technology training in our schools. *Business Journal, 18*(12), 55-57.

Lee, I., Martin, F., Denner, J., Coulter, B., Allan, W., Erickson, J., Malyn-Smith, J., & Werner, L. (2011). Computational thinking for youth in practice. *ACM Inroads, 2*(1), 32-37. doi: 10.1145/1929887.1929902

Lewandowski, G., Bouvier, D., McCartney, R., Sanders, K., & Simon, B. (2007). *Commonsense computing (episode 3): Concurrency and concert tickets.* Proceedings of the Third International Workshop on Computing Education Research (ICER'07), pp.133-144. doi: 10.1145/1288580.1288598

Lu, J., & Fletcher, G. (2009). Thinking about computational thinking. ACM Special Interest Group on Computer Science Education Conference, (SIGCSE 2009), (Chattanooga, TN, USA), ACM Press. Available online at http://portal.acm.org/citation.cfm?id=15089 59&dl=ACM&coll=portal. Accessed June 29, 2010.

Mannila, L., Dagiene, V., Demo, B., Grgurina, N., Mirolo, C., Rolandsson, L., & Settle, A. (2014). Computational Thinking in K-9 Education. *In ITiCSE '14 Proceedings of the 2014 conference on Innovation & technology in computer science education.* (pp. 1-29). doi:10.1145/2713609.2713610

National Research Council (NRC) (2010). *Report of a workshop on the scope and nature of computational thinking.* Washington, D.C.: The National Academies Press.

Papert, S. (1996). An exploration in the space of mathematics educations. *International Journal of Computers for Mathematical Learning, 1*(1), 95-123.

Perkovi , L., Settle, A., Hwang, S., & Jones, J. (2010). *A framework for computational thinking across the curriculum.* In ITiCSE 2010: 15th Annual Conference on

Innovation and Technology in Computer Science Education, Ankara, Turkey.

Qualls, J. A., & Sherrell L. B. (2010). Why computational thinking should be integrated into the curriculum. *Journal of Computing Sciences in Colleges, 25*(5), 66-71.

Resnick, M., Maloney, J., Monroy-Hernández, A., Rusk, N., Eastmond, E., Brennan, K., Millner, A., Rosenbaum, E., Silver, J., Silverman, B. & Kafai, Y. (2009). Scratch: Programming for all. *Communications of the ACM, 52*(11), 60-67.

Schoenfeld, A. H. (1985). *Mathematical problem Solving.* NY: Academic Press.

Robert, J. S., & Wendy, M. W. (2010). *Educational psychology*, 2nd Edition, Harlow, United Kingdom : Pearson Education Ltd.

Vee, A. (2013). Understanding computer programming as a literacy. *Literacy in Composition Studies, 1*(2), 42-64.

Wing, J. M. (2006). Computational Thinking. *Communications of the ACM, 49*(3), 33-35.

Wing, J. M. (2008). Computational thinking and thinking about computing. *Philosophical Transactions of the Royal Society A: Mathematical, Physical and Engineering Sciences, 366*(1881), 3717-3725. doi: 10.1098/rsta.2008.0118

Winslow, L. E. (1996). Programming pedagogy: A psychological overview. *SIGCSE Bulletin, 28*, 17-22.

Yadav, A., Mayfield, C., Zhou , N., Hambrusch, S., & Korb, J. T. (2014). Computational Thinking in Elementary and Secondary Teacher Education. *ACM Transactions on Computing Education,14*(1), Article 5, 1-16.

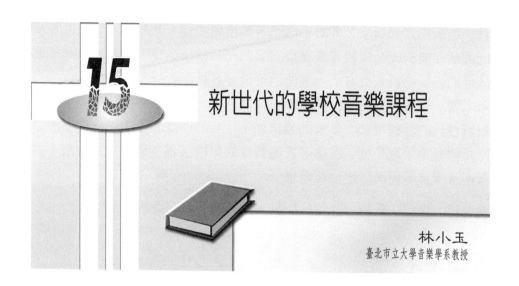

新世代的學校音樂課程

林小玉

臺北市立大學音樂學系教授

摘　要

　　課程是學生學習的引領路徑，旨在型塑能整合資訊、進行問題解決的終身學習者。音樂教育在我國的課程中一直占有一席之地，從音樂課程標準及綱要觀之，儘管因應國家政策、社會變遷、時代需求以及國民期望等，歷經多次的修正，但音樂在我國的國民教育中享有穩固的地位。然而，國內外學校一般音樂教育的目標與成效，仍不免受到質疑。本文期能分享音樂課程實踐的理論及實務觀點，提供音樂課程設計之參考。關於課程的理論基礎，本文主張課程要項間環環相扣，在以學生為主體的前提下，課程發展宜關注場域背景、意圖目標、實施內容、教與學、教學評量、運作組織及評鑑回饋等。而在音樂課程的理論基礎方面，本文逐一檢視「七階段課程模式」內涵並舉例說明，闡明音樂課程設計符應學理與掌握課程理論之必要性。提到音樂課程的發展基礎與示例，音樂課程固然強調音樂要素的深化學習以鞏固音樂的學科本質，亦可整合音樂脈絡資訊進行音樂領域內統整之學習，或另加入議題形成融入式教學，更可進行跨領域課程設計。新世代的學習特性上，科

技的創新模式煉鑄學習者的不同學習風格與特性，教學不再是教師單向的灌輸便能有成，學校音樂課程宜協助在新科技孕育下的新世代建構屬於他們經驗的新表徵方式，讓他們可以在各種創新或不熟悉的探索中有所學習，在音樂等美感相關課程中建構意義，並獲致有品味的人生。面對新世代的課程實踐，筆者的建議如下：1.在科技之快速傾向與美感之深化體驗中求取平衡。2.奠定音樂教育的學校課程主體性。3.釐清不同藝術教育實施類別之定位與需求。

關鍵詞：課程、教學、評量、學校一般音樂教育、課程設計

壹　前言

「藝術教育法」（1997）是我國有關藝術教育的重要法源，其將藝術教育的實施類別分為「學校專業藝術教育」、「學校一般藝術教育」以及「社會藝術教育」。本文從學校一般音樂教育的角度著眼，探究學校音樂教育在新世代課程實踐上的要旨。

音樂教育在我國的課程中一直占有一席之地，從音樂課程標準及綱要觀之，儘管因應國家政策、社會變遷、時代需求以及國民期望等，歷經多次的修正，但音樂在我國的國民教育中享有穩固的地位。

然而，國內外學校一般音樂教育的目標與成效，仍不免受到質疑；尤其近年來新世代的許多事件，更在在挑戰學校音樂教育的內涵。舉例而言，文化部在2015年將臺灣教育史上第一份流行音樂輔助教材全面引進國小（其網址為http://popmusic.culture.tw/），該教材旨在提升我國民流行音樂美學素養，授課對象是國小五、六年級學生，依不同主題介紹流行音樂相關的歷史、類型和資訊；並透過歌曲聆聽、人物介紹及趣味小故事，系統性的引導學生進行多面向的學習討論。這套教材的引入，勢必引發國民教育階段不同類型音樂教材之教育目標優位性的論辯。

又如，Kratus（2007）提到美國學校一般音樂課程的問題與困境，主張音樂教師必須正視音樂課程無法吸引學生選修的原因，在於音樂課

堂的經驗和學生的課外音樂參與經驗落差太大所致。該文隱含學校一般音樂教學在鞏固學科本質之餘，應設法符應新世代學生的學習特性，以求獲致音樂教學成效之意。

　　基於音樂教育之重要性、獨特性與現今面對之挑戰，本文說明課程的理論基礎、音樂課程的理論基礎、音樂課程的發展基礎與示例、新世代的學習特性、面對新世代的課程實踐，期能分享音樂課程實踐的理論及實務觀點，提供學校一般音樂課程設計之參考。

貳 課程的理論基礎

　　課程、教學與評量是三位一體的關係，而其中的教學部分一直是各方關注的焦點；相較之下，課程與評量有被忽視的狀況（Hanley & Montgomery, 2002）。然而，隨著教育議題的複雜化、教育哲學的多元化，教育改革風潮括及全球，基於課程對教學現場之全面性影響，課程、教學與評量受到同等看待已然成為二十一世紀的重要教育議題（林小玉，2007）。

一　課程涵義

　　「課程」（curriculum）一詞，原意是跑道，引申為學習經驗，即學生學習必須遵循的路徑。所謂「課程」包含了目標、學習經驗、學習科目、學習材料、學習計畫等項目（黃光雄、楊龍立，2004）。就課程的展現而言，有多層次樣態，如理想的、正式的、知覺的與經驗的（汪怡琳，2006）。

　　自從課程成為專門領域以來，許多學者分別提出對它的定義，這也導致「課程」一詞的混淆性，產生了各說各話的情形；連帶的，課程相關的動詞也林林總總，不一而足，如：課程要被建立（building）、建構（construction）、計畫（planning）、設計（design）、發展（development）、評鑑（evaluation）、修訂（revision）、改進（improvement）、改革（reform）、改變（change）（黃政傑，1991）。

黃光雄、楊龍立（2000）主張的課程定義分類與其內容，包括：1.課程如目標，如教育宗旨及課程目標。2.課程如計畫，如課程標準及科目表。3.課程如學科：如大、中、小學各種有知識體系的科目。4.課程如經驗：大、中、小學提供的各種活動、實作與經驗為其實例。5.課程如成品：教科書為其代表。

課程的理念可以區分為三類：1.理想取向的理念：帶有明顯的理想性。2.理論取向：指課程設計者強調在各相關學理方面的見解與主張。3.形式特徵的取向：指課程設計較不涉及課程的實質內容，而比較著重課程的形式及運作方式（黃光雄、楊龍立，2000）。

綜上所述，課程的涵義從不同角度觀之各有其要義，舉凡能引領學生之規劃皆屬之；而課程的編排有賴動態的調整及縝密的評估，是教育專案的展現，更是教育理念的投射。

二 課程設計

課程的運作有賴縝密規劃，以利課程相關環節間的緊密銜扣。Prideaux（2003）提出了課程設計的相關要項，認為課程的主體應為學生，而課程要項間環環相扣，其連動狀況關係到課程能否順利達到設定目標。這些要項包括場域背景、意圖目標、實施內容、教與學、教學評量、運作組織及評鑑回饋（p. 268），如圖15-1所示。

「場域背景」，包括教學所在環境的軟硬體設施、環境生態、家長社經背景、學校的歷史與發展背景，特別指學生的背景、能力、經驗等。以音樂課程設計而言，必須能掌握教學對象在音樂認知與技能等方面的背景、能力、經驗，才能達到因材施教、掌握個別差異之目的。發展學校一般音樂課程時若忽視場域背景因素，將導致課程內涵與學生能力、社區期望等的落差。

「意圖目標」，意指課程必須清楚闡述擬達成的課程宗旨、目標以及成效等，勾勒課程發展的藍圖。以音樂課程設計而言，必須能釐清教學對象經過該課程的引導後，在音樂認知、情意與技能等方面的成果願景。發展學校一般音樂課程時若忽視意圖目標因素，將導致課程方向的模糊與不確定性。

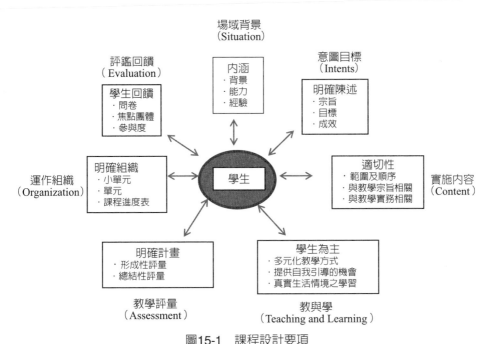

圖15-1　課程設計要項

資料來源："Curriculum design," by D. Prideaux, 2003, *BMJ*, *326*, 268.

　　「實施內容」，意指課程傳遞的實質內容與實施方式，重視適切性──包括範圍和順序的適切性，及課程宗旨相關的適切性，與教學實務相關的適切性。以音樂課程設計而言，必須重視教學內容的範圍是否為音樂教育強調的範疇，而教材內容間的順序性也應具有合宜性，且這些內容必須和教學目標緊密聯結。發展學校一般音樂課程時若忽視實施內容因素，將導致課程內涵的弱化與教學實務上的困境。

　　課程既然與教學、評量環環相扣，在「教與學」方面，強調以學生為主，藉由多元化教學方式、引導學生自我學習、強化教學與學生真實生活經驗與情境的聯結。以音樂課程設計而言，必須納入不同的教學方式，如採納多元感官經驗，讓聽覺型、視覺型或肢體動覺型等不同學習風格的學生均能藉由適合自己的學習方式學習，並引導其在課內外能自我探究、自主進行音樂學習以延伸學習的時空；尤其重視學習脈絡的情境生活化，以培養學生在生活中感受與應用所學的能力。發展學校一般音樂課程時若忽視教與學背景因素，將導致教學或學習成效受限。

在「教學評量」方面，應依據能力指標及教材內容，採用多元評量方式，並兼顧形成性與總結性評量，採納學生多元的學習表現；尤其對於評量之範疇與方向宜明確規劃、事先安排、清楚說明，讓學生明瞭教師進行教學評量時之標準與自身可努力的方向。以音樂課程設計而言，教學評量是教師檢視教學成效的重要途徑之一，除傳統的紙筆方式外，亦可根據教學實況，採實作評量、動態評量、真實評量、檔案評量等方式進行。發展學校一般音樂課程時若忽視教學評量因素，將錯失掌握學生學習資訊以進行教學改進的機會。

「運作組織」，係指課程設計要顧及課程運作的機制，不論是以小單元、單元或課程進度表為課程運作的單位，都要具備課程發展的概念。以音樂課程設計而言，在考慮課程的運作時，宜同時考量不同課程單位的銜接，才能讓課程具有微觀與巨觀的視野，不顧此失彼而具有系統性。發展學校一般音樂課程時若忽視運作組織因素，將導致課程運作時的順暢度受到影響。

「評鑑回饋」，可以藉由多元方式蒐集各方的評鑑意見。評鑑（evaluation）與評量（assessment）不同之處，在於評鑑是指依據一些要點，對課程或教學計畫的品質作價值判斷的歷程；而評量係指蒐集、綜合和解釋學生學習資料，做各種教學決定的歷程（郭生玉，2007）；簡言之，評鑑的對象以計畫、機構、方案等為主，評量的對象則是學生。以學生回饋而言，如透過問卷、焦點團體訪談、參與度等之調查，均有助於評鑑以瞭解課程方案之成效。以音樂課程設計而言，評鑑內涵若得宜，將有助於瞭解音樂課程設計、實施與運作等環節之樣態，有助於吾人對於課程規劃與實施獲致全面性的掌握。發展學校一般音樂課程時若忽視評鑑回饋因素，將導致課程實施狀況無法被客觀評析與瞭解。

由前述可知，課程要項環環相扣，在以學生為主體的前提下，課程發展涉及人員包括學生、教師、行政人員、家長、社會人士；重要的歷程包括課程設計前端對於脈絡的理解、宗旨的倡議與內容之橫向縱向掌握，以及課程發展歷程中實施面的教學、評量等運作，最後當然需藉由課程評鑑以檢視課程之合宜性。

參 音樂課程的理論基礎：以Reimer「七階段課程模式」爲例

　　前述的課程理論固然言之成理，但音樂有其獨特性，在考量音樂課程設計時，回歸音樂之學科本質是無可避免的課題。

　　音樂屬於藝術之範疇，是一種時間導向的聽覺藝術，重在體驗；音樂源自人們，因此與人們所處的時代文化脈絡密不可分。除此之外，音樂在人類社會中具有許多的功能，Merriam（1964）提到音樂的功能，包括情緒表達、美感享受、娛樂、溝通、符號表徵、肢體反應、建立社會制度及宗教儀式的秩序、文化傳承及穩固、社會整合、促使社會規範之一致性。舉例而言，當人們在婚禮場合看到新人隨著音樂走入會場時（建立社會制度及宗教儀式的秩序），除了聆賞美妙的樂音（美感享受）外，身體可能不自覺的隨著音樂與現場氣氛拍手應和（肢體反應），與會貴賓頓時彼此產生一體之感（社會整合）；而在音樂演奏者的一方，則產了了對新人的祝福之意（情緒表達），也透過樂音表達自己的想法及傳遞作曲家的意見（符號表徵）……。（林小玉，2014）基於音樂藝術之時間導向、聽覺藝術特性、表演藝術取向，音樂課程的設計有很多思考面向。

　　音樂教育大師Reimer（2003）爲了要揭示音樂課程實踐面之評鑑基準，揭示一個全面性的音樂課程面向，提出「七階段課程模式」（頁242）（圖15-2）。階段一乃探討教育哲學基礎的「價值階段」（values phase），屬於爲何而教（why）的提問層次；階段二乃探討心理學、兒童發展、研究、學科知識等對教育目標之影響，他稱之爲「概念化階段」（conceptualized phase），屬於教什麼（what）的提問層次；階段三探討每學年度的課程進度內容與銜接，是爲「系統化階段」（systematized phase），著眼於何時（when）的問題；階段四、五與六都是屬於如何（how）施行課程的實務面，階段四稱「詮釋階段」（interpreted phase），指的是教育從業人員對前述階段的各自解讀與選擇性採用；階段五乃檢視教育從業人員和其學生互動狀況的

「實際運作階段」（operational phase）；階段六乃著眼於學生的「課程經驗階段」（experienced phase），檢視學生從課程中得到的經驗與反思；最後，是影響各階段最深遠的第七階段，即所謂「期望階段」（expectational phase），指的是「人們對教育的期望」——這裡所指的人們，是各社會的眾人，如特殊興趣團體、父母、學生、教育專業人士等加諸的信念、價值觀與需求等。

筆者認為此模式提供了吾人可以據之為課程評鑑的規範，而其提示的各個面向，都應是吾人發展課程的思考向度，音樂課程也不例外。以下藉由七階段課程模式之逐一檢視與內涵之舉例說明，以彰顯音樂課程理論與一般課程設計理論之共通性——皆牽涉眾多環節與階段，舉陳音樂課程設計符應學理與掌握課程理論之必要性。

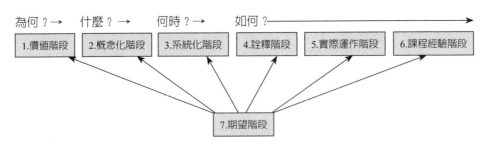

圖15-2　Reimer的七階段課程模式
資料來源：*A philosophy of music education: Advancing the vision* (3rd ed.) (p. 242), by B. Reimer, 2003, Upper Saddle River, NJ: Prentice Hall.

一　階段一：價值階段

階段一乃探討教育哲學基礎的「價值階段」，屬於為何而教的提問層次。不同的哲學取向對於音樂教育的意義與價值或教學目標有不同的見解，如「功利主義」主張音樂教育的價值必須向音樂以外探求，認為音樂教育存在的意義在於其有助於各種非音樂能力的發展，如道德、體能，以為社會所用。「美感論」認為音樂的價值來自音樂的內在本質、文化與外在意義的融合，但音樂本質的重要性遠高於外在的指涉意義，故音樂教育的價值應從本身固有的特質——如時間的藝術、聽覺的

藝術、表演的藝術來探求，而音樂教育的目的在於藉由美感經驗，提升個人對於音樂的情感回應，發展個人美感潛能，培養美感判斷能力與洞察力。另一「實踐論」則看重音樂於人類活動中的脈絡性、社會性與功能性，故音樂教育的目的在於音樂本身的實踐特質以及脈絡特質（Elliott, 1995; Reimer, 2003）。

二　階段二：概念化階段

階段二乃探討心理學、兒童發展、研究、學科知識等對教育目標之影響，他稱之為「概念化階段」，屬於教什麼的提問層次。以心理學中常被探討的「發展」（development）一詞來看，狹義的發展指人從出生到青年或成年期的一段期間，個體在遺傳的限度內，其身心狀況因年齡與經驗的增加而產生順序性改變的歷程。廣義的發展係指人存在的這段時間，個體受到基因影響的設限下，身心因年齡成熟、環境刺激之交互作用，產生有順序的改變歷程（張春興，1989）。持發展觀的學者多主張兒童的音樂能力發展隨年齡增長，有些更進一步認為這些發展有階段性的質、量變化。這方面的研究結果可從年齡來看，或就音樂概念的發展順序而言，亦可從新近的兒童音樂認知發展觀點來看（林小玉，2007）。經驗和成長是構成聆聽技巧的基礎，且為音樂概念發展的重要依據。概念的獲得使得兒童能夠有系統的闡述心理的印象，並且能比較和辨別音樂，類化音樂概念，最後能詮釋或創作音樂（Simons，1986）。關於概念的形成，Greenberg（1979）在研究中陳述，拍（beat）、速度和力度為幼兒首先發展的概念，而音高和曲調，旋律節奏（melodic rhythm），以及和聲是以較慢的速度發展。McDonald 與Simons（1989）的研究中也指出，在早期兒童音樂發展文獻中，關於概念辨別技能的順序上有證據顯示，力度和音色的概念可能是最早發展的，接著是節奏、曲調、曲式、織度及和聲。掌握這些有關兒童音樂概念發展的資訊，吾人更能釐清音樂教學的目標與順序性，提升音樂教學成效。

三　階段三：系統化階段

　　階段三探討每學年度的課程進度內容與銜接，是為「系統化階段」，著眼於何時的問題。課程銜接（curriculum articulation）係指課程目標、教材、教學、評量與學生學習經驗相互之間的延續性、順序性及繼續性，使之縱向連貫聯結成為一個整體，讓學生有意義的學習（丁瑞碧，2009）。各國的藝術教育標準或綱要對於教學評量的內容雖各有考量或用語，但研究顯示（State Education Agency Directors of Arts Education, 2014），各國的藝術課程目標都不脫離三大範疇，即：1.「產出／問題解決」(generating/problem solving)，等同於美國課程標準（Consortium of National Arts Education Associations，1994）中的「創作」（creating）。2.「表現／實踐」（expressing/realizing），等同於美國課標中的「演唱演奏」（performing）。3.「回應／鑑賞」（responding/appreciating），等同於美國課程標準中的responding。基此，任何的音樂課程設計，都應該能幫助學生達到「產出／問題解決」——如提出或構想出點子、策略，組織並發展這些點子或策略，精緻化前述構想並完成音樂作品。「表現／實踐」，係指透過分析、詮釋、選擇、精緻化音樂作品以完成音樂表現——如唱一首歌、彈奏一段曲調等。而在「回應／鑑賞」方面，則或針對音樂作品或教學加以回應——如說明對樂曲聆聽後之感受，分析並提出對同學演唱表現的回饋。

四　階段四：詮釋階段

　　階段四、五與六都是屬於如何（how）施行課程的實務面。階段四「詮釋階段」指的是教育從業人員對前述階段的各自解讀與選擇性採用。既然是各自解讀與選擇性採用，音樂教師的專業養成就顯得具有影響力——對於音樂教育的內涵詮釋得宜的教師，能在此階段根據自己的音樂教育信念以及教學素養，發展有意義的音樂課程，避免課程的窄化，建構以學生的音樂學習為主體的課程經驗。

五　階段五：實際運作階段

　　階段五乃檢視教育從業人員和其學生互動狀況的「實際運作階段」。實際運作階段就是吾人常說的實務階段，課程在實際運行中被執行、記錄、修正與再嘗試。這個階段的順利與否影響面向甚廣，屬於動態改變的狀態，有賴於用心的班級經營以及教師音樂教育專業能力的發展；當然外在環境也都是可能的影響因素。

六　階段六：課程經驗階段

　　階段六乃著眼於學生的「課程經驗階段」，檢視學生從課程中得到的經驗與反思；此階段屬於透過蒐集相關資料以檢證音樂教學成效之階段，相當於課程之評鑑階段。故若經驗檢證之資料蒐集正確，應可獲致相當有意義的資訊，提供吾人課程設計的回饋。

七　階段七：期望階段

　　最後，是影響各階段最深遠的第七階段，即所謂「期望階段」，指的是「人們對教育的期望」——父母、學生、教育專業人士等所期待之信念、價值觀與需求。以九年一貫藝術與人文課程綱要（教育部，2008）為例，其作為一個國家國民教育階段課程的準則，反映著社會與學界對於我國民教育階段藝術教育的期待的基本理念。相較於之前的國民中小學音樂課程標準，藝術與人文九七課綱以探索與表現、審美與理解、實踐與應用為領域之課程目標，透過整合音樂、視覺藝術、戲劇與舞蹈等表演藝術之能力指標，重視學校一般藝術教育的人文意涵，並重視學生所學之生活應用，強烈呈現「期望階段」的影響力。

　　已經完成草案之十二年國民基本教育課程綱要——藝術領域（教育部，2016）主張以核心素養來連貫、統整與發展國民小學、國民中學與普通型高級中等學校的課程與學習；強調藝術領域的課程發展應適時聯結各領域／科目，並融入各項重大議題，結合藝術領域的基本素養與社會文化的關切。整體而言，經由多元的藝術學習與美感經驗的累積，培養以學生為中心的感知覺察、審美思考與創意表現能力，從快樂學習

的過程，充實藝術涵養與美感素養。此外，提出藝術領域以表現（善用媒介與形式從事藝術創作與展現，傳達思想與情感）、鑑賞（透過參與審美活動培養感受力與理解力，體認藝術價值）、實踐（培養主動參與藝術的興趣與習慣，促進美善生活）為課程目標，重視藝術領域「核心素養」——強調藝術學習不以知識及技能為限，而應關注藝術學習與生活、文化的結合，透過表現、鑑賞與實踐，彰顯學習者的全人發展。

肆 音樂課程的發展基礎與示例

音樂以聲音的高低、長短、強弱為基礎，在聲音彼此間不同的組合方式下，形成音樂的形式要素。然而音樂在聲響的表徵外，往往可以反映創作者的特定意念以及演唱奏者所賦予的詮釋，進而帶來音樂以外的情感聯結或價值意義，讓音樂課程設計可以有許多發展的向度。

以下以一首可聆賞、演唱或以直笛吹奏的臺灣民謠〈六月茉莉〉譜例為例，說明該曲發展不同層面的學校一般音樂課程之可能性。

譜例1 〈六月茉莉〉譜

一 以音樂要素為發展基礎之音樂課程設計及示例

音樂常被定義為有組織的聲響，故構成音樂的各種元素，包含節奏、曲調、力度、速度、音色、織度、和聲、曲式等，自然是音樂課程中的重要教學標的。

以下簡述各音樂要素的定義，以及強調音樂要素之〈六月茉莉〉課

程發展重點：

1. 節奏（rhythm）：乃音樂中的聲音長短以及強弱配置；次概念包括規律拍（beat）、音值（duration）、拍子或節拍（meter）、速度（tempo）等。若擬納入〈六月茉莉〉為聆賞、演唱或高音直笛吹奏教材，則可分析此樂曲之節奏特性如下：本曲為四四拍子；音符時值以四分音符與八分音符為主，搭配二分音符與十六分音符；本曲為中板速度。

2. 曲調（melody）：又稱旋律，指高低起伏的聲音按一定的節奏有秩序的橫向組織；即音高與節奏的橫向安排。次概念包括音高（pitch）、曲調輪廓（contour）、音程（interval）、調性感（tonality）等（李君儀，2003）。若擬納入〈六月茉莉〉為聆賞、演唱或高音直笛吹奏教材，則可分析此樂曲之曲調特性如下：本曲之音域超過一個八度；曲調輪廓為波浪狀；音程進行以級進音為多，但也有不少的跳進音；為五聲音階徵調式。

3. 力度（dynamics）：係音樂中聲音的強弱程度，有的為梯田式塊狀力度，有的為漸進式（漸強、漸弱），也有突然的強弱變化（突強、突弱）。若擬納入〈六月茉莉〉為聆賞、演唱或高音直笛吹奏教材，則可分析此樂曲之力度特性如下：本曲的力度變化每兩小節變化一次，為快速改變的梯田式塊狀力度，力度依序為中弱（*mp*）、中強（*mf*）、弱（*p*）、強（*f*）。

4. 語法（articulation）：指音與音之間的銜接方式，包括圓滑奏（legato）、斷奏（staccato）、持音（tenuto）等。若擬納入〈六月茉莉〉為聆賞、演唱或高音直笛吹奏教材，則分析此樂曲之語法特性如下：本曲沒有特別標示語法，惟在少數快速音符上標示圓滑奏。

5. 音色（timbre）：意指發聲體〈如樂器、人聲〉因材質、發聲方式或演奏方式而產生的聲音質感，可分人聲、器樂等。若擬納入〈六月茉莉〉為聆賞、演唱或高音直笛吹奏教材，則可分析此樂曲之音色特性為人聲或高音直笛高而明亮的聲音表現力。

6. 和聲（harmony）：聲音按一定的法則縱向重疊而形成的音響

組合。若擬納入〈六月茉莉〉為聆賞、演唱或高音直笛吹奏教材，則可分析此樂曲為單聲部，可加入其他聲部〈如伴奏〉以產生和聲感。

7. **織度**（texture）：乃聲部的多寡（如二聲部、四聲部）或聲部間的組合關係（如單音音樂、主音音樂、複音音樂）。若擬納入〈六月茉莉〉為聆賞、演唱或高音直笛吹奏教材，則可分析此樂曲之織度特性如下：若清唱或齊奏而沒有加入其他聲部，則本曲為一聲部的單音音樂；若加入另一個伴奏聲部，則本曲形成二聲部的主音音樂。

8. **曲式**（form）：音樂中因段落間的反覆、對比或變奏而形成的整體音樂組織。常以英文字母標示段落之組成方式，如AAB即表示有一樂段A重複後，以另一相異的樂段B接續。若擬納入〈六月茉莉〉為聆賞、演唱或高音直笛吹奏教材，則可分析此樂曲之曲式特性如下：人聲歌唱版因為同樣這段曲調搭配多段歌詞反覆吟唱，其曲式屬詩節式。

二 以多面向模式為發展基礎之音樂課程設計及示例

美國音樂教育學者Barrett、McCoy與Veblen（1997）提出音樂課程發展之多面向模式（The facets model），重視音樂作品教學之多面向聯結，以寬廣音樂課程發展的廣度與立基。多面向模式主要理念是針對一個藝術作品，藉由不同面向的探討去得到與其他藝術形式的聯結：1.創作者是誰？2.創作的時間與地點為何？3.創作動機為何？4.作品之意涵？5.作品曲式為何？6.作品主題為何？7.創作者的創作意圖為何？8.欣賞者對作品的感受為何？

下表為筆者依據多面向模式，對照說明各面向可探討之〈六月茉莉〉相關教學內容：

表15-1 〈六月茉莉〉的音樂課程發展多面向模式

多面向模式	各面向探討內容
創作者	原為福建濱海地區民謠，隨著先民渡海來臺，經由本土作詞家許丙丁援用改編，成了曲調優雅的臺灣民謠。
創作的時間與地點	許丙丁（1899-1977），臺灣臺南人，南管音樂推廣與愛好者、政治人物，臺灣日治時期曾任警務人員。戰後任臺南市議會參議員、市議員，亦是著名的流行音樂家，文學家。
創作動機	運用本曲簡約委婉的曲調加上閩南語歌詞，以呈現語言的韻律、節奏及趣味性。
作品之意涵	共六段歌詞，歌詞中以初夏盛開的小白花——茉莉，來比喻單身女子正值荳蔻年華，因無人賞識，只能形單影隻的苦悶無奈，落得孤芳自賞的寂寞心情，細緻而微妙地透露出少女的思春心情。
創作手法	以四分音符與八分音符為主，搭配二分音符與十六分音符；曲調輪廓為波浪狀；音程進行以級進音為多，但也有不少的跳進音；為五聲音階徵調式。
作品曲式	詩節式歌曲（Strophic song）：相同的曲調旋律，反覆時使用不同的歌詞演唱，歌曲結構簡單。
創作者的創作意圖	模擬少女情懷。
欣賞者對藝術作品之感受	同理、懷想等。

三　以重大議題為發展基礎之音樂課程設計及示例

　　九年一貫的重大議題包含性別平等教育、環境教育、資訊教育、家政教育、人權教育、生涯發展教育、海洋教育等（教育部，2008）。除了音樂內涵的多面向外，本曲亦可思索融入議題之價值性。

　　以〈六月茉莉〉歌曲聯結到性別平等教育為例，可採取議題融入式教學：例如針對表15-2「兩性成長與發展」，可探討歌曲中敘述的主角其身心的成長與發展；又如針對「多元文化社會中的兩性平等」，可探討〈六月茉莉〉歌詞中敘述的主角心境在社會中兩性發展處境的今昔差別。

表15-2　重大議題之性別平等教育其主要內容與學習目標

議題	主要內容	學習目標
性別平等教育	兩性成長與發展	認知面：瞭解兩性身心的成長與發展 情意面：尊重自我與他人身心發展的差異 行動面：規劃適合個人的生涯發展
	兩性關係與互動	認知面：瞭解兩性在團體中的關係與互動 情意面：培養兩性良性互動的態度 行動面：設計促進兩性合作的組織與活動
	性別角色學習與突破	認知面：瞭解性別角色的多樣性與差異性 情意面：接納自我並尊重他人 行動面：破除性別刻板化印象對自我發展的限制
	多元文化社會中的兩性平等	認知面：1.瞭解兩性平等的概念；2.瞭解多元社會文化中兩性發展的處境 情意面：肯定不同性別的成就與貢獻 行動面：運用各種媒介促進兩性平等
	兩性權益相關議題	認知面：瞭解兩性相關權益 情意面：尊重自我與他人的權益行動面：1.活用各種資源，培養危機處理的技巧與能力。2.探究兩性相關議題，並提出解決方案。

資料來源：洪如玉（2010）。九年一貫課程七大議題正當性之批判性檢視。教育研究與發展期刊，6(2)，37。

四　以跨領域為發展基礎之音樂課程設計及示例

　　此外，以〈六月茉莉〉歌曲為課程發展素材時，更可設計跨領域課程：與語文領域結合，讓學生習講本曲之某些段落之閩南語歌詞，或探究作家文章或詩歌中的茉莉與本曲之異同；與社會領域結合，探討社會中的女性角色；與自然與生活科技領域結合，探討茉莉的生長特性與季節；與視覺藝術結合，欣賞茉莉相關的藝術作品……。這樣的跨領域課程發展，無非想要擴大本曲的聯結範疇，提供學生對於茉莉的多元視野，鞏固學生整合資訊的經驗與立基，讓學生從中尋求與課程共鳴互動之契機，從而強化學習動機與提升課程意義。

　　綜上所述，課程是學生學習的引領路徑，旨在型塑能整合資訊、進

行問題解決的終身學習者，所以音樂課程可以如前所述，強調音樂要素的深化學習，亦可整合音樂脈絡資訊進行音樂領域內統整之學習，或另加入議題形成融入式教學，更可進行跨領域課程設計。

伍 新世代的學習特性

時至二十一世紀，學校一般音樂課程設計除了因應前述立論外，要如何因應時代性？或許答案在於現代科技所帶來的學習特性之變化—簡單言之，即F4與BQ。

一 新世代的F4特性

面對高效競爭、秒殺決勝的時代，愈來愈多的現象顯示，在網路科技的運用、電子商務的成熟、行動裝置如智慧型手機的普及，以及行動商務浪潮的推波助瀾下，養成了消費者快速（fast）、彈性（flexible）、社群導向（facebook）、對品牌忠誠度低（fragile）的消費者新F4特性（馬岳琳、盧昭燕，2010）：1.facebook：FB社群力量大，講究時時交流、刻刻分享。2.fast：想到就要買到，買到就要拿到，因為不耐等待，因此商品不一定要最便宜，而是要快速擁有、立即享受。3.flexible：對時間的運用更彈性、更隨性，常一心多用，零碎時間不再是無意義的打發時間，而是更有效益的預備空間。4.fragile：與品牌的關係變得脆弱，朋友網友一句話或一分鐘服務接觸及消費體驗，更勝於行銷方案的千萬規劃。

面對一心多用的新世代訴求之時刻聯結、分秒回應需求，音樂教育的執行與規劃者需要對於教學對象之學習特性有新的體認與因應。

二 新世代的BQ需求

BQ則是另一時代顯學，戴勝益在接受專訪時，提到現代人需要做到3Q－IQ、EQ、BQ（引自陳麗卿，2009）。IQ（智力）與EQ（情緒力）在過去已被強調再三，而在進入21世紀後，BQ儼然成為另一吾

人想成功立足於新世紀不可或缺的能力。BQ，就是「美力」，對於美的感受、智識、情感與實踐能力。而與BQ密不可分的具體表現，就是品味。在過去，品味屬於潛在競爭力，但在強調BQ的今天，品味已浮出檯面成為顯性的競爭力。戴勝益提到品味的取得有以下三種方式：1.天生。2.耳濡目染。3.後天學習。（引自陳麗卿，2009）天生的品味得來不易也無法勉力求之；耳濡目染屬於自然置入法，但先決條件是自己能在好的環境中被潛移默化。因此在高競爭、快速汰換的現代社會，系統化學習是最有效獲得品味的方法，而系統化的美感教育就是對於公民品味涵養的最大主力。

美學大師如Greene（2001）在其集結自1980年代以來的三十篇演講的專文集中，對於電腦所帶來的遠距教學等師生互動模式的變化，也提出諄諄警言。她殷切提醒，美感教育必須要能凸顯「真實」—引領學生感受真正活著的眾多不同方式，讓無感的世界能重新說、唱、或舞；要擴充「素養」（literacy）的範疇，讓在新科技孕育下的新世代建構屬於他們經驗的新表徵方式，讓他們可以在各種創新或不熟悉的探索中能看得更多、聽得更多、聯結更多，最終能在美感經驗中建構意義（引自林小玉，2015）。

綜合上述，科技的創新模式煉鑄學習者的不同學習風格與特性，教學不再是教師單向的灌輸便能有成，如何如Greene所期許，引領F4學生感受真正活著的眾多不同方式，且協助在新科技孕育下的新世代建構屬於他們經驗的新表徵方式，為吾人的時代考驗。而音樂教育為美感教育的重要推手，自然不能無視新世代學習生態的改變。若能透過音樂課程的前瞻性規劃，務實面對，審慎因應，必能引領學生進入音樂的殿堂，落實美育的目標。

陸 新世代的教育趨勢 —— 面對新世代的課程實踐

雖然音樂教育的重要性無庸置疑，但不論在國內或國外，學校一般音樂課程的宗旨或成效常常面對許多的質疑或挑戰。我國文化部在2015年將臺灣教育史上第一份流行音樂輔助教材全面引進國小（其網

址爲http://popmusic.culture.tw/），授課對象是國小五六年級學生。文化部此舉一方面回應流行音樂文化在青少年次文化中的強勢地位，另一方面希望透過活潑生動的教學來提升學子的流行音樂美學素養。然而，流行音樂是否應該加入授課時間已經相當有限的學校一般音樂課的正式課程範疇中，已引發古典音樂相對於流行音樂中兩者價值性、優位性之論辯。

而學者Kratus（2007）因爲美國選修學校一般音樂課之學生比例大幅降低，故撰文探討學校一般音樂課程之困境，主張音樂教師必須正視音樂課程無法吸引學生選修的原因在於音樂課堂的經驗與學生的課外音樂參與經驗落差太大所致，如表15-3所示。他主張，美國的一般音樂教學在正視本科教學特性之餘，更應回應年輕學生世代的音樂學習特性，以及他們課堂外的音樂學習生態，其迫切性就如他文章之名—臨界點上的美國音樂教育（Music education at the tipping point）。

表15-3　課內與課外音樂經驗之落差

	課外音樂經驗	課內音樂經驗
課程的訴求	重視學生之個別的、情緒的需求	重視課程之目標
執行單位	個別化	團體導向
與科技的關係	善用科技以拉近距離	較少用科技以聯結學生
與古典音樂的關係	非古典音樂導向	古典音樂導向
以經驗數而言	非限於單次經驗	常爲單次經驗
課程的實施場域	進入真實音樂場域	常爲模擬場景
從學生創作的角度觀之	學生常能自行創作	學生多表現他人作品
與吉他與鍵盤樂器的關係	吉他與鍵盤樂器強勢	少用吉他與鍵盤樂器
終身學習的可能性	能進行終身音樂學習	受限於樂器較少能終身進行

註：最左邊欄位係筆者歸納之對照面向，修改自"Music education at the tipping point,"by J. Kratus, 2007, *Music Educators Journal, 94*(2), 47. doi: 10.1177/002743210709400209。

一　關於課內與課外音樂經驗落差之建議

上述Kratus提到的美國學校一般音樂課程之困境固然有其特定的背景脈絡——美國重視地方分權下，音樂課程受到市場機制之影響甚鉅；美國基於美式足球狂熱帶動的音樂團隊（如行進樂隊，marching band）風潮，使得學校一般音樂課（general music）相對弱勢。雖然這些困境與我國的問題不能一概而論，但針對Kratus所提列的音樂課程困境，筆者仍試著提出改善之建議：

1. **課程的訴求**：音樂課程設計者需瞭解學生之喜好與需求，慎選音樂教學素材，在「投其所好」（如流行音樂）與「擴充其所好」（如古典音樂）之間取得平衡。

2. **執行單位**：音樂課程設計者需設計多元的教學形式，融合個人、小組、團體等不同課程參與方式，容許個別化的空間與可能性。如直笛教學，可設定不同闖關層級，以最低門檻包容對此教學面向較不感興趣的學生，但讓想挑戰高層級曲目的學生有激勵與努力的標的。

3. **與科技的關係**：音樂課程設計者宜回應與善用音樂科技的優勢，如運用與音樂相關的手機應用程式，讓學生以他們熟悉的媒介學習音樂。

4. **與古典音樂的關係**：音樂課程設計者可以適度納入學生喜歡的音樂類型，但要慎選以確認其教學合宜性；教師也應強化己身的音樂教學素養，讓音樂教學（不論教材是古典或是流行）能獲得學生的認同與共鳴。

5. **以經驗數而言**：音樂課程設計者需深切瞭解熟悉度（familiarity）對偏好度（preference）之影響——熟悉度高則偏好度通常也會提升，故在音樂教學中營造學生反覆參與及聆賞音樂的機會；此外，亦可善用科技建立音樂教學網站或群組，或利用youtube等科技針對課堂教學素材提示學生反覆聆賞的機會。

6. **課程的場域**：雖然音樂課堂之教室情境很難等同於外界音樂會

場的聲光效果與群眾氣氛，但充滿肯定、尊重、啓發性與共鳴互動感的課室氛圍，就是最好的音樂教育場域。

7. **從學生創作的角度觀之**：音樂課程設計者需提供學生擁有創作經驗或成品之機會，並瞭解如此之成就感或擁有感能大大提升他們對於音樂課程之認同度。創作教學只要適度的透過科技輔助、同學協助或教師協助展演等方式，就能讓不同音樂背景的學生摒除五線譜或精湛樂器演奏能力的限制，激發他們內在的音樂能力或對於創作之想望。

8. **與吉他等樂器的關係**：音樂課程設計者需瞭解樂器的可能性非常多元，音樂課程設計之中除納入單曲調樂器（如直笛）外，亦可設法加入具和聲功能的樂器（如吉他與鍵盤樂器），讓學生有更多音樂表達的窗口。

9. **終身學習的可能性**：音樂課程設計者需設法讓學生喜愛音樂課堂所提供的認知、技能與情意學習經驗，讓他們願意並樂在終身參與音樂活動與學習。如此，音樂之學習與音樂之愛好將會形成一個美好的循環。

一 因應二十一世紀之學生特性與社會風潮所趨議之學校一般音樂課程之實踐建議

整體而言，因應二十一世紀之學生特性與社會風潮所趨，學校一般音樂課程其實踐之道，筆者提出以下建議：

(一) 在科技之快速傾向與美感之深化體驗中求取平衡

「世界愈快，心則慢」。消費者快速、彈性、社群導向、對品牌忠誠度低的消費者F4特性反映在學習上，則可能出現注意力無法持久、不獨尊權威或專家、求新求變、重視他人對自身評價之特性；然而音樂教育之爲美感教育重要的一環，重在察覺與感受力，有賴靜心與定慧，兩者實有矛盾甚或難以兼容之處。面對這樣的學習者特性，課程與教學之安排更要能獲得其認同與動機，並營造多元解讀與品析的空間，建構美感的深化體驗經驗，協助學生發展批判思維，引領學生與自

己內在的深層對話，不落入人云亦云的泥淖。

(二) 奠定音樂教育的學校課程主體性

學校一般音樂教育要落實，必須在學校課程中享有主體性，以身體五感教育之發展爲起點，透過敏覺的動覺、視覺、聽覺、味覺、觸覺以感知生活世界，進而探究與實踐更美好的生活。筆者主張學校之一般音樂課程規劃要符應以下要義：

1. **音樂課程的主體是學生而非課程或教材**：透過課程、教材無非是要承載音樂教育的內涵，使浸潤其中的學生有所感動而身體力行。

2. **音樂教育是經驗導向的**：音樂教育以經驗爲基礎，此經驗爲許多有機音樂活動的動態集合，在此經驗中，學生必須參與其中心領神會，有所知覺並觸動感悟。

3. **音樂教育是長期的精心安排、刻意營造**：音樂教育的重要性無庸置疑，音樂的渲染力無遠弗屆，但音樂教育在智育導向的我國教育中，需要精心安排刻意營造，教師宜透過社群等方式集結眾人智慧，互相分享音樂教育之可能模式與內容；政府宜制訂配套鼓勵落實音樂教育有成之單位或個人，以增益見賢思齊之效。

(三) 釐清不同藝術教育實施類別之定位與需求

我國將藝術教育之實施分爲：學校專業藝術教育、學校一般藝術教育、社會藝術教育（藝術教育法，1997）。然而，有些藝術教師基於自身學校專業藝術教育的訓練，未能正視任教對象係出自學校一般藝術教育環境的事實，導致教學目標的設定過於專業導向等現象，讓藝術課程成爲學生壓力的來源等反美感教育的情事，甚爲可惜。「美感教育」與「反美感教育」可能只是一線之隔，過分注重藝術學科本位教育而無視學生好惡之教學，與過分迎合學生好惡而無視藝術學科本位教育之教學，都容易過猶不及，甚至造成「反美感教育」之疑慮。在富有覺察力與專業力的教師之引導之下，或許只要透過提供有意義的問題、有

啓發性的示例、有批判性的觀點、有對話性的氛圍以及合宜的示範與身教，便可獲致美感教育之深耕與實固，及音樂教育之永續經營與開展。

柒 結語

　　教育部於103年11月頒布十二年國民基本教育課程綱要總綱（教育部，2014），十二年國民基本教育課程綱要—藝術領域草案也已成形（教育部，2016），我國的藝術教育即將開啓新紀元。新，代表變動，也代表希望。撰寫本文之目的，乃基於學校一般音樂教育之重要性、獨特性與現今面對之挑戰，說明課程的理論基礎、音樂課程的理論基礎、音樂課程的發展基礎與示例、新世代的學習特性、面對新世代的課程實踐，旨在分享音樂課程實踐的理論及實務觀點，提供音樂課程設計之參考。

　　身爲音樂教育從業人員，吾人在教材上要推陳出新直搗藝術核心，在策略上要營造可讓學生建構從無感、到有感、到有美感的經驗，在教學成果上要追求藝術之美與人我和諧之象，並在科技之快速傾向與美感之深化體驗中求取平衡，奠定學校一般音樂課程之主體性，進而塑造具有音樂素養的現代國民。音樂課程設計之重要性，不言而喻，這也將是所有音樂課程設計者的挑戰與努力之目標。

參考文獻

丁瑞碧（2009）。國高中英語課程銜接問題及因應策略之研究——以臺中縣市為例（未出版之碩士論文）。國立彰化師範大學教育研究所，彰化市。

李君儀（2003）。國小四年級兒童「曲調」聽音能力之調查研究（未出版之碩士論文）。國立臺北師範學院音樂研究所，臺北市。

汪怡琳（2006）。國民中學藝術與人文領域教科書音樂課程之內容分析與評鑑研究

（未出版之碩士論文）。國立臺灣師範大學音樂學系，臺北市。

林小玉（2007）。音樂創造力：概論、教育心理學觀與實徵研究。臺北市：五南。

林小玉（2014）。「我只是希望學生喜歡音樂」──從音樂教育哲學、心理學、評量角度剖析情意目標。第四屆兩岸四地音樂教育論壇論文集（頁68-76）。國立臺南大學，臺南市。

林小玉（2015）。美感教育在二十一世紀的時代性。臺灣教育，**693**，16-29。

洪如玉（2010）。九年一貫課程七大議題正當性之批判性檢視。教育研究與發展期刊，**6(2)**，33-58。

馬岳琳、盧昭燕（2010）。零碎時間消費時代。天下雜誌，**441**，84-90。

張春興（1989）。張氏心理學辭典。臺北市：東華。

教育部（2008）。國民中小學九年一貫課程綱要。臺北市：教育部。

教育部（2014）。十二年國民基本教育課程綱要總綱。臺北市：教育部。取自http://www.naer.edu.tw/ezfiles/0/1000/attach/87/pta_5320_2729842_56626.pdf

教育部（2016）。十二年國民基本教育課程綱要──藝術領域（草案）。臺北市：教育部。取自http://www.naer.edu.tw/ezfiles/0/1000/attach/87/pta_10115_5960891_00177.pdf

郭生玉（2007）。教育測驗與評量。臺北縣：精華。

陳麗卿（2009）。學習越寬廣，越能使我們生涯規劃脫穎而出。取自http://www.cw.com.tw/article/article.action?id=5005553

黃光雄、楊龍立（2000）。課程設計：理念與實作。臺北市：師大書苑。

黃光雄、楊龍立（2004）。課程發展與設計：理念與實作。臺北市：師大書苑。

黃政傑（1991）。課程設計。臺北市：東華。

藝術教育法（1997年3月12日）。

Barrett. J. R., McCoy, C. W., & Veblen, K. K. (1997). *Sound ways of knowing: Music in the interdisciplinary curriculum.* New York, NY: Schirmer.

Consortium of National Arts Education Associations. (1994). *National standards for arts education.* Reston, VA: Music Educators National Conference.

Elliott, D. J. (1995). *Music matters: A new philosophy of music education.* New York, NY: Oxford University Press.

Greenberg, M. (1979). *Your children need music: A guide for parents and teachers of young children.* Englewood Cliffs, NJ: Prentice-Hall.

Greene, M. (2001). *Variations on a blue guitar: The Lincoln Center Institute lectures on aesthetic education.* New York, NY: Teachers College Press.

Hanley, B., & Montgomery, J. (2002). Contemporary curriculum practices and their theoretical bases. In R. Colwell & C. Richardson (Eds.). *The new handbook of research on music teaching and learning* (pp.113-143). New York, NY: Oxford University Press.

Kratus, J. (2007). Music education at the tipping point. *Music Educators Journal, 94*(2):42-48. doi: 10.1177/002743210709400209

McDonald, D. T., & Simons, G. M. (1989). *Musical growth and development: Birth through six*. New York, NY: Schirmer.

Merriam, A. (1964). *The anthropology of music*. Evanston, IL: Northwestern University Press.

Prideaux, D. (2003). Curriculum design. *BMJ, 326*: 268-270. doi: http://dx.doi.org/10.1136/bmj.326.7383.268

Reimer, B. (2003). *A philosophy of music education: Advancing the vision* (3rd ed.). Upper Saddle River, NJ: Prentice Hall.

Simons, G. (1986). Early childhood musical development: A survey of selected research. *Bulletin of the Council for Research in Music Education, 86*, 36-52.

State Education Agency Directors of Arts Education (2014). *National core arts standards*. Retrieved from http://www.nationalartsstandards.org/copyright#sthash.B5EAvoih.dpuf

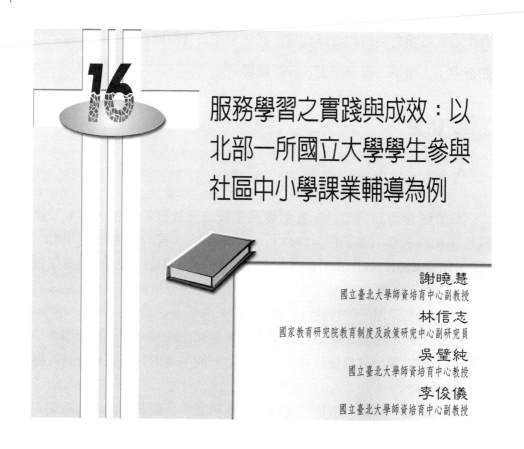

服務學習之實踐與成效：以北部一所國立大學學生參與社區中小學課業輔導為例

謝曉慧
國立臺北大學師資培育中心副教授

林信志
國家教育研究院教育制度及政策研究中心副研究員

吳璧純
國立臺北大學師資培育中心教授

李俊儀
國立臺北大學師資培育中心副教授

摘　要

　　本研究為一課程實踐的行動研究，透過國家級教育研究機構與北部一所國立大學之師資培育中心的合作，安排大學生至鄰近社區2所國中及3所國小，進行課業輔導之服務學習。主要研究目的有三：首先，探討課程執行過程中所遭遇的問題；其次，對於所遭遇的問題提出解決方案並進行工作調整；其三，探究參與服務學習大學生的受益情形。本研究採質量兼具的研究方法。研究結果發現，大學生進行中小學課業輔導歷程中，可能遭遇的問題大致可分為：大學課堂、教材教法、課室管理、輔導溝通、行政支援五大類。在大學生受益情形的部分，主要包含：課堂上的學習、行政支援、心情轉變與成長三方面。此外，師資培

育中心與各參與機構的合作和信任關係，亦皆有所增長。

關鍵字：大學生、服務學習、課業輔導

壹 緒論

一 研究動機與緣起

教育的重要課題之一，在於發展學校成為社區的學校，建立社區成為學校的社區（吳清山，2005）。英格蘭的「提升成就改變學習」（Raising Achievement Transform Learning, RATL）研究計畫成果顯示，同一地區的學校與學校之間，如果能夠互相支持與學習，該地區的教育，才有整體進步的可能（引自單文經，2009）。

本研究即是在發展與建立社區學校夥伴關係的脈絡下，讓大學生透過服務學習來提升自我發展與公民素養之知能，並陶養其對社會及社區的關懷能力。

在國家級教育研究機構的促成下，本研究中之師資培育中心與鄰近5所中小學合作，以服務學習課程作為基本媒介，並以夥伴關係的角度來經營學校與社區的資源共享。一方面，提供大學生體驗中學與小學的學校文化、瞭解弱勢族群、培養公民素養、發揮專業能力的教育機會，並讓師資生藉此磨練教學技巧；另一方面，讓中小學校需要課業輔導協助的學生，在學業上能夠有所提升。

本研究為一初探型行動研究，在大學課程進行及大學生服務實踐的過程中，不斷地討論與調整服務學習課程的運作方式，並試圖透過問題的整理與解決，逐漸形成具有社區夥伴關係基礎的一種服務學習課程之運作模式。藉此研究，除了可以發展出完整的大學生參與服務學習工作的訓練課程，也可以提供其他社區與其他學校發展夥伴關係時參考，並可以作為大學校方協助大學生進行服務學習課程之借鏡。

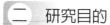
二　研究目的

具體言之，本研究的主要目的有三：

1. 探討本服務學習課程執行過程中所遭遇之問題。
2. 對於本服務學習課程所遭遇之問題提出解決策略並進行調整與試驗。
3. 探究參與本服務學習課程之大學生受益情形。

貳　相關文獻探討

一　服務學習的涵義

所謂服務學習，簡單地說，就是一種結合服務與學習的教育方式。服務學習的概念，源自於美國教育家約翰・杜威從實踐中學習（learning by doing）的理論（Dewey & Dewey, 2010）。美國南區教育局（Southern Regional Education Board）於1967年正式提出服務學習一詞（Giles & Eyler, 1994）。美國國家教育統計中心（National Center for Education Statistics）在1999年所推動的「全國學生服務學習與社區服務調查」（National Student Service-Learning and Community Service Survey）中，將服務學習定義為，以課程為基礎的社區服務（curriculum-based community service）。也就是說，服務學習統合了課堂上的教學與社區內的服務活動（National Center for Education Statistics, 1999）。

Bringle與Hatcher（1995）認為，服務學習是一種具有學分的教育經驗。學生透過參與有組織並且符合社區需求的服務活動進行反思。另外，Seifer與Connors（2007）主張，服務學習是一種教學與學習策略，此種策略結合有意義的社區服務、教學與反思，以便增加學習經驗、教導公民責任，以及強化學生與社區的關係。

Jacoby（1996）認為反思（reflection）和互惠（reciprocity）是服務學習的二大關鍵要素。學習者藉著有計畫、經過安排的社區服務活

動，以及結構化設計的反思歷程，以達到被服務者的目標需求。我國教育部（2010）於「大專校院服務學習方案」中，則將服務學習定義為「將社會資源轉變為學生學習場域的教學方法與過程。」

二 大學生志願服務與對中小學生的課業輔導

美國在1980年代，開始大量地透過研究案，以大學生志願服務的方式，改善弱勢學生的學業成就（Wasik & Slavin, 1993）。1983年雷根總統公布「危機中的國家」（A Nation at Risk）報告書後，美國政府更鼓勵大學，對於社區中小學生的課業輔導，進行人力協助。而布希總統在2001年上任後所簽署的「沒有任何孩子落後法案」（No Child Left Behind Act），不僅鼓勵學校關注學生學習成就的表現，也助長了大學生對社區中小學課業服務的趨勢（Ritter, Barnett, Denny, & Albin, 2009）。

我國大專校院，從2000年起，開始以服務學習結合課程的方式，讓學生運用課堂所學來服務社區（張同廟，2011），希望學生從服務中，強化學習效果。教育部也於2007年頒布「大專校院服務學習方案」，積極推動大學生進行服務學習。近年來，服務學習已在各校迅速發展（教育部，2010）。

一直以來，臺灣的教育系所或是大學的服務性社團，對於偏遠弱勢學生，有許多課業與生活輔導的協助。自從師資培育制度開放之後，有更多的師資培育機構，投入對社區中小學生課業輔導的工作（高熏芳、陳素蘭，2003）。2006年，教育部推行的「大學師資生實踐史懷哲精神教育服務計畫」，就是結合服務學習與教育專業的最好典範。近年來，教育部更透過地方教育輔導補助計畫方案的實施，鼓勵大學師資培育單位與社區中小學進行更緊密的合作。也透過各種方案，例如：夜光天使、國民小學及國民中學補救教學實施方案等，鼓勵大學生加入對中小學生課業輔導的工作行列。

三　大學生進行中小學課業輔導之服務學習所遭受的問題與解決策略

　　大學生透過服務學習課程到中小學進行課業輔導，並於每週至大學課堂討論服務學習的狀況與問題，以作爲調整次週進行服務工作的參考，這樣的服務模式，在臺灣，還沒有大學大規模地實行。因此，以下從國內外之課業輔導服務學習的相關文獻，來進行探討。

　　與社區中小學合作，進行大學生對中小學生課業輔導的服務學習，一方面要考量媒合的問題，包括時間、對象、行政服務與資源挹注等；另一方面則需考量大學生的課業輔導能力，以及中小學生受輔導的狀況。國內外文獻曾針對以上各點，指出其困難處。例如，有學者指出，美國大學服務學習課程不易進行的原因包括：大學端的行政投入與大學教師督導的安排不易（Tryon et al., 2008），以及師資培育課程之必修學分過多、大學以下學校與社區服務學習工作媒合困難和很難讓服務學習的內涵與國家師資培育標準相符應（Anderson, 1998）。張民杰（2005）認爲，有利於師資生順利進行服務學習的安排，應該考慮以下幾點：1.不要有過多的時數要求。2.師資培育機構、師資生與服務機構三者，應有更充分的協調和合作。3.讓師資生選擇自己有興趣的工作。4.時數審核應客觀並訂有標準。5.可以小組方式前往服務。6.利用網路做爲即時回饋的機制。7.心得報告、學習檔案或成果發表與經驗分享研討會的反思設計。以及8.學期初就訂定周全的評分機制。

　　有關大學生的課業輔導能力以及中小學生受輔導的狀況方面，國內有文獻指出，教師素質是影響課輔成效的重要因素（陳淑麗，2009；湯維玲、蔡佩娟，2013）。事實上，課輔老師在進行教學工作時，經常碰到的學生問題還包括：學生程度的異質性太高、學生學習動機低落、家長不關心小孩學習與學生人數太多（陳淑麗，2009）。林秀慧、陳璟名與胡婉雯（2010）也指出，課輔老師常遇到的困難有：1.師生比高，課輔老師無法兼顧所有的孩童。2.複習較低階與完成現有課業之間很難兼顧。另一方面，林艾蓁（2008）則以大學生參與社福機構課業輔導的心得指出，大學生在進行課輔時，常會對自己所扮演的角色功能、是否具

備足夠的輔助知能、與輔助對象關係涉入的情形和是否能善用資源、是否有成效等事情，感到困惑。除此之外，白雲霞（2012）也於研究成果中發現，師資生參與史懷哲精神教育服務計畫時，在課程方面常遭遇如何因應學生個別差異、教學經驗與技巧不足、教學設計分量的拿捏等挑戰；而在班級經營方面，則常發生學生初始的陌生感、班級秩序管理等問題。

本方案之服務學習工作因為受到國家級教育研究機構之經費與人力的挹注，研究人員、授課教師與社區中小學校有定期的討論會議，因此，在服務與被服務對象的媒合、時間安排與行政協調上，都相當順暢。而大學師資培育中心以「實地見習」的精神，開授服務學習課程，符合師資培育職前課程的基本目標。另外，也做到張民杰（2005）對於師資生進行服務學習安排的建議，因此服務學習媒合工作順利，成效也可預期。

至於大學生的課業輔導能力與中小學生受輔導的狀況方面，本研究透過大學生一方面服務，大學教授一方面督導與協助的方式進行，雖然可以快速提升大學生課業輔導的知能，但系統化的服務學習定向研習課程，仍有發展的必要。因此，本研究的重要探究問題之一，是想透過本服務學習實踐工作的檢討，整理出服務學習大學生所常遭遇的問題，以及對所遭遇的問題提出解決方案，以便發展出更有效的服務學習課程內涵，協助大學生增能。

四 服務學習的成效

(一) 大學生的受益

服務學習融入課程，源起於美國1960年代（Jacoby, 1996）。歷史雖然不長，但是成效卻受到國內外許多研究者的肯定與認同。近年來，已經有相當多的研究成果顯示，服務學習是一種有效的學習方法。

對大學生而言，服務學習課程，除了有各項能力磨練的機會、促進自我成長、提升學業表現、增加專業能力，還能瞭解社區文化、關心社區問題、增加公民行動機會，並且可以藉著服務學習的過程，反

省個人生命的意義與社會正義等議題（吳肇銘，2009；Einfeld & Collins, 2008）。有研究指出，大部分參與服務學習的學生都認爲，服務學習是他們大學學習生涯中，最有意義的經驗之一（Klein, Reyes, & Koch, 2007）。

Eyler, Giles, Stenson與Gray（2001）在分析過許多服務學習的相關文獻之後發現，服務學習對大學生的影響，主要可以分爲個人成效、社會成效與學習成效三個部分。由於服務學習成效多元，因此研究範疇或方向的不同，學習成效的內涵就可能有所差異（張同廟，2011）。

個人是否因爲服務學習而成長，是衡量服務學習成效的重要指標（Eyler, 2002），而根據過去的研究發現，個人成長因素，又可分爲「個人能力發展」與「對自我及他人的態度」二個層面。

在個人能力發展的部分，大學生透過服務學習，可提升其領導技能、溝通技巧與人際關係。同時，在反思、批判思考、分析、決策、面對挑戰和問題解決的能力上，也可以獲得改善（尹美琪，2002；Quezada & Christopherson, 2005）；除此之外，學習能力、工作能力與服務技能也得以獲得培養（黃春枝，2006；Giles & Eyler, 1994）。

至於在對自我及他人的態度方面，服務學習可以增進大學生的自尊心、自信心、自我效能與個人認同（尹美琪，2002；Giles & Eyler, 1994），並且，服務學習也可以協助學生增進對種族與文化的理解、樂於接受新想法、更有同理心、更能包容與尊重他人（尹美琪，2002；Eyler et al., 2001）。

(二) 師資生的受益

除了一般大學生外，師資生投入中小學課業輔導的服務學習課程，是最理所當然的一件事，因爲透過這項服務學習，師資生除了能與一般大學生一樣，獲得多方面的助益與增進，對於其未來教師生涯的專業技能發展，更有許多的幫助（Hallman & Burdick, 2011）。多位學者發現，專業服務學習課程，對於師資職前教育的學習成果，有正向的影響（高熏芳、陳素蘭，2003；馮莉雅，2007）。師資生參與服務學習活動，能夠讓教育理論與經驗做更直接的聯結，以便他們在學校或教室情境

中，直接透過實踐與修正，增進教學與其他教育知能（Marchel, Shields, & Winter, 2011; Spencer, Cox-Petersen, & Crawford, 2005）。如此，讓教師與師資生，能夠藉由社區服務，去達成教育目標，所以，服務學習是師資培育過程中，一種有效的教學方法（Swick & Rowls, 2000）。有學者指出，師資生透過服務學習，可以增加文化理解以及教學專業能力（Meaney, Griffin, Bohler, Hernandez, & Scott, 2008）。也有學者認為，將專業服務學習課程納入師資培育機構，可以提升職前教師的專業精神（Root, 1997; Stachowski & Visconti, 1998）。而曾素秋（2010）則發現，服務學習可以有效增進職前教師的自我成長與生涯探索、教師教學知能、專業態度以及社會責任與公民參與等四項教育專業能力。

(三) 中小學生的受益

大學生在中小學的志願服務工作對於大學生或是中小學生雙方都有相當的助益（Hughes, Welsh, Mayer, Bolay, & Southard, 2009; Klein et al., 2007）。另一方面，有研究指出，大部分被服務的中小學生，除了課業上的改善之外，在價值觀與自信心的培養上，也有幫助（Hughes et al., 2009），而且亦能對未來進大學的準備，有正面影響（Sims, 2007）。

在服務學習中，透過大學教師的參與，得以與社區中小學進行協商與合作，並發展夥伴關係。也得以讓大學生透過服務、反思、問題討論與解決，獲得知能的增進（Hughes et al., 2009）。大學與中小學的規模無法等量齊觀，若透過大學裡的相關單位，例如：師資培育中心或是教育相關系所，與社區中小學進行互動及合作，並且透過例行性的對話與溝通，可以更容易生成實質化的對等夥伴關係（Shroyer, Yahnke, Bennett, & Dunn, 2007）。另外，大學生進入中小學進行一對一或是一對多的課業輔導的工作，若要有成效，則大學生們需要精緻的指導，也需要教學與輔導知能的訓練。雖然，目前國內外的相關單位，對於大學生對中小學生的課輔工作，有些零星的輔導，但還缺乏「服務前、服務中與服務後回饋」等完整訓練模式的發展（Jones, Stallings, & Malone, 2004）。

本研究想透過服務學習之運作、發展及修正的過程，與社區中小學校，發展出具夥伴互惠關係的服務學習課程，也發展出完整的大學生參

與服務學習工作的服務學習訓練課程，以供其他社區與其他學校發展夥伴關係，以及協助大學生進行服務學習之參考。

參　研究方法

一　服務學習課程計畫簡介

　　本研究中之大學師資培育中心，以三門「服務學習與個人成長」課程，開放給師資培育中心的師資生與大學部修習通識課程的學生選修。本計畫透過每月2次的服務學習計畫小組會議和每月1次的社區夥伴學校會議，於開學前，完成中小學校之大學生服務需求調查與媒合。開學後，每次會議則進行計畫相關利益人之意見溝通，以及問題之改進。

　　參加服務學習的大學生，除了在服務學習課堂上進行學習、分享與討論外，還須至合作之中小學校進行至少18小時的服務學習實地活動，並且，每月須撰寫個人札記以培養反思的能力。除此之外，尚須填寫期初問卷與期末問卷，以及參與國家級教育研究機構舉辦之期初與期末座談會議。

　　師資培育中心授課教師，對於修習服務學習課程的學生，於課堂上進行基本知能訓練、難題解答、精神支持與服務情形督導，並於期末進行實地訪視。

　　綜上所述，本計畫之課程模式圖如圖16-1：

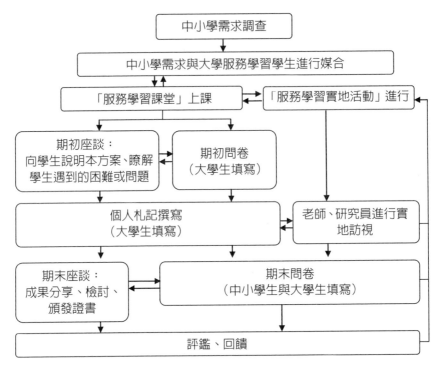

圖16-1 中小學與大學服務學習課程合作模式圖

二 服務學習課堂之課程內容

服務學習課堂之課程內容，主要分為三個階段。第一階段的課程為期約5週，包括服務內容的認識與相關知能之培訓。第二階段是服務學習實作與諮詢討論階段，約12週。大學生在此階段已開始服務學習實地活動，課堂會針對其所遇到的中小學學生課業、行為問題以及其他服務學習相關的問題進行討論。在此階段，就大學生服務所遭遇的問題，必要時由國家級教育研究機構、師資培育中心與被服務學校行政單位進行協商，以解決學生所提出的困難。第三階段為總結階段，約1週，於課堂中讓大學生進行服務學習心得總結分享與建議。

三 研究對象

本研究對象為33位大學學生及70位中小學生。大學生包括大學部

一年級到研究所三年級，20位爲各系修習通識教育服務學習課程的學生，另外13位則爲師資培育中心的師資生。其中，66.7%的大學生曾有個別輔導中小學生課業的經驗，27.3%的大學生有班級輔導中小學生課業的經驗，51.5%的大學生曾經從事其他社會服務的工作。至於60位小學生與10位國中生，則皆來自弱勢家庭。

四　研究工具

　　本研究以大學生的個人札記、期初與期末問卷和中小學生期末問卷做爲學生學習情形的資料蒐集工具。個人札記主要是請大學生寫出從事服務學習歷程的省思與心情轉變，大學生期初問卷與期末問卷則爲自編自陳量表。期初問卷包括學生的基本資料、服務前的心情等題項。期末問卷則包括服務後的心情、服務後增長的能力、對於服務學校資源與協助的滿意度，以及服務學習課程的改善建議。期末問卷的第一大題（心情）與期初問卷的第三大題，期末問卷的第二大題與期初問卷的第四到第六大題的題目內容相對應。「心情」題目的編寫內容，考量本服務學習的工作性質以及大學生可能的生活經驗與心態。至於「能力」提升的題目，除了一方面考量服務內容對於學生可能的幫助，也參考其他服務學習文獻中所探討的服務學生受益項目來進行題目編擬（吳肇銘，2009；曾素秋，2010）。「修課原因」的題目則參考英國學者Entwistle、McCune與Hounsell（2002）所編制的學習取向問卷（Learning and Studying Questionnaire, LSQ）。中小學生的期末問卷包括7題有關參與本計畫的意見，以「是」或「否」的勾選來做表達，其中3題是針對大學生（老師）的意見，2題是課程整體的效能，1題是是否願意繼續此種課程。具體言之，無論大學生個人札記的格式、期初與期末問卷或中小學生期末問卷，皆係經本服務學習計畫小組數次會議討論修改而成，具一定之專家效度。大學生期初問卷的內部一致性信度爲0.709，大學生期末問卷的內部一致性信度爲0.821，中小學生期末問卷的內部一致性信度爲0.889。根據吳統雄（1985）的標準，三者皆達非常可信（$0.9 \leq$ Cronbach's $\alpha \leq 0.7$）。

五　服務學校相關資訊

接受服務的中小學校，分別以代碼A、B、C、D和E表示。有關服務對象的背景與服務概況，彙整如表16-1。

表16-1　服務對象與服務概況彙整表

服務學校	服務對象	服務概況
學校A	受輔導的對象原為15位，皆為中輟又復學或文化相對不利的學生，最後穩定接受輔導的有3位。	有11位大學生於週一至週五，選擇1節自己方便的時段，以一對一的方式對國中生進行課業輔導。
學校B	8年級「發展遲緩兒」特殊生1名，數學尚無法進行簡單加減的運算，英文只認得幾個單字且發音模糊。	由3位師資生對輔導室進行人力支援，分別於一星期中的不同上課天去進行1個小時的輔導陪伴。
學校C	約有20位4-6年級學生參加週六英語營隊，約有3至4位3-5年級學生參加晨間英文輔導。	由2位大學生負責週六上午英語營隊的教學工作。由6位大學生在星期三和星期四早自習時間，進行晨間英文輔導。
學校D	共約9位3年級學生參加課後輔導，1位3年級學生參加晨間輔導。	有8位大學生，各自於一星期中某上課日的課後，至學校進行服務。1位大學生，於星期二晨間進行服務。
學校E	共約18位3-4年級小朋友參與，每次由課後班抽離2-3位，交由1位或2位大學生，配合課輔老師進行特別督促。	有2位大學生各自於一星期中某上課日下午4：00到5：30至學校進行服務。

六　資料處理

本研究之資料蒐集，兼具質性與量化兩個面向。質性方面，以學生的服務學習個人札記為主；量化方面，包括對大學生進行之期初與期末5點量尺問卷意見調查，以及對國中小學生的期末學習情形調查。

在量化分析方面，由於本研究為初期計畫，參與服務學習的大學生及中小學生人數不多，亦無安排對照組進行實驗控制，故本研究在大學生與中小學參與服務學習的助益與成效上，無法進行研究之外在效度驗

證，故在結果討論的部分，只引用描述統計之資料與t（或f）檢定之結果。在統計分析方法上，以SPSS 18.0版進行資料之次數分配、平均數與標準差等描述統計與t（或f）檢定測試等。

在質性資料分析方面，研究者以33位大學生（代號「S01」至「S33」）的服務學習期中個人札記、期末個人札記與問卷的開放問題（代號「中札」、「末札」、「末卷」）為資料來源。編碼模式以「資料代號」—「學生代號」方式編輯，例如，「中札-S01」代表學生編號1的期中札記。一學期下來共蒐集學生札記作業268篇。3位大學教師與1位研究員，分別對學生的札記內容進行整理與歸類，並透過每月2次的定期討論，統整學生所遭遇的問題，且將其分為：大學課堂、行政支援、教材教法、課室管理與輔導溝通五大類，以形成研究論文之主軸觀點。

肆 結果與討論

一 大學生針對服務學習課堂所提出的問題以及大學老師的解決策略

(一) 課程時間不足問題

老師在培訓課程與諮詢討論中，時間往往不夠用。導致學生在服務學習實作時所遇到的問題，無法立即獲得解決。例如大學生在個人札記中寫道：

> 我希望可以多增加培訓課程的時數，對我來說，這些東西很有用，因為我沒有教學的經驗，這些課程可以快速讓我入門，並找到一些方法來幫助小朋友。（中札-S27）

> 更希望，這門課可以增加成3學分，這樣子，課堂上的討論時間，也才可以增加，更詳細地把自己服務的情況，轉達給指導

老師。（末札-S28）

一節仍作爲服務學習，其餘兩節課爲上課及課堂討論，因爲這
樣時間比較充裕，討論的問題也能比較詳細，也可以有時間做
一些其他的關於教育或班級經營的教學。（末札-S31）

(二) 解決策略

大學生希望可以多增加培訓課程時數，以提供足夠的專門科目訓
練。事實上這是很難做到的。因此，服務學習培訓課程，也只能針對一
般性的問題，提供方法。雖然此作法對大學生們有一定的幫助，但實際
遇到困難時，仍然是得靠大學生們返校上課與老師討論，才可能會有更
好的解決方式。

針對培訓課程與諮商討論時間不夠用的問題，有兩個主要的解決方
向。在課程安排上，應該在大學生還沒有開始去服務學習的前4週，盡
力將培訓課程上完。若仍然無法完成，則建議每週諮商討論時間，先解
決大學生的服務學習時所遇到的實際問題，若有時間則再補充一些相關
的培訓課程概念。在諮商討論階段，因爲學生每週進行實地服務1個小
時，所以每週只要回學校上課1個小時，因此另一個解決方向，就是將
上課時數增加爲2個小時，或是限制學生修課人數不要超過10人，就可
以有效解決討論時間不夠用的問題。若上述方法皆無效，則可能要將學
生分組，以在同一個學校服務的學生爲一組，先進行討論。因同一個學
校服務的學生具有共同經驗，往往許多問題，經他們討論後，就會得到
一些初步的答案，然後再與老師做進一步的討論，效果上可能會再更好
一些。

二 大學生進行服務學習與課業輔導時所遭遇的問題與解決策略

(一) 服務學習媒合與服務學校安排方面的問題

雖然有國家級教育研究機構研究方案的支持，在社區夥伴關係的運

作下，大學生服務學習的媒合工作順利，也得到許多服務學校的行政協助，然而在一學期的實踐過程中，仍然有精緻化媒合工作的空間。本研究在這方面的問題及解決策略分述如下：

1. 服務大學生定位問題

有些小朋友不知道大學生的立場與定位，在互動時逾越分寸，導致教室秩序混亂，影響服務成效。有少數的學校，因為在服務開始前，於課堂上介紹大學生給中小學生認識，因此比較不會有這樣的困擾。例如，有位大學生在個人札記中寫道：

> 一開始去學校D報到時，有稍微跟輔導主任做一個溝通，而主任也非常好心地先提醒大家一些注意事項。怕小朋友太過於放肆，所以會跟小朋友說明，請小朋友叫我們一聲老師。可能是因為我們已經被定位在老師的身分，所以小朋友比我的預期要乖一些。（末札-S14）

2. 服務大學生對於服務對象與服務學校不瞭解

有些學校並未說明服務對象之相關背景、學校環境或是服務目標，以至於大學生需要花時間去探索。有關這方面的需求，大學生在個人札記中反應如下：

> 希望之後對每位要輔導的學生都能有基本的認識，否則一到現場真的很容易不知所措，什麼都沒有準備。（中札-S33）

> 能在課輔進行之前，可以得到確實的時間表、課輔地點、服務對象的學習狀況和背景等資料，可以有更充分的課輔準備，免卻了蒐集資料的機會成本。（中札-S30）

3. 服務對象不固定或服務對象沒出現

有些學校輔導的對象會變動，因此大學生對於所遇之問題，無法使用想好的解決策略或是持續觀察策略使用的成效。有大學生表示：

最近幾個禮拜學生的替換率還蠻高的，嗯……但我比較希望
學生能夠稍微固定一下，因為這樣子我們跟學生的互動時間
才會比較多，也比較有機會在教他們功課的閒暇時間多跟他
們聊聊、瞭解他們的狀況，而不是只教他們寫作業而已。（中
札-S21）

因為學校的安排，因此又換了另一名學生，這考驗了我的應變
能力。教學雖然應該是按照計畫循序漸進，但總有計畫跟不上
的變化存在。可以的話，希望可以跟他更深入交談，瞭解他的
心結所在，但我不是他固定的老師，可能很難。（中札-S15）

也有些大學生指出，有時候到了上課時間，卻還沒有看到被服務的
對象。常常時間已經過了大半，學生才姍姍來遲或是根本沒出現。例
如：

學生當天因事無法前來課輔。學校方面未能及時通知，學校方
面應該盡快確立明確的課輔請假制度。（中札-S30）

4. 服務大學生交通問題

大學生進行服務學習的5所社區中小學，離大學的距離遠近不一，
因此在課程剛開始，沒有機車的同學，反應了交通上的問題，而即使有
公車可以搭乘，也可能無法與服務的時間配合。

5. 分組教學空間相互干擾問題

不同組的晨間英語輔導於同一會議空間進行，會有相互干擾的現
象，甚至於分屬於不同小組的小朋友就一起嬉鬧起來。例如：

上課時除了所輔導的小朋友外，還有其他的小朋友也在場，會
互相干擾，有時他們還會玩起來，需花較多時間在秩序的管
理，不利於上課。（末札-S28）

6. 學生分組差異性太大

英文科的教學，同組學生程度落差大。例如，於學校C帶領營隊的大學生在個人札記中寫道：

> 學生的程度因為年級分散及其他因素有所差異，加上我們對國小的教材與學生的程度事先並不瞭解，所以花了一、二堂課才比較能掌握我們的教學內容，因此在開口練習字彙或是小組遊戲競賽時，可能無法確保每個學生都能夠充分瞭解或者練習。
> （末札-S31）

學校C的晨間英語輔導，也出現相同的狀況。學校雖有英文認證的制度，但學生的程度並不符合被分到的組別。例如，有大學生表示：

> 問了一下他們第一次段考考幾分，共通點是都沒及格，不過range還蠻大的，有三十幾的也有差點就及格的。原先想說怎麼可能那麼糟……。的確，不能太早下定論。A-Z的發音都有點問題，有些連字母都還寫不太出來，這讓以前從沒帶過小朋友的我，苦惱了蠻久的。 （中札-S19）

(二) 解決策略

關於前述6個問題，本研究提出之解決策略如下：1.有關服務大學生定位問題，已建議服務學校舉辦相見歡活動，正式將大學生介紹給小朋友，並提醒互動規範。2.有關服務大學生對於服務對象與服務學校不瞭解這一問題，已建議服務學校統一對服務大學生進行服務對象之說明、學校對服務對象的特別安排與制度措施、學校環境與服務目標的介紹等。3.有關服務對象不固定或服務對象沒出現這一問題，已建議服務學校儘量安排固定的服務對象，且能於服務大學生到達之前請服務對象就定位。4.有關服務大學生交通問題，已向大學校方借腳踏車，提供給需要的大學生使用。5.有關分組教學空間相互干擾問題，已請服務學校

協助各組能有獨立空間上課。6.有關學生分組差異性太大這一問題，除了請學校確認英文分組標準是否適當之外，亦請學校方面提供這些學生背景與先備知識的說明。同時，加強服務同學對於小學英語教材的熟悉度，也是大學生可以順利進行中小學生課業輔導工作的必要措施。

(三) 服務學生知能與被服務學生學習方面的問題

1. 服務大學生教課方法與中小學校老師不同

大學生在輔導作業書寫時，遇到了教導小朋友學習的方法與在校老師教的方法不同的問題，例如：數學解題方法。

> 我很驚訝現在國小老師竟然這樣教數學（92除以4），對我來說，多了20+3這個步驟極度不必要，我無法理解為什麼國小課本要這樣編。（中札-S32）

2. 服務大學生教學知能不足

參與服務學習的大學生，包括師資生與通識生。師資生雖然已經接受了一些師資職前訓練的課程，但畢竟尚未具備正式的教學經驗。而有些通識生，雖然曾經有過家教的經歷，不過對於教學相關知識是缺乏的。不論是師資生或通識生，在個人札記中，都記錄了他們的不安。

> 實際去輔導果真和設想中的情況有所出入，光是開口和學生介紹自己竟然就令我感到緊張，好不容易結束了破冰的自我介紹，卻又不知道如何繼續，內心相當慌亂。（中札-S20）

> 其實面對學生時我一直很緊張，甚至會在教學過程中惶惶不安：這樣教有沒有問題？他聽不聽得懂？會不會他覺得很沒意思？他相信我的能力嗎？……等等。（中札-S15）

3. 秩序或言行管理困難

學生常互相打鬧，學習容易分心，有時甚至於影響到其他同學的學

習。也有一些小朋友是在言行方面出現偏差，讓大學生不知所措。班級經營不易，是許多大學生所面對的難題，有大學生在個人札記中，寫了如下的心聲：

> 對於他們的暴力傾向、偏激的言語威脅同學，我會變得不知所措、無法快速變通，僅能趕快制止他們，把他們位置分開，這是我的新問題！（中札-S33）

> 覺得自己對那種會大吵大鬧或是會使用暴力的學生沒輒，尤其那種會頂嘴的、會辯的，我每次都會選擇沉默。（末札-S27）
> 每個班級裡都會有這種愛說髒話或是愛取笑別人的小孩，除了口頭警告或是扣小組的分數外，不知有沒有更有效的方式可以阻止。（中札-S31）

4. 中小學生學習或工作效率差且學習意願低

有些被服務的學生個性被動、容易顯示出對學習的倦怠；有些疑似為過動以及閱讀障礙的孩子；有些孩子習慣不好，邊寫功課邊玩耍，常無法完成作業；有些則是沒有學習的動機。在輔導國中生的過程中，幾位大學生有著如下的敘述：

> 現在學生有比較願意來上課了，但學習意願仍然不高，我試著讓她能夠進行簡單的四則運算，學生願意稍微配合的時間大約只有20分鐘，我試著增加誘因（提早讓她去看畢業紀念冊……），每個誘因大概可以使用兩次。（中札-S22）

> 他寫作文時，有很多字在組合上好像有些問題，比方說期待的「期」，他會先寫「月」，再寫「其」；「的」會先寫「勹」，再寫「白」等等諸如此類的問題，或是簡單的字，像「心」卻寫不出國字只能以注音代替，甚至連注音都拼錯。（中札-S04）

(四) 解決策略

首先，關於大學生教課方法與學校老師不同之問題，建議之解決方法如下：1.由大學授課教師偵測此問題是服務大學生個人的教學技巧問題，或是因為大學生已脫離中小學太久，不知道學校教育方法的改變。2.請服務學校提供每位服務大學生相關教科用書與教師手冊，讓服務大學生先行研究現行學校的教學觀念與方法。3.請服務學校提供相關的教具與教學資源。4.師資培育中心進行國小國、英、數教科書之蒐集。

其次，關於服務大學生教學知能不足這一問題，解決之道為：大學生返校上課內容除包括個案諮詢的安排外，同時可加強大學生以下的知能：開放心靈與同理心的能力、國英數教學技巧、中小學生特性、對服務學校的瞭解與溝通能力、班級經營能力。除此之外，尚可包括：增加服務學習課堂上的討論時間、與被服務學校之相關科目資深教師合作等。

再者，有關秩序或言行管理方面的解決之道為：加強服務學習的同學對於教室管理的訓練。在英語營隊的部分，學校方面若能將學生人數再降低或是增加營隊服務同學的人數，也是可以解決這個問題的好方法。

最後，關於中小學生學習或工作效率差且學習意願低問題，應針對可能過動以及閱讀障礙的孩子進行狀況瞭解，必要時與課輔老師或是主任詳談，期末並把情形反應給學校。另外，可簡化書寫作業要求，縮短書寫的段落或時間，實施具體可行的約定。至於個性被動、缺乏學習動機或無法專心寫功課的孩子，則是採用誘導鼓勵的方式，以提升其學習意願。

經過整理與歸類，由札記的內容可知，大學生在進行課業輔導的服務學習時，所遭遇的問題，主要可以分為來自被服務對象與大學生本身二大類。在被服務對象方面，對服務對象不瞭解、學生分組差異性太大、學生的學習意願低落等問題，與陳淑麗（2009）及白雲霞（2012）的發現相接近。而在大學生本身的部分，大學生定位問題、秩序或言

行管理困難、教課方法與中小學校老師不同，以及教學知能不足等問題，則與林艾蓁（2008）及白雲霞（2012）的研究結果相呼應。而此部分，也印證了過去學者所提出，大學生有心服務社會，只是尚未完全準備好的看法（楊淑雯，2010）。

三 大學生的受益情形

(一) 服務學習課堂對大學生的幫助

老師在授課時，會根據大學生所遇到的狀況，討論並提供一些有用的策略與建議，以幫助大學生更能有效對中小學生進行課輔，例如大學生在個人札記中寫道：

> 老師在上課傳授了許多教學上的訣竅，收穫很多，也會一個一個去理解個案的情形，針對這些狀況來解決我們所面臨的問題。例如：之前一直搞不懂學生為何九九乘法表不會，經過兩次與老師的討論，才知道學生真正的問題是出在哪裡，與我所想像的狀況完全不同。（末札-S27）

> 課堂上，學習到「教師期望理論」和「比馬龍效應」，我覺得十分受用，而我也將理論運用到實際，效果也很不錯。這樣我想起過去在補習班打工的日子，那時沒有人教我該怎麼當一個老師，該怎麼跟學生接觸才恰當。（末札-S17）

教師在授課時所提供的策略雖然對於大學生們很有用，但由於大學生們服務的學校、服務的對象與服務的科目都有些差異，因此對服務學習的指導老師來說是一個非常大的挑戰。將來有機會可以先為大學生進行輔導時，可針對國文、英文、數學這三個科目常遇到的問題，集結成服務學習指導手冊，先提供大學生一個基本的入門引導方向，以利在諮商討論時，可以有更多時間，深入討論更為特定的問題。

另外，在期末問卷中的開放題，問到服務學習中的最大協助，大學

生大都認為服務學習課堂的諮詢與討論給予他們很大的幫助，例如有學生寫道：

> 每週服務結束，師培老師都會耐心且詳細地詢問我們教學的情況與問題，並提供如何繼續與學生互動的方法，所以是很放心且有被支持的。（末卷-S01）

(二) 行政支援對大學生的幫助

在大學生進行服務學習的過程中，國家級教育研究機構研究員、師資培育中心教師以及參與子計畫的中小學校長與主任，每月進行開會討論與協商服務學習工作的調整，主要在於反應大學生的問題與感受。一方面，讓大學生的服務工作更順暢；另一方面，讓中小學方面能夠掌握服務學習的整體品質。另外，期末時對於大學生服務工作進行課室觀察，也在於關注大學生的需求與表現，希望有助於整體服務學習計畫的品質增進。有關這些對於大學生提供之協助，大學生的滿意程度都偏向正面，表16-2呈現了大學生在問卷每一個項目5點量表的得分，都在3.5分以上。

表16-2　大學生服務後各項滿意度之描述統計摘要表（N=33）

排序	項目	最小值	最大值	平均數	標準差
1	工作環境滿意度	3	5	3.97	0.64
2	學校關心滿意度	2	5	3.96	0.81
3	時段安排滿意度	3	5	3.94	0.61
4	求助管道滿意度	3	5	3.88	0.65
5	對象安排滿意度	2	5	3.82	0.68
6	教學設備滿意度	2	5	3.76	0.75
7	課程安排滿意度	2	5	3.58	0.71

除了5點量表的結果，有大學生在期末問卷的開放問題上，寫出

了服務學校給予他們在行政方面的協助。也有大學生在期末問卷上反應，國家級教育研究機構提供的小獎品，對於他們獎勵學生學習，有很大的幫助。

(三) 大學生之心情轉變與成長

雖然本研究有66.7%的大學生有個別輔導中小學生課業的經驗，但他們對於社區的中小學學校環境與學生都是陌生的，所以大部分參與服務學習的學生在進行服務學習之前的心情是不安與沒有自信的，但是在經過服務學習的實踐、大學老師的回饋以及自我的省思調整之後，大學生的擔心明顯減少了（t=-5.33，p<.001），不知從何開始的感覺顯著減輕了（t=-2.97，p<.01），而自信心明顯增加（t=3.46，p<.01），很想去嘗試的動機明顯增強（t=2.97，p<.01），抱著學習的心情也明顯增強（t=2.51，p<.05），更不怕犯錯了（t=6.32，p<.001），服務後比服務前更安心（t=4.10，p<.001）且更快樂（t=5.18，p<.001）。從表16-3的資料中可以很清楚地看到這個心情的轉變，由大學生的心得札記中，也可獲得類似的訊息：

> ……也因為曾經失敗過、曾經被氣得七竅生煙，巴不得把他們抓來痛打好幾頓，所以現在的我們才更有了對待其他學生的能力及技巧，自己曾經有的不足，在一次次的實踐經驗下被慢慢地補滿，我曾經是個相當沒有耐心且說話尖銳的人，但最後的我也瞭解了很多事情是急不得的，而自己身上那些尖銳的稜角也逐漸被磨平，這都要歸功於我的學生們。（末札-S03）

前揭文獻回顧之相關研究指出，大學生經過服務學習之後，在多元價值觀、關懷能力、教學輔導學生能力的方面，都能有所增長（尹美琪，2002；Eyler et al., 2001；Marchel et al., 2011），本研究也得到相同的結果。由表16-4得知，參與服務學習的大學生認為，自己在與人分享、關懷他人、瞭解學生、反省能力以及溝通能力上，有顯著進步（5點量表平均得分4分以上）。而在表達能力、解決問題、教學技巧、人際關

表16-3 大學生服務前、後心情變化之t檢定統計摘要表（N=33）

檢測項目	服務前		服務後		平均差 (B)-(A)	t值
	平均(A)	標準差	平均(B)	標準差		
1.很擔心	3.00	0.97	2.09	0.81	-0.91	-5.33***
2.很有自信心	3.03	0.88	3.67	0.69	0.64	3.46**
3.很想去嘗試	4.00	0.71	4.30	0.53	0.30	2.97**
4.抱著學習的心情	4.30	0.53	4.52	0.57	0.22	2.51*
5.不怕犯錯	2.79	0.89	3.97	0.59	1.18	6.32***
6.很安心，因為有師培老師的協助	3.24	1.01	4.00	0.66	0.76	4.10***
7.不知從何開始	3.03	1.02	2.42	0.97	-0.61	-2.97**
8.很快樂，因為要去助人	3.42	1.12	4.39	0.56	0.97	5.18***

*$p<.05$；**$p<.01$；***$p<.001$

係，及學科知識上，亦有所成長（5點量表平均得分3分以上）。這樣的結果，顯現服務學習對於大學生關懷社區以及公民素養的提升，的確有所幫助。但在班級經營的能力上，參與服務學習的大學生並不認為自己有顯著的進步。原因之一，可能是因為33位大學生中，有15位是進行一對一輔導，其餘的18位，除了2位帶領週六英語營隊的同學之外，每1位同學的服務對象，幾乎都在2-3人左右，若遇學生缺席，則人數更少。因此，大部分的大學生，比較少有機會運用到班級經營的技巧，也因而覺得自己在班級經營的能力上，沒有顯著的進步。至於真正的原因為何，值得進一步探討之。

　　大學生進行服務學習後，知覺能力增長的情形，在其個人札記中，也有與表16-4相呼應的敘述。許多大學生都提到課堂同學間的討論與分享，對於自己的服務學習與成長有很大的幫助。例如：

> 在這伴讀的過程中，由課堂上的討論，我學了不少教學的技巧，也嘗試了課本中提過的理論和方法，這樣學以致用的方式，讓我在修課的這三、四個月當中，領悟很多。（末札-S14）

表16-4　大學生服務後知覺增長能力之描述統計摘要表（N＝33）

排序	項目	最小值	最大值	平均數	標準差
1	與人分享	3	5	4.27	0.57
2	關懷他人	3	5	4.24	0.50
3	瞭解學生	3	5	4.12	0.55
4	反省能力	2	5	4.09	0.63
5	溝通能力	3	5	4.00	0.43
6	表達能力	3	5	3.97	0.47
7	解決問題	3	5	3.85	0.57
8	教學技巧	2	5	3.82	0.64
9	人際關係	2	5	3.76	0.61
10	學科知識	2	5	3.42	0.75
11	班級經營	1	5	2.82	1.04

　　另外也有大學生從教學技巧的進步來看待自己的成長，例如：

　　在英語的教學方面，因爲沒有準備教材，上起來也有點力不從心，不知從何下手。那次回家後，我對自己感到蠻失望的，覺得我似乎不適合這樣的工作，於是我也開始檢討自己，作了簡單的教材，也在禮拜二的上課時間向老師說了這樣的情形，老師也給了寶貴的意見，在經過幾個禮拜和學生的互動及互相磨合後，情況慢慢步上軌道。（末札-S18）

　　有1位師資生則是從不知如何與特殊孩子互動，進而省思自己的教學方法，且能有所突破。她在個人札記中寫道：

　　於是我開始調整，我主要先讓學生從聽開始，在課堂中，不斷的重複說，我想要教他的單字，而這個單字背後需要有意義，讓學生知道爲什麼學，確立目標後，我開始不教英文字母，而是開始從學生已經學會的基本中文翻成英文，例如：數字、動

物，並開始設計課程……。（中札-S13）

還有好幾位大學生敘述著，經過了服務學習的過程，才更能體會到同理心的重要性。例如：

> 把學生教會應當是我的責任，我不應該將學生當成是我。畢竟我們的年齡是不一樣的，對於自己的沒同理心，我感到十分羞愧。原來，平常常掛在嘴上的同理心，要做到是這樣的難，也驗證了「實際去做，永遠比空口說的難」！（末札-S20）

至於在學校B進行個案輔導的3位師資生，在服務學習之後，對於發展遲緩特殊生都有進一步的認識。有1位師資生從對特殊孩子的負向觀念，轉變成能同理與接納。

> 重新檢視自己的經驗後，發現了自己的盲點。過早為自己設下認輸或放棄的時間，也將學生貼上負面評價的標籤……。接下來兩三次的服務，我嘗試找尋如何與他溝通的模式，發現在師培與社工系課程（教育心理學和人類行為與環境）所學的都用得上，雖然特殊生的發展不屬於常人，但他還有許多值得我認識、學習的地方。（中札-S10）

也有一些大學生表示，當了老師之後，才發現，當老師真是一件不容易的事。例如：

> 透過這一學期的服務學習課程，我瞭解到當老師不是隨隨便便就能當的，你必須把你認為是理所當然的知識，將它解釋到讓學生能夠聽得懂，除了這點之外，你還必須多多關心每個學生的狀況並幫助他。（末札-S21）

從本研究的結果得知，大學生經過服務學習的過程，透過行政支援

的協助、接受大學教師的課堂指導與自我省思的調整後，擔心的心情和不知從何開始的負向概念明顯地減少了。另一方面，與個人能力發展和對自我及他人態度相關的項目，則是顯著地改善了。本研究的結果與國內外文獻的結果相互呼應（尹美琪，2002；曾素秋，2010；Hughes et al., 2009；Leege & Cawthorn, 2008；Quezada & Christopherson, 2005）。除此之外，也更加證實了服務學習的參與者，能發展出許多正向概念的結論（曾素秋，2010；Leege & Cawthorn, 2008）。此一發現，值得教育行政主管當局與各學校推動服務學習的相關單位，予以重視。

四　大學生知覺中小學生受益情形

有學者指出，追求成就感為學生參與社區服務的動機之一（Fischer & Schaffer, 1993）。當學習動機強烈時，學生的學習成效也會跟著增加（McCombs, 2000）。雖然本研究中，大學生參與服務學習的時間不是很長，課業輔導的成效也不見得具體可見，但大學生於個人札記中，常常表示其所知覺到的中小學生受益情形，例如：

> 在國字練習上，經過一學期的陪伴，個案在我面前已經可以如在特教老師的要求之下，一筆一畫地將國字寫得工整，而不是像剛開始陪伴時候的草率。在數學部分，相較學期剛開始時，個案已經可以順利地將特定數字如20、30、70之後等，唸得更順暢更正確。（末札-S12）

> 經過三個禮拜的訓練，發現學生對於加減法，已經有明顯的進步，不論是精準度或速度，都有小幅的提升，看到學生有這樣的進步，心中非常歡喜，每天早上疲憊的心態一掃而空，看到學生的進步，就是自己最大的成就。（中札-S14）

前揭文獻回顧之相關研究指出，大部分被服務的中小學生，不但課業有所改善，價值觀與自信心的培養也有所增益（Hughes et al., 2009；

Sims, 2007），本研究中之大學生的知覺情形與其結論一致。並且，大學生知覺到的情形與透過中小學生問卷所蒐集到的結果雷同。

在本研究中，大學生藉由被服務對象在學習成效上的改善，獲得了成就感。由此，亦可解釋表16-3中，很想去嘗試的動機明顯增強與服務後比服務前更快樂的原因。

五 本計畫大學生服務學習之整體成效分析與討論

在本計畫課程模式運作下，大學生受益情形良好。無論是個人能力發展部分，或是對自我及他人的態度方面，都有明顯的進步。另外，本研究亦發現，此一計畫對中小學生也有相當的助益。綜上，本計畫與過去研究（尹美琪，2002；曾素秋，2010；黃春枝，2006；Giles & Eyler, 1994；Hughes et al., 2009；Klein et al., 2007；Leege & Cawthorn, 2008；Quezada & Christopherson, 2005）所呈現結果一致。除受益情形的分析外，本研究亦著重「大學生針對服務學習課堂所提出的問題以及大學老師的解決策略」和「大學生進行服務學習與課業輔導時所遭遇的問題與解決策略」的探討。而所獲得的結果，則是過去研究較少提及的實踐面向。相信本研究對未來欲進行類似服務學習方案的學校，有一定的幫助。

伍 結論與建議

本研究透過大學師資培育中心所開授的服務學習課程，與社區2所國中和3所國小發展夥伴關係，並探究此課程執行過程中，大學生所遭遇的問題、解決方案與受益情形。

透過大學生參與服務學習的歷程得知，大學生進行中小學課業輔導可能遭遇的問題，可以歸納成五類：

1. **大學課堂**：教師要同時完成培訓課程教學，及提供時間與大學生諮商討論，以利後續進行課輔活動，課程時間明顯不足。
2. **教材教法**：服務大學生的教學方法與被服務學校老師的教學方

法不一致，或是根本不知如何使用有效的方法教學。

3. **課室管理**：大學生對於中小學生在教室上課時的秩序或言行，無法使用有效的策略管理。

4. **輔導溝通**：當中小學生學習效率差或學習意願低時，大學生不知如何與被服務對象溝通，或利用有效的策略提升其學習意願。

5. **行政支援**：服務大學生定位、服務大學生對於服務對象與服務學校不瞭解、服務對象不固定或沒出現、服務大學生交通問題、分組教學空間干擾問題與分組差異性太大等問題，需藉服務學校與師資培育中心的行政支援才能解決。

綜合上述五類問題，可茲利用之解決策略與建議如下：1.服務學習課程授課教師，可利用大學生分組討論的方式，解決諮商時間不足的困境。2.培訓課程可加入桌遊融入教學議題，幫助大學生與中小學生建立良好關係後，再進行課業輔導。3.返校上課內容可加強大學生在教材教法、課室管理與輔導溝通等方面的知能，以利服務學習更有效率地進行，讓中小學生獲得最大受益。4.利用國家級教育研究機構與師資培育中心，作為大學生與服務學校溝通的管道，將大學生所遇到的狀況，提供給服務學校，並與服務學校進行意見交流，以解決問題。如此，可使大學生的服務更加順暢，也增進了國家級教育研究機構、大學師資培育中心與各夥伴學校的合作和信任關係。5.服務學校應針對中小學生的背景、服務場地、服務大學生的定位等，安排相關說明，讓服務的大學生與被服務的中小學生，快速建立相關的聯結網絡，以利後續課業輔導的進行。

至於大學生的受益情形，本研究結果顯示，在服務學習的進行過程中，透過有計畫的服務活動結合正式課程，經過準備（preparation）、服務（service）、反思（reflection）與慶賀（celebration）四個實施階段後（Fertman, Whitem, & White, 1996），服務學習的參與，對大學生在下列四方面有所幫助：

一　服務學習課堂對大學生的幫助

服務學習課堂授課時，教師會針對大學生遇到的狀況加以討論，並提供有用的策略，幫助大學生更有效地進行課輔活動。

二　行政支援對大學生的幫助

國家級教育研究機構、師資培育中心和參與服務學習計畫學校的相關人員，每個月會開會討論相關問題及協商服務學習的工作內容，以反應大學生的困難與感受。開會後，行政支援的具體作為，讓大學生的課輔活動能順利進行。

三　大學生之心情轉變與成長

大學生經過服務學習之後，心情由一開始的不安與沒有自信，到後續能調整自己去配合中小學生的課輔活動，並在與人分享、關懷他人、瞭解學生、自我反省……等能力上有顯著的成長。

四　大學生知覺中小學生受益情形

大學生在個人札記中，常表示知覺到中小學生經過他們的課業輔導後，有些科目有的所進步。

由於本研究為初探性研究，因此將焦點放在服務學習課程實施與大學生之受益情形，並針對實施所遇到之問題，嘗試進行解決，因此會有許多問題是屬較淺層的行政問題。未來可以針對服務學習課程模式，進行模組化及系統化，以利這些淺層行政問題之處理，並可針對服務進行中較深層的問題，進一步討論。另外，若能針對服務學習課程效果，同時以大學生與中小學生受益之情形為主軸，補充問卷、訪談或觀察資料，將可使未來研究結果，更具深度與廣度。

參考文獻

尹美琪（2002）。「服務─學習」課程──以輔仁大學為例。通識教育，**9**（3），35-72。

白雲霞（2012）。「職前教師之教學信念反省探究歷程──以參與史懷哲教育服務學習之師資生為例」。國民教育學報，**9**，17-54。

吳統雄（1985）。態度與行為研究的信度與效度：理論、應用、反省。民意學術專刊，**101**，29-53。

吳清山（2005）。學校行政研究。臺北市：高等教育。

吳肇銘（2009）。「服務學習」課程在通識教育實施之研究──以中原大學為例。通識教育學刊，**3**，97-124。

林艾蓁（2008）。大學生參與社福機構課後輔導志願服務經驗之研究（未出版之碩士論文）。慈濟大學教育研究所碩士班，花蓮市。

林秀慧、陳璟名、胡婉雯（2010年3月）。宜蘭弱勢兒童課業輔導方案成效研究～以永齡希望小學世展分校為例。「因應風險社會──社會工作的終身專業成長研討會」發表之論文，臺北市：臺鐵大樓演藝廳。

高熏芳、陳素蘭（2003）。職前教師專業服務學習課程實施之成效評鑑：以淡江大學為例。課程與教學，**6**（3），43-65。

張民杰（2005）。職前教師培育課程應用服務學習之設計與實施──師資生焦點團體的意見分析。國民教育研究集刊，**14**，93-107。

張同廟（2011）。參與態度、阻礙因素與學習成效之關係模式──以南部四所大學服務學習課程學生為例。國立虎尾科技大學學報，**30**（1），87-104。

教育部（2010）。大專校院服務學習方案。取自http://english.moe.gov.tw/content.asp?CuItem=9407

陳淑麗（2009）。弱勢學童讀寫希望工程─課輔現場的瞭解與改造。臺北市：心理。

單文經（2009）。教育變革的第四條路線。教育研究月刊，**181**，41-48。

曾素秋（2010）。應用服務學習提昇職前教師教育專業能力之研究。朝陽人文社會學刊，**8**（1），185-232。

湯維玲、蔡佩娟（2013）。一位國小校長推動攜手計畫補救教學之行動研究。課程與教學，**16**（2），69-92。

馮莉雅（2007）。服務學習與餐旅類科師資生教師專業素養之研究。高雄餐旅學報，**9**（1&2），63-84。

黃春枝（2006）。大學生社區服務態度之研究。教育與心理研究，**29**（2），291-318。

楊淑雯（2010）。服務學習課程規劃與實施成效之研究，61-75。

Anderson, J. B. (1998). Service-learning and teacher education. *ERIC Digest 97-1*. Washington, DC: ERIC Clearinghouse on Teaching and Teacher Education.

Bringle, R. G., & Hatcher, J. A. (1995). A service-learning curriculum for faculty. *Michigan Journal of Community Service Learning, 2*, 112-122.

Dewey, J., & Dewey, E. (2010). *Schools of tomorrow*. Whitefish, MT: Kessinger Publishing, LLC.

Einfeld, A., & Collins, D. (2008). The relationships between service-learning, social justice, multicultural competence, and civic engagement. *Journal of College Student Development, 49,* 95-109.

Entwistle, N., McCune, V., & Hounsell, J. (2002). *Approaches to studying and perceptions of university teaching-learning environments: Concepts, measures and preliminary findings (occasional report 1 ETL-project)*. Edinburgh, UK: University of Edinburgh.

Eyler, J. (2002). Reflection: Linking service and learning—linking students and communities. *Journal of Social Issues, 58*(3), 517-534.

Eyler, J. S., Giles, D. E., Stenson, C. M., & Gray, C. J. (2001). *At a glance: What we know about the effects of service-learning on college student, faculty, institution and communities, 1993-2000* (3rd. ed.). Washington, DC: Corporation for National and Community Service. Retrieved February 26, 2013 from http://www.servicelearning. org/filemanager/download/aag.pdf

Fertman, C. I., Whitem G. P., & White, L. J. (1996). *Service learning in the middle school: Buildinga culture of service*. Columbus, OH: National Middle School Association.

Fischer, L. R. & Schaffer, K. B. (1993). *Older volunteer: A guide to research and practice*. Newbury Park, CA: Sage Publications, Inc..

Giles, D. E., & Eyler, J. (1994). The impact of a college community service laboratory on students' personal, social, and cognitive outcomes. *Journal of Adolescence, 17,* 327-339.

Hallman, H. L., & Burdick, M. N. (2011). Service learning and the preparation of English teachers. *English Education*, *43*(4), 341-368.

Hughes, C., Welsh, M., Mayer, A., Bolay, J., & Southard, K. (2009). An innovative university-based mentoring program: Affecting college students' attitudes and engagement. *Michigan Journal of Community Service Learning, 16*(1)69-78.

Jacoby, B. (1996). *Service-learning in higher education.* San Francisco, CA: Jossey-Bass Publishers.

Jones, B. D., Stallings, D. T., & Malone, D. (2004). Prospective teachers as tutors: Measuring the impact of a service-learning program on upper elementary students. *Teacher Education Quarterly, 31* 99-118.

Klein, C. H., Reyes, O., & Koch, J. R. (2007). A service-learning project that included multiple service opportunities including the mentoring of younger at risk students. *North American Colleges and Teachers of Agriculture Journal, 51*(4), 55-61.

Leege, L. & Cawthorn, M. (2008). Environmental service learning: Relevant, rewarding, and responsible. *Journal of College Science Teaching, 37*(6), 32-36.

Marchel, C. A., Shields, C., & Winter, L. (2011). Preservice teachers as change agents: Going the extra mile in service-learning experiences. *Teaching Educational Psychology, 7*(2), 3-16.

McCombs, B. L. (2000). Reducing the achievement gap. *Society, 37* (5), 29-39.

Meaney, K. S., Griffin, K., Bohler, H., Hernandez, L., & Scott, L. S. (2008). Service-learning: A venue for enhancing pro-service educators' knowledge base for teaching. *International Journal for the Scholarship of Teaching and Learning, 3*(2), 1-17.

National Center for Education Statistics. (1999). Service-learning and community service in k-12 public schools. Retrieved July 12, 2012, from http://nces.ed.gov/pubs99/1999043.pdf

Quezada, R. L., & Christopherson, R. W. (2005). Adventure-based service learning: University students' self-reflection accounts of service with children. *Journal of Experiential Education, 28*(1), 1-16.

Ritter, G. W., Barnett, J., Denny, G. S., & Albin, G. R. (2009). The effectiveness of volunteer tutoring programs for elementary and middle school students: A meta-analysis. *Review of Educational Research, 79*(1), 3-38.

Root, S. C. (1997). School-based service: A review of research for teacher educator. In J. Erickson & J. Anderson (Eds.), *Learning with the community: Concepts and models for service learning in teacher education* (pp. 42-73). Washington, D.C.: American Association for Higher Education.

Seifer, S. D., & Connors, K. (Eds.). (2007). *Faculty toolkit for service-learning in higher ed-*

ucation. Scotts Valley, CA: National Service-Learning Clearinghouse. Retrieved March 1, 2013, from http://www.servicelearning.org/filemanager/download/HE_toolkit_with_worksheets.pdf

Shroyer, G., Yahnke, S., Bennett, A., & Dunn, C. (2007). Simultaneous renewal through professional development school partnerships. *The Journal of Educational Research, 100*(4), 211-223.

Sims, C. (2007). A service-learning mentoring program model. *Academic Exchange, 11*(3), 234-238.

Spencer, B. H., Cox-Petersen, A. M., & Crawford, T. (2005). Assessing the impact of service-learning on preservice teachers in an after-school program. *Teacher Education Quarterly, 32*(4), 119-135.

Stachowski, L. L., & Visconti, V. A. (1998). Service learning in overseas nations: U.S. student teachers give, grow, and gain outside the classroom. *Journal of Teacher Education, 49*, (3), 212-219.

Swick, K. J., & Rowls, M. (2000). The 'voices' of preservice teachers on the meaning and value of their service-learning. *Education, 120*(3), 461-470.

Tryon, E., Stoecker, R., Martin, A., Seblonka, K., Hilgendorf, A., & Nellis, M. (2008). The challenge of short-term service-learning. *Michigan Journal of Community Service Learning, 14*(2), 16-26.

Wasik, B. A., & Slavin, R. A. (1993). Preventing early reading failure with one-to-one tutoring: A review of five great programs. *Reading Research Quarterly, 28*(2), 179-200.

教師專業認同與課程實踐之風貌：後現代觀點

王郁雯
國立臺北教育大學課程與教學傳播科技研究所博士生

摘　要

　　本文旨在探討新世代教育改革脈絡下的教師課程實踐觀。由於教師課程實踐觀是立基於教師個人對於成為專業教師而致力於發展課程應當如何實踐之意涵，因此與專業認同緊密聯結。透過後現代理論觀點探究教師課程實踐觀，是以擺脫政策導向和改革規範的課程實踐之現代性框架下為目的，剖析教師專業認同的內涵與課程實踐觀，藉以反思教師課程實踐的可能性樣態。研究發現，後現代視角下的教師專業認同具有不斷自我定位和游移的特質，所據以發展出的課程實踐呈顯出尤重意義的多元理解與創新、關注知識來源與生產的公平正義和開創性以及師生自我探索與追尋，實踐具生命力的課程。

關鍵字：後現代觀點、課程實踐、教師專業認同

壹 問題意識

一直以來官方政策與法令規範了教師課程實踐內涵與範疇，例如：1950年代提倡防範教師課程（teacher-proof curriculum）和1970年代回歸基礎（back to basic）政策，這些時期呈顯出學校是政府的代理人，是被有權力者的決定和控制所管理，其主張教學的官僚概念，教師在認知科學、孩子發展、課程和評量不必有高知識，因為他們不必做主要的決定，教師只是課程執行者（Lieberman, 1990）。到了1990年代中期以後，標準化和市場化影響，世界經濟的整合，標準化、績效、行為目標以及高利害關係考試（high-stake testing）是所有改革的努力方向，這個時期也侵蝕了教師自主、宰化課程、削弱教學理念（Hargreaves & Goodson, 2006），新自由主義強調績效和市場化已經對教師工作產生很深的影響，譬如：增加教學規則和監督、宰化課程並認為值得的教學是那些可以被測量和測試（Lipman, 2009）。

再者，臺灣實施九年一貫課程改革政策也深深影響在職教師，其主張課程統整，將分科課程改為領域課程，教師的角色定位也從課程執行者漸漸轉變為課程設計者，這樣的課程實踐轉變下，對教師能力的要求也越來越多元，使得教師感到焦慮並害怕自身能力不足，為了能有效落實課程改革政策，教師在此脈絡下不僅是學習者和反省者，也要是研究者，雖然課程改革脈絡漸趨賦權教師，但同時也積極要求教師增能以符合政策期待（楊巧玲，2008）。現今十二年國民教育原則之一在於課程鬆綁，讓教師發揮教學專業並符合「適性教育」之願景，也就是學生需要進行多元而深入的性向探索，教師在面對不同學生的學習差異，其因時間累積而成的專業信念，也會在面臨不同的教學班級和學生時做有效的轉化，以提升個人專業發展並幫助學生適性學習。由上述可知，在實踐脈絡中教師不應再是被告知該如何教學的人，他們是課程革新的關鍵人物，既是課程決定者也是實踐者（簡良平，2004），過去要求教師符合政策冀望而忠實傳授課程內容已轉化為重視教師課程信念以及適性與彈性發展的課程實踐。

課程信念是教師對課程的觀點或看法，是存在於教師心中的深層認知，其與教師專業認同緊密關聯，也就是教師個人對於成為專業教師而致力於發展課程應當如何實踐之樣貌。再者，課程在實務運作中，「教什麼」與「如何教」是相互聯結，教師實踐智慧就是教師個人在理論與實務的辯證中而漸漸累積的過程（蔡宗河，2006）。因此，教師專業認同和課程實踐密不可分。Enyedy、Goldberg與Welsh（2006）的研究以兩位教師為例，這兩位教師在很多方面都類似，包括教學年資、教學對象和教學訓練等，但是兩位教師課程實踐卻有明顯的差異，其分析結果發現主要源自於兩位教師的專業認同有所不同，包括對於學習所持的信念、對於教室社群以及教學所設立的目標、有關科學內容與科學教學的知識，以及對學生的期望，而其專業認同也在教學實際中再塑造、再建構。研究也發現，不同的教師對於課程改革並落實於實踐有不同的反應，主要是立基於個人詮釋架構、教師專業認同和取向、教師對於學生和自己利益的回應以及他們所教的學科，因此導致有些教師呈顯出反抗的態度、有些教師完全接受並適應官方課程要求、有些則擺盪在兩者間並選擇性的落實（Vähäsantane & Eteläpelto, 2011）。由此可知，探討教師課程實踐無法和專業認同脫離，且教師對於課程改革和落實的專業認同也存在著個體差異性並依不同的情境、不斷的建構和再建構。

　　後現代學者指出，我們對自我的認同感乃隨著對自身在不同脈絡中的定位而變化，並主張主體在一種給定的（the given）被動性之生存狀態下，去從事主體建構的可能性探索，或者說去抗拒、踰越既成的主體框架（劉育忠，2009）。因此，在後現代時期，自我認同和主體不再被想為是一體和一致的，而是「去中心的」，從後現代的觀點中，所謂「中心」的主體是「社會建構」，社會制約教師，鼓勵教師成為社會所型塑的樣貌（Usher & Edwards, 1994）。在後現代觀點中，並非宣稱沒有規範（norm），而是它們不是基準，要不斷的掙扎，在這過程中，每個人都要有個人責任去「問題化」主體，也就是不要去認同社會建構的主體，而是要做你自己，自我是創發的，而教師專業認同是具流動性且追尋自我的旅程。再者，後現代思潮下的知識是複雜、多元形式，

拒絕簡化的解釋並強調語言；提倡論述和社會文化在地性來產生知識，知識是不斷的改變，意義是飄動的，同時主張開放於一個新的經驗，伴隨新的和多元的意義，包含接受不確定和不可預測的可能性並覺知他者和差異（Usher & Edwards, 1994）。由此可知，教師在此脈絡下已重新定義我們要如何教、我們教甚麼、在哪裡教以及教誰等議題，應該：1.批判性的移情和我們不同的人或覺知為不同的人。2.重新宣稱教師自主。3.指出外在社會的關鍵議題（例如：戰爭和和平）。4.展現教師領導。5.尊重多樣性（Jansen, 2007）。

有鑑於此，本文旨在分析新世代教育改革下，教師課程實踐依教師個人致力於發展成專業教師的實踐歷程中，所呈顯出的特質與內涵。由於教師是存在高度差異化的個體，其專業認同在不同脈絡和時期中，不斷的型塑和再型塑並影響課程實踐甚鉅，藉由後現代理論觀點為立基，更能展現出教師在實踐課程智慧過程中的專業思維複雜性、多元性以及協商性。以下首先探討後現代理論下的教師專業認同論述，接著分析後現代視角下的專業認同特質如何影響教師課程實踐觀並詮釋出多樣化的風貌。

貳 教師專業認同——後現代理論

後現代理論興起主要是源於對於現代性單一、絕對以及普世準則和價值的批判，並意圖打破客觀、必然性和法則（Elliott, 1996；Usher & Edwards, 1994），其應用在教師專業發展是主張擺脫教師是外部身分規約的被動接受者，並將教師視為一個「人」，重視教師在不同經驗中，反思身為教師的意義並建構個人的專業身分認同（周淑卿，2004）。也就是說，每一個教師對自己作為教師的整體看法有所不同，教師專業認同即指：教師個人定義專業教師應有的形貌，並以此成長和發展成專業教師。其中包含個體於對自己身為教師的整體看法，以及這些看法如何在不同的脈絡中隨著時間而改變（Dworet, 1996）。因此，教師專業認同是提供教師建構如何成為、如何行動以及如何理解他們工作的想法架構。從教師專業認同的觀點出發得知，教師專業是以教

師個人為核心，即使其型塑因素包含他者、外在脈絡和結構，然而，都需要教師本身去溝通、協商和整合，才能型塑出屬於教師個人的專業認同。換句話說，後現代教師專業認同是透過不斷地與外在社會脈絡互動、協商與溝通進而追求自我的過程，沒有標準和終點，是處在進行中的歷程。以及這些看法如何在不同的脈絡中隨著時間而改變，因此，當教師在實踐課程時，在當中自問「為什麼我會成為這樣的教師？」、「什麼樣的情境下，我會做這樣決定？」，是一趟不斷追尋自我專業的旅程。由此得知，後現代教師專業認同包含以下特質：

一　不斷的自我定位（re/positioning）

個體是經由社會互動的過程被建構和再建構的，因此，個體總是一個開放性的問題，依照不同的自我和他者論述實踐所產生的位置，答案是流動的，我們經由此過程解釋自我和他者生活的意義。再者，相同的人在對話中會有多樣的定位，多樣化的定位涉及自我多樣性（Davies & Harre, 1991）。

定位就像聽和讀故事，讀者定位他們自己或被外在所定位，這樣的定位可能是以讀者如何覺知作者（定位他們）的方式產生或是讀者覺知角色本身。文化刻板印象可能是一資源，這些文化資源在不同的人當中有不同的理解。也就是說，我們被定位和定位我們自己為「教師」的方式，是我們主觀的歷史伴隨著情緒和信念以及權利、義務和社會結構（角色）知識。但我們的行動不僅僅是外在結構和大眾期待的知識，也從我們在其中運作所產生。因此，我們是能動者、作者和實踐者（player）以及其他參與者的共同作者，同時我們也是多元的觀眾，以我們的情緒、對情境的閱讀以及我們所想像的定位而帶有多元和矛盾的詮釋，這些都由我們主觀歷史來中介（Davies & Harre, 1991）。

主體對於外在社會建議是選擇性的參與和協商，主體的意圖是去保護、發展和維繫認同，主體是在特定的社會文化實踐和關係中型塑，當他浮現時，主體有能力去執行政治和道德能動性，主體因而抵抗社會結構、運用策略擊敗或避免強大的社會建議（Vähäsantanen et al., 2008）。

因此，能動被視爲是聯結至主體的自主性和自我實現，作爲改變和抵制結構權力的力量並有明顯的意圖行動。在大部分積極的形式中，專業能動的顯現可以被視爲是主體發展現存工作實踐的創意行動和建議，能動也可以是批判的立場或掙扎於外在所建議的改革，專業能動可以顯示爲個人層級的行動也可以是群體場域的實踐（Anneli, Eteläpelto, Vähäsantanen, Päivi Hökkä, & Paloniemi, 2013）。

從能動性（agency）與結構性的互動關係界定教師專業認同的型塑過程；也就是雖然教師生活的社會結構會設定許多「傳統」來限制教師，但教師仍可發揮其能動性，在本身專業認同型塑過程中扮演主動積極角色（洪瑞璇，2008）。Billett（2010）提及自我能動性是指自我能夠選擇性的參與以及依據自身認同和社會所界定的認同間協商，能動的實踐是協商和再協商自己的工作情境和內容並進一步影響社群和組織議題，其包含有機會再協商或抵抗組織行政所給予的方向（Vähäsantanen et al., 2008）。

在認同協商過程中，也就是教師現存的專業認同對抗外在指派認同（其包含有關教師工作任務和教育實踐的社會期待、準則和要求）的過程，發生認同衝突時，有些教師可以堅持自己想做的，即使造成了極大的工作阻礙；有些教師可以在個人專業取向和社會期待間取得平衡（Vähäsantanen et al., 2008）。整體來說，教師能動具有：1.個體歧異性特質。2.對於個體教師和轉化社會實踐有其重要性。能動和結構屬於互惠或互斥的關係，教師能動型塑社會脈絡但也同時被社會脈絡型塑，也就是指，教師有權力在工作和專業認同上去行動、影響、做決定和選擇並有自己的立場，但外在社會脈絡改革行動或政策挑戰教師再協商個人專業認同（Vähäsantanen, 2015）。

研究指出，有些教師對於改革論述本來抱持批判態度，但由於正面的經驗和良好的合作關係，因此轉化自己的態度，接受新的角色，改變認同；然而也有些教師認爲改革只對某些學生有益，被逼迫去執行很多不想做的事，因此，本來的立場是支持的，但因爲發現對教學無益進而反對（Vähäsantanen & Eteläpelto, 2011）。專業認同協商和教師對於外在論述會持續的轉化，其主要立基在教師經驗和個人化詮釋。換句話

說，教師專業認同是一個人追問「我是否是一位專業教師」的歷程。這
個歷程不是朝聖式的——亦即，先確定「專業教師的客觀標準」，再努
力符合所有標準與期望；而是旅行式的——要經由與「教師」所處社
會關係中的他人（如學生、家長）互動，並與社會所賦予的「專業教
師」意義磋商（周淑卿，2004）。在過程中，能動的運作型塑專業認同
並建立其主張和轉化，然而專業認同本身也是能動的資源，是教師做決
定和表達改革立場的立基（Vähäsantanen, 2015）。

　　由此可知，後現代理論的「自我」是從名詞到動詞的概念，也就是
指自我總是在進行中，由多元論述所型塑多元自我。能動的概念是在
主體概念和其位置所顯現，主體同時是受制者也是征服者（subjected/
subjugated），被論述所產生的某種政權或主體位置所限制，但另一方
面來說，主體經由可用的論述來建立能動，也就是可用來解構的論述並
創造重寫和重建之前論述的空間（Anneli, Eteläpelto, Vähäsantanen, Päivi
Hökkä, & Paloniemi, 2013）。換句話說，一個人獲得關於自身的信念是
由不同思考自己的方式而來，可能是論述轉變以及在不同的故事線所
採取位置而來，自我可能在當中具有內在相互衝突或矛盾（Davies &
Harre, 1991）。因此，後現代認同所強調的是自我不是以「實現」作為
最終目標，而是讓自我處於不斷變動的過程中。

二　游移的（in-between）教師專業與認同意義

　　後現代主義者主張論述已不再是一般化的語言，他是說話者和所處
的環境和文化脈絡密切相關，一種包含權力、意向和關係取向的力的
因素，因此，後現代主義者所批判的內容包含：1.某種政治或社會力量
所產生的論述或話語，通常是具有統治地位階層的人們的「話」，其
隱含利益、宰制或正當化的性質。2.知識分子所提出的「科學」或「眞
理」。3.以說話者日常生活中所處的情境、地位或社會場域以及欲擁有
慾望而產生的論述（高宣揚，1999）。因此，教師在面臨外在教師專業
的論述，必須思考：1.「誰」在說話。2.「對誰」說話。3.在什麼情境
下說的話。4.說什麼事。5.怎麼說的問題（高宣揚，1999），旨在揭露

各種論述所隱含的權力性質。

Phelan、Sawa、Barlow et al.（2006）研究指出，身爲教師的信念時常游移在自我覺知和外在專業訴求間。教師的專業認同在這樣不斷游移的過程中開放了時間和空間（open space-time），產生經驗和意義的多元形式，行動和經驗是以不同的結構建構和再建構（Elliott, 1996）。開放性不僅僅是理解爲確定性終止的訴求，而是開放於一個新的經驗，伴隨新的和多元的意義，包含接受不確定和不可預測的可能性，覺知差異和他者（Usher & Edwards, 1994）。

近年來，加拿大的學者們提出游藝誌（A/r/tography）的概念，企圖將「教師是研究者」和「教師是藝術家」的理念結合起來，其中此三類身分：藝術家（A）、研究者（R）和教師（T）中以斜線分隔，主要在強調「游移」的空間，也就是教師要游移於藝術家—研究者—教育者的身分之間，在這樣游移的第三空間中，將理論、實踐和創造統整起來，產生意義理解、探索和建構的多元形式，教師透過游移於不同工作和身分間，以不斷追尋新的專業認同爲己任，體現具有生命力的經驗與實踐（歐用生，2012；周淑卿，2014）。教師在這樣混雜性的空間中，專業認同是不斷地型塑和再型塑，並非只是游移在藝術家與教師這樣的身分間，或是教師和研究者身分間；而是既是教師，也是藝術家，還是研究者，並且還有更多身分。在這樣的第三空間中，會不斷地創發教師個人所界定的專業認同，並據此發展成爲專業教師的多樣化實踐。

如同Derrida提出流浪的人最早的原型即是「旅人」，在旅行中遊蕩就是對生活抱有希望並在面對周遭世界中找尋出路，不在意目標的具體性，因爲此會局限了希望，透過不斷追求非具體的目標，以便達到永遠尋求目標、抱有希望的目的，這樣才是自由的思考、眞正自由的開展以及自由的探索（高宣揚，1999）。對於後現代游牧者來說，認同是一任務，一種必須被反身性檢視的任務，認同的建構和維繫是一種不能被中止的任務，游牧者的認同是在不聯結的時間和空間中被繪製，其生命的目的（終點），並非事先選擇終點，而是一系列的偶然事件由隨機決定的串連，游牧者沒有被時間和空間束縛，他們是經由認同而移動

（Bauman, 1992）。

作為後現代社會的主體，教師個人有其多重身分，建構專業認同的過程，也正是作為「人」的我（personal self）與專業的我（professional self）交織互動的歷程，其並非努力讓自己成為「什麼」，而是努力讓自己處在「成為」的狀態和過程中（周淑卿，2004；高宣揚，1999）。這樣認同的動態本質同時也說明教師的差異與多元，提醒我們不可普同化教師為一個整體的概念（teachers），我們要看待教師是一個獨立的個人（a teacher），其課堂實踐具有高度個殊性（individualized）。

參 後現代視角下的教師課程實踐觀

由於教師對於專業的認同並非被動的內化社會所賦予的角色期待，而是主動地和外在專業論述與結構協商、辯證而產生對於教師專業的個人化界定與實踐，因此，透過教師專業認同之後現代視角，教師課程實踐呈顯出意義的多元理解與創新、注重知識內涵的公平正義與創發以及個體的自我探索與追尋，以下就此三面向探討之。

一 重視意義協商和創新

由於教師在不斷的定位過程中，具有能動性的展現，也就是指教師能夠選擇性的參與以及依據自身認同和社會所界定的認同間協商（Billett, 2010），能動的實踐是協商和再協商自己的工作情境和內容並進一步影響社群和組織議題，其包含有機會再協商或抵抗組織行政所給予的方向（Vähäsantanen et al., 2008）。

由此可知，教師課程實踐隨著自我不斷反身定位的過程中，呈顯出經驗和意義的多元形式，行動和經驗是以不同的結構建構和再建構（Elliott, 1996）。開放性不僅僅是理解為確定性終止，而是開放於一個新的經驗，伴隨新的和多元的意義，包含接受不確定和不可預測的可能性，覺知差異和他者（Usher & Edwards, 1994）。

在後現代思潮下，課程不再只是透過由上而下的傳遞，而是重視來

自於教師個人的詮釋及轉化，教師課程立論對課程實踐有積極的意義及價值，師生雙方可以透過相互分享的過程，達成「教學相長」的目的（蔡宗河，2006）。因此，課程實踐主要聚焦在喚起批判意識，藉由呈現多元的觀點，鼓勵多元的歷史詮釋並從大敘事解放出來；也需要充滿活力的參與討論，不要被過去框架所侷限，新的觀點要持續浮現並用以改變現狀（Slattary, 2013），學習並非只是讓學生選擇對或錯、贊成或反對，學生對於意義的詮釋也會游移於兩者之間。秋田喜代美（2015）指出教師的課程實踐需要關注學生回饋的多樣性，不應將課程落入非此即彼的討論，而是歡迎更多的可能性，但又不能一直處於其中，而是要不斷的產生意義、探究、思考，成為學習的主人，迷惑不是壞事，反而可以成為討論的主題。

透過鼓勵教師不斷地利用對話的方式，可以促進多元性的意義理解與詮釋。由於我們說話、實踐和理解的方式是由差異、歷史、觀點和涉及其中的多元的聲音所仲介（Britzman, 2003），因此，對話的理解是具有偶然性，也就是暫時性的理解，所有的故事透過和他者的對話會不斷地經由自己與他人的價值觀而重新型塑。

二　關注知識的來源與創造

後現代質疑科學理性，反對線性的課程發展歷程和模式，轉而重視教師個人的感性以及在教學實踐過程中的意外和驚奇。申言之，教師要去質疑理所當然的知識與價值，探索知識形成的歷史、意識型態和權力運作關係等。在課程實踐上，所牽涉的課程內容詮釋與落實，一直以來受到既定的框架與模式所影響，關注知識來源意謂去質疑知識形成之脈絡。因此，課程和教學不僅是科學程序，更是一種藝術創造（蔡宗河，2006），對生活一直抱有好奇心的態度，鼓勵教師不斷的對課程所需的行為的意圖產生質疑，也就是，教師也是一名研究者（Irving, 2006）。Slattery（2013）提出：「如果課堂是成功的，應該是我們離開教室時伴隨著掛心、懷疑和疑慮，這種不安定和複雜性提供進一步澄清和探究的機會」（p.x），這正需要教師的智慧判斷以及個人價值觀。教師即研究者的活動提供研究策略和反思分析技能，鼓勵實踐的發展。因

此，教師即專家的認同可以轉移至教師即探究者的認同，當教師成為探究者，便不會對於教室生活的動態性習以為常，並解構那些看似平凡無奇的事物（Britzman, 2003），懷疑是創造並產生意義的可能性空間。

Michel Foucault曾提及「真理遊戲」，意旨主體是不斷的與其所涉及的論述對話，根據Pfeiler-Wunder和Tomel（2014）的研究指出，個案教師把自己的立場視為是「他者」或「外來者」，審視自身的專業認同是如何和學校的課程期待產生衝突，以抵制或對抗牢不可破的課程架構，對於個案教師來說，他們從聚焦官方的要素和準則，轉為重視反思藝術家的生命經驗，從這樣的認知出發可得知，真理並非是已存在且等待被發現，而是不斷的創造，一旦我們理解知識是建構而來的，它就能夠被解構和轉化。Slattery（2013）指出，解構意指警覺所指涉的東西和我們所用語言的歷史沉澱的問題，並進一步闡釋解構可能應用的方式包含：1.提出疑問並重新評估隱含或明顯的主張。2.揭露長期累積的偏見並重新思考假說。3.從不同的觀點來評估和分析主張。4.引出情緒和智力的反應以促進探索和思考。因此，課程實踐即是學習社會和歷史是如何產生和型塑已經被採用和排除的知識。

現今多元文化的社會中，教育強調尊重差異、頌揚多元，認為每一個學生有其不同的潛能及價值。教師應該依據學生特質設計符合其需求的課程，以充分發展學生的潛能。實際上，教師時常覺知自己身為教師的角色總是存在著權力的壓迫，課程也隱含著對於主流文化的重視。因此，為了跳脫學校教育的框架，課程與教學實踐的目的就是要師生共同質疑或是表達對於自身認同的理解，解構已存在的以及他們從未想過關於自身的現象。

三 自我探索與追尋

以個人經驗作為currere[1]的中心，也就是自我經驗的不斷深入探

---

1 課程（curriculum）的拉丁字源currere是跑（to run）的意思，指跑馬。意謂課程要重視內在的經驗，而非外在的目標（歐用生，2005，頁24）。

索。對課程與教學而言，這意味著我們應將課程視為個人的經驗，其目的在協助教師與學習者發現探索自我的必要性，以及能夠從認識自我的過程中肯定自我、發展自我並進而超越自我（劉慧琪，2008）。例如：知名小說《自由寫手》，因為學生自己的處境和主流文化價值不同，從而成為從教室中逃出的孩子，最後教師藉由讓學生書寫日記，從自己生活經驗出發，找回學習的意義。這樣透過課程即自傳文本的方式，教師在當中不斷地型塑專業認同。從課程實踐中，覺知自身主流知識和主流專業認同與學生生命經驗脫節，在課程實踐過程中，不斷地反思自己身為一位自我認可的專業教師意義，從而轉變自己的專業認同，同時轉變課程實踐方式，藉由跳脫外在既定的價值，師生轉向對自我的關注，進而關注他人、關注社會。張素貞（2015）研究三位原住民教師身分認同的過程發現，三位原住民教師似乎因著時間與環境的改變，而對於自己的身分認同取得一個暫時性的解釋與位置，而這也影響他們課程與教學實踐，也就是說隨著時間的不同，呈現開放和動態化的認同歷程與課堂實踐。

　　課程是一個旅程，是整體的生活經驗，是每個人生活的現實，自我和認同是在教學過程中培養的（歐用生，2005），因此，師生所追尋的並非預定好的終點，而是處在進行中的歷程，教師設法增進自己的專業能力，但在追求專業的過程中，其想法會改變，無論如何，不論哪個時期都是自己，都是追求自我專業認同的旅程，其課程實踐存在著能動性，透過不斷的思考我要成為怎麼樣的老師？我哪裡不足？想要什麼改善？來開展更多的可能性。

肆　結論

　　教育改革隨著時空脈絡的不同，對於教師的訴求也隨之改變。然而，教師的課程實踐主要是立基於個人的專業認同，是以將教師視為人（a person），對於身為專業教師有著個人的界定並據此發展為專業教師的實踐。在這樣的歷程中，面對層出不窮的課程改革訴求與內涵，教師的專業信念會不斷地與外在改革論述相互辯證，並進而呈顯出屬於個

人風格的課程實踐。

　　透過後現代的理論視角，探究教師專業認同，得以深化和反思教師課程實踐觀，課程實踐的眞義在於多元的理解與詮釋、反思理所當然的知識與論述並在與不同學生互動歷程中，不斷地追尋身爲專業教師的意義並持續地開展出屬於師生共有的活（lived）課程，不僅僅是從教師與學生的生命經驗出發，也是師生活生生一直在經歷的課程。透過將學生經驗和課程、教材緊密聯結，著重意義的辯證、協商和增生，使解釋永遠處於「形成中（becoming）」的過程，不是以追求最終答案與目標爲立基，而是重視個人理解和對話的可能性。

參考文獻

周淑卿（2004）。課程發展與教師專業。臺北市：高等教育。

周淑卿（2014）。藝術爲本的研究方法──A/r/tography。載於林逢祺、洪仁進（主編），教育哲學：方法篇（183-200頁）。臺北市：學富文化。

洪瑞璇（2008）。國中教師專業認同之研究：游走在「結構─能動」之間。國立臺灣師範大學教育學系博士論文，未出版，臺北市。

秋田喜代美（2015，9）。教師專業成長與學校改革。歐用生（主席），**2015**新北市學習共同體「教師教學探究與課例研究」系列研討會。國立臺北教育大學課程與教學傳播科技研究所，臺北市。

高宣揚（1999）。後現代論。臺北市：五南。

張素貞（2015）。原住民幼兒教師身分認同之探尋。教育研究與實踐，**28**(1)，61-98。

楊巧玲（2008）。教育改革對教師專業認同之影響：五位國中資深教師的探索性研究。師大學報，**53**(1)，25-54。

劉育忠（2009）。後結構主義與當代教育學探索：回到世界性真實（增訂版）。臺北市：巨流。

劉慧琪（2008）。後現代課程觀實踐之研究──以淡水國小五年級藝術與人文課程爲例。國立臺北教育大學藝術與造型設計學系碩士論文，未出版，臺北市。

歐用生（2005）。課程再概念化──系譜和風貌。載於游家政、莊梅枝（主編），後

現代課程：實踐與評鑑（17-40頁）。臺北市：中華民國教材研究發展學會。

歐用生（2012）。邁向詩性智慧的行動研究，教育學術彙刊，**4**(1)，1-28。

蔡宗河（2006）。教師課程立論初探。課程與教學，**9**(4)，79-99。

簡良平（2004）。教師即課程決定者——課程實踐的議題。課程與教學季刊，**7**，95-114。

Anneli Eteläpelto, A., Vähäsantanen, K., Päivi Hökkä, K., & Paloniemi, S. (2013). What is agency? Conceptualizing professional agency at work. *Educational Research Review, 10*, 45-65.

Bauman, Z. (1992). Soil, blood, and identity. *Sociological Review, 40*(4), 675-701.

Billett, S. (2010). Lifelong learning and self: Work, subjectivity and learning. *Studies in Continuing Education, 32*(1). 1-16.

Britzman, D. P. (2003). *Practice makes practice: A critical study of learning to teach.* Albany, NY: State University of New York.

Davies, B., & Harre, R. (1991). Positioning: The discursive production of selves. *Journal for the Theory of Social Behavior, 20*(1), 43-63.

Dworet, D. (1996). Teachers' identities: Overview. In M. Kompf, W. R. Bond, D. Dworet & R. T. Boak (Eds.), *Changing research and practice: Teachers' professionalism identities and knowledge* (pp.67-68). London: Falmer Press.

Elliott, A. (1996). *Subject to ourselves: Social theory, psychoanalysis andpostmodernity.* Cambridge: Polity Press.

Enyedy, N., Goldberg, J., & Welsh, K.M. (2006). Complex dilemmas of identity and practice. *Science Education, 90*(1), 68-93.

Hargreaves, A., & Goodson, I. (2006). Educational change over time? The sustainability and nonsustainability of three decades of secondary school change and continuity. *Educational Administration Quarterly, 42*(1), 3-41.

Irving, M. A. (2006). Practicing what we teach: Experiences with reflective practice and critical engagement. In J. Landsman & C. Lewis (Eds.), *White teachers/diverse classrooms* (pp. 195-202). Sterling, VA: Stylus.

Jansen, J. (2007). Learning and leading a globalized world: The lessons from south Africa. In T. Townsend & R. J. Bates (Eds.), *Handbook of teacher education* (pp. 25-39). Netherland: Springer.

Lieberman, A. (1990). *Schools as collaborative cultures: Creating the future now.* Bristol, PA: The Falmer Press.

Lipman, P. (2009) Paradoxes of teaching in neo-liberal times: Education 'reform' in Chicago. In S. Gewirtz, P. Mahony, I. Hextall & A. Cribb (Eds.), *Changing Teacher Professionalism: International trends, challenges and ways forward*, (pp. 67-80). New York: Routledge.

Pfeiler-Wunder, A., & Tomel, R. (2014). Playing with the tension of theory to practice: Teacher, professor, and students co-constructing identity through curriculum transformation. *Art Education, 67*(5), 40-46.

Phelan, A., Sawa, R., Barlow, C. et al. (2006). Violence and subjectivity in teacher education. *Asia-Pacific Journal of Teacher Education, 34*(2), 161-179.

Slattery, P. (2013). *Curriculum development in the postmodern era (3nd ed.)*, New York, NY: Routledge.

Usher, R., & Edwards, R. (1994). *Postmodernism and Education*. London: Routledge.

Vähäsantanen, K. (2015). Vocational teachers' professional agency in the stream of change: Understanding educational change and teachers' professional identities. *Teaching and Teacher Education, 47*, 1-12.

Vähäsantanen, K., & Eteläpelto, A. (2011). Vocational teachers' pathways in the course of a curriculum reform. *Journal of Curriculum Studies, 43*(3), 291-312.

Vähäsantanen, K., Hökkä, P., Eteläpelto, A., Rasku-Puttonen, H., & Littleton, K. (2008). Teachers' professional identity negotiations in two different work organisations. *Vocations and Learning: Studies in Vocational and Professional Education, 1*(2), 131-148.

您，了沒？

趕緊加入我們的粉絲專頁喲！

教育人文 & 影視新聞傳播～五南書香

等你來挖寶

【五南圖書　教育／傳播網】
https://www.facebook.com/wunan.t8
粉絲專頁提供——

· 書籍出版資訊（包括五南教科書、
　知識用書，書泉生活用書等）

· 不定時小驚喜(如贈書活動或書籍折
　扣等)

· 粉絲可詢問書籍事項（訂購書籍或
　出版寫作均可）、留言分享心情或
　資訊交流

封面圖
不定期
會更換

請此處加入
按讚

五南文化廣場
橫跨各領域的專業性、學術性書籍
在這裡必能滿足您的絕佳選擇！

五南全國展售門市

【逢甲店】

【台大店】

【嶺東書坊】

【海洋書坊】

【環球書坊】

【台中總店】

【高雄店】

【屏東店】

海洋書坊：202 基 隆 市 北 寧 路 2號 TEL：02-24636590　FAX：02-24636591
台 大 店：100 台北市羅斯福路四段160號 TEL：02-23683380　FAX：02-23683381
逢 甲 店：407 台中市河南路二段240號 TEL：04-27055800　FAX：04-27055801
台中總店：400 台 中 市 中 山 路 6號 TEL：04-22260330　FAX：04-22258234
嶺東書坊：408 台中市南屯區嶺東路1號 TEL：04-23853672　FAX：04-23853719
環球書坊：640 雲林縣斗六市嘉東里鎮南路1221號 TEL：05-5348939　FAX：05-5348940
高 雄 店：800 高 雄 市 中 山 一 路 290號 TEL：07-2351960　FAX：07-2351963
屏 東 店：900 屏 東 市 中 山 路 46-2號 TEL：08-7324020　FAX：08-7327357
中信圖書團購部：400 台 中 市 中 山 路 6號 TEL：04-22260339　FAX：04-22258234
政府出版品總經銷：400 台 中 市 軍 福 七 路 600號 TEL：04-24378010　FAX：04-24377010
網 路 書 店　http://www.wunanbooks.com.tw

專業法商理工圖書‧各類圖書‧考試用書‧雜誌‧文具‧禮品‧大陸簡體書
政府出版品總經銷‧中信圖書館採購編目‧教科書代辦業務

國家圖書館出版品預行編目資料

面對新世代的課程實踐／林巧瑋等合著. —
初版. — 臺北市：五南, 2016.06
　　面；　公分.
ISBN 978-957-11-8660-3 (平裝)

1.教育 2.文集

520.7　　　　　　　　　　105010693

4659

面對新世代的課程實踐

策　　　劃	中華民國課程與教學學會
主　　　編	張芬芬　方志華
作　　　者	林巧瑋　方志華　邱偉婷　林彩岫　劉光夏
	鄧宗聖　黃彥文　李崗　王宜宣　胡毓雯
	楊宏琪　張德銳　黃繼仁　胡淑華　董秀蘭
	林雍智　黃旭鈞　賴阿福　林小玉　謝曉慧
	林信志　吳璧純　李俊儀　王郁雯

發 行 人 — 楊榮川

總 編 輯 — 王翠華

主　　編 — 陳念祖

責任編輯 — 劉藍芳　李敏華

封面設計 — 陳翰陞

出 版 者 — 五南圖書出版股份有限公司

地　　址：106台北市大安區和平東路二段339號4樓

電　　話：(02)2705-5066　　傳　　真：(02)2706-6100

網　　址：http://www.wunan.com.tw

電子郵件：wunan@wunan.com.tw

劃撥帳號：01068953

戶　　名：五南圖書出版股份有限公司

法律顧問　林勝安律師事務所　林勝安律師

出版日期　2016年6月初版一刷

定　　價　新臺幣750元

※版權所有 · 欲利用本書內容，必須徵求本公司同意※